JN020884

みっちり学ぶ初級タイ語

หนังสือเรียนภาษาไทยสำหรับคนญี่ปุ่น

難波江 ティチャー

มาเรียนภาษาไทยกัน

ベレ出版

はじめに

สวัสดีค่ะ [sa-wàt-dii khâ]　タイ語に興味を持っていただきありがとうございます。今までタイ語を聞いたことがある方も、全くゼロの方もいらっしゃるかと思います。最近は日本にいながらタイ人観光客から、またテレビなどからタイ語を聞くことも珍しくなくなり、タイ語は身近な言語になってきました。

タイ語の印象の一つは、音でしょうか。メロディーや小鳥がさえずる音に似ているなど言われています。実はその音には声調という抑揚が入っていて、上がったり下がったりしています。慣れていない日本人には最初はとっつきにくいかもしれませんが、練習して話せるようになると面白いように上達します。タイ人にとって、タイ語が話せる外国人はすごくカッコいいです！

この本は、長年のタイ語講師の経験に基づきタイ語に興味を持っている方にも、またタイ語専攻の方やタイ在住の方にも、タイ語の基礎をみっちり学べるように執筆しました。さらには、基礎をしっかり作れば、安定して上に上がれますので、中級・上級へ上がるために必要な初級の内容を楽しく学べるよう執筆しました。

この本が皆様の勉強のお役に立てることを心より願っております。タイ語の紐でタイの言葉をはじめ文化、食べ物、観光など皆さまの心を結びましょう。最後に、本書の作成にお力を下さったベレ出版の大石裕子さんを始め、恩師、生徒、友人など、関係した全ての方々に深く御礼申し上げます。

ลมระรวยหอมกลิ่นอักษรเสียง　บรรเลงเรียงเสียงแว่วหวานภาษาไทย
ให้ร้อยเรียงสานเวลาผืนฟ้าไว้　　แสนสุขใจเสียงสานใจชื่นอุรา

lom ra-ruay hɔ̌ɔm klìn àk-sɔ̌ɔn sǐaŋ　ban-leeŋ riaŋ sǐaŋ wɛ̂ɛw wǎan phaa-sǎa thay
hây rɔ́ɔy riaŋ sǎan wee-laa phʉ̌ʉn fáa wáy　sɛ̌ɛn sùk cay sǐaŋ sǎan cay chʉ̂ʉn ù-raa

爽やかな　甘風の音　タイ語奏
時空を繋ぎ　音喜びや

難波江ティチャー

本書の特徴

タイ語の基礎をしっかり習得できるよう、本書は以下の特徴を有しています。

1. 漫画やストーリー、イラストを交え、学びと楽しさの両立を図っています。

2. タイの社会で自然なタイ語を使えるよう、実際にタイ人が使っている表現を載せています。

3. 日本人の学習者のために、日本人がよく間違えるところを考慮して説明や注意点などが記載されています。

4. 単語は、意味、品詞、使い方を記載し、全体が見えるようにグループに分け、関連している単語を結ぶことで学習者の記憶をサポートしています。

5. 基本である「名詞・動詞・形容詞」の使い方を理解してから、応用表現や、学習者が自分で表現できるように、練習問題を設定しています。

6. 会話は子供が親を真似て学ぶように、本文の会話を真似ながら練習問題で自分の表現を練習します。

7. 文法を学びながら会話も学べるよう、文法と会話のバランスを考慮して執筆されています。

対象

この本は、これからタイ語を本格的に学びたい方を主な対象として作成されています。特に以下のような学習者を想定しています。

1. タイ語を本格的に学びたい人：タイ語専攻、タイ移住者などのタイ語を必要とされる方。

2. 初級をしっかり学び、中級へ上がれる基礎を作りたい方。

3. ただ単にフレーズを覚えるだけではなく、応用文も作り、自己表現もしたい人。

4. 正しい文法、言葉、文章を使いこなせるようになりたい方：片言ではなく、正しく文を話し、さらにネイティブのようなニュアンス表現も学びたい方。
   なお、タイ文字も使用していますが、タイ文字がまだ読めない方を前提に発音記号でも表記しています。タイ文字を学習するにはこの本だけでは十分ではありません。

構成

この本は、冒頭の「①タイ語の基本」と本文の「②第1課〜第11課」で構成されています。また、この他に、音声と練習問題の解答が付いています。

①「タイ語の基本」では、タイ語の特徴、文法、発音、文字などの基本的要素が学べます。

②「第1課〜第11課」は、全ての課が以下の通り構成されています。

・漫画　学習前の漫画　（学習前にどのぐらい理解できるのかチェックする。さらに、習い終わってから、習う前より理解できているかどうかをチェックする）

・レッスン　各レッスンに、文法の説明

・レッスンの練習問題

・応用　全てのレッスンが終わった後、「聞く、話す、読む」のスキル練習をする。
　会話の聞き取り練習問題
　会話のロールプレイ練習
　読み取り練習問題

・単語リスト

・まとめ　この課で習った「内容、単語、学習目的」のまとめ

・覚えておきたい表現　各レッスンの場面ごとの便利な表現を紹介する。

・もっと知りたいタイ語　タイ語の知識を深めるコラム

学習方法

1. 漫画

　まず、漫画を読み、どのような会話がなされているか想像します。漫画ではその課で習うフレーズが用いられています。読んですぐ理解できなくても、そのまま進んでください。また学習後もう一度確認できます。

2. レッスンと練習問題

　各レッスンが終わったら、練習問題があれば解いてみてください。

3. 応用

　各課のレッスンが終われば、音声を使った会話の聞き取り練習問題、友達とのロールプレイ練習（一人の場合はそれぞれ役を変えてやってみてください）、読み取り練習問題に挑戦してみてください。

4．単語リストとまとめ

最後に、単語リスト、まとめを読み、復習してください。

5．覚えておきたい表現

その課で習った表現を復習し、重要な表現を覚えましょう。

6．漫画ともっと知りたいタイ語

その後、最初の漫画をもう一度読んでみてください。きっと理解できるようになっていると思います。

コラム「もっと知りたいタイ語」を読み、タイ語への理解を深めていただければと思います。

先生方のため

様々な教授方法がある中、この本に合うひとつの教え方の例を以下に紹介します。

1．漫画

事前に生徒たちに漫画を読ませ、これからの学習内容を想像させ話題を作ります。

2．レッスンと練習問題

例文を読ませて発音の練習をします。また、練習問題の他にも、各レッスンにある表現を自分なりの表現で作らせます。

3．応用

聞き取り練習は、最初に問題を読ませて準備させてから、聞き取りに入ります。
会話の練習は、本文を真似て慣れさせてから頭の中でタイ語で考えさせるというステップにします。
読み取り練習は、発音の練習をすることもできます。さらに、その課に関する内容を生徒たちに作文させます。

4．単語リストとまとめ

音声での発音の練習や、その単語を使って文を作らせます。

5．覚えておきたい表現

ゲームの形で、日本語表現のくじを作り、生徒たちにその表現のタイ語を言ってもらいます。

6．漫画ともっと知りたいタイ語

生徒と漫画を一緒に読み、意味を確認します。
「もっと知りたいタイ語」は、生徒と一緒に確認し意見を交換します。

สำหรับครูผู้สอน

ในวิธีการจัดการเรียนการสอนที่มีอยู่หลากหลายวิธี
ขอแนะนำตัวอย่างการจัดการเรียนการสอนที่เข้ากับเนื้อหาและรูปแบบในหนังสือเล่มนี้
ดังต่อไปนี้

1. หน้าการ์ตูน
ให้นักเรียนอ่านการ์ตูนก่อนบทเรียน เพื่อให้เดาหรือใช้เป็นบททดสอบก่อนบทเรียน
และยังใช้โยงเข้าสู่บทเรียนได้

2. เนื้อหาและแบบฝึกหัด
ให้นักเรียนฝึกการออกเสียงจากประโยคตัวอย่าง อีกทั้ง ให้ฝึกแต่งประโยคด้วยตนเอง

3. ส่วนประยุกต์
ในส่วนของการฟัง ให้นักเรียนเตรียมอ่านคำถาม จากนั้นจึงฝึกฟังจับใจความ
ในส่วนของบทสนทนา ให้นักเรียนฝึกพูดตามบทสนทนาตัวอย่างก่อน
จากนั้นจึงให้ปรับเปลี่ยนบทสนทนาด้วยตนเองเพื่อฝึกความสามารถในการคิดเป็นภาษาไทย
ในส่วนของการอ่าน ให้นักเรียนฝึกอ่านออกเสียง
และยังใช้เป็นหัวข้อในการฝึกให้นักเรียนเขียนเรียงความได้อีกด้วย

4. คำศัพท์และสรุป
ให้นักเรียนฝึกการออกเสียงหรือให้ใช้คำศัพท์นั้นๆ มาแต่งเป็นประโยค เป็นต้น

5. สำนวนที่น่าจำ
ให้นักเรียนเล่นเกมโดยจับฉลากสำนวนญี่ปุ่น แล้วให้พูดสำนวนนั้นเป็นภาษาไทย เป็นต้น

6. หน้าการ์ตูนและอยากรู้จักภาษาไทยอีก
อ่านหน้าการ์ตูนกับนักเรียน เพื่อสรุปบทเรียน ความหมายและสำนวน
ในส่วนอยากรู้จักภาษาไทยอีก อ่านและแลกเปลี่ยนความคิดเห็นร่วมกับนักเรียน

登場人物

この本では漫画を中心に以下の 5 人の主な人物が登場します。

タイ人の名前は、タイ料理名と同じ発音ですがニックネームとして使っています。

けん君

日本人の男の子。タイにホームステイに行き、いろいろな人に出会います。

トムヤム君

アユタヤ出身のタイ人の男の子。けん君のタイでの生活を手伝い、ホームステイのパートナーになります。

グンちゃん

スパンブリー出身のタイ人の女の子。トムヤムの友達です。

パクチーちゃん

チェンマイ出身のタイ人の女の子。グンちゃんの友達です。

サムリー君

グンちゃんの先輩。サムイのダイビングの先生です。

記号

( ) 「補足説明」または「省略が可能」を意味します。

/ 「または」を意味します。

☆ 「注意事項」や「ポイント」を意味します。

- 発音記号で音節と音節の間に置きます。

注意点

1. 日本語訳には、タイ語表現を理解するため、直訳し、不自然な日本語となっているものもあります。

2. 発音記号は、ひとつの単語であることが分かるように、音節と音節の間に「-」を置いています。

   例）**ที่ไหน** [thîi-nǎy]「どこ」 **อะไร** [a-ray]「何」 **สวัสดี** [sa-wàt-dii]「こんにちは」

3. タイの習慣では、友達同士などでは、丁寧な語尾を文末に付けないことが多いですが、本書では、丁寧な語尾の使い方に慣れるために、付けている場合が多いです。

4. タイ語は書き言葉（文語）と話し言葉（口語）があるため、発音する時に同じではない単語があります。例えば、書き言葉では **ฉัน** [chǎn](私) で話し言葉では [chán] と発音します。他には、**เขา** [khǎw]→[kháw] **ไหม** [mǎy]→[máy] などがあります。本書では原則、話し言葉の発音記号で記載し発音します。なお、書き言葉の発音もその単語の初出の所に記載します。

目次 สารบัญ săa-ra-ban

第1課　挨拶と自己紹介をしよう　　　　　　　　　　　　54

レッスン1 挨拶表現	こんにちは	สวัสดีครับ/ค่ะ [sa-wàt-dii khráp/khâ]
レッスン2 自己紹介（名前）	私の名前は○○です	ผม/ดิฉันชื่อ ○○ ครับ/ค่ะ [phǒm/di-chán chûɯ ○○ khráp/khâ]
	あなたの名前は何ですか？	คุณชื่ออะไร [khun chûɯ a-ray]
レッスン3 人称代名詞	私　僕　私達 あなた　彼 / 彼女	ผม ดิฉัน เรา คุณ เขา [phǒm di-chán raw khun kháw]
応用	聞き取り練習　会話の練習 読み取り練習　まとめ	できるようになること ①挨拶ができる。②名前の自己紹介ができる。 ③相手の名前を聞ける。

第2課　国籍・出身・職業についての自己紹介をしよう　………　74

レッスン1 自己紹介（国籍・ 出身・職業）	私は○○人です 私の職業は○○です	ผม/ดิฉันเป็น ○○ ครับ/ค่ะ [phǒm/di-chán pen ○○ khráp/ khâ]
レッスン2 否定を用いた 自己紹介	私は○○人ではありません	ผม/ดิฉันไม่ได้เป็น ○○ ครับ/ค่ะ [phǒm/di-chán mây dây pen ○○ khráp/khâ]
レッスン3 国籍・出身・ 職業の尋ね方	～ですか？ はい / いいえ ～ではありません	หรือเปล่า [rǔɯ-plàw] ใช่/ไม่ใช่ [chây/mây chây]
レッスン4 語尾表現と ニュアンス表現	も～同じく ～はどうですか？ で　それで　ところで	ก็~เหมือนกัน [kɔ̂ɔ~mǔan-kan] ล่ะ [lâ] แล้ว [lɛ́ɛw]
応用	聞き取り練習　会話の練習 読み取り練習　まとめ	できるようになること ①国籍・出身・職業の自己紹介ができる。 ②国籍・出身・職業の自己紹介の否定文が作れる。 ③相手の国籍・出身・職業を聞ける。 ④「～も同じく、それで、あなたは？」の表現を使える。

10

	お手数をおかけしますが	รบกวน [róp-kuan]
	（すぐ）〜するようにしてください	ขอให้ [khɔ̌ɔ hây]
	〜してほしい　〜してもらいたい	อยากให้ [yàak hây]
レッスン3 可能文	〜できる	ได้ [dâay]
レッスン4 ニュアンス表現と 感嘆語	ね　ねぇ〜　よ うわー！	สิ [sì] โอ๊ย [óoy]
応用	聞き取り練習　会話の練習 読み取り練習　まとめ	**できるようになること** ①料理を注文できる。 ②肯定と否定の依頼をすることができる。 ③可能 / 不可能の表現が言える。 ④「よ、ね、うわー！」の表現を使える。

第7課　物の説明と買い物をしよう ································· 230

レッスン1 物の説明	説明する順 〜から / でできた	ทำมาจาก / ด้วย [tham maa càak / dûay]
レッスン2 買い物	（今まさに）〜しているところ 〜が欲しい　欲しがる どんな〜 どの〜　何の〜 色んな〜　何〜も 〜あたり　〜につき 〜すぎる これより〜 他の	กำลัง ~ อยู่ [kam-laŋ ~ yùu] อยากได้ [yàak dâay] บ้าง [bâaŋ] ไหน [nǎy] หลาย [lǎay] ละ [lá] เกินไป [kəən pay] กว่านี้ [kwàa níi] อื่น [ɯ̀ɯn]
レッスン3 物の受け渡し	A は B に〜をあげる / くれる 〜で　〜として 〜から〜をもらう	A ให้ [hây] ~ B เป็น [pen] ได้รับ ~ จาก ~ [dây-ráp ~ càak ~]
レッスン4 ニュアンス表現	〜にしよう　〜ことにしよう すぐに　全く	ก็แล้วกัน [kɔ̂ɔ-lɛ́ɛw-kan] เลย [ləəy]
応用	聞き取り練習　会話の練習 読み取り練習　まとめ	**できるようになること** ①物の説明ができる。　②買い物ができる 。 ③物を受け取る・あげる表現を作れる。 ④「〜にしましょう、すぐに」の表現を使える。

レッスン3 命令と許可	〜しないで　〜するな 〜を禁止する　〜を止める AはBに（行動）をさせる 〜してもいいですか？ 〜の許可を与える	อย่า [yàa] ห้าม [hâam] A ให้ [hây] B ได้ไหม [dây máy] ให้ [hây]
レッスン4 ニュアンス表現	ちょっと もうすぐ〜する / なる 承る　オーケー　合意する	เดี๋ยว [dǐaw] ตกลง [tòk-loŋ]
応用	聞き取り練習　会話の練習 読み取り練習　まとめ	**できるようになること** ①乗り物と道を聞くことができる。 ②道を教えることができる。 ③命令文と許可文が使える。 ④「もうちょっとしたら〜する・なる、オーケー」の 　表現を使える。

レッスン1 手段や方法の 聞き方と教え方	どうやって〜する 〜で行く 〜で来た 〜を持って行く / 来る 〜がいいですか？ （どちら）でもいい　仕方なく	อย่างไร [yàaŋ-ray] ไป [pay] มา [maa] เอา 〜 ไป/มา [aw〜pay/maa] ดี [dii] ก็ได้ [kɔ̂ dâay]
レッスン2 比較文	〜が一番 / 最も よりも〜　〜の方が より〜ない 〜と等しく 〜と同じぐらい AとBどちらがより〜ですか？ 両方とも〜する 〜方がいい　〜より良い	ที่สุด [thîi-sùt] (มาก) กว่า [(mâak) kwàa] น้อยกว่า [nɔ́ɔy kwàa] เท่า (กัน) (กับ) [thâw (kan)(kàp)] พอๆ กัน (กับ) [phɔɔ phɔɔ kan kàp] (ระหว่าง [ra-wàaŋ]) A กับ [kàp] B 〜 ไหน [nǎy] / อะไร [a-ray] กว่า(กัน) [kwàa (kan)] ทั้งคู่ [tháŋ khûu] / ทั้งสองอย่าง [tháŋ sɔ̌ɔŋ yàaŋ] ดีกว่า [dii kwàa]
レッスン3 理由・原因の説明	なぜ？　どうして？ なぜなら　よって　から それで〜　その結果〜	ทำไม [tham-may] เพราะ(ว่า) [phrɔ́(wâa)] (ก็)เลย [(kɔ̂ɔ)-ləəy]
レッスン4 位置情報と ニュアンス表現	〜は（位置）にいる / ある （誰かが）（位置）に〜している / ある （〜してから）そのまま〜しに行く やった	อยู่ [yùu] ไว้ [wáy] เลยไป [ləəy pay] เย่ [yêe]
応用	聞き取り練習　会話の練習 読み取り練習　まとめ	**できるようになること** ①手段や方法を質問し、説明できる。 ②物事を比較することができる。③理由や原因を説明できる。 ④「そのまま〜する　やった」の表現を使える。

レッスン 1	何曜日何日何月何年	วันเดือนปีอะไร [wan dɯan pii a-ray]
日時の使い方	いつ？	เมื่อไร [mɯ̂a-rày]
	何時？	กี่โมง [kìi mooŋ]
	何時に～する？	(ตอน) กี่โมง [(tɔɔn) kìi mooŋ]
	時間 / 時 / 間	เวลา / ตอน / ช่วง [wee-laa/tɔɔn/chûaŋ]

レッスン2	毎～　～ごと	ทุก [thúk]
日時に関する表現	～（時）から～（時）まで	ตั้งแต่ [tâŋ-tɛ̀ɛ] ~ ถึง [thɯ̌ŋ]
	～だけ	สัก [sák]
	やっと～できるようになる	สักที [sák-thii]
	これまで～してきた	มา [maa]
	～したばかり	เพิ่ง(จะ) [phɤ̂ŋ (cà)]
	～中　ばかり	ทั้ง [tháŋ]

レッスン3	どうですか？	เป็นอย่างไร [pen yàaŋ-ray]
気持ちの伝え方	～を感じる	รู้สึก [rúu-sɯ̀k]
	～ないことはない　まあまあ～	ก็ [kɔ̂ɔ]
	～でいい	ดี [dii]

| レッスン4 | ～したり～したりする | ~ บ้าง [bâaŋ] ~ บ้าง [bâaŋ] |
| ニュアンス表現 | ～だよね　でしょ | เนอะ [ná] |

応用	聞き取り練習　会話の練習	できるようになること
	読み取り練習　まとめ	①日時を表現できる。
		②自分の予定・気持ちを説明することができる。
		③予定を書ける。
		④「～したり〇〇したりする」の表現を使える。

単語

タイ語の基本

タイ語とは

タイ語は中国南部、インドのアッサム地方、ミャンマー北部、タイ、ラオスなどで使われる「タイ語グループ」に属する言語です。言語の構造は日本語と異なります。

仏暦 1826 年（西暦 1283 年）には、タイのラムカムヘーン王がインドの文字に由来する古代モン族とコムワット族の文字から、初めてタイ文字を発明しました。現代のタイ文字は発明当初の文字から変化しています。

 sa-wàt-dii phaa-sǎa thay こんにちは　タイ語 ７００年以上前のタイ文字 ลายสือไท　[laay sʉ̌ʉ thay]	**สวัสดี ภาษาไทย** sa-wàt-dii phaa-sǎa thay こんにちは　タイ語 現在のタイ文字

1. タイ語の特徴　ลักษณะภาษาไทย lák-sa-nà phaa-sǎa thay

タイ語を習得するには、まずは全体像から理解するのが近道だと思います。タイ語の特徴として、例えば文法では、英語のような時制による動詞の変化や単数・複数による名詞の変化はなく、また、日本語の「てにをは」のような助詞もないので、ただ単語を適切な順番に並べれば正しい文法になります。そうです。タイ語の文法はとてもシンプルであり、単語さえ覚えれば難しくはありません。一方、タイ語の音には、母音・子音の他に声調があり、音を間違えればまったく違う意味になります。そのため、タイ語の学習では音がとても大切になります。以下にタイ語の６つの特徴を記します。細かいところは理解できなくてもかまいませんので、まずタイ語とはどういう言語か、全体像をつかんでみてください。

1 -1 語順がとても大事

การเรียงคำสำคัญมาก kaan riaŋ kham săm-khan mâak

日本語では「は、に、を、が」などの助詞があるため、語順が変わっても意味が通じます。タイ語では、日本語のような助詞はなく語順により主語や目的語などの文の要素や文の意味が決まるので、語順が変わると意味が変わります。

例）น้อง [nɔ́ɔŋ] 妹 / 弟　ตี [tii] 叩く　พี่ [phîi] 姉 / 兄　พี่น้อง [phîi-nɔ́ɔŋ] 兄弟

น้องตีพี่ nɔ́ɔŋ tii phîi
妹 / 弟は姉 / 兄を叩く。

พี่ตีน้อง phîi tii nɔ́ɔŋ
姉 / 兄は妹 / 弟を叩く。

พี่น้องตี phîi-nɔ́ɔŋ tii
兄弟（二人）は叩く。

ตีพี่น้อง tii phîi-nɔ́ɔŋ
兄弟を叩く。

น้องพี่ตี nɔ́ɔŋ phîi tii*
私の妹 / 弟は叩く。

ตีน้องพี่ tii nɔ́ɔŋ phîi*
私の妹 / 弟を叩く。

*น้องของพี่ [nɔ́ɔŋ khɔ̌ɔŋ phîi] の ของ [khɔ̌ɔŋ] 「〜の」を省略している。

1-2 声調があり、音がとても大事

มีเสียงวรรณยุกต์

mii sĭaŋ wan-na-yúk

タイ語の音には、母音、子音の他に、声調という音の高低（抑揚）のパターンがあります。声調が変わると意味も変わります。そのため、日本語では音が多少違っても通じますが、タイ語では全く違う意味にとられます。タイ語は音をとても大切にしている言語です。

ปา paa
投げる

ป่า pàa
森

ป้า pâa
叔母

มา maa
来る

หมา măa
犬

ม้า máa
馬

1-3 語形（語尾）変化がない

ไม่มีการเปลี่ยนแปลงรูปคำ mây mii kaan plìan-plɛɛŋ rûup kham

タイ語は形態学的類型では、孤立語 (isolating language) に属し、日本語の類型（膠着語 (agglutinating language) で、語形（語尾）変化が常に起こります）と異なります。

孤立語とは、時制や数、接尾語・接頭語などによる語形（語尾）変化を持たない言語で、一つ一つの単語が独立していることが特徴です。

タイ語では、語形（語尾）変化がない代わりに、異なる単語を組み合わせて使います。タイ語は語形（語尾）変化がないので、単語さえ覚えれば意外と簡単に習得できます。

以下に、「複数」「時制」「使役」「性別」の場合での単語の使い方の例を示します。

単数・複数を表す

คนเดียว
khon diaw
（คน [khon] 人）1人

หลายคน
lǎay khon
数人、大勢

単数を表す単語
เดียว [diaw] 〜だけ　**โสด** [sòot] 独身
ข้าง [khâaŋ] 〜片

複数を表す単語
หลาย [lǎay] 多い　**คู่** [khûu] 〜足、ペア
ชุด [chút] セット　**คณะ** [kha-ná] 団、部、会
กลุ่ม [klùm] グループ

時制を表す

過去を表す単語	現在を表す単語	未来を表す単語
เมื่อวาน [mɯ̂a-waan] 昨日	**วันนี้** [wan-níi] 今日	**พรุ่งนี้** [phrûŋ níi] 明日
ได้ [dâay] 〜得た	**กำลัง** [kam-laŋ] 〜している	**จะ** [cà] これから〜する
แล้ว [lɛ́ɛw] もう〜した	**ยังไม่ได้** [yaŋ-mây-dâay] まだ〜していない	**ตั้งใจว่า** [tâŋ-cay wâa] 〜しよう、〜するつもり

使役・受身を表す

ให้
hâay
あげる / くれる

คุณแม่ให้ของขวัญผม
khun mɛ̂ɛ hây khɔ̌ɔŋ-khwǎn phǒm
お母さんは僕にプレゼントをくれる。

ได้รับ ～ จาก ～
dây-ráp càak
～から～もらう

ผมได้รับของขวัญจากคุณแม่
phǒm dây ráp khɔ̌ɔŋ-khwǎn càak khun mɛ̂ɛ
僕はお母さんからプレゼントをもらった。

ถูก
thùuk
～られる

พี่ถูกน้องตี
phîi thùuk nɔ́ɔŋ tii
姉 / 兄は、妹 / 弟に叩かれた。

性別を表す

ดิฉันชื่อกุ้งค่ะ
di-chán chɯ̂ɯ kûŋ khâ
私の名前はグンです。

ผมชื่อต้มยำครับ
phǒm chɯ̂ɯ tôm-yam khráp
僕の名前はトムヤムです。

女性を表す単語

ดิฉัน	di-chǎn	私
เด็กหญิง	dèk yǐŋ	女の子
นางสาว	naaŋ sǎaw	未婚の成人女性（Miss）
นาง	naaŋ	既婚の成人女性（Mrs）
ผู้หญิง	phûu yǐŋ	女性
แม่	mɛ̂ɛ	母
ค่ะ	khâ	はい、です / ます

男性を表す単語

ผม	phǒm	僕
เด็กชาย	dèk chaay	男の子
นาย	naay	成人の男性（Mr.）
ผู้ชาย	phûu chaay	男性
พ่อ	phɔ̂ɔ	父
ครับ	khráp	はい、です / ます

1-4 修飾語は後ろに来る
คำขยายเรียงอยู่หลังคำที่ถูกขยาย
kham kha-yǎay riaŋ yùu lǎŋ kham thîi thùuk kha-yǎay

タイ語では「被修飾語＋修飾語」の順になります。
ただし、量を表す修飾語は後ろにも前にも置けます。

後ろ：**คนเดียว** [khon diaw]　1人
前：2**คน** [sɔ̌ɔŋ khon]　2人
หลายคน [lǎay khon]　数人、大勢

คนไทย
khon thay
タイ人

คนญี่ปุ่น
khon yîi-pùn
日本人

คนไทย + ภาคเหนือ + จังหวัดเชียงใหม่
khon thay+phâak nʉ̌a+caŋ-wàt chiaŋ-mày
(**จังหวัด** [caŋ-wàt] 県)
チェンマイ県の北部のタイ人

1-5 類別詞がある มีลักษณนาม mii lák-sa-nà naam

類別詞は日本語の「〜個、〜足、〜つ」などの数を表す「助数詞」と似ていて、対象となる名詞に応じてその種類や形状、数などを表すために用います。タイ語には様々な類別詞があり、対象となる名詞によって使い分けています。

คน 1 คน
khon nʉ̀ŋ khon
1人

ม้า 2 ตัว
máa sɔ̌ɔŋ tua
馬2頭

นาฬิกา 3 เรือน
naa-li-kaa sǎam rʉan
時計3台

บ้านหลังหนึ่ง
bâan lǎŋ nʉ̀ŋ
1軒の家

1-6 言葉に級（レベル）がある มีระดับภาษา mii ra-dàp phaa-sǎa

タイ語では、場面により用いる言葉を５つの級（レベル）に分けています。どの言葉を使うかは、コミュニケーションの目的、相手との関係などにより変わり、用いる単語と表現が異なってきます。また、各級の言葉において文語と口語も使い分けます。

１）式典での言葉 ระดับพิธีการ ra-dàp phí-thii-kaan

国や王室の式典や演説などで、一方向なコミュニケーションを目的として格式高い言葉が用いられます。上級タイ語学習者向けです。

กราบเรียนท่านผู้มีเกียรติทุกท่าน วันนี้มีความยินดีเป็นอย่างยิ่งที่ท่านนายกรัฐมนตรีได้ให้เกียรติมาเป็นประธานในงานพิธีเปิดกีฬาเอเชียนเกมส์
kràap rian thân phûu mii kìat thúk thân wan-níi mii khwaam yin-dii pen yàaŋ-yîŋ thîi thân naa-yók-rát-tha-mon-trii dây hây kìat maa pen pra-thaan nay ŋaan phí-thii pə̀ət kii-laa ee-chîan keem
ご来賓の皆様、本日、首相がアジア競技大会開催式のため、会長としてお越しいただいたことを心よりお慶び申し上げます。

２）フォーマルな言葉 ระดับทางการ ra-dàp thaaŋ-kaan

政府の書類、ビジネス文書、依頼の手紙、会議、論文などで用いられ、セミフォーマルより丁寧な言葉です。文語でよく使い、専門用語が多いため中上級タイ語学習者向けです。

กรุณาจัดส่งสินค้ามายังที่อยู่ข้างล่างนี้
ka-ru-naa càt sòŋ sǐn-kháa maa yaŋ thîi yùu khâaŋ lâaŋ níi
以下の住所に商品の発送をお願い致します。

３）セミフォーマルな言葉 ระดับกึ่งทางการ ra-dàp kɯ̀ŋ thaaŋ-kaan

会議、講義、インタビュー、雑誌、新聞などで用いられる丁寧な言葉です。文語、口語のいずれでも使います。中上級タイ語学習者向けです。

กรุณาส่งสินค้ามาตามที่อยู่ข้างล่างนี้
ka-ru-naa sòŋ sǐn-kháa maa taam thîi-yùu khâaŋ lâaŋ níi
以下の住所に商品を送ってもらえますでしょうか。

4）会話の言葉　ระดับสนทนา　ra-dàp sǒn-tha-naa

プライベートではなく、一般的な小さいグループの会話で使う丁寧な言葉です。会話以外にも、広告、バラエティー番組、意見を述べるコラムなどでも使います。初中級タイ語学習者向けで、本書の主なターゲットです。

ช่วยส่งของมาตามที่อยู่ข้างล่างนี้ค่ะ
chûay sòŋ khɔ̌ɔŋ maa taam thîi-yùu khâaŋ lâaŋ níi khâ
以下の住所に荷物を送ってください。

5）親しい間柄の言葉　ระดับกันเอง　ra-dàp kan-eeŋ

親しい間柄の人とプライベートな場面で用いる、くだけた口語です。丁寧な表現ではないので、場所や相手の立場により不適切な言葉とならないよう注意する必要があります。**ค่ะ/ครับ** [khâ /khráp] などの丁寧な語尾を使わず、ニュアンス表現やスラングをよく使います。初中級タイ語学習者向けです。

ส่งของมาตามที่อยู่ข้างล่างนี้ด้วยล่ะ
sòŋ khɔ̌ɔŋ maa taam thîi-yùu khâaŋ lâaŋ níi dûay lâ
以下の住所に荷物を送ってくれ。

2. タイ語の文法　ไวยากรณ์ภาษาไทย [way-yaa-kɔɔn phaa-sǎa thay]

2-1 品詞　ชนิดของคำ cha-nít khǒɔŋ kham

タイ王立学院の辞書では、タイ語の品詞は以下の7種類（仏教用語の本生経も加えると8種類）あるとしています。

1．名詞　　2．代名詞　3．動詞　　4．副詞（形容詞）
5．前置詞　6．接続詞　7．感嘆詞　（8．本生経）

一方、タイの文部省は、更に細かく分類し、12種類あるとしています。

1．名詞　　2．代名詞　　3．動詞　　4．助動詞
5．副詞（形容詞）　　6．数と順番　　7．指示代名詞と非指示代名詞
8．前置詞　9．接続詞　10．語尾　　11．感嘆詞　　12．否定詞
本書では、両分類を参考に、場面に応じて最も適切と思える品詞を表記します。

2-2 文型　โครงสร้างของประโยค khrooŋ-sâaŋ khǒɔŋ pra-yòok

タイ語の文は、「主語と述語」を組み合わせて作ります。
「述語」には「動詞、動詞句または補語」があります。
文の種類には「単文」、「単文と単文がつながる重文」、「複文」の3種類があります。
単文は基本文であるため、本書では単文を理解しましょう。

タイ語の単文 **ประโยคความเดียว** [pra-yòok khwaam-diaw] には以下の3つの文型があります。

| 1．主語 (S)+ 自動詞 (V 自)
2．主語 (S)+ 他動詞 (V 他)+ 目的語 (O)
3．主語 (S)+ 動詞 (V*)+ 補語（C） | 主語（S）：**ประธาน** [pra-thaan]
動詞（V）：**กริยา** [krì-yaa]
目的語 (O): **กรรม** [kam]
補語（C）：**ส่วนเติมเต็ม** [sùan təəm tem] |

☆V* は補語を必要とする動詞 **กริยาที่ต้องอาศัยส่วนเติมเต็ม** [krì-yaa thîi tɔ̂ŋ aa-sǎy sùan təəm tem]であり、**เป็น** [pen]「は〜である」、**คือ** [khɯɯ]「は〜である」、**เหมือน** [mǔan]「〜と同じ」、**คล้าย** [khláay]「〜と似ている」、**แปลว่า** [plɛɛ-wâa]「〜という意味は」、**ได้แก่** [dây-kɛ̀ɛ]「すなわち・つまり」などです。
☆V* の後ろ（補語）は名詞（句）です。

☆修飾語は、日本語と逆で、「名詞 / 代名詞＋修飾語」と後ろから修飾します。
☆動詞が自動詞の場合は、目的語 (O) はありません。
☆動詞を修飾する副詞 adv は、目的語 / 補語がある場合、目的語 / 補語の後ろに置きます。
☆全体の文型を見れば、以下の順番になります。

主語	+	修飾語	+	動詞	+	目的語 / 補語	+	修飾語	+	副詞
S		**adj**		**V**		**O　C**		**adj**		**adv**

1. 主語（S）＋自動詞（V 自）
2. 主語（S）＋他動詞（V 他）＋目的語（O）

主語 +		**述語**				
主語 S +		**動詞 V +**	**目的語 O +**			
名詞 / 代名詞	**修飾語 adj**	**自 / 他動詞**	**名詞 / 代名詞**	**修飾語 adj**	**副詞 adv**	
พ่อ phɔ̂ɔ 父		**นอน** nɔɔn 寝る（自）			**เยอะ** yə́ よく	父はよく寝る。
พ่อ phɔ̂ɔ 父		**กิน** kin 食べる（他）	**ข้าว** khâaw ご飯		**เยอะ** yə́ よく	父はご飯をよく食べる。
พ่อ phɔ̂ɔ 父	**ของฉัน** khɔ̌ɔŋ chán 私の	**กิน** kin 食べる（他）	**ข้าว** khâaw ご飯	**เช้า** cháw 朝	**เยอะ** yə́ よく	私の父は朝ご飯をよく食べる。

3. 主語（S）＋動詞（V*）＋補語（C）

主語	＋	述語		
主語 S	＋	動詞 V* ＋	＋補語（C）	
名詞 / 代名詞	修飾語 adj		名詞	修飾語 adj
 นี่ nîi これ		คือ khɯɯ は〜である	 ปากกา pàak-kaa ペン		これは ペンです。
 ฉัน chán 私		เป็น pen は〜である	คน khon 人	 ญี่ปุ่น yîi-pùn 日本	私は日本人 です。
 เพื่อน phɯ̂an 友達	 ของฉัน khɔ̌ɔŋ chán 私の	เป็น pen は〜である	คน khon 人	 ไทย thay タイ	私の友達は タイ人です。

☆例外：述語（補語）に「（特定の）状態を表す形容詞」を用いる場合、形容動詞として用い他の動詞は用いません。

主語 S ＋		述語		
名詞 / 代名詞	修飾語 adj	補語(形容動詞)	修飾語 adj	
ฮอกไกโด hɔ̀ɔk-kay-doo 北海道		หนาว nǎaw 寒い 		北海道は 寒い。
อาหาร aa-hǎan 料理	ไทย thay タイ	อร่อย a-rɔ̀y 美味しい 		タイ料理は 美味しい。
เขา kháw 彼・彼女		ใจดี cay-dii 優しい 	มาก mâak とても	彼 / 彼女は とてもやさしい。
กระเป๋า kra-pǎw カバン	ของเขา khɔ̌ɔŋ kháw 彼の	หนัก nàk 重い 		彼のカバンは 重い。

☆動詞の特徴

動詞は連続して用いることが可能です。動詞が連続する場合、意味は動詞の順番通りになります。

主語 S +	動詞 V +	目的語 O	
ฉัน chán 私	**ชอบ ไป กิน** chɔ̂ɔp pay kin 好き 行く 食べる	**อาหารร้านนี้** aa-hǎan ráan níi このレストラン	私はこのレストランへ食べに行くのが好き。

☆動詞を省略する文がある

タイ語では動詞のない文が多く見られますが、以下の通り、動詞が省略されています。

นี่คืออะไร [nîi khɯɯ a-ray] これは何？

　　นี่อะไร [nîi a-ray] これ何？ （動詞 **คือ** [khɯɯ] を省略）

ผมมีชื่อว่าเรน [phǒm mii chɯ̂ɯ wâa reen]

私はれんという名前（を持っている）。

　　ผมชื่อเรน [phǒm chɯ̂ɯ reen]

　　私の名前はれん。

　　（動詞 **มี** [mii] と **ว่า** [wâa] を省略）

3. タイ語の音

สวัสดีครับ

หน่วยเสียงในภาษาไทย nùay sǐaŋ nay phaa-sǎa thay

タイ語では、１文字に複数の読み方があり、さらに文字の組み合わせで様々な音ができるため(このことを言語学的に「表音文字の音素文字」と言います)、音と文字を分けて説明します。これまで述べたようにタイ語を学習するには音がとても大切なのでしっかりタイ語の音を理解しましょう。

音節　พยางค์ pha-yaaŋ

タイ語の音のひとつのまとまりの最小単位を「音節」と言います。基本的な音節は「子音＋母音＋声調（+ 末子音）」で構成されています。日本語では「かな」ひとつが１音節になりますが、タイ語では１音節で意味を持つ単語になることが多いです。

ฝน [fǒn]「雨」
子音＋母音＋声調＋末子音
f　o　ˇ　n

เขา [khǎw]「彼・彼女」
子音＋母音＋声調
kh　aw　ˇ

種類　ชนิด cha-nít

タイ語の音は、「1. 母音　2. 子音　3. 声調」の３種類に分けられます。

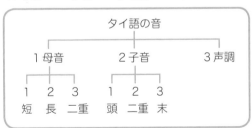

タイ語の音
- 1 母音
  - 1 短
  - 2 長
  - 3 二重
- 2 子音
  - 1 頭
  - 2 二重
  - 3 末
- 3 声調

本書では、タイ語の音を、カタカナではなく IPA（International Phonetic Alphabet 国際音声記号）という国際音声学会が決めた音声記号を用いて表記します。タイ語にはカタカナでは表記できない音もあり、また IPA はタイ文字と結びついているため、学習が進むにつれ IPA の方が使いやすくなると思います。ただし、この課だけ参考までにカタカナも併記します。なお、IPA は英語表記に近いですが、発音は英語そのものではありませんので注意しましょう。

สวัสดี 3-1 母音の音　เสียงสระ sǐaŋ sa-ra

母音とは、発声の際に音を保持する持続音のことを言い、日本語の「あいうえお」にあたります。

数）最新の研究では、タイ語の母音は21音あるとされています。

種類）単母音（短母音９音、長母音９音）と二重母音（３音）に分けられます。

☆タイ語の母音は多いと思っている方がいますが、基本の短音は９つです。基本の短音は日本語の「あいうえお」と似ている音であり、残り４つはタイ語独特の音です。なので、９つの基本の音（短母音）をしっかり覚えれば、短母音を伸ばした長母音も覚えることが容易になります。
☆発音のポイントは、口の形と舌の位置で音をコントロールすることです。

◌には子音を入れます。母音は子音の、左◌右に置きます。（上・下）

1

短母音 สระเสียงสั้น sa-ra sǐaŋ sân

番号	日本語の参考母音	文字	発音記号
1	あ	◌ะ	a ア
2	い	◌ิ	ì イッ
3	う	◌ุ	ù ウッ
4	「う」に似ているが、喉から音を出す。	◌ึ	ɯ̀ ウッ
5	え	เ◌ะ	è エッ
6	「え」と似ているが、口を広げて音を出す。	แ◌ะ	ɛ̀ エェッ
7	「あ」と「う」の間に似ているが、喉から音を出す。	เ◌อะ	ə̀ ウッ
8	お	โ◌ะ	ò オッ
9	「お」と似ているが、口を丸めて喉から音を出す。	เ◌าะ	ɔ̀ オオッ

長母音 สระเสียงยาว sa-ra sǐaŋ yǎaw

番号	日本語の参考母音	文字	発音記号
10	ああ	◌า	aa アー
11	いい	◌ี	ii イー
12	うう	◌ู	uu ウー
13		◌ื	ɯɯ ウー
14	ええ	เ◌	ee エー
15		แ◌	ɛɛ エエー
16		เ◌อ	əə ウー
17	おお	โ◌	oo オー
18		◌อ	ɔɔ オー

☆IPA では、声を出す時のとても小さい息の音「ʔ　アッ」の発音記号が使われる場合もあります。本書では表記を簡略化するため、これを省略しています。例えば、母音「あ **อะ** [ʔa]」は「あ **อะ** [a]」と書きます。母音「い **อิ** [ʔìʔ]」は「い **อิ** [ì]」と書きます。実際の発音にはあまり影響しません。

☆二重母音は、日本語の「ki き +ya や =kya きゃ」、「ki き +yu ゆ =kyu きゅ」などに似ています

1

	長母音 +		短母音（◌ะ a ア）=		二重母音 สระประสม sa-ra pra-sǒm	
1	◌ี	**ii** イー	◌ะ	**a** ア	เ◌ีย	ia イーア
2	◌ื	**ɯɯ** ウー	◌ะ	**a** ア	เ◌ือ	ɯa ウゥーア
3	◌ู	**uu** ウー	◌ะ	**a** ア	◌ัว	ua ウゥーア

สวัสดี

3-2 子音の音　เสียงพยัญชนะ sǐaŋ pha-yan-cha-ná

子音とは、発声の際に呼吸が発声器官のどこかの部分かに妨げられてできる音で、母音の前後に置きます。日本語では、「かばん」をローマ字で書くと「ka ba n」となり、「k b n」は子音にあたります。

数）　タイ語の子音は 21 音があります。

種類）1．頭子音（音節の頭に来る子音）21 音

2．二重子音（子音を二つ並べて一つの音になる子音）11 音

3．末子音（音節の最後に来る子音）9 音

に分類されます。

1）頭子音の音　เสียงพยัญชนะต้น sǐaŋ pha-yan-cha-ná tôn

全ての子音は頭子音になり、発声方法により 6 つに分類されます。

☆タイ語の頭子音は、子音単独では発音できず、母音の **ออ** [ɔɔ]「オー」を添えて発音します。日本語の子音「か ka　き ki　く ku　け ke　こ ko」には母音「あ a　い i　う u　え e　お o」の音が入っているのと似ています。

☆タイ語の子音には、同じ音で文字が複数ある音もあります。

1．破裂音（plosive）の子音は１１音あり、その中に「無気音：ほとんど息を出さずに発声する子音」と「有気音：発音記号にｈがある音で、息を出す子音（口の前に手を当てると息を感じる音）」があります。

発音記号	文字	音
1. kɔɔ	ก	ゴォー（濁点がつく発音） ☆ｋはガ　ギ　グ　ゲ　ゴ
2. khɔɔ khɔ̌ɔ	ค ฅ ฆ ข ฃ	コォー・コǒー ☆kh はカ　キ　ク　ケ　コ ☆息を外に出す。
3. cɔɔ	จ	ヂォー
4. chɔɔ chɔ̌ɔ	ช ฌ ฉ	チォー・チǒー ☆息を外に出す。
5. dɔɔ	ด ฎ	ドォー
6. tɔɔ	ต ฏ	トォー ☆舌を上歯茎から内側に引き、息を出さない。
7. thɔɔ thɔ̌ɔ	ท ฑ ฒ ธ ถ ฐ	トォー・トǒー ☆息を外に出す。 ☆ th はタ　テ　ト ☆英語のthの発音とは異なるので注意
8. bɔɔ	บ	ボォー
9. pɔɔ	ป	ポォー
10. phɔɔ phɔ̌ɔ	พ ภ ผ	ポォー・ポǒー ☆息を外に出す。
11. ɔɔ	อ	オー ☆ ɔɔ は子音にも母音にもなります。

２．鼻音（nasal）の子音は３音があり、日本語な行、ま行、んに相当する音です。

発音記号	文字	音
12. mɔɔ	ม	モォー
13. nɔɔ	น ณ	ノォー
14. ŋɔɔ	ง	ンゴォー

3. 側面音（lateral）の子音は１音あります。

発音記号	文字	音
15. lɔɔ	ล ฬ	ロォー ☆英語のlの発音と似ています。

4. 接近音（approximant）の子音は1音あります。

発音記号	文字	音
16. rɔɔ	ร	ロォー ☆英語のrの発音と異なります。

5．摩擦音（fricatives）の子音は3音あります。

発音記号	文字	音
17. fɔɔ fɔ̌ɔ	ฟ ฝ	フォー・フォー
18. sɔɔ sɔ̌ɔ	ซ ส ศ ษ	ソォー・ソォー
19. hɔɔ hɔ̌ɔ	ฮ ห	ホォー・ホォー

6. 半母音（semivowel/glides approximant）の子音は2音あります。

発音記号	文字	音
20. wɔɔ	ว	ウォー
21. yɔɔ	ย ญ	ヨォー

2）二重子音の音　เสียงพยัญชนะประสม sǐaŋ pha-yan-cha-ná pra-sǒm

二重子音とは、子音を二つ並べて一緒に発音する子音のことです。

二重子音には2種類がありますが、本書は初級なので発音記号に反映される二重子音 อักษรควบ [àk-sɔ̌ɔn khûap] のみ説明します。

数）子音5音「k、kh、t、p、ph」が、子音3音「r、l、w」と組み合わさり11音作れます。

種類）下の表の11種類に分けられます。

子音	ก kɔɔ	ค khɔɔ ข khɔ̌ɔ	ต tɔɔ	ป pɔɔ	พ phɔɔ ผ phɔ̌ɔ
ร rɔɔ	1. กรอ krɔɔ グロォー	4. ครอ khrɔɔ クロォー ขรอ khrɔ̌ɔ クロォー	7. ตรอ trɔɔ トロォー	8. ปรอ prɔɔ プロォー	10. พรอ phrɔɔ プロォー
ล lɔɔ	2. กลอ klɔɔ グロォー	5. คลอ khlɔɔ クロォー ขลอ khlɔ̌ɔ クロォー	-	9. ปลอ plɔɔ プロォー	11. พลอ phlɔɔ プロォー ผลอ phlɔ̌ɔ プロォー
ว wɔɔ	3. กวอ kwɔɔ グウォー	6. ควอ khwɔɔ クウォー ขวอ khwɔ̌ɔ クウォー	-	-	-

3) 末子音の音　เสียงพยัญชนะท้าย sǐaŋ pha-yan-cha-ná tháay

末子音とは、音節の最後に来る子音のことです。日本語の「ん n」に当たります。

数）末子音は9音あります。

役割）末子音はその音節を閉じる（音を止める）役割を持ち、口の形や舌の位置で音を使い分けます。日本語では「ん」以外は全て母音で終わりますが、タイ語では子音で終わる単語が多くあり、末子音の音が異なれば意味も異なります。例えば、ตก [tòk]「落ちる」、ตบ [tòp]「叩く」などです。そのため音の違いをしっかりと練習しましょう。

発音記号	代表的な文字	母音とともに使われている音	音
1. ○n	กน kon ゴン		「あんない」の「ん」と同じ発音。舌は上歯茎に付ける。
2. ○m	กม kom ゴ（ム）	◌ำ am	「あんまり」の「ん」と同じ発音。口を閉じる。
3. ○ŋ	กง koŋ ゴ（ン）		「あんがい」の「ん」と同じ発音。舌は根元に置く。
4. ○k	กก kòk ゴッ（ク）		「ごっくん」の「っ（く）」と同じ発音。舌で喉を閉じる。
5. ○p	กบ kòp ゴ（ブ）		「きっぷ」の「っ（ぷ）」と同じ発音。口を閉じる
6. ○t	กด kòt ゴッ（ト）		「ちょっと」の「っ（と）」と同じ発音。舌は上歯茎に付ける。
7. ○y	เกย kəəy グゥーイ	ใ○ay ไ○ay	「愛：あい」の「い」を軽く言う音
8. ○w	เกอว kəəw グーワ	เ○า aw	「う」と「お」の間の音
9. ?			声を出す時のとても小さい息の音。弱く発音するか強く発音するかで聞き取れる音が変わる。例 นะ [ná ?] ナッ นะ [ná] ナ

☆タイ語の母音は21音あると述べましたが、その他に母音と子音が一緒になった音が3音（4文字）「◌ำ [am]、ใ○ [ay]、ไ○ [ay]、เ○า [aw]」あります。これらに末子音の音が使われています。

สวัสดี 3-3 声調　เสียงวรรณยุกต์　sǐaŋ wan-na-yúk

声調はタイ語の特徴のひとつです。声調は音の高低（抑揚）を意味し、音楽の音のトーンのようなもので、タイ語では音楽のように音の高低が聞こえます。

数）タイ語の声調には5つのトーンがあります。声調が変わると意味も変わるので、注意して下さい。

音のトーン	1. สามัญ saa-man 平声（へいせい）	2. เอก èek 低声（ていせい）	3. โท thoo 下声（かせい）	4. ตรี trii 高声（こうせい）	5. จัตวา càt-tà-waa 上声（じょうせい）
高			上から落ちる ↘	高いところからさらに高く ↗	
中	真ん中 →				低いところから下げて上がる ↗
低		低く抑える →			
例	กา kaa ガー	ก่า kàa ガ＼ー	ก้า kâa ガ∧ー	ก๊า káa ガ∠ー	ก๋า kǎa ガ∨ー

1

4. タイ語の文字　อักษรไทย àk-sɔ̌ɔn thay

อักษรไทย

タイ語の文字には、「子音字、母音記号、声調記号、数字」の４種類があります。「子音字＋母音記号＋声調記号」の基本の組み合わせで単語ができます。他に、日本語の「々」のような書き言葉専用の文字もあります。それぞれの特徴を見てみましょう。

タイ文字

❶ 子音字　❷ 母音記号　❸ 声調記号　❹ 数字

กข 4-1 子音字　พยัญชนะ pha-yan-cha-ná

数
タイ語の子音字は４４文字ありますが、現在は４２文字しか使われていません。
ただし、現在使われていない２文字「ฃ [khɔ̌ɔ]、ฅ [khɔɔ]」は古典やレストランの名前などに使われていることがあります。

読み方
タイ文字には同じ音を出す文字が複数あるため、それぞれの文字にその文字を使った単語を呼び名として付けています。「ก ไก่ [kɔɔ kày] ゴー ガ̀イ（鳥のゴー）」などです。日本語の「きをつけるのを」、「奈良の奈」などに似ていますね。
文字単独で覚えるのではなく、「鳥のゴーガ̀イ」、「卵のゴ̌ーカ̀イ」など呼び名と一緒に覚えると早く覚えられます。

行とグループ
タイ語は古代インド語であるバーリ語の影響を受け、文字を発声の起点から５つの行とその他の行に分けています。日本語の音で分けると「が・か行、ちゃ・さ行、た・だ・な行」などに当たります。また、後述する子音の三群分類に基づき、各行を「中子音、高子音、低子音（対応字・単独字)」の３つのグループに分けています。

☆「ว wɔɔ ย yɔɔ อ ɔɔ」は子音にも母音にもなります。

子音	母音
วัน wan 日	แล้ว lɛ́ɛw もう～した
ยักษ์ yák 鬼	เสีย sǐa 壊れる
เอา aw 要る	รอ rɔɔ 待つ

☆同じ文字でも頭子音で使われる場合と末子音で使われる場合では発音が異なるものがあります。

頭子音	末子音
ฆ่า khâa 殺す	เมฆ mêek 雲
ลอง lɔɔŋ 試す	บอล bɔɔn ボール

行名 発声の起点	中子音 เสียงพยัญชนะอักษรกลาง sǐaŋ pha-yan-cha-ná àk-sɔ̌ɔn klaaŋ		高子音 เสียงพยัญชนะอักษรสูง sǐaŋ pha-yan-cha-ná àk-sɔ̌ɔn sǔuŋ	
1. กะ ka が・か行 喉	**ก** ไก่ 鶏 **k** kɔɔ kày ゴー・ガ̀イ 		**ข** ไข่ 卵 **kh** khɔ̌ɔ khày コ̌ー・カ̀イ 	**ฃ** ขวด 瓶 **kh** khɔ̌ɔ khùat コ̌ー・ク̀ーア
2. จะ cà ちゃ・さ行 上口蓋の 天井部分	**จ** จาน 皿 **c** cɔɔ can ヂォー・ヂャーン 		**ฉ** ฉิ่ง シンバル **ch** chɔ̌ɔ chìŋ チ̌ォー・チ̀ン 	
3. ฎะ tà た・だ・な行 上口蓋の 歯茎部分	**ฎ** ชฎา 冠 **d** dɔɔ cha-daa ドォー・チャダー 	**ฏ** ปฏัก 牛追い棒 **t** tɔɔ pa-tàk トォー・パタ̀ッ(ク) 	**ฐ** ฐาน 台座 **th** thɔ̌ɔ thǎan ト̌ォー・タ̌ーン 	
4. ตะ ta た・だ・な行 上の歯の裏	**ด** เด็ก 子供 **d** dɔɔ dèk ドォー・デ̀ッ(ク) 	**ต** เต่า 亀 **t** tɔɔ tàw トォー・タ̀オ 	**ถ** ถุง 袋 **th** thɔ̌ɔ thǔŋ ト̌ォー・ト̌ゥン 	
5. ปะ pa ば・ぱ・ ま行 唇	**บ** ใบไม้ 葉っぱ **b** bɔɔ bay-máay ボォー・バイ・マ́ーイ 	**ป** ปลา 魚 **p** pɔɔ plaa ポォー・プラー 	**ผ** ผึ้ง ミツバチ **ph** phɔ̌ɔ phɯ̂ŋ ポ̌ォー・プ̂ン 	**ฝ** ฝา ふた **f** fɔ̌ɔ fǎa フ̌ォー・フ̌ァー
残りの行	**อ** อ่าง 水がめ **ɔɔ** ɔɔ àaŋ オー・ア̀ーン 		**ศ** ศาลา 東屋 **s** sɔ̌ɔ sǎa-laa ソ̌ー・サ̌ーラー 	**ษ** ฤาษี 仙人 **s** sɔ̌ɔ rɯɯ-sǐi ソ̌ー・ルス̌ィー
			ส เสือ 虎 **s** sɔ̌ɔ sɯ̌a ソ̌ォー・ス̌ーワ 	**ห** หีบ つづら **h** hɔ̌ɔ hìip ホ̌ォー・ ヒ̀ー(プ)

☆よく呼び間違えられている文字の呼び名

1. ✓ฌ เฌอ chɔɔ chəə 木
   ×ฌ กะเชอ chɔɔ ka-chəə 編みかご
2. ✓ษ ฤาษี sɔ̌ɔ rɯɯ-sǐi 仙人
   ×ษ บฤาษี sɔ̌ɔ bɔɔ rɯɯ-sǐi
3. ✓ฐ ฐาน thɔ̌ɔ thǎan 台座
   ×ฐ สันฐาน thɔ̌ɔ sǎn-thǎan

低子音（対応字）
เสียงพยัญชนะอักษรต่ำคู่
sǐaŋ pha-yan-cha-ná àk-sɔɔn tàm khûu

ค ควาย 水牛
kh khɔɔ khwaay
コー・クワーイ
ฅ คน 人間
kh khɔɔ khon
コー・コン
ฆ ระฆัง 鐘
kh khɔɔ ra-khaŋ
コー・ラカン
ช ช้าง 象
ch chɔɔ cháaŋ
チォー・チャーン
ซ โซ่ 鎖
s sɔɔ sôo
ソー・ソー
ฌ เฌอ 木
ch chɔɔ chəə
チォー・チュー
ฑ มณโฑ モントー夫人
th thɔɔ mon-thoo
トー・モントー
ฒ ผู้เฒ่า 老人
th thɔɔ phûu-thâw
トー・プータオ
ท ทหาร 兵士
th thɔɔ tha-hǎan
トー・タハーン
ธ ธง 旗
th thɔɔ thoŋ
トー・トン
พ พาน 台座付盆
ph phɔɔ phaan
ポー・パーン
ฟ ฟัน 歯
f fɔɔ fan
フォー・ファン
ภ สำเภา 帆船
ph phɔɔ sǎm-phaw
ポー・サムパオ
ฮ นกฮูก ふくろう
h hɔɔ nók hûuk
ホー・ノッ(ク) フー(ク)
低子音（単独字）
เสียงพยัญชนะอักษรต่ำเดี่ยว
sǐaŋ pha-yan-cha-ná àk-sɔ̌ɔn tàm dìaw

ง งู 蛇
ŋ ŋɔɔ ŋuu
ンゴー・ングゥー
ญ หญิง 女性
y yɔɔ yǐŋ
ヨー・イン
ณ เณร 少年僧
n nɔɔ neen
ノー・ネーン
น หนู ねずみ
n nɔɔ nǔu
ノー・ヌー
ม ม้า 馬
m mɔɔ máa
モー・マー
ย ยักษ์ 鬼
y yɔɔ yák
ヨー・ヤッ(ク)
ร เรือ 船
r rɔɔ rɯa
ロー・ルゥーワ
ล ลิง 猿
l lɔɔ liŋ
ロー・リン(グ)
ว แหวน 指輪
w wɔɔ wɛɛn
ウォー・ウェーン
ฬ จุฬา 凧
l lɔɔ cu-laa
ロー・チュラー
子音の音 → [k] [kɔɔ kày ゴォー ガイ] ← 子音の呼び名

子音字 [kɔɔ] ゴォー → **ก** ไก่ 鶏 ← その文字を使った単語 [kày]

☆末子音に使われる文字

子音 44 文字はすべて頭子音 21 音に対して使われますが、末子音 9 音に対して使われる文字は以下の通りです。

発音	代表的な例	文字
1. n	กน kon ゴン	น nɔɔ 外来語に使われる文字 ญ yɔɔ ณ nɔɔ ร rɔɔ ล ฬ lɔɔ
2. m	กม kom ゴ（ム）	ม mɔɔ 外来語に使われる文字 ~รรม ~am
3. ŋ	กง koŋ ゴ（ン）	ง ŋɔɔ
4. k	กก kòk ゴッ（ク）	ก kɔɔ 外来語に使われる文字 ข ฃ khɔ̌ɔ ค ฅ ฆ khɔɔ
5. p	กบ kòp ゴ（ブ）	บ bɔɔ 外来語に使われる文字 ป pɔɔ พ ภ phɔɔ ฟ fɔɔ
6. t	กด kòt ゴッ（ト）	ด dɔɔ 外来語に使われる文字 ฎ dɔɔ จ cɔɔ ช chɔɔ ซ sɔɔ ต ฏ tɔɔ ถ ฐ thɔ̌ɔ ฑ ฒ ท ธ thɔɔ ศ ษ ส sɔ̌ɔ
7. y (i)	เกย kəəy グゥーイ	ย yɔɔ
8. w	เกอว kəəw グーワ	ว wɔɔ
9. ʔ	母音で終わる単語につくʔ アッの音（文字としてではない）	例 นะ náʔ ดุ dùʔ ปริ prìʔ เจอะ càʔ

☆近年は英語などの外来語の増加により、外来語用の末子音の文字の使用が増えてきました。

例）ball: บอล [bɔɔn]（末子音 ล [lɔɔ]）、giraffe : ยีราฟ [yii-râap]（末子音 ฟ [fɔɔ]）、
tennis : เทนนิส [then-nít] (末子音 ส [sɔ̌ɔ])

☆外来語の特徴

ลักษณะคำยืมต่างประเทศ lák-sa-nà kham-yɯɯm tàaŋ-pra-thêet

日本語では外来語をカタカナで書きますが、タイ語では文字変化のルールを決めてタイ文字で書きます。したがって、その単語がタイ語か外来語かを見分ける方法があります。

１．タイ語の単語はひとつの音節で意味を持ちます。

例）คน [khon] 人　พ่อ [phɔ̂ɔ] 父　แม่ [mɛ̂ɛ] 母

一方、外来語は主に２つ以上の音節で意味を持ちます。

例）มนุษย์ [ma-nút] 人、人間　　บิดา [bì-daa] お父さん
　　มารดา [maan-daa] お母さん　　ญี่ปุ่น [yîi-pùn] 日本
　　อินเทอร์เน็ต [in-thəə-nét] インターネット

２．本来のタイ語は元々の８つの末子音（น [n]、ม [m]、ย [y]、ว [w]、ง [ŋ]、ก [k]、บ [p]、ด [t]）の文字を使います。

例）ฉัน [chǎn] 私　　รัก [rák] 愛する

一方、外来語は８つ以外の末子音の文字で書きます。

例）パーリ語：บุปผา [bùp-phǎa] 花
　　サンスクリット語：ราษฎร [râat-sa-dɔɔn] 国民
　　カンボジア語：อำนาจ [am-nâat] 威力
　　英語：ยีราฟ [yii-râap] キリン

特徴

1.
母音の音を表す記号を「母音記号」と呼びます。母音記号のみでは単語として意味をなさず、必ず子音字と一緒に用いられます。

2.
母音記号の位置は、記号により子音字の「前・後・上・下」のどこにあるかが変わります。以下の表の◌は子音字を入れる場所です。

3.
タイ語の母音は２１音ありますが、同じ音でも母音記号が複数あるものもあるため（例えば、a アの音は、７つの異なる記号で書けます）、タイ語の母音記号は３７個あります。

音21	記号 37			単語例					
1. a ア	1. ◌ะ	a	ア	นะ	ná	よ、ね	คะ	khá	はい(女性)
	2. ◌ั	a	ア	ครับ	khráp	はい(男性)	วัย	way	年齢層 年の頃
	3. ◌ำ	am	アム	จำ	cam	覚える	ดำ	dam	黒い
	4. ไ◌	ay	アイ	ไป	pay	行く	ไม่	mây	ない
	5. ใ◌	ay	アイ	ใจ	cay	心	ใคร	khray	誰
	6. ไ◌ย	ay	アイ	ไทย	thay	タイ	ไสย	sǎy	魔術
	7. เ◌า	aw	アオ	เขา	khǎw	彼/彼女	เรา	raw	私達
2. aa アー	8. ◌า	aa	アー	มา	maa	来る	หมา	mǎa	犬
3. ì イッ	9. ◌ิ	ì	イッ	กิน	kin	食べる	คิด	khít	考える
4. ii イー	10. ◌ี	ii	イー	ดี	dii	良い	ผี	phǐi	お化け
5. ù ウッ	11. ◌ุ	ù	ウッ	ดุ	dù	叱る	ปรุง	pruŋ	調理する
6. uu ウー	12. ◌ู	uu	ウー	ดู	duu	見る	หู	hǔu	耳
7. ɯ ウッ	13. ◌ึ	ɯ	ウッ	หมึก	mɯ̀k	インク	ดึง	dɯŋ	引っ張る
8. ɯɯ ウー	14. ◌ื	ɯɯ	ウー	ฟืน	fɯɯn	薪	ปลื้ม	plɯ̂ɯm	憧れ
	15. ◌ือ	ɯɯ	ウー	ถือ	thɯ̌ɯ	持つ	มือ	mɯɯ	手
9. è エッ	16. เ◌ะ	è	エッ	เตะ	tè	ける	และ	lé	ぐちゃぐちゃ
	17. เ◌็	è	エッ	เป็น	pen	である	เย็น	yen	涼しい、晩
	18. เ◌	è	エッ	เด้ง	dêŋ	跳ねる	เร่ง	rêŋ	急がせる

音21	記号 37			単語例					
10. ee エー	18. เ◯	ee エー	เท	thee	注ぐ	เยน	yeen	日本円	
11. ɛ エェッ	19. แ◯ะ	ɛ エェッ	แกะ	kɛ̀	羊	แวะ	wɛ́	寄る	
	20. แ็◯	ɛ エェッ	แข็ง	khɛ̌ŋ	硬い	แท็กซี่	thék-sîi	タクシー	
	21. แ◯	ɛ エェッ	แข่ง	khɛ̀ŋ	競争	แบ่ง	bɛ̀ŋ	分ける	
12. ɛɛ エェー	21. แ◯	ɛɛ エェー	แม่	mɛ̂ɛ	母	แบบ	bɛ̀ɛp	形	
13. ə ウッ	22. เ◯อะ	ə ウッ	เยอะ	yə́	たくさん	เปรอะ	prə̀	汚れる	
	23. เ◯ิ	ə ウッ	เพิ่ม	phə̂əm	追加する	เริ่ม	rə̂əm	始める・始まる	
14. əə ウー	23. เ◯ิ	əə ウー	เขิน	khə̌ən	照れる	เดิน	dəən	歩く	
	24. เ◯อ	əə ウー	เจอ	cəə	会う	เธอ	thəə	君	
	24. เ◯ย	əəy ウゥーイ	เคย	khəəy	～したことがある	เนย	nəəy	バター	
15. ò オッ	25. โ◯ะ	ò オッ	โต๊ะ	tó	机	โพละ	phló	割れる音	
16. oo オー	26. โ◯	oo オー	โต	too	大きい	โยน	yoon	投げる	
17. ɔ オォッ	27. เ◯าะ	ɔ オォッ	เงาะ	ŋɔ́	ランブータン	เพราะ	phrɔ́	なぜなら	
	28. ็◯อ	ɔ オォッ	ช็อก	chɔ́k	チョーク	ล็อก	lɔ́k	鍵をかける	
	29. ็◯	ɔ オォッ	ก็	kɔ̂	も				
18. ɔɔ オー	30. ◯อ	ɔɔ オー	รอ	rɔɔ	待つ	ขอ	khɔ̌ɔ	ください	
19. ia イーア	31. เ◯ีย	ia イーア	เพลีย	phlia	だるい	เสีย	sǐa	壊れる	
	32. เ◯ียะ	ìa イーア	เกี๊ยะ	kía	げた	เพี๊ยะ	phía	叩く音	
20. ɯa ウゥーワ	33. เ◯ือ	ɯa ウゥーワ	เสือ	sɯ̌a	虎	เรือ	rɯa	船	
	34. เ◯ือะ	ɯ̀a ウゥワ	เอือะ	ɯ̀a	殴られた声				
21. ua ウゥーワ	35. ◯ว	ua ウゥーワ	หัว	hǔa	頭	ถั่ว	thùa	豆	
	36. ◯วะ	ùa ウゥワッ	ยัวะ	yúa	怒る	จั๊วะ	cúa	すごく白い	
	37. ◯ว	ua ウゥーワ	สวย	sǔay	きれい	หวง	hǔaŋ	けちる	

数）声調の音は
5音があります
が、記号は4個
です。

音	1.สามัญ săa-man へいせい 平声	2.เอก èek ていせい 低声	3.โท thoo かせい 下声	4.ตรี trii こうせい 高声	5.จัตวา càt-tà-waa じょうせい 上声
記号 (記号の名前)	なし	◌่ ไม้เอก máy èek	◌้ ไม้โท máy thoo	◌๊ ไม้ตรี máy trii	◌๋ ไม้จัตวา máy càt-tà-waa
例	กา kaa ガー	ก่า kàa ガ⌐	ก้า kâa ガ△	ก๊า káa ガ／	ก๋า kǎa ガ∨

書く場所

1．子音字の右肩に書く

例）**ผ่า** [phàa] パ⌐ 「切る」
　ป่า [pàa] パ⌐ 「森」

2．二重子音の場合、2番目の子音字の上に書く

例）**หน้า** [nâa] ナ△ 「顔・前・ページ」
　กว้าง [kwâaŋ] グワ△（ン）「広い」

3．子音字の上にすでに母音記号がある場合、
母音記号の上に書く

例）**น้ำ** [nám] ナ（ム）「水」
　นิ่ม [nîm] ニ△（ム）「柔らかい」

ป่า pàa
パ⌐ 森

กว้าง
kwâaŋ
グワ△（ン）
広い

น้ำ nám
ナ（ム）水

42

☆子音の三群分類 ไตรยางศ์ tray-yaaŋ

タイ語の子音には元々それぞれに音のレベルがあります。タイ語では音のレベルにより子音を３つのグループに分類し、これを「ไตรยางศ์ [tray-yaaŋ] 三群分類」と呼んでいます。

３つの音のレベルは、「中子音」、「高子音」、「低子音」になります。三群分類は声調の変化に大切な役割を果たします。全ての子音で５つの声調が用いられるわけではなく、元々の子音の音のレベルにより、用いられる声調が決まっています。

三群分類を理解していないと「子音と母音と声調」を組み合わせても正しい発音がわからないため、タイ語を正確に読みたい人は理解しておきましょう。

อักษรกลาง àk-sɔ̌ɔn klaaŋ 中子音9字	ก [kɔɔ] จ [cɔɔ] ด ฎ [dɔɔ] ต ฏ [tɔɔ] บ [bɔɔ] ป [pɔɔ] อ [ɔɔ]	5つの声調が使用できる。
อักษรสูง àk-sɔ̌ɔn sǔuŋ 高子音11字	ข ฃ [khɔ̌ɔ] ฉ [chɔ̌ɔ] ฐ ถ [thɔ̌ɔ] ผ [phɔ̌ɔ] ฝ [fɔ̌ɔ] ศ ษ ส [sɔ̌ɔ] ห [hɔ̌ɔ]	3つの声調（⑤上声、②低声、③下声）が使用できる。
อักษรต่ำคู่ àk-sɔɔn tàm khûu 低子音（対応字） 14字	ค ต ฆ [khɔɔ] ช ฌ [chɔɔ] ฑ ฒ ท ธ [thɔɔ] พ ภ [phɔɔ] ฟ [fɔɔ] ซ [sɔɔ] ฮ [hɔɔ]	3つの声調（①平声、③下声、④高声）が使用できる。 低子音（対応字）とは、同じ発音で声調が異なる（対応する）文字が高子音にある文字のこと。
อักษรต่ำเดี่ยว àk-sɔɔn tàm dìaw 低子音（単独字） 10字	ง [ŋɔɔ] ญ [yɔɔ] ณ น [nɔɔ] ม [mɔɔ] ย [yɔɔ] ร [rɔɔ] ล ฬ [lɔɔ] ว [wɔɔ]	3つの声調（①平声、③下声、④高声）が使用できる。 低子音（単独字）とは、同じ発音の文字が高子音にない文字のこと。ただし、低子音（単独字）の前にห [hɔ̌ɔ]を置くと、高子音の音になります（これを「低子音の高子音化」と言います）。 例 นา [naa]「田んぼ」 → หนา [nǎa]「厚い」

☆単語（音節）の声調の規則

タイ語の単語（音節）は「子音＋母音（＋末子音）＋声調」で構成されています。単語（音節）がどの声調になるかは、声調記号だけではなく以下の４つの条件で決まります。

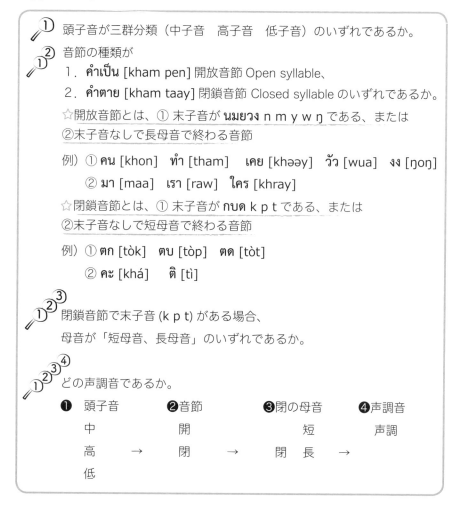

① 頭子音が三群分類（中子音　高子音　低子音）のいずれであるか。

①② 音節の種類が

1．**คำเป็น** [kham pen] 開放音節 Open syllable、

2．**คำตาย** [kham taay] 閉鎖音節 Closed syllable のいずれであるか。

☆開放音節とは、① 末子音が **นมยวง** n m y w ŋ である、または
②末子音なしで長母音で終わる音節

例）① **คน** [khon]　**ทำ** [tham]　**เคย** [khəəy]　**วัว** [wua]　**งง** [ŋoŋ]

② **มา** [maa]　**เรา** [raw]　**ใคร** [khray]

☆閉鎖音節とは、① 末子音が **กบด** k p t である、または
②末子音なしで短母音で終わる音節

例）① **ตก** [tòk]　**ตบ** [tòp]　**ตด** [tòt]

② **คะ** [khá]　**ติ** [tì]

①②③ 閉鎖音節で末子音 (k p t) がある場合、
母音が「短母音、長母音」のいずれであるか。

①②③④ どの声調音であるか。

❶ 頭子音		❷音節		❸閉の母音		❹声調音
中		開		短		声調
高	→	閉	→	閉　長	→	
低						

☆びっくりするぐらい条件が多いですが、実際に単語を発音していると条件を意識せず自然に覚えられるようになるので、たくさん練習してみましょう。

単語（音節）の声調の規則表と単語の例

❶	❷ 音節の種類		❹ 声調、声調記号とその呼び方				
3群分類	開放音節	閉鎖音節	1. สามัญ sǎa-man へいせい 平声	2. เอก èek ていせい 低声	3. โท thoo かせい 下声	4. ตรี trii こうせい 高声	5. จัตวา càt-tà-waa じょうせい 上声
	① n m y w ŋ または ②長母音で終わる	❸ ① k p t または ②短母音で終わる。	なし	◌่ ไม้เอก máy èek	◌้ ไม้โท máy thoo	◌๊ ไม้ตรี máy trii	◌๋ ไม้จัตวา máy càt-tà-waa
中子音9字	②		กา kaa	ก่า kàa	ก้า kâa	ก๊า káa	ก๋า kǎa
	①		กำ kam	ก่ำ kàm	ก้ำ kâm	ก๊ำ kám	ก๋ำ kǎm
		①で長母音		กาบ kàap	ก้าบ kâap	ก๊าบ káap	ก๋าบ kǎap
		①で短母音		กับ kàp	กั้บ kâp	กั๊บ káp	กั๋บ kǎp
		②		จะ cà	จ้ะ câ	จ๊ะ cá	จ๋ะ cǎ
高子音11字	②			ข่า khàa	ข้า khâa		ขา khǎa
	①			ข่าว khàaw	ข้าว khâaw		ขาว khǎaw
		①で長母音		ขาด khàat	ข้าด khâat		
		①で短母音		ขัด khàt	ขั้ด khât		
		②		ขะ khà	ข้ะ khâ		
低子音24字	②		คา khaa		ค่า khâa	ค้า kháa	
	①		นำ nam		น่ำ nâm	น้ำ nám	
		①で長母音			มาก mâak	ม้าก máak	
		①で短母音			มั่ด mât	มัด mát	
		②			ค่ะ khâ	คะ khá	

☆タイ語の声調記号には、声調の音と一致しない記号もあります（例えば、**มาก** [mâak] は声調記号がないですが、音は③下声になります。）

๑๒ 4-4 数字のタイ文字 ตัวเลขไทย tua-lêek thay

タイ語には数字のタイ文字があります。

0	1	2	3	4	5	6	7	8	9	10
๐	๑	๒	๓	๔	๕	๖	๗	๘	๙	๑๐
ศูนย์	หนึ่ง	สอง	สาม	สี่	ห้า	หก	เจ็ด	แปด	เก้า	สิบ
sǔun	nʉ̀ŋ	sɔ̌ɔŋ	sǎam	sìi	hâa	hòk	cèt	pɛ̀ɛt	kâw	sìp

●書き言葉専用の記号は、４つあります。

	1	2	3	4
記号	◌์	◌ๆ	◌ฯ	ฯลฯ
読み方	**ทัณฑฆาต** than tha-khâat	**ไม้ยมก** máy ya-mók	**ไปยาลน้อย** pay yaan nɔ́ɔy	**ไปยาลใหญ่** pay yaan yày
書く場所	子音または母音の上	その単語の後ろに同じ高さで	その単語の後ろに同じ高さで	その単語の後ろに同じ高さで
意味	発音しない	その単語を繰り返す	その単語を省略する	など
例	**ศุกร์** sùk 金曜	**ค่อยๆ** khɔ̂y khɔ̂y ゆっくり・徐々に	**กรุงเทพฯ** kruŋ thêep（ma-hǎa na-khon） バンコク	**อยากได้นาฬิกา กระเป๋า ฯลฯ** yàak dây naa-li-kaa kra-pǎw lɛ́ ʉ̀ʉn ʉ̀ʉn 時計、カバンなどが欲しい。
役割	外来語用 ①外来語を発音しやすくするため読まなくてもよくする ②外来語の元の形を残すため文字を残すが、読まなくてよくする ☆記号の名前は **ทัณฑฆาต** [than tha-khâat] と言い、子音または母音の上に置く。記号を含めた字を **ตัวการันต์** [tua kaa-ran] と言う	①同じ言葉を２度書かなくてよくする ②読みやすくする	周知の長い単語をフルネームで書かなくてもよくする	他にある例をすべて書かなくてもよくする

5. タイ語の文　ประโยคภาษาไทย pra-yòok phaa-sǎa thay

ม + า = มา
m(ɔɔ) aa maa

5-1 文字の組み合わせ　การประสมอักษร kaan pra-sǒm àk-sɔ̌ɔn

単語（音節）を作るためのタイ文字の組み合わせは、以下の順になります。

> ①子音＋②母音＋③声調＋④末子音＋⑤発音しない記号
> （ตัวการันต์ [tua kaa-ran]）

この組み合わせで3パターンができます。

1．３部構成「①子音＋②母音＋③声調」

文字の組み合わせ			単語
①子音 ＋	②母音 ＋	③声調	
ม m(ɔɔ)	◌**า** aa	記号なし、声調１（平声）**สามัญ** sǎa-man	**มา** maa 来る
ข kh(ɔɔ)	**เ**◌**า** aw	記号なし、声調５（上声）**จัตวา** càt-tà-waa	**เขา** khǎw 彼/彼女
น n(ɔɔ)	◌ี ii	記号3 ◌้（**ไม้โท** [máy thoo]）、 声調４（高声）**ตรี** [trii]	**นี้** níi この

2．４部構成

「①子音＋②母音＋③声調＋④末子音」

文字の組み合わせ				単語
①子音 ＋	②母音 ＋	③声調	④末子音	
ช ch(ɔɔ)	◌**อ** ɔɔ	記号なし、声調３ （下声）**โท** thoo	**บ** b(ɔɔ)	**ชอบ** chɔ̂ɔp 好き

「①子音＋②母音＋③声調＋⑤発音しない記号 **ตัวการันต์** [tua kaa-ran]」

文字の組み合わせ				単語
①子音 ＋	②母音 ＋	③声調	⑤発音しない 記号 **ตัวการันต์** [tua kaa-ran]	
ล l(ɔɔ)	**เ**◌ ee	記号2 ◌่**ไม้เอก** [máy èek]、 声調3（下声）**โท** [thoo]	**ห์**	**เล่ห์** lêe 策略

3. ５部構成「①子音＋②母音＋③声調＋④末子音＋⑤発音しない記号 **ตัวการันต์** tua kaa-ran」

文字の組み合わせ					単語
①子音 ＋	②母音 ＋	③声調	④末子音＋	⑤発音しない記号 **ตัวการันต์** [tua kaa-ran]	
ศ s(ɔɔ)	◌ุ ù	記号なし、声調２(低声) **เอก** [èek]	**ก** k(ɔɔ)	**ร์**	**ศุกร์** sùk 金曜日

5-2 単語の書き順 ห→หา→ห้า

ลำดับการเขียนตัวอักษร lam-dàp kaan khǐan tua àk-sɔ̌ɔn

単語を書く時は「①子音字、②母音記号、③声調記号、④末子音字、⑤発音しない記号 **ตัวการันต์** tua kaa-ran)」の順番に書きます。

① **ห** h(ɔ̌ɔ)	② ◌า aa	③ ◌้ **ไม้โท** máy thoo	
ห	**หา**	**ห้า**	= **ห้า** hâa 5

① **ศ** s(ɔɔ)	② ◌ุ ù	③声調記号なし	④ **ก** k(ɔɔ)	⑤ **ร์**	
ศ	**ศุ**	**ศุ**	**ศุก**	**ศุกร์**	= **ศุกร์** sùk 金曜

① **ว** w(ɔɔ)	② ◌ิ ì	③ ◌่ **ไม้เอก** máy èek	④ **ง** ŋɔɔ	
ว	**วิ**	**วิ่**	**วิ่ง**	= **วิ่ง** wîŋ 走る

☆手書きの場合は通常末子音字を書いてから、声調記号を書きます。

☆ただし、「**เ**◌**า** aw」のような母音（子音の前に置く母音の場合）は、先に「**เ**」（母音記号）を書いてから子音字を書きます。

② **เ** (เ◌า aw)	① **ข** kh(ɔ̌ɔ)	② **า** (เ◌า aw)	
เ	**เข**	**เขา**	= **เขา** khǎw 彼/彼女

5-3 タイ語の文の書き方
การเขียนประโยคภาษาไทย

kaan khǐan pra-yòok phaa-sǎa thay

1. 左から右に書きます。
2. 単語と単語の間にスペースを
   空けず、長い文の場合は文の
   途中で2文字ぐらいのスペー
   スを空ける場合があります。
3. ひとつの文が終わったら、「。」
   「.」などの記号を使わず、3
   〜4文字のスペースを空けます。

〈文の書き方の例〉
こんにちは。私の名前はけんです。
私は日本人です。

สวัสดีครับ ผมชื่อเคน ผมเป็นคนญี่ปุ่น
sa-wàt-dii khráp phǒm chûɯ kheen
phǒm pen khon yîi-pùn

次のページの表を参考にして、「まい」と「けん」と「らん」を書いてみよう。

子音+	母音+	末子音	名前		
m ม	ay ไ◯		may	ไม	まい
kh ค	ee เ◯	n น	kheen	เคน	けん
r ร	a ◌ั	n น	ran	รัน	らん

次のページの表を参考にして、自分の名前をタイ文字で書いてみよう。

子音+	母音+	末子音	名前

自分の名前を書いてみよう

タイ文字５０音対応表
子音と母音を
組み合わせてみよう。

	子音＼母音	ア a ◌ะ	イ ì ◌ิ	ウ ù ◌ุ	エ è เ◌ะ	オ ò โ◌ะ
kh	ค	คะ カ khá	คิ キ khí	คุ ク khú	เคะ ケ khé	โคะ コ khó
s	ซ ช	ซะ サ sa	ชิ シ shí	ซุ ス sú	เซะ セ sé	โซะ ソ só
t	ท	ทะ タ tha	จชิ チ chí	ทซึ ツ thsɯ́	เทะ テ thé	โทะ ト thó
n	น	นะ ナ ná	นิ ニ ní	นุ ヌ nú	เนะ ネ né	โนะ ノ nó
h	ฮ	ฮะ ハ há	ฮิ ヒ hí	ฮุ フ hú	เฮะ ヘ hé	โฮะ ホ hó
m	ม	มะ マ ma	มิ ミ mí	มุ ム mú	เมะ メ mé	โมะ モ mó
y	ย	ยะ ヤ ya		ยุ ユ yú		โยะ ヨ yó
r	ร	ระ ラ ra	ริ リ rí	รุ ル rú	เระ レ ré	โระ ロ ró
w	ว	วะ ワ wá				โอะ ヲ ò
n	น	น ン n				
k	ก	กะ ガ ka	กิ ギ kì	กุ グ kù	เกะ ゲ kè	โกะ ゴ kò
s	ซ	ซะ ザ sa	จิ ジ cì	ซุ ズ sú	เซะ ゼ sé	โซะ ゾ só

母音 / 子音	ア a ◌ะ	イ ì ◌ิ	ウ ù ◌ุ	エ è เ◌ะ	オ ò โ◌ะ
d ด	ดะ ダ da	จิ チ cì	ดุ ヅ sú	เดะ デ dè	โดะ ド dò
b บ	บะ バ ba	บิ ビ bì	บุ ブ bù	เบะ ベ bè	โบะ ボ bò
ph พ	พะ パ pha	พิ ピ phí	พุ プ phú	เพะ ペ phé	โพะ ポ phó

母音 / 子音	アア aa ◌า	イイ ii ◌ี	ウウ uu ◌ู	エエ・エイ ee เ◌	オオ・オウ oo โ◌
อ ɔɔ	อา アア aa	อี イイ ii	อู ウウ uu	เอ エエ・エイ ee	โอ オオ・オウ oo
ค kh	คา カア khaa	คี キイ khii	คู クウ khuu	เค ケエ・ケイ khee	โค コウ・コオ khoo

母音 / 子音	アム am ◌ำ	アイ ay ไ◌	アウ aw เ◌า	アン an ◌ัน	イアウ iaw เ◌ียว
ม m	มำ マム mam	ไม マイ may	เมา マオ maw	มัน マン man	เมียว ミィーアウ miaw
ค kh	คำ カム kham	ไค カイ khay	เคา カオ khaw	คัน カン khan	เคียว キィーアウ khiaw

タイ語には二重母音があるので、左記の音は二重母音を使いましょう。

1 初めてのタイの旅が始まります！

皆さん、สวัสดีครับ [sa-wàt-dii khráp！] 僕は初めてタイにホームステイしま～す。ドキドキですが、今日からタイ語なしでは、この国で生きていけません。どうしよう！僕を助けて！
ええと、どうしよう。まずタイに着いてから何を喋るかな。そうそう、挨拶だ！
挨拶 สวัสดีครับ [sa-wàt-dii khráp] でしょう。
僕は男だから ครับ [khráp] を使うの。
女の子なら、สวัสดีค่ะ [sa-wàt-dii khâ]
つまり文の最後に ค่ะ [khâ] を付けるんだ。
挨拶できた～！僕の初めてのタイ語だ。
え！誰かが僕のところに来る！
สวัสดีครับ [sa-wàt-dii khráp]
ผมชื่อต้มยำครับ [phǒm chʉ̂ʉ tôm-yam khráp]
คุณชื่ออะไรครับ [khun chʉ̂ʉ aray khráp]
ええっ？この人は僕に何と言ってるの？僕はただ挨拶の練習をしてただけだけど。あなたに挨拶してないよ！
はい、なになに？
あ！そうか。名前を聞いているのかな。答えてみよう。僕の名前は、「けん」です。「けん」
ええと、タイ語で言ってみよう。
ผมชื่อเคนครับ [phǒm chʉ̂ʉ kheen khráp]
やった！相手がニコニコしてる。通じたの？

第1課　挨拶と自己紹介をしよう

บทที่ 1 มาทักทายและแนะนำตัวกัน
[bòt-thîi nùŋ maa thák thaay lé né-nam tua kan]

Lesson 1 挨拶表現

♪2 **สวัสดี** [sa-wàt-dii] こんにちは

♪2

สวัสดีครับ [sa-wàt-dii khráp]
こんにちは

สวัสดีค่ะ [sa-wàt-dii khâ]
こんにちは

意味　**สวัสดี** [sa-wàt-dii] はタイの挨拶用語の一つです。**สวัสดี** [sa-wàt-dii] は古代インド語であるサンスクリット語から派生し、西暦1933年にニム・ガージャナチィワというタイの大学の先生が提案した言葉です。**สวัสดี** [sa-wàt-dii] の意味は「善・美・栄え」で、これにより普通の挨拶だけでなく、祝福を表す用語にもなります。また、仏教では高貴で縁起が良いとされる蓮の花の形で手を合わせ挨拶することで（これを「ワイ」と言います）、尊敬と思いやりの気持ちが伝わります。

使い方　普段は一日中使えますが、時間によって他の挨拶用語を使う人もいます。朝なら **อรุณสวัสดิ์** [a-run-sa-wàt]「おはようございます」、寝る前なら**ราตรีสวัสดิ์** [raa-trii-sa-wàt]「お休みなさい」が使われます。「こんばんは」も現在 **สวัสดี** [sa-wàt-dii] が使われています。

☆ **สวัสดี** [sa-wàt-dii] は「さようなら」という別れの言葉としても使われます。通常、自分より目上の人に対してはワイをしながら先に挨拶します。頭を下げる角度も相手との関係によって変わります。自分と同じ年齢または年下の相手の場合、ワイをせずに **หวัดดี** [wàt-dii] などだけ言うか、微笑み合うだけで挨拶することもよく見られます。

♪2 ครับ [khráp] ค่ะ [khâ]   ～です ～ます はい

意味　語尾に付けて丁寧さを表します。また、単独で用いると呼応の「はい」
　　　を意味します。

使い方　男性と女性で異なる語尾、男性は ครับ [khráp] を、女性は ค่ะ [khâ]
　　　を用います。疑問文では、女性の語尾は声調が คะ [khá] に変わります。
　　　男性の声調は変わらないです。

☆タイ語では ครับ [khráp]、ค่ะ [khâ] を付けるだけで丁寧な表現になります。
親しい人や友達などには、丁寧すぎるためこの語尾は使いません。ただし、目上
の人に対しては丁寧な語尾を使わないと失礼です。

練習1　次ページを参考にして吹き出しの中に挨拶表現を入れましょう。

1.
ขอบคุณครับ
[khɔ̀ɔp-khun khráp]

....

2.
....

สบายดีครับ
[sa-baay-dii khráp]

3.
ขอโทษครับ
[khɔ̌ɔ-thôot khráp]

....

4.
สวัสดีครับ
[sa-wàt-dii khráp]

....

สวัสดีครับ
sa-wàt-dii khráp

สวัสดีค่ะ
sa-wàt-dii khâ
こんにちは。

ขอโทษครับ
khɔ̌ɔ-thôot khráp
ごめんなさい
すみません。

ไม่เป็นไรค่ะ
mây-pen-ray khâ
気にしないでください。

ขอบคุณครับ
khɔ̀ɔp-khun khráp
ありがとうございます。

ยินดีค่ะ
yin-dii khâ
喜んで。

ไม่เป็นไรค่ะ
mây-pen-ray khâ
どういたしまして。
とんでもない。

ยินดี [yin-dii] はレストランやホテルでお客さんに対して使います。
ไม่เป็นไร [mây-pen-ray] はタイ人の口癖の一つです。
あらゆる場面で **ไม่เป็นไร** [mây-pen-ray] が使われますが、
どういたしまして・とんでもない・気にしないで・大丈夫よ、など色々な意味が含まれます。

สบายดีไหมคะ
sa-baay-dii máy khá
สบายดีหรือเปล่าคะ
sa-baay-dii rɯ̌ɯ-plàw khá
お元気ですか？

สบายดีครับ
sa-baay-dii
khráp
元気です。

เรื่อยๆ
rɯ̂ay rɯ̂ay
まあまあ。

ไม่ค่อยสบาย
mây-khɔ̂y
sa-baay
あまり元気では
ないです。

สบายดี [sa-baay-dii] は「元気」という意味です。
ไหม [máy]「ですか」 **หรือเปล่า** [rɯ̌ɯ-plàw]「かどうか」 は疑問詞です。

ไปไหนมา
pay nǎy maa
どこに行ってきたの？

ไปแถวนี้มา
pay thɛ̌w-níi maa
そのへん。そのあたり。

「どこに行ってきた？」はよく使うタイ語の挨拶表現の一つです。
気候がよく変わる日本では天気や気候のことをよく挨拶表現に用いますが、一年中暑いタイ
では、他の表現を用います。返事には **ไปซื้อของมา** [pay sɯ́ɯ khɔ̌ɔŋ maa]
「買物をしてきた」や **ไปธุระมา** [pay thú-rá maa]「用事をしてきた」などを用い、
正確に答える必要はないです。

กินข้าวแล้วหรือยัง
kin khâaw lɛ́ɛw-rɯ̌ɯ-yaŋ
ご飯を食べた？

กินแล้ว
kin lɛ́ɛw
食べた。

ยัง
yaŋ
まだ。

この表現も挨拶によく使われています。相手をおもんばかった表現です。相手に時間と経済的な余裕があってご飯を食べられているかどうか、声をかけます。つまり、元気で過ごしているかどうかを尋ねる「お元気ですか」の代わりに用います。返事は自由に答えてもいいです。

ขอตัวก่อนนะคะ
khɔ̌ɔ-tua kɔ̀ɔn ná khá
お先に失礼します。

เชิญครับ
chəən khráp
どうぞ。

ขอตัวก่อน [khɔ̌ɔ-tua kɔ̀ɔn]「お先に失礼します。」は職場・改まった場面でよく使います。**นะ** [ná] は「よ・ね」という語尾ですが、入れたら柔らかく聞こえます。

กลับแล้วนะคะ
klàp lɛ́ɛw ná khá
そろそろ。（もう帰ります）

แล้วเจอกันใหม่ค่ะ
lɛ́ɛw cəə kan mày khâ
また会いましょう。

โชคดีครับ
chôok-dii khráp
元気で（幸運を）。

แล้วเจอกันใหม่ครับ
lɛ́ɛw cəə kan mày khráp
また会いましょう。

ยินดีที่ได้รู้จัก
yin-dii thîi dây rúu-càk
はじめまして。

ยินดีที่ได้รู้จักเช่นกันค่ะ
yin-dii thîi dây rúu-càk
chên-kan khâ
こちらこそ、はじめまして。

この表現は nice to meet you の訳で、外国人はよく使っていますが、タイ人はあまり用いません。タイ人は挨拶と名前の自己紹介がすんだら、微笑みなどで終わることが多いです。また相手と親しくなるために、職場や年齢など相手の背景を尋ねることもあります。

●名前の自己紹介

3

ผม / ดิฉันชื่อ ［phǒm/di-chǎn 文語 chûɯ ○○］
di-chán 口語

私の名前は○○です。

3

主語	+ 名前を表す単語	+ 自分の名前 +	丁寧な語尾
ผม phǒm 僕・私	**ชื่อ** chûɯ の名前は	○○	**ครับ** khráp
ดิฉัน di-chán 私			**ค่ะ** khâ

ดิฉัน[di-chǎn] と **ฉัน** [chǎn] は、話し言葉では [dì-chán] と [chán] の発音になることが多いです。

使い方　日本とタイでは名前の呼び方の習慣が違います。タイでは人の名前を呼ぶ時に、その人の名字（**นามสกุล**［naam-sa-kun］）で呼ぶのではなく、下の名前で呼びます。さらに、友達はもちろん、会社の中でもあだ名 **ชื่อเล่น**［chûɯ-lên］で呼ぶことも多いです。丁寧な呼び方は、〈**คุณ**［khun］「さん」＋下の名前〉、またはあだ名です。
例）**คุณเคน**［khun kheen］　けんさん

☆タイ人が自己紹介する時に、あだ名ではなく名前で自己紹介するのは、改まった場面や距離をあけたい時です。友達付き合いで相手との距離を近づけたい場合はあだ名で自己紹介するのが一般的です。タイ人は友達をあだ名で呼ぶことに慣れていて、友達の本名を知らない場合も多いですよ。

☆なぜタイ人は大体あだ名を持っているのでしょうか。それは、病気やお化けから子供を取られないように別の名前を付けてごまかすという昔の考えに由来します。以前は、ムー（豚）やレック（おちびちゃん）など、あえて変なあだ名をつけることが主流でしたが、最近は、西洋風のかっこいい名前をつけたりすることが多いです。

あだ名を自己紹介する場合

3

ผม / ดิฉัน phǒm/di-chán 私	+	**ชื่อเล่นชื่อ** chûɯ-lên chûɯ のあだ名は	+	○○ ○○	+	**ครับ / ค่ะ** khráp/khâ です。

☆自分のあだ名を言う時、〈**ชื่อเล่น** [chûɯ-lên] ＋ **ชื่อ** [chûɯ]〉になります。

名字を自己紹介する場合

🎵3

| ผม / ดิฉัน phǒm/di-chán 私 | ＋ | นามสกุล naam-sa-kun の名字は | ＋ | ○○ ○○ | ＋ | ครับ / ค่ะ khráp/khâ です。 |

相手の名前を聞く時

🎵3

主語	＋ 名前を表す単語 ＋	疑問詞	＋	丁寧な語尾
คุณ khun あなた	ชื่อ chûɯ の名前は	อะไร a-ray 何		ครับ / คะ khráp/khá ですか。

☆疑問詞 **อะไร** a-ray は文末に置きます。

練習2　次の質問にタイ語で答えてみよう。

> 1. **คุณชื่ออะไรครับ** [khun chûɯ a-ray khráp]
> 2. **คุณนามสกุลอะไรคะ** [khun naam-sa-kun a-ray khá]
> 3. **คุณชื่อเล่นชื่ออะไรคะ** [khun chûɯ-lên chûɯ a-ray khá]

1.
2.
3.

自分の名前、名字、あだ名を答えてみよう。 あだ名がない場合は、**ไม่มีชื่อเล่น** [mây mii chûɯ-lên]「あだ名はないです」と答えましょう。

4 Lesson 3 人称代名詞

使い方　タイの社会では場面や相手の年齢によって自分または相手の呼び方が変わります。

☆日本語にはないですが、お店の人や家族以外の人に対しても、相手や自分のことを、兄やおばといった人称代名詞を用いて呼びます。例えば、お店の人に **พี่** [phîi] 兄・姉 などと呼びます。

☆相手の年齢がまだ分からない場合は、人称代名詞を使わずに「名前は何ですか」**ชื่ออะไรคะ/ครับ** [chŵɯ a-ray khá/khráp] と聞くこともよくあります。

主な一人称

男性は **ผม** [phǒm]「私」、**พี่** [phîi]「兄」、**เรา** [raw]「私」など

女性は **ดิฉัน** [di-chán]「私」、**ฉัน** [chán]「私」、**พี่** [phîi]「姉」、**หนู** [nǔu]「あたし」、**เรา** [raw]「私」などです。

☆性別なしの場合は **ข้าพเจ้า** [khâa-pha-câw]「わたくし」、**ฉัน** [chán]「私」、**เรา** [raw]「私」などを用います。

主な二人称

相手のことは **คุณ** [khun]「あなた」を使います。また名前の前に **คุณ** [khun]「さん」を付けると丁寧な言い方になります。

主な三人称

เขา [khǎw]「彼 / 彼女」を使います。会話では [kháw] の発音になることが多いです。

☆代名詞が複数の場合、代名詞の前に **พวก** [phûak]「～たち」を入れます。

例）**พวก+ผม** [phûak+phǒm] ＝僕たち

พวก+เขา [phûak+kháw] ＝彼ら　**พวก+เรา** [phûak+raw] = 私たち

また **เรา** [raw] 、**เขา** [kháw] 単独でも複数を意味する場合もあります。

♪4 主な人称代名詞のまとめ บุรุษสรรพนาม [bu-rùt sàp-pha-naam]

使う場面	複数主語	単数主語		
		一人称	二人称	三人称
職場などの改まった場所		 ผม phǒm 私　ดิฉัน di-chán 私	 คุณ khun あなた（さん） ท่าน thân あなた様（尊敬語または偉い人に対して）	 ท่าน thân あの方（偉い人や地位の高い人に対して、またお客さんや観客など）
目上の人と	พวก phûak たち・〜ら +	 ผม phǒm 私　หนู nǔu 私・あたし（目上の人に対して謙遜する）	 พี่ phîi 兄/姉(+名前)	 เขา khǎw（文語）kháw（口語）彼/彼女
目下の人と		 พี่ phîi 兄/姉 ผม phǒm 私	 หนู / น้อง nǔu /nɔ́ɔŋ 弟/妹(+名前)	 แก kɛɛ 彼/彼女 มัน man あいつ/こいつ、動物
友達同士		 ผม phǒm 私　ฉัน chán 私 เรา raw 僕　เรา raw 私	 นาย naay 君（男）　เธอ thəə 君（女） 名前のみ แก kɛɛ 君（親しい友達に対して）	

練習 3　人称代名詞の練習

それぞれの場面に応じて以下の質問にタイ語で答えてみよう。

1．**職場・改まった場所**

คุณชื่ออะไร [khun chɯ̂ɯ a-ray]

2．**目上の人から聞かれる場合**

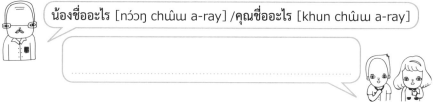

น้องชื่ออะไร [nɔ́ɔŋ chɯ̂ɯ a-ray] /คุณชื่ออะไร [khun chɯ̂ɯ a-ray]

3．**目下の人から聞かれる場合**

พี่ชื่ออะไร [phîi chɯ̂ɯ a-ray]

4．**友達から聞かれた場合**

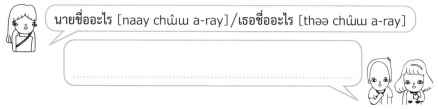

นายชื่ออะไร [naay chɯ̂ɯ a-ray]/เธอชื่ออะไร [thəə chɯ̂ɯ a-ray]

5．**第三者の名前を聞く場合**

เขาชื่ออะไร [kháw chɯ̂ɯ a-ray]

会話の聞き取り練習 5

①タイ語を聞いて、同じ意味の日本語を線でつなぎましょう。

ชื่อ [chŵŵɯ] ●	● 名前
คุณ [khun] ●	● 何
อะไร [a-ray] ●	● 彼 / 彼女
เขา [kháw] ●	● 私
ผม/ดิฉัน [phǒm/di-chán] ●	● あなた

②会話を聞いて、次の質問にタイ語で答えましょう。

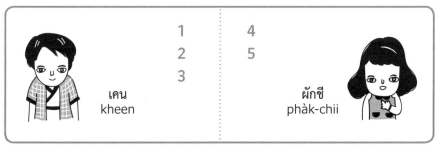

1
2
3

เคน
kheen

4
5

ผักชี
phàk-chii

1．ผู้ชายชื่ออะไร [phûu-chaay（男性）chŵŵɯ a-ray]

2．ผู้หญิงชื่ออะไร [phûu-yǐŋ（女性）chŵŵɯ a-ray]

🔊 会話

เคน
kheen

1 สวัสดีครับ [sa-wàt-dii khráp]

2 ผมชื่อเคนครับ [phǒm chûɯ kheen khráp]

3 คุณชื่ออะไรครับ [khun chûɯ a-ray khráp]

4 สวัสดีค่ะ [sa-wàt-dii khâ]

5 ดิฉันชื่อผักชีค่ะ [di-chán chûɯ phàk-chii khâ]

ผักชี
phàk-chii

🔊 ロールプレー練習

友達とペアになり、上記の会話をまね、自己紹介してみよう。

A	B
1. 挨拶	4. 挨拶
2. 自己紹介	5. 自己紹介
3. 名前を聞く	

（日本語訳）

けん君　こんにちは。
　　　　僕の名前はけんです。
　　　　あなたの名前は何ですか？

　　　　　　　　　こんにちは。パクチーちゃん
　　　　私の名前はパクチーです。

読み取り練習 🔊5

文を読んで次の質問にタイ語で答えましょう。

สำลี [săm-lii]

น้องกุ้ง สบายดีไหมครับ [nɔ́ɔŋ kûŋ   sa-baay dii máy khráp]

กุ้ง [kûŋ]

> **สวัสดีค่ะ สบายดีค่ะ** [sa-wàt-dii khâ   sa-baay-dii khâ]
> **พี่สำลี ไปไหนมาคะ** [phîi săm-lii pay năy maa khá]

สำลี [săm-lii]

ไปแถวนี้มาครับ [pay thĕw níi maa khráp]
แล้วเจอกันใหม่ครับ [lɛ́ɛw cəə kan mày khráp]

กุ้ง [kûŋ]

> **ค่ะ แล้วเจอกันใหม่ค่ะ** [khâ lɛ́ɛw cəə kan mày khâ]

1．**คุณกุ้งสบายดีไหม** [khun kûŋ sa-baay dii máy]

....

2．男性と女性のどちらの方が年上ですか。

....

3．上の会話で、挨拶表現はいくつありますか。（お別れ表現も含める）

....

 新しい単語

人称代名詞　บุรุษสรรพนาม [bu-rùt sàp-pha-naam]

ผม	phǒm	私 (男)	นาย	naay	君 (男)
ดิฉัน	di-chǎn di-chán	私 (女)	เธอ	thəə	君 (女)
ข้าพเจ้า	khâa-pha- câw	わたくし	พี่	phîi	兄 / 姉
คุณ	khun	あなた さん　様	น้อง	nɔ́ɔŋ	弟 / 妹
ท่าน	thân	あなた、あの方	ฉัน	chǎn chán	私 (男女)
เขา	khǎw kháw	彼 / 彼女	เรา	raw	僕 / あたし / 私たち
หนู	nǔu	私 (女)/ あたし	แก	kɛɛ	お前
มัน	man	あいつ / こいつ　動物を指す			

名詞　คำนาม [kham naam]

ชื่อ	chʉ̂ʉ	名前
นามสกุล	naam-sa-kun	名字
ชื่อเล่น	chʉ̂ʉ-lên	あだ名
ผู้ชาย	phûu chaay	男性
ผู้หญิง	phûu yǐŋ	女性

疑問詞　คำถาม [kham thǎam]

อะไร	a-ray	何

語尾　คำลงท้ายประโยค [kham loŋ-tháay pra-yòok]

ครับ	khráp	(男) はい / です / ます
ค่ะ	khâ	(女) はい / です / ます
คะ	khá	か？ (女性疑問)

挨拶用語　คำทักทาย [kham thák thaay]

สวัสดี	sa-wàt-dii	こんにちは
ขอบคุณ	khɔ̀ɔp-khun	ありがとうございます
ขอโทษ	khɔ̌ɔ-thôot	ごめんなさい・すみません
ไม่เป็นไร	mây-pen-ray	どういたしまして・気にしないで
ยินดี	yin-dii	喜んで
สบายดีไหม	sa-baay-dii máy	お元気ですか
สบายดีหรือเปล่า	sa-baay-dii rɯ̌ɯ-plàw	お元気ですか
สบายดี	sa-baay-dii	元気
เรื่อยๆ	rɯ̂ay rɯ̂ay	まあまあ
ไม่ค่อยสบาย	mây-khɔ̂y sa-baay	あまり元気ない
ไปไหนมา	pay nǎy maa	どこに行ってきた？
ไปแถวนี้มา	pay thɛ̌w-níi maa	そのへんに行ってきた
กินข้าวแล้วหรือยัง	kin khâaw lɛ́ɛw-rɯ̌ɯ-yaŋ	ご飯を食べた？
กินแล้ว	kin lɛ́ɛw	食べた
ยัง	yaŋ	まだ
ขอตัวก่อน	khɔ̌ɔ-tua kɔ̀ɔn	お先に失礼します
เชิญ	chəən	どうぞ
กลับแล้วนะ	klàp lɛ́ɛw ná	そろそろ（もう帰りますよ）
โชคดี	chôok-dii	元気で（幸運を）
แล้วเจอกันใหม่	lɛ́ɛw cəə kan mày	また会いましょう
ยินดีที่ได้รู้จัก	yin-dii thîi dây rúu-càk	はじめまして
เช่นกัน	chên-kan	こちらこそ

♥ まとめ　สรุป sarùp　何を勉強しましたか？

1. 挨拶表現 สวัสดีครับ / ค่ะ [sa-wàt-dii khráp/khâ]	こんにちは　さようなら
2. 名前の自己紹介 ผม/ดิฉันชื่อ ○○ ครับ/ค่ะ [phǒm/di-chán chûɯ ○○ khráp/khâ] คุณชื่ออะไรครับ/คะ [khun chûɯ a-ray khráp/ khá]	私の名前は○○です。 あなたの名前は何ですか？
3. 人称代名詞 ผม [phǒm] ดิฉัน [di-chán] ฉัน [chán] คุณ [khun] เขา [kháw] เรา [raw]	私 / 僕 私 私 あなた　さん　様 彼 / 彼女 私 / 我々
単語	挨拶の言葉　人称代名詞

できたことをチェック ✅

- ☐ 1．相手と挨拶ができる。
- ☐ 2．名前の自己紹介ができる。
- ☐ 3．相手の名前を聞ける。

覚えておきたい表現 ประโยคน่าจำ pra-yòok nâa cam 6

名前の自己紹介

สวัสดีค่ะ/ครับ [sa-wàt-dii khâ/khráp]	こんにちは。
ดิฉัน/หนู/ผมชื่อ ○○ ค่ะ/ครับ [di-chán/nǔu/phǒm chʉ̂ʉ ○○khâ/khráp]	私の名前は○○です。

挨拶表現

A: **สบายดีไหมครับ** [sa-baay-dii máy khráp] B: **สบายดีค่ะ** [sa-baay-dii khâ]	A: お元気ですか？ B: 元気です。
ขอบคุณค่ะ [khɔ̀ɔp-khun khâ]	ありがとうございます。
ขอโทษครับ [khɔ̌ɔ-thôot khráp]	ごめんなさい。すみません。
ไม่เป็นไรค่ะ [mây-pen-ray khâ]	大丈夫です。どういたしまして。 気にしないで。
ขอตัวก่อนนะครับ [khɔ̌ɔ tua kɔ̀ɔn ná khráp]	お先に失礼します。
กลับแล้วนะคะ [klàp lɛ́ɛw ná khá]	そろそろ（もう帰りますよ)。
โชคดีครับ [chôok dii khráp]	元気で（幸運を)。
แล้วเจอกันใหม่ค่ะ [lɛ́ɛw cəə kan mày khâ]	また会いましょう。

もっと知りたいタイ語 ⑰

タイ語の丁寧な語尾

คำลงท้ายที่สุภาพของภาษาไทย kham-loŋ-tháay thîi sù-phâap khɔ̌ɔŋ phaa-sǎa thay

タイ語では、日本語と同じように「です / ます」の語尾をつけると丁寧になります。ただし、タイ語では、男性と女性の語尾を分けて使います。第1課の初めに紹介したのは、**ครับ** [kráp] / **ค่ะ** [khâ] ですが、実は他の語尾の表現も様々あります。一緒に見てみましょう。

男性

・**ครับ** [khráp]「はい / 〜です / 〜ですか？」（呼応にもなります）
・**ครับผม** [khráp-phǒm] 「はい / 了解・かしこまりました」
（了解する時に使います。必ずしも **ครับ** [khráp] より丁寧というわけではありません）
もっと丁寧な言い方として、以下の王室用語又は敬語があります。
・**ขอรับ** [khɔ̌ɔ-ráp] 「はい / 了解・かしこまりました」
・**ครับกระผม** [khráp kra-phǒm] 「はい / 了解・かしこまりました」

女性

・**ค่ะ** [khâ] 「はい / 〜です」（呼応にもなります）
・**คะ** [khá] 「〜ですか？」（疑問文の時に使います）
・**ขา** [khǎa] 「は〜い / 〜です」（呼応、または人を呼ぶ時に使うと、**ค่ะ** [khâ] よりしおらしく感じます。例）**แม่ขา** [mɛ̂ɛ khǎa]「お母ちゃん♡」

男女

友達同士では丁寧な語尾 **ครับ** [khráp]/ **ค่ะ** [khâ] を使わず、以下に紹介している言葉を使う人もいます。プライベートな場面で、友達や子供・女性に対して、またカップル同士で使う語尾です。**ครับ** [khráp]/ **ค่ะ** [khâ] より親しく優しく甘えを感じます。また、親しみを感じさせる語尾なので、買物する時に、買ってもらうため、またはもっと交渉できるようにするためにもよく使われています。男性同士ではあまり使いません。

・**จ้ะ** [câ]「はい」（呼応）
友達同士では丁寧すぎないように **ครับ** [khráp]/ **ค่ะ** [khâ] の代わりに使います。

・จ๊ะ [cá]
① ～ですか？（疑問文の時に使います）例）อะไรจ๊ะ [a-ray cá]「な～に」
② นะ [ná] または ซิ [sí] の誘う語尾と一緒に使う。
例）ไปด้วยกันนะจ๊ะ [pay dûay kan ná cá]「一緒に行こうねぇ」

・จ๋า [cǎa]
①「は～い」（呼応）
②人を呼ぶ時に使うと、甘えた表現になります。この語尾は甘えた表現な
ので、家族やラブラブの恋人同士が使います。
例）แม่จ๋า [mɛ̂ɛ cǎa]「ねぇ、お母さ～ん」
　　มิมิจ๋า [mí-mí cǎa]「みみちゃ～ん」

男性の場合は、お母さん、女の子、彼女または年下の女性に対して、時々女性の
語尾も使います。女性が聞くと、その男性に対して恐怖心を持たず、優しく、親
しく、暖かい気持ちになります。反面、ナンパするために女性の語尾を使って、
しなだれる場合もあります。

以上紹介した語尾の他には、タイのドラマの中でよく使う呼応の王室用語もあり
ます。例えば、ครับ [khráp]/ ค่ะ [khâ] の代わりに、男性：พ่ะย่ะค่ะ [phâ-yâ-khâ]、
女性：เพคะ [phee-khá] /เจ้าค่ะ [câw-khâ] などです。

タイ語の語尾はいかがでしたか。まず一般的な丁寧な語尾 ครับ [khráp]/ ค่ะ
[khâ] に使い慣れ、それから他の語尾表現にもチャレンジしてみましょうね。

คุณเคน เป็นคนชาติอะไรครับ
[khun kheen pen khon châat aray khráp]

「実は、僕は全然タイ語ができないんですよ！」と説明したいのですが…

คุณเป็นคนประเทศอะไรครับ
[khun pen khon pra-thêet a-ray khráp]

ผมเป็นคนไทย
[phǒm pen khon thay]

คนไทย
[khon thay]

そうか、このことを聞いているのかな？
「タイ」が聞こえたから、
ญี่ปุ่น [yîi-pùn]！と答えてみよう。

คุณเป็นคนญี่ปุ่น
[khun pen khon yîi-pùn]

そうそう、僕は日本人です！
ハハ、また通じた。

ผมเป็นคนกรุงเทพ
[phǒm pen khon kruŋ-thêep]
ผมเป็นนักศึกษาครับ
[phǒm pen nák-sùk-sǎa khráp]

トムヤム君、本当に僕とタイ語で話すつもりなの！？

第2課 国籍・出身・職業についての
自己紹介をしよう

บทที่ 2 มาแนะนำตัว สัญชาติ สถานที่เกิด อาชีพ ของตัวเองกัน
[bòt-thîi sɔ̌ɔŋ maa nɛ́-nam-tua sǎn-châat sa-thǎan-thîi kə̀ət aa-chîip khɔ̌ɔŋ tua-eeŋ kan]

Lesson 1 自己紹介（国籍、出身、職業）

♪7 **เป็น** [pen] + 名詞　　〜は (状態など) です

意味と品詞　**เป็น** [pen] は「主語と述語の関係性を表し、主語 A は述語 B という
　　　　　属性を持っている」という意味の動詞です。

使い方　　**เป็น** [pen] は「状況、状態、性質、所属、地位、身分、性格、病名」
　　　　　などを示す動詞です。この課では「国籍・出身・職業」を見てみま
　　　　　しょう。

☆ **เป็น** [pen] の後ろは、必ず名詞が来ます。

●国籍 สัญชาติ sǎn-châat

♪7 **คุณเป็นคนชาติอะไร**　　　　あなたは何人ですか？
khun pen khon châat a-ray

♪7

主語	+ 動詞 +	補語（人+国籍）		+ 疑問詞	
คุณ khun あなた	เป็น pen	คน khon 人	ชาติ châat 国籍	อะไร a-ray 何	あなたは何人ですか？
ผม phǒm 私		 คน khon 人	ญี่ปุ่น yîi-pùn 日本		私は日本人です。
คุณต้มยำ khun tôm-yam トムヤム君		 คน khon 人	ไทย thay タイ		トムヤム君は タイ人です。

☆**ชาติ** [châat] は **สัญชาติ** [sǎn-châat] の略語であり、国籍という意味です。
直訳したら「あなたはどの国籍の人ですか」になります。
☆国を尋ねる他の表現
① **คุณเป็นคนประเทศอะไร** [khun pen khon pra-thêet a-ray]
　（**ประเทศ** [pra-thêet] 国）

74

あなたはどの国の人ですか？

② **คุณเป็นคนอะไร** [khun pen khon a-ray]

あなたは何の人ですか？

この表現は **ชาติ** [châat] あるいは **ประเทศ** [pra-thêet] を使わない曖昧な表現なので、意味があいまいです。

③ **คุณมาจากที่ไหน** [khun maa càak thîi-nǎy]

あなたはどこから来ましたか？

มาจาก [maa càak] は「〜から来た」、**ที่ไหน** [thîi-nǎy] は「どこ」という意味です。

♪7

国名　ชื่อประเทศ chɯ̂ɯ pra-thêet			
ญี่ปุ่น yîi-pùn 日本	**ไทย** thay タイ	**จีน** ciin 中国	**เกาหลี** kaw-lǐi 韓国
อเมริกา a-mee-ri-kaa アメリカ	**อังกฤษ** aŋ-krìt イギリス	**ฝรั่งเศส** fa-ràŋ-sèet フランス	**เยอรมัน** yəə-ra-man ドイツ
ฟินแลนด์ fin-lɛɛn フィンランド	**แคนาดา** khɛɛ-naa-daa カナダ	**อินโดนีเซีย** in-doo-nii-chi-a インドネシア	**อินเดีย** in-di-a インド

●**出身** บ้านเกิด bâan kə̀ət

♪7 **คุณเป็นคนที่ไหน**　　　（あなたの）出身はどちらですか？
khun pen khon thîi-nǎy

♪7

主語	＋　動詞　＋	補語（人＋出身）		＋　疑問詞	
คุณ khun あなた	**เป็น** pen は〜です	**คน** khon 人		**ที่ไหน** thîi-nǎy どこ	あなたの出身は どこですか？
ผม phǒm 僕			**โตเกียว** too-kiaw 東京		僕は東京の人です。
ดิฉัน di-chán 私			**กรุงเทพฯ** kruŋ-thêep バンコク		私はバンコクの 人です。
พวกเรา phûak raw 私達			**เกียวโต** kiaw-too 京都		私達は京都の 人です。

☆他に、**เกิดที่ไหน** [kə̀ət thîi-nǎy]「どこで生まれましたか？」という出身を尋ねる表現もあります。**เกิด** [kə̀ət] は「生まれる」という意味です。

練習1　主語と国籍／出身をそれぞれ置き換えて言ってみよう。

主語　　　＋　動詞　＋　　人　　＋　　　国籍／出身

คุณต้มยำ [khun tôm-yam]　เป็น [pen]　คน [khon]　อยุธยา [a-yút-tha-yaa]

トムヤム君はアユタヤの人です。

1.　　　　　　　　　　　　　　　　　　　　私は日本人です。

　...

2.　　　　　　　　　　　　　　　　　　あなたはタイ人です。

　...

3.　　　　　　　　　　　　　　　　　彼らは東京の人です。

　...

4.　　　　　　　　　　　　　　　　彼女はバンコクの人です。

　...

☆国名を使って、その国の言葉・料理なども言えます。

🔊7
| ภาษา [phaa-sǎa] 語　＋　ญี่ปุ่น [yîi-pùn] 日本　＝　ภาษาญี่ปุ่น [phaa-sǎa yîi-pùn] |
| 日本語 |
| อาหาร [aa-hǎan] 料理　＋　ไทย [thay] タイ　＝　อาหารไทย [aa-hǎan thay] |
| タイ料理 |

●職業 อาชีพ aa-chîip

🔊7
คุณทำงานอะไร
khun tham-ŋaan a-ray

あなたの仕事は何ですか？

🔊7
主語　＋	動詞　＋	補語	＋疑問詞	
คุณ khun あなた	ทำงาน tham-ŋaan 働く		อะไร a-ray 何	あなたの仕事は 何ですか？
ผม phǒm 僕	เป็น pen は〜です	นักศึกษา nák-sùk-sǎa 学生 		僕は学生です。
คุณฟ้า khun fáa ファーさん		ครูภาษาไทย khruu phaa-sǎa thay タイ語の先生 		ファーさんは タイ語の先生です。
พวกเรา phûak raw 私達		พนักงานบริษัท pha-nák-ŋaan bɔɔ-ri-sàt 会社員 		私達は会社員です。

76

☆職業を聞く時、**เป็น** [pen]（動詞）は使いません。**ทำงานอะไร** [tham-ŋaan a-ray]「仕事は何ですか？」の **ทำงาน** [tham-ŋaan]（動詞）を使います。

☆働いている場所を聞かれ、具体的に職場を教えたい場合は 〈職業名 ＋ **(อยู่)ที่** [(yùu) thîi] ＋場所〉を使いましょう。**อยู่** [yùu] は省略できます。

🎵7

主語	＋	動詞	＋	ที่ thîi ＋場所	＋疑問詞	
คุณ khun あなた	ทำงาน tham-ŋaan 働く	อยู่ yùu 〜している			ที่ไหน thîi-nǎy どこ	あなたはどこで働いていますか？
ผม phǒm 私				ที่บริษัทเอบีซี thîi bɔɔ-ri-sàt ee bii sii ABC会社で		私はABC会社で働いています。

職業も職場も言う場合

🎵7

主語	＋ 動詞 ＋	職業	＋ 動詞 ＋	ที่ thîi ＋場所	
ผม phǒm 私	เป็น pen は〜です。	พนักงานบริษัท pha-nák-ŋaan bɔɔ-ri-sàt 会社員	อยู่ yùu 〜している	ที่บริษัทเอบีซี thîi bɔɔ-ri-sàt ee bii sii ABC会社で	私達はABC会社の会社員です。

まだ働いていない場合

🎵7

主語	＋	動詞	＋	ที่ thîi ＋場所	＋ 疑問詞	
เขา kháw 彼/彼女	เรียน rian 勉強する	อยู่ yùu 〜している			ที่ไหน thîi-nǎy どこ	彼・彼女はどこで勉強していますか？
				ที่มหาวิทยาลัยเอ thîi ma-hǎa-wít-tha-yaa-lay A A大学で		彼・彼女はA大学で勉強しています。

職業も職場も言う場合

🎵7

主語	＋ 動詞 ＋	職業	＋ 動詞 ＋	ที่ thîi ＋場所	
เขา kháw 彼・彼女	เป็น pen は〜です。	นักศึกษา nák-sùk-sǎa 学生	อยู่ yùu 〜している	ที่มหาวิทยาลัยเอ thîi ma-hǎa-wít-tha-yaa-lay A A大学で	彼・彼女はA大学の学生です。

☆どこの会社の会社員と自己紹介したい場合、

ดิฉันเป็นพนักงานบริษัทอยู่ที่บริษัท ＡＢＣ ［di-chán pen pha-nák-ŋaan bɔɔ-ri-sàt yùu thîi bɔɔ-ri-sàt ＡＢＣ］「私はＡＢＣ会社の会社員です」の **อยู่ที่บริษัท** ［yùu thîi bɔɔ-ri-sàt］ を省略して、**ดิฉันเป็นพนักงานบริษัท** ＡＢＣ ［di-chán pen pha-nák ŋaan bɔɔ-ri-sàt ＡＢＣ］「私はＡＢＣ会社員です」とも言えます。

☆他に、**ทำงานเป็นอะไร** ［tham-ŋaan pen a-ray］ には「何の地位ですか」という意味もあります。

例) Ａ : **ดิฉันเป็นพนักงานบริษัท** ＡＢＣ

　　　　［di-chán pen pha-nák-ŋaan bɔɔ-ri-sàt ＡＢＣ］

　　　　私はＡＢＣ会社員です。

　　Ｂ : **คุณทำงานเป็นอะไรคะ**

　　　　［khun tham-ŋaan pen a-ray khá］

　　　　あなたは何の地位ですか？

　　Ａ : **ดิฉันเป็นพนักงานขายค่ะ**

　　　　［di-chán pen pha-nák-ŋaan khǎay khâ］

　　　　私は営業マンです。

練習2　次のページの表を見て、主語と国籍/出身をそれぞれ置き換えて言ってみよう。

主語	＋	動詞	＋	職業	＋	動詞	＋	場所
ผม		เป็น		ล่ามภาษาอังกฤษ		อยู่		ที่ญี่ปุ่น
[phǒm]		[pen]		[lâam phaa-sǎa aŋ-krìt]		[yùu]		[thîi yîi-pùn]

私は日本での英語の通訳です。

１．　　　　　　　　　　　　　　　　　りゅう先輩は日本の選手
　　..　です。(**ริว** [riu] りゅう)

２．　　　　　　　　　　　　　　　　　彼は BB 会社の会社員です。
　　..　(**บีบี** [bii bii] BB)

３．　　　　　　　　　　　　　　　　　みみ後輩は銀行員です。
　　..　(**มิมิ** [mí mí] みみ)

４．　　　　　　　　　　　　　　　　　私は…の〜です。
　　..　(自分のことを言ってみましょう)

職業 อาชีพ [aa-chîip] 7

ชาวนา
chaw-naa
稲作農家

ตำรวจ
tam-rùat
警察

พยาบาล
pha-yaa-baan
看護師

ครู / อาจารย์
khruu / aa-caan
先生/講師

คนขับรถ
khon khàp rót
運転手

สถาปนิก
sà-thǎa-pa-ník
建築家

นักการเมือง
nák-kaan-mɯaŋ
政治家

นักบิน
nák bin
パイロット

นักร้อง
nák rɔ́ɔŋ
歌手

ล่าม
lâam
通訳/翻訳

ทหาร
tha-hǎan
軍人

แม่บ้าน
mɛ̂ɛ bâan
主婦 / 家政婦

นักกีฬา
nák kii-laa
選手

ช่างทำผม
châaŋ tham phǒm
美容師

หมอ / แพทย์
mɔ̌ɔ / phɛ̂ɛt
医者

วิศวกร
wít-sa-wa-kɔɔn
エンジニア

ทนาย
tha-naay
弁護士

พนักงานธนาคาร
pha-nák-ŋaan tha-naa-khaan
銀行員

นักเรียน / นักศึกษา
nák rian / nák sɯ̀k-sǎa
生徒/学生

ผู้ประกาศข่าว
phûu pra-kàat khàaw
アナウンサー

พนักงานบริษัท
pha-nák-ŋaan bɔɔ-ri-sàt
会社員
ดารา / นักแสดง
daa-raa / nák sa-dɛɛŋ
芸能人
พนักงานขาย
pha-nák-ŋaan khǎay
営業マン
พนักงานรักษาความปลอดภัย
pha-nák-ŋaan rák-sǎa khwaam plɔ̀ɔt-phay
警備員

練習3 以下の単語と **เป็น** [pen] を使って人物をタイ語で紹介してみよう。

1. 
① **ผักชี** [phàk-chii]
② **คนไทย** [khon thay]
③ **คนเชียงใหม่**
　 [khon chiaŋ-mày]
④ **นักศึกษาวิทยาลัยวิชาชีพที่เมืองไทย**
　 [nák-sùk-sǎa wít-tha-yaa-lay wí-chaa-chîip thîi mɯaŋ-thay]
　 (**นักศึกษาวิทยาลัยวิชาชีพ**
　 [nák-sùk-sǎa wít-tha-yaa-lay wí-chaa-chîip]
　 専門学校生)

①彼女の名前はパクチーです。

....

②パクチーちゃんはタイ人です。

....

③パクチーちゃんはチェンマイの人です。

....

④パクチーちゃんはタイの専門学校生です。

....

2. 自己紹介してみましょう。

①名前

....

②国籍

あなた

....

③出身

....

④職業

....

Lesson 2 ▶ 否定を用いた自己紹介

🎵8 **ไม่ได้ + เป็น** [mây dây+ pen]　〜は（状態等）ではありません

使い方　**ไม่ได้** [mây dây] を **เป็น** [pen]（動詞）の前に置くと、「この状態・性質・身分などではない」という意味になります。

🎵8 **คุณเคนไม่ได้เป็นคนไทย**　　　　　　けん君はタイ人ではありません。
khun kheen mây dây pen khon thay

🎵8

主語 +	動詞 +	補語	
คุณเคน khun kheen けん君 	**เป็น** pen	**คนญี่ปุ่น** khon yîi-pùn 日本人	けん君は日本人です。
	ไม่ได้เป็น mây dây pen	**คนไทย** khon thay タイ人	けん君は タイ人ではない。
คุณต้มยำ khun tôm-yam トムヤム君 	**เป็น** pen	**คนอยุธยา** khon a-yút-tha-yaa アユタヤの人	トムヤム君は アユタヤの人です。
	ไม่ได้เป็น mây dây pen	**คนเชียงใหม่** khon chiaŋ-mày チェンマイの人	トムヤム君は チェンマイの 人ではない。
เขา kháw 彼 	**เป็น** pen	**ล่ามภาษาไทย** lâam phaa-sǎa thay タイ語の通訳	彼はタイ語の 通訳です。
	ไม่ได้เป็น mây dây pen	**ล่ามภาษาอังกฤษ** lâam phaa-sǎa aŋ-krìt 英語の通訳	彼は英語の 通訳ではない。
ดิฉัน di-chán 私 	**เป็น** pen	**พยาบาล pha-yaa-baan** 看護師	私は看護師です。
	ไม่ได้เป็น mây dây pen	**หมอ mɔ̌ɔ** 医者	私は医者ではない。

☆否定文を作る時、**ไม่ได้เป็น** [mây dây pen] の代わりに、**ไม่ใช่** [mây chây]「いいえ」を使うこともできます。

คุณเคนไม่ใช่คนไทย [khun kheen mây chây khon thay]
けん君はタイ人ではない。

♪9 **หรือเปล่า** [rɯ̌ɯ-plàw]　**〜か否か**
(質問者に意見がなく、相手の回答が想像つかない)

意味と品詞　**หรือเปล่า** [rɯ̌ɯ-plàw] は「〜か否か」と尋ねる疑問詞です。

使い方　　文末に置きます。質問者に意見がなく、相手の答えが分からない、想像できない時に用います。答え方は、**ใช่** [chây]「はい」、否定は **เปล่า** [plàw]「そういうことではない」、または **ไม่ใช่** [mây chây]「いいえ」になります。

♪9 **คุณเป็นคนญี่ปุ่นหรือเปล่า**　　　　あなたは日本人ですか？
khun pen khon yîi-pùn rɯ̌ɯ-plàw

♪9

	主語 +	動詞 +	補語 +	疑問詞	
	คุณ khun あなた	เป็น pen は〜です	คนญี่ปุ่น khon yîi-pùn 日本人	หรือเปล่า rɯ̌ɯ-plàw	あなたは日本人ですか?
✅ ใช่ chây はい	ผม phǒm		คนญี่ปุ่น khon yîi-pùn 日本人		はい、私は日本人です。
❌ เปล่า plàw /ไม่ใช่ mây chây いいえ	ผม phǒm	ไม่ได้เป็น mây dây pen は〜ではない			いいえ、 私は日本人ではないです。

練習4　以下の自己紹介について、質問にタイ語で答えてみよう。

เขาชื่อบุญมาก　[kháw chɯ̂ɯ bunmâak]
บุญมากเป็นคนไทย　[bunmâak pen khon thay]
เป็นชาวนาที่นครพนม　[pen chaaw-naa thîi na-khɔɔn-pha-nom]
เป็นคนอีสาน　[pen khon ii-sǎan]（อีสาน [ii-sǎan] 東北部）

１．เขาชื่อบุญมากหรือเปล่าคะ　[kháw chɯ̂ɯ bunmâak rɯ̌ɯ-plàw khá]

⋯⋯⋯⋯⋯⋯⋯⋯⋯⋯⋯⋯⋯⋯⋯⋯⋯⋯⋯⋯⋯⋯⋯⋯⋯⋯⋯⋯⋯⋯⋯⋯

２．คุณบุญมากเป็นคนไทยหรือเปล่าครับ [khun bunmâak pen khon thay rɯ̌ɯ-plàw khráp]

⋯⋯⋯⋯⋯⋯⋯⋯⋯⋯⋯⋯⋯⋯⋯⋯⋯⋯⋯⋯⋯⋯⋯⋯⋯⋯⋯⋯⋯⋯⋯⋯

3．เขาเป็นนักศึกษาหรือเปล่าคะ　[kháw pen nák-sɯ̀k-sǎa rɯ̌ɯ-plàw khá]

・・

4．คุณบุญมากเป็นคนเหนือหรือเปล่าครับ
[khun bunmâak pen khon nɯ̌a rɯ̌ɯ-plàw khráp]（เหนือ [nɯ̌a] 北部）

・・

Lesson 4 語尾表現とニュアンス表現

🎵10 **ก็...(เหมือนกัน)** [kɔ̂ɔ (mɯ̌an-kan)]　～も（同じく）

意味と品詞　ก็ kɔ̂ɔ は「～も」を意味する接続詞や副詞です。เหมือนกัน [mɯ̌an-kan] は「同じく」、「お互い様」という意味の副詞です。

使い方　ก็ [kɔ̂ɔ] は動詞の前に、เหมือนกัน [mɯ̌an-kan] は文末に置きます。เหมือนกัน [mɯ̌an-kan] は省略できます。

🎵10 **ผมก็เป็นคนญี่ปุ่นเหมือนกัน**　　　　私も（同じく）日本人です。
phǒm kɔ̂ɔ pen khon yîi-pùn mɯ̌an-kan

🎵10

主語	+ 副詞 +	動詞	+ 補語 +	副詞	
เขา kháw 彼		เป็น pen は～です	คนญี่ปุ่น khon yîi-pùn 日本人		彼は日本人です。
ผม phǒm 僕	ก็ kɔ̂ɔ も			(เหมือนกัน) (mɯ̌an-kan) 同じく	私も（同じく） 日本人です。
คุณเคน khun kheen けん君		ไม่ได้เป็น mây dây pen は～ではない	ครู khruu 先生		けん君は先生では ありません。
คุณต้มยำ khun tôm-yam トムヤム君	ก็ kɔ̂ɔ も			(เหมือนกัน) (mɯ̌an-kan) 同じく	トムヤム君も（同じく） 先生ではありません。

☆前の文を引用して เหมือนกัน [mɯ̌an-kan]「私も、同じく」だけ言う場合もあります。

練習 5　以下の日本語をタイ語で書いてみよう。

1．私は学生です。

นักศึกษา［nák-sɯ̀k-sǎa］

2．彼も学生です。

นักศึกษา［nák-sɯ̀k-sǎa］

3．ジョニーさん (**จอห์นนี่**［cɔɔn-nîi］) はタイ人ではありません。

イギリス人

4．ベンさん (**เบน**［been］) もタイ人ではありません。

イギリス人

10 ล่ะ ［lâ］　～は？

使い方　　**ล่ะ**［lâ］は、同じ質問を繰り返さないために使うニュアンス表現です。

10 **คุณล่ะ**
khun lâ　　あなたは？

10

A: **สวัสดีครับ สบายดีไหมครับ** [sa-wàt-dii khráp sa-baay-dii máy khráp]
こんにちは。お元気ですか？

B: **สบายดีค่ะ** [sa-baay-dii khâ]
元気です。

คุณล่ะคะ [khun lâ khá]
あなたは？

A: **ผมชื่อทานากะครับ** [phǒm chɯ̂ɯ thaa-naa-ka khráp]
僕の名前は田中です。

คุณล่ะครับ [khun lâ khráp]
あなたは？

B: **ดิฉันชื่อมะลิค่ะ** [di-chán chɯ̂ɯ ma-lí khâ]
私の名前はマリです。

คุณทำงานอะไรคะ [khun tham-ŋaan a-ray khá]
あなたの仕事はなんですか？

A: ผมเป็นทนายครับ [phǒm pen tha-naay khráp]
僕は弁護士です。

คุณล่ะครับ [khun lâ khráp]
あなたは？

B: ดิฉันเป็นพนักงานสปาค่ะ [di-chán pen pha-nák-ŋaan sa-paa khâ]
私はスパの店員です。

🎵10 แล้ว [lɛ́ɛw]　で　それで　ところで

意味と品詞　**แล้ว** [lɛ́ɛw] は「で、それで、ところで」を意味する接続詞です。
使い方　　　文頭に置きます。

🎵10 **แล้วคุณล่ะ**
lɛ́ɛw khun lâ　で、あなたは？

🎵10

A: ผมเป็นคนญี่ปุ่น [phǒm pen khon yîi-pùn]
僕は日本人です。

แล้วคุณล่ะครับ [lɛ́ɛw khun lâ khráp]
で、あなたは？

B: ดิฉันก็เป็นคนญี่ปุ่นค่ะ [di-chán kɔ̂ɔ pen khon yîi-pùn khâ]
私も日本人です。

A: เขาเป็นนักเรียน [kháw pen nák-rian]
彼は学生です。

แล้วคุณก็เป็นนักเรียนเหมือนกันหรือเปล่าครับ
[lɛ́ɛw khun kɔ̂ɔ pen nák-rian mǔan-kan rǔɯ-plàw khráp]
それで、あなたも（同じく）学生ですか？

B: ใช่ค่ะ [chây khâ]
はい、そうです。

会話の聞き取り練習 11

会話を聞いて次の質問にタイ語で答えましょう。

1．**คุณกุ้งเป็นคนไทยหรือเปล่า** [khun kûŋ pen khon thay rɯ̌ɯ-plàw]

2．**คุณเคนเป็นคนที่ไหน** [khun kheen pen khon thîi-nǎy]

3．**คุณเคนทำงานอะไร** [khun kheen tham-ŋaan a-ray]

4．**คุณกุ้งเป็นคนโอซาก้าหรือเปล่า**
[khun kûŋ pen khon oo-saa-kâa rɯ̌ɯ-plàw]

5．**คุณเคนเป็นนักร้องหรือเปล่า** [khun kheen pen nák-rɔ́ɔŋ rɯ̌ɯ-plàw]

会話

เคน
kheen

1 คุณกุ้งเป็นคนชาติอะไรครับ
[khun kûŋ pen khon châat a-ray khráp]

กุ้ง
kûŋ

2 เป็นคนไทยค่ะ [pen khon thay khâ]
คุณเคนล่ะคะ [khun kheen là khá]

เคน
kheen

3 ผมเป็นคนญี่ปุ่นครับ [phǒm pen khon yîi-pùn khráp]
คุณกุ้งเป็นคนที่ไหนครับ [khun kûŋ pen khon thîi-nǎy khráp]

กุ้ง
kûŋ

4 ดิฉันเป็นคนสุพรรณบุรีค่ะ
[di-chán pen khon su-phan-bu-rii khâ]
คุณเคนเป็นคนโตเกียวหรือเปล่าคะ
[khun kheen pen khon too-kiaw rɯ̌ɯ-plàw khá]

เคน
kheen

5 ไม่ใช่ครับ ผมเป็นคนโอซาก้าครับ
[mây chây khráp phǒm pen khon oo-saa-kâa khráp]
6 ผมเป็นนักศึกษา
[phǒm pen nák-sɯ̀k-sǎa]
แล้วคุณกุ้งก็เป็นนักศึกษาเหมือนกันหรือเปล่าครับ
[lɛ́ɛw khun kûŋ kɔ̂ɔ pen nák-sɯ̀k-sǎa
mɯ̌an-kan rɯ̌ɯ-plàw khráp]

กุ้ง
kûŋ

7 ใช่ค่ะ ดิฉันก็เป็นนักศึกษาค่ะ
[chây khâ di-chán kɔ̂ɔ pen nák-sɯ̀k-sǎa khâ]

ロールプレー練習

上の会話にある質問の内容を変え、友達に聞いてみましょう。

A	B
1. 相手に国を聞く。	2. **ล่ะ** [lâ] を使って国を聞く。
3. 相手の出身を聞く。	4. **หรือเปล่า** [rʉ̌ʉ-plàw] を使って相手の出身を聞く。
5. 自分の出身と仕事を教え、	7. 相手の質問に答える。
6. **ก็~เหมือนกัน** [kɔ̂ɔ~mʉ̌an-kan] を使って相手の仕事を聞く。	

（日本語訳）

けん君　グンさんは何人ですか？

タイ人です。
けん君は？　グン

けん君　私は日本人です。
グンさんの出身はどこですか？

私はスパンブリの人です。
けん君は東京の人ですか？　グン

けん君　いいえ、私は大阪の人です。
私は学生です。
それで、グンさんも（同じく）
学生ですか？

はい、そうです。私も学生です。　グン

読み取り練習 🔊11

文を読んで次の質問にタイ語で答えましょう。

สวัสดีครับ ผมชื่อมานะครับ ผมเป็นคนไทยครับ
คุณเป็นคนญี่ปุ่นหรือเปล่าครับ ผมเป็นคนเชียงใหม่
เป็นพนักงานธนาคารออมสินครับ สวัสดีครับ

sa-wàt-dii khráp phǒm chûɯ maaná khráp
phǒm pen khon thay khráp
khun pen khon yîi-pùn rɯ̌ɯ-plàw khráp
phǒm pen khon chiaŋ-mày
pen pha-nák-ŋaan tha-naa-khaan ɔɔm-sǐn khráp
sa-wàt-dii khráp

１. เขาเป็นคนชาติอะไร [kháw pen khon châat a-ray]

....

２. เขาทำงานอะไร [kháw tham-ŋaan a-ray]

....

３. เขาเป็นคนที่ไหน [kháw pen khon thîi-nǎy]

....

新しい単語

国名 ชื่อประเทศ [chɯ̂ɯ pra-thêet]

คน	khon	人	ประเทศ	pra-thêet	国
สัญชาติ	sǎn-châat	国籍	ไทย	thay	タイ
ญี่ปุ่น	yîi-pùn	日本	จีน	ciin	中国
เกาหลี	kaw-lǐi	韓国	อังกฤษ	aŋ-krìt	イギリス
อเมริกา	a-mee-ri-kaa	アメリカ	ฝรั่งเศส	fa-ràŋ-sèet	フランス
อินโดนีเซีย	in-doo-nii-chi-a	インドネシア	อินเดีย	in-di-a	インド
เยอรมัน	yəə-ra-man	ドイツ	แคนาดา	khɛɛ-naa-daa	カナダ
ฟินแลนด์	fin-lɛɛn	フィンランド			

名詞 คำนาม [kham naam]

ภาษา	phaa-sǎa	言語	อาหาร	aa-hǎan	料理

職業 อาชีพ [aa-chîip]

ชาวนา	chaw-naa	稲作農家	ตำรวจ	tam-rùat	警察
พยาบาล	pha-yaa-baan	看護師	ครู/อาจารย์	khruu / aa-caan	先生 / 講師
คนขับรถ	khon khàp rót	運転手	สถาปนิก	sà-thǎa-pa-ník	建築家
นักการเมือง	nák-kaan-mɯaŋ	政治家	นักบิน	nák bin	パイロット
นักร้อง	nák rɔ́ɔŋ	歌手	ล่าม	lâam	通訳 / 翻訳
ทหาร	tha-hǎan	軍人	แม่บ้าน	mɛ̂ɛ bâan	主婦 / 家政婦
นักกีฬา	nák kii-laa	選手	ช่างทำผม	châaŋ tham phǒm	美容師
หมอ/แพทย์	mɔ̌ɔ / phɛ̂ɛt	医師	วิศวกร	wít-sa-wa-kɔɔn	エンジニア
ทนาย	tha-naay	弁護士			

พนักงานธนาคาร	pha-nák-ŋaan tha-naa-khaan	銀行員
นักเรียน/นักศึกษา	nák rian / nák sɯ̀k-sǎa	生徒 / 学生
ผู้ประกาศข่าว	phûu pra-kàat khàaw	アナウンサー
พนักงานบริษัท	pha-nák-ŋaan bɔɔ-ri-sàt	会社員
ดารา/นักแสดง	daa-raa / nák sa-dɛɛŋ	芸能人
พนักงานขาย	pha-nák-ŋaan khǎay	営業マン
พนักงานรักษาความปลอดภัย	pha-nák-ŋaan rák-sǎa khwaam plɔ̀ɔt-phay	警備員

地方　ภาค [phâak]（この課の「もっと知りたいタイ語」で学びます）

ทิศ	thít	方角
จังหวัด	caŋ-wàt	県
เหนือ	nǔa	北部
ตะวันออก	ta-wan ɔ̀ɔk	東部
ใต้	tây	南部
ตะวันตก	ta-wan tòk	西部
กลาง	klaaŋ	中部
ตะวันออกเฉียงเหนือ	ta-wan ɔ̀ɔk chǐaŋ-nǔa	東北部
อีสาน	ii-sǎan	東北部

動詞　คำกริยา [kham krì-yaa]

เป็น	pen	は〜です
ไม่ได้เป็น	mây dây pen	〜ではありません
เกิด	kə̀ət	生まれる
อยู่	yùu	〜にいる / ある
ทำงาน	tham-ŋaan	働く
เรียน	rian	勉強する

疑問詞　คำถาม [kham thǎam]

หรือเปล่า	rǔɯ-plàw	〜か（か否か）
ที่ไหน	thîi-nǎy	どこ

返答　คำตอบ [kham tɔ̀ɔp] Yes No

ใช่	chây	はい　そうです
ไม่ใช่	mây chây	いいえ　違います
เปล่า	plàw	そうではない

前置詞　บุพบท [bùp-phá-bòt]

ที่	thîi	（場所）で / に

接続詞 คำเชื่อม [kham chɯ̂am]

แล้ว	lɛ́ɛw	で　それで　ところで

語尾表現とニュアンス表現　คำลงท้ายกับสำนวน [kham-loŋ-tháay kàp sǎm-nuan]

ก็...เหมือนกัน	kɔ̂ɔ (mǔan-kan)	〜も（同じく）
ล่ะ	lâ	〜は？

まとめ　สรุป sarùp　何を勉強しましたか？

1. 自己紹介（国籍、出身、職業） เป็น [pen]	〜は〜です。
2. 否定の自己紹介 ไม่ได้เป็น [mây dây pen]	〜は〜ではありません。
3. 国籍・出身・職業の尋ね方 ประเทศ / ชาติอะไร [pra-thêet / châat a-ray] มาจากที่ไหน [maa càak thîi-nǎy] คนที่ไหน [khon thîi-nǎy] ทำงานอะไร [tham-ŋaan a-ray] คนญี่ปุ่นหรือเปล่า [khon yîi-pùn rʉ̌ʉ-plàw] ใช่ [chây] ไม่ใช่ [mây chây] เปล่า [plàw]	国・国籍はどこですか？ どこから来た？ 出身はどこですか？ 仕事は何ですか？ 日本人ですか？ はい いいえ そうではない
4. 語尾表現とニュアンス表現 ก็ 〜 เหมือนกัน [kɔ̂ɔ 〜 mʉ̌an-kan] ล่ะ [lâ] แล้ว [lɛ́ɛw]	〜も同じく 〜は？ で　それで　ところで
単語	国名　職業

できたことをチェック ✓

- ☐ 1. 国籍、出身、職業の自己紹介ができる。
- ☐ 2. 国籍、出身、職業の自己紹介の否定文が作れる。
- ☐ 3. 相手の国籍、出身、職業が聞ける。
- ☐ 4. 「も同じく」「それで、あなたは？」の表現を使える。

覚えておきたい表現 ประโยคน่าจำ pra-yòok nâa cam 🎵12

自己紹介（国籍、出身、職業）は เป็น [pen]（動詞）を使う。

国籍	
A: คุณเป็นคนชาติอะไรคะ 　[khun pen khon châat a-ray khá]	A: あなたは何人ですか？
B: ผมเป็นคนญี่ปุ่นครับ 　[phǒm pen khon yîi-pùn khráp]	B: 私は日本人です。
出身	
A: คุณเป็นคนที่ไหนคะ 　[khun pen khon thîi-nǎy khá]	A: あなたの出身はどこですか？
B: ผมเป็นคนโตเกียวครับ 　[phǒm pen khon too-kiaw khráp]	B: 私は東京の人です。
職業	
A: คุณทำงานอะไรคะ [khun tham-ŋaan a-ray khá]	A: あなたの仕事は何ですか？
B: ผมเป็นพนักงานบริษัทครับ 　[phǒm pen pha-nák-ŋaan bɔɔ-ri-sàt khráp]	B: 私は会社員です。

「หรือเปล่า [rǔɯ-plàw] 疑問詞」「はい / いいえの答え方」「も〜と同じく」「〜は？」「それで」

A: คุณเป็นคนญี่ปุ่นหรือเปล่าคะ 　[khun pen khon yîi-pùn rǔɯ-plàw khá]	A: あなたは日本人ですか？
B: ใช่ครับ ผมเป็นคนญี่ปุ่น 　[chây khráp　phǒm pen khon yîi-pùn]	B: はい、僕は日本人です。
C: ไม่ใช่ครับ ผมไม่ได้เป็นคนญี่ปุ่น [mây chây 　khráp　phǒm mây dây pen khon yîi-pùn]	C: いいえ、私は日本人では 　ありません。
A: ผมก็เป็นคนญี่ปุ่น [phǒm kɔ̂ɔ pen khon yîi-pùn] 　แล้ว คุณล่ะครับ [lɛ́ɛw khun lâ khráp]	僕も日本人です。 それで、あなたは？
B: ดิฉันก็เป็นคนญี่ปุ่นเหมือนกันค่ะ 　[di-chán kɔ̂ɔ pen khon yîi-pùn mǔan-kan khâ]	B: 私も（同じく）日本人です。

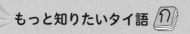

もっと知りたいタイ語 ภ

タイ語の方言
ภาษาไทยท้องถิ่น phaa-sǎa thay thɔ́ɔŋ-thìn

この課の登場人物の出身地としても出てくるタイの地方を地図で見てみましょう。タイには77県あり、大きく6つの地方（中部、東部、西部、北部、東北部、南部）に分けることができます。各地方には、日本の大阪弁、東北弁、沖縄弁などのように、独自の方言があります。今皆さんが勉強しているタイ語は中部で使われている標準語とされ、この他、標準語よりゆっくりしゃべり癒される北部方言、ラオス語と似ているイサーンの東北部方言、聞き取れないくらいの速さの南部方言などがあります。どのような違いがあるか、具体的に挨拶表現とアロイマック（とてもおいしい）の言葉で見てみましょう。

	挨拶	とてもおいしい
中部　こんにちは	สวัสดีครับ/ค่ะ サワッディーカッ(プ)・カ	อร่อยมาก アロイマッ(ク)
北部　こんにちは	สวัสดีเจ้า サワッディーチャウ	จ๊าดลำ ジャッ(ト)ラッ(ム)
東北部　どこ行くの	ไปไส パイサイ	แซบหลาย セッ(プ)ラーイ
南部　どうですか	พันพรือ パンプ(ル)	หรอยจังฮู้ ロイジャンフウ

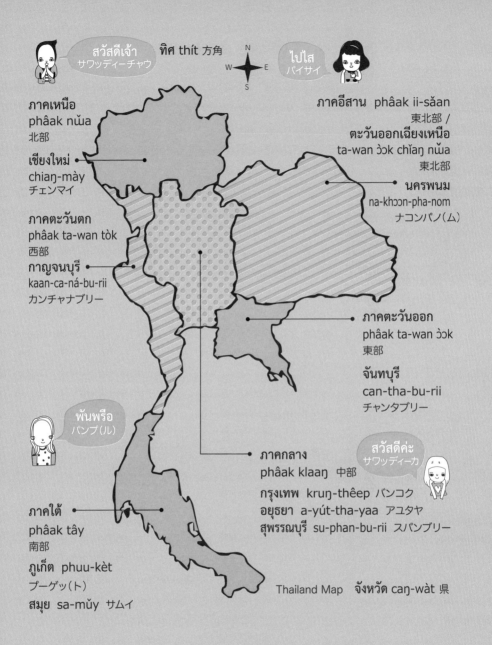

สวัสดีเจ้า
サワッディーチャウ

ทิศ thít 方角

ไปไส
パイサイ

ภาคเหนือ
phâak nǔa
北部

เชียงใหม่
chiaŋ-mày
チェンマイ

ภาคตะวันตก
phâak ta-wan tòk
西部

กาญจนบุรี
kaan-ca-ná-bu-rii
カンチャナブリー

ภาคอีสาน phâak ii-sǎan
東北部 /
ตะวันออกเฉียงเหนือ
ta-wan ɔ̀ɔk chǐaŋ nǔa
東北部

นครพนม
na-khɔɔn-pha-nom
ナコンパノ(ム)

ภาคตะวันออก
phâak ta-wan ɔ̀ɔk
東部

จันทบุรี
can-tha-bu-rii
チャンタブリー

พันพรือ
パンプ(ル)

สวัสดีค่ะ
サワッディーカ

ภาคกลาง
phâak klaaŋ 中部

กรุงเทพ kruŋ-thêep バンコク
อยุธยา a-yút-tha-yaa アユタヤ
สุพรรณบุรี su-phan-bu-rii スパンブリー

ภาคใต้
phâak tây
南部

ภูเก็ต phuu-kèt
プーゲッ(ト)
สมุย sa-mǔy サムイ

Thailand Map จังหวัด caŋ-wàt 県

3 電話番号を教えてください。

คุณเคนอายุเท่าไรครับ
[khun kheen aa-yú thâw-rày khráp]
คุณเป็นพี่ผมหรือเปล่าครับ
[khun pen phîi phǒm rʉ̌ʉ-plàw khráp]
トムヤム君は何と言ったんだろう?
ผมอายุสิบเก้าปีครับ
[phǒm aa-yú sìp-kâaw pii khráp]
どういうことだろう? 指を数えている。
年齢を教えているのかな? 自分の年齢を答えてみよう。
อ้าว เคนก็อายุสิบเก้าปีเหมือนกัน
[âaw kheen kɔ̂ɔ aa-yú sìp kâaw pii mʉ̌an-kan]
มีเบอร์โทรศัพท์ไหม
[mii bəə thoo-ra-sàp máy]
今度は携帯を持っているか、聞いているのかな。
ใช่ๆ เบอร์โทรศัพท์อะไร
[chây chây bəə thoo-ra-sàp a-ray]
เบอร์โทรศัพท์ของผมเบอร์ ศูนย์เก้าศูนย์ หนึ่งสองสามสี่ ห้าหกเจ็ดแปด
[bəə thoo-ra-sàp khɔ̌ɔŋ phǒm bəə sǔun kâaw sǔun nʉ̀ŋ sɔ̌ɔŋ sǎam sìi hâa hòk cèt pɛ̀ɛt]
090 1234 5678
ขอเบอร์โทรศัพท์ของเคนหน่อย
[khɔ̌ɔ bəə thoo-ra-sàp khɔ̌ɔŋ kheen nɔ̀y]
そうか!僕の電話番号を聞きたかったのね。
เคนชอบกินอาหารไทยไหม
[kheen chɔ̂ɔp kin aa-hǎan thay máy]

第3課 相手のことを詳しく知ろう
บทที่ 3 มารู้จักเพื่อนใหม่ให้มากขึ้นกัน
[bòt-thîi sǎam maa rúu-càk phɯ̂an mày hây mâak khɯ̂n kan]

Lesson 1 数字の数え方

タイ語には数字のタイ文字もあります。一緒に見てみましょう。

数字　ตัวเลข [tua-lêek]

13

๐	๑	๒	๓	๔	๕
0	1	2	3	4	5
ศูนย์	หนึ่ง	สอง	สาม	สี่	ห้า
sǔun	nɯ̀ŋ	sɔ̌ɔŋ	sǎam	sìi	hâa

๖	๗	๘	๙	๑๐
6	7	8	9	10
หก	เจ็ด	แปด	เก้า	สิบ
hòk	cèt	pɛ̀ɛt	kâw（文語） kâaw（口語）	sìp

電話番号や注文など、数字を使う際には指で示すと伝わりやすいですね。
6から10は日本の一般的な示し方とは違うので覚えておきましょう。
6以上は両手を離して伝えます。

6

7

8

9

10

● 10 の位

次は１０から９９の数え方を習いましょう。

数え方　タイの数字の数え方は、一般的に日本の数え方と同じですが１の位と
　　　　１０の位にはちょっと変則があります。

変則　　①２桁の数では、１で終わる数字は **หนึ่ง** [nùŋ] ではなく **เอ็ด** [èt]
　　　　と言います。
　　　　②２で始まる数字は **สอง** [sɔ̌ɔŋ] ではなく **ยี่** [yîi] と言います。
　　　　例を見ましょう。

๑๐ 10 สิบ sìp	変則 ๑๑ 11 สิบเอ็ด sìp-èt	๑๒ 12 สิบสอง sìp-sɔ̌ɔŋ	๑๓ 13 สิบสาม sìp-sǎam	～	๑๙ 19 สิบเก้า sìp-kâaw
変則 ๒๐ 20 ยี่สิบ yîi-sìp	๒๑ 21 ยี่สิบเอ็ด yîi-sìp-èt	๒๒ 22 ยี่สิบสอง yîi-sìp-sɔ̌ɔŋ	๒๓ 23 ยี่สิบสาม yîi-sìp-sǎam	～	๒๙ 29 ยี่สิบเก้า yîi-sìp-kâaw
	๓๑ 31 สามสิบเอ็ด sǎam-sìp-èt				
	～				
	๙๑ 91 เก้าสิบเอ็ด kâaw-sìp-èt				

● 100 の位

100 からの数え方にも挑戦してみましょう。

数え方　100 は **ร้อย** [rɔ́ɔy] と言い、数え方は日本語と同じです。

☆変則を忘れずに！ 100 以上の数でも、一の位が１の場合は [èt]、十の位が２の
場合は [yîi] の変則が適用されます。

๑๐๐ 100 **หนึ่งร้อย** nɯ̀ŋ-rɔ́ɔy	๑๐๑ 101 **หนึ่งร้อยเอ็ด** nɯ̀ŋ-rɔ́ɔy-èt	๑๑๐ 110 **หนึ่งร้อยสิบ** nɯ̀ŋ-rɔ́ɔy-sìp	๑๑๑ 111 **หนึ่งร้อยสิบเอ็ด** nɯ̀ŋ-rɔ́ɔy-sìp-èt
๒๐๐ 200 **สองร้อย** sɔ̌ɔŋ-rɔ́ɔy	๒๐๑ 201 **สองร้อยเอ็ด** sɔ̌ɔŋ-rɔ́ɔy-èt	๒๒๐ 220 **สองร้อยยี่สิบ** sɔ̌ɔŋ-rɔ́ɔy-yîi-sìp	๒๒๑ 221 **สองร้อยยี่สิบเอ็ด** sɔ̌ɔŋ-rɔ́ɔy-yîi-sìp-èt
๓๐๐ 300 **สามร้อย** sǎam-rɔ́ɔy	๓๐๑ 301 **สามร้อยเอ็ด** sǎam-rɔ́ɔy-èt	๓๓๐ 330 **สามร้อยสามสิบ** sǎam-rɔ́ɔy-sǎam-sìp	๓๓๑ 331 **สามร้อยสามสิบเอ็ด** sǎam-rɔ́ɔy-sǎam-sìp-èt

☆101 の数え方は **ร้อยเอ็ด** [rɔ́ɔy-èt] でも可能です（タイの東北地方にある **ร้อยเอ็ด** [rɔ́ɔy-èt] 県の発音と同じです）。

●タイの数字の数え方

10	**สิบ**	sìp	十
100	**ร้อย**	rɔ́ɔy	百
1,000	**พัน**	phan	千
10,000	**หมื่น**	mɯ̀ɯn	万
100,000	**แสน**	sɛ̌ɛn	１０万 ←ここからの単位が日本と違います。
1,000,000	**ล้าน**	láan	１００万
10,000,000	**สิบล้าน**	sìp láan	１０００万
100,000,000	**ร้อยล้าน**	rɔ́ɔy láan	１億

例）

1,001	หนึ่งพันเอ็ด	[nɯ̀ŋ-phan-èt]
55,001	ห้าหมื่นห้าพันเอ็ด	[hâa-mɯ̀ɯn hâa-phan-èt]
920,001	เก้าแสนสองหมื่นเอ็ด	[kâw-sɛ̌ɛn sɔ̌ɔŋ-mɯ̀ɯn-et]
2,002,021	สองล้านสองพันยี่สิบเอ็ด	[sɔ̌ɔŋ-láan sɔ̌ɔŋ-phan yîi-sìp-èt]

☆10,000,000 สิบล้าน [sìp-láan] 「１０００万」からは、**ล้าน** [láan] の位が1
であれば、**เอ็ด** [èt] と言います。ただし、一千万の位が０の時、百万の位の1を
หนึ่ง [nɯ̀ŋ] と言う人もいます。

例）

11,000,000	สิบเอ็ดล้าน	[sìp-èt láan]
901,000,000	เก้าร้อยเอ็ดล้าน	[kâw-rɔ́ɔy-èt láan]
1701,000,000	หนึ่งพันเจ็ดร้อยเอ็ดล้าน	[nɯ̀ŋ-phan cèt-rɔ́ɔy-èt láan]
43,021,000,000	สี่หมื่นสามพันยี่สิบเอ็ดล้าน	[sìi-mɯ̀ɯn sǎam-phan yîi-sìp-èt láan]

練習1　タイ語で数字を言ってみよう。

1．70　　　　　　　　　　　　　2．221

3．21,101　　　　　　　　　　　4．937,846

5．52,800,099　　　　　　　　　6．801,210,111

14 เท่าไร [thâw-ray] 文語 [thâw-rày] 口語 どれぐらい？（いくら　いくつ　何〜）

意味と品詞　เท่าไร [thâw-ray] は、どれぐらい多いか少ないかを尋ねる疑問詞です。

使い方　数字で計れる「年齢、値段、高さ、広さ」などを聞く時に使います。文末に置きます。話す時は [thâw-rày] と発音することが多いです。

14 **คุณเกิดวันที่เท่าไร**
khun kə̀ət wan-thîi thâw-rày
あなたは何日に生まれましたか？

14

聞きたい目的語	+ 疑問詞	
อายุ aa-yú 年齢	เท่าไร thâw-rày	何歳
ราคา raa-khaa 値段		いくら
เกิดวันที่ kə̀ət wan-thîi 日に生まれた		何日に生まれた
สูง sǔuŋ 高さ（身長　建物など）		どれぐらい高い
หนัก nàk 重い		どれぐらい重い
รอนาน rɔɔ-naan 待つ時間		どれぐらい待つ

答え方は、数字に類別詞を加えて答えます。類別詞とは、名詞の種類を表す単語で、日本語の助数詞（〜人、〜本、〜歳など）と似ていますが、数を伴わず使用する場合もあります。

14

ผมอายุ 20 ปี [phǒm aa-yú yîi-sìp pii] 僕は20歳だ。	13歳以上 ปี [pii] を使う。
น้องอายุ 10 ขวบ [nɔ́ɔŋ aa-yú sìp khùap] 妹・弟は10歳だ。	0-12歳まで **ขวบ** [khùap] を使う。
ราคา 501 บาท [raa-khaa hâa-rɔ́ɔy-nùŋ bàat] 値段は501バーツだ。	bàat バーツはタイ国の通貨です。501 **บาท** [raa-khaa hâa-rɔ́ɔy-èt bàat] と言う人もいます。
เกิดวันที่ 31 [kə̀ət wan-thîi sǎam-sìp-èt] 31日に生まれた。	日付は類別詞を使いません。
สูง 180 เซนติเมตร [sǔuŋ nùŋ-rɔ́ɔy pɛ̀ɛt-sìp sen-tì-méet] 高さ180センチ	計測
หนัก 60 กิโลกรัม [nàk hòk sìp kì-loo-kram] 重さ60キログラム	計測
รอนาน 10 นาที [rɔɔ-naan sìp naa-thii] 10分待つ。	秒、分、時間、日間、ヶ月、年

🎵14 อะไร [a-ray]　何

使い方　「月」と「電話番号」を質問する時は **เท่าไร** [thâw-ray] を使わず、
อะไร [a-ray]「何」を使います。

☆タイの月は数字ではなく各月に名前があるため、「何月」と聞く時は **อะไร**
[a-ray] を使います。

🎵14 **เกิดเดือนอะไร**　何月に生まれましたか？
kə̀ət dɯan a-ray

🎵14

タイの 12 か月			
1月 **มกราคม** má-ka-raa-khom	2月 **กุมภาพันธ์** kum-phaa-phan	3月 **มีนาคม** mii-naa-khom	4月 **เมษายน** mee-sǎa-yon
5月 **พฤษภาคม** phrɯ́t-sa-phaa-khom	6月 **มิถุนายน** mí-thù-naa-yon	7月 **กรกฎาคม** kà-rá-kà-daa-khom	8月 **สิงหาคม** sǐŋ-hǎa-khom
9月 **กันยายน** kan-yaa-yon	10月 **ตุลาคม** tù-laa-khom	11月 **พฤศจิกายน** phrɯ́t-sa-cì-kaa-yon	12月 **ธันวาคม** than-waa-khom

☆ 1 月は [mók-ka-raa-khom]、7 月は [kà-rák-kà-daa-khom] と読む場合も
あります。

☆**คม** [khom] で終わる月には 3 1 日あり、**ยน** [yon] で終わる月には 30 日あります。
พันธ์ [phan] で終わる月は一つだけ、それは 2 月ですね。28 日か 29 日あります。
月の名前のおかげで、タイ人はその月に何日あるかが分かります。

☆「電話番号は何番ですか？」と聞きたい時、**อะไร** [a-ray] を使います。

🎵14 **เบอร์โทรศัพท์เบอร์อะไร**　電話番号は何番ですか？
bəə-thoo-ra-sàp bəə a-ray

🎵14

A: **เบอร์โทรศัพท์**　**เบอร์**　**อะไร**	電話番号は何番ですか？
[bəə-thoo-ra-sàp　bəə　a-ray] 　電話番号は　　　番　　何	
B: **เบอร์**　[bəə]　080-1234-5678	080-1234-5678（番）です。

練習 2　以下の質問にタイ語で答えてみよう。

1．**น้องสาวอายุเท่าไรคะ** [nɔ́ɔŋ-sǎaw aa-yú thâw- rày khá]

妹 5 歳

2．**พี่ชายอายุเท่าไรคะ** [phîi-chaay aa-yú thâw-rày khá]

兄 21 歳

3．**เบอร์โทรศัพท์เบอร์อะไรครับ** [bəə thoo-ra-sàp bəə a-ray khráp]

あなたの携帯番号

4．**คุณเกิดเดือนอะไรครับ** [khun kə̀ət dɯan a-ray khráp]

Lesson 3　相手の詳細の尋ね方

ชอบ [chɔ̂ɔp] + 動詞 / 名詞　～を好む　～をよくやっている

意味と品詞　**ชอบ** [chɔ̂ɔp] は「①好む、②好き（愛）、③～する傾向がある」という意味の動詞で、この他に様々な意味があります。
この課では、「①好む」の意味で習います。

使い方　**ชอบ** [chɔ̂ɔp] の後ろには、他の動詞または名詞を置きます。

คุณชอบทำอะไร
khun chɔ̂ɔp tham a-ray
あなたは何をするのが好きですか？

主語	+ 動詞 +	動詞	+ 目的語	+ 疑問詞	
คุณ khun あなた	**ชอบ** chɔ̂ɔp	**ทำ** tham する		**อะไร** a-ray 何	あなたは何をするのが好き？
ฉัน chán 私		**ดู** duu 見る	**หนังฝรั่ง** nǎŋ fa-ràŋ 西洋の映画		私は西洋の映画を見るのが好きだ。
		ไปเที่ยว pay thîaw 遊びに行く	**ทะเล** tha-lee 海		私は海へ遊びに行くのが好きだ。
		ถ่าย thàay 撮る	**รูป** rûup 写真		私は写真撮影をするのが好きだ。

練習3

次のページの趣味の表を参考にして、好きな趣味トップ3をタイ語で言ってみよう。

> คุณชอบงานอดิเรกอะไร [khun chɔ̂ɔp ŋaan-a-di-rèek a-ray]
> あなたは何をするのが好き？

อันดับ
[an-dàp]
順位

1　ฉันชอบ [chán chɔ̂ɔp] +

2 ....

3 ....

練習4　初めての友達にタイ語で自己紹介してみよう。

สวัสดีค่ะ/ครับ [sa-wàt-dii khâ/khráp]

ชื่อ [chɯ̂ɯ]　名前

นามสกุล [naam-sa-kun]　名字

ชื่อเล่น [chɯ̂ɯ-lên]　愛称

สัญชาติ [sǎn-châat]　国籍

บ้านเกิด [bâan-kə̀ət]　出身

อาชีพ [aa-chîip]　職業

วันที่เกิด [wan-thîi-kə̀ət]　生まれた日

เดือนเกิด [dɯan-kə̀ət]　生まれた月

กรุ๊ปเลือด [krúp-lɯ̂at]　血液型

งานอดิเรก [ŋaan-a-di-rèek]　趣味

ขอบคุณค่ะ/ครับ [khɔ̀ɔp-khun khâ/khráp]

15

趣味 งานอดิเรก ŋaan-a-di-rèek

วาดภาพ
wâat phâap
絵を描く

ถ่ายรูป
thàay rûup
写真撮影

ทำอาหาร
tham aa-hǎan
料理を作る

อ่านหนังสือ
àan nǎŋ-sɯ̌ɯ
読書

ดูหนัง
duu nǎŋ
映画鑑賞

ฟังเพลง
faŋ phleeŋ
音楽を聴く

ร้องเพลง
rɔ́ɔŋ phleeŋ
歌う

เล่นดนตรี
lên don-trii
楽器の演奏

เล่นกีฬา
lên kii-laa
スポーツ

ท่องเที่ยว
thɔ̂ŋ-thîaw
旅行

ปีนเขา
piin khǎw
登山

ไปทะเล
pay tha-lee
海に行く

ว่ายน้ำ
wâay-náam
水泳

ดำน้ำ
dam-náam
ダイビング

ออกกำลังกาย
ʔɔ̀ɔk-kam-laŋ-kaay
運動

วิ่ง
wîŋ
走る

🎵15 **มี** [mii] + 名詞 ～がいる・ある ～を持っている

意味と品詞 **มี** [mii] は「持つ、属する、空かない」という意味の動詞です。

使い方 「○○がいる・ある」、「○○を持っている」と言いたい時、**มี** [mii] を使います。

☆タイ語では生き物「いる」と、物「ある」を分けずに、両方とも **มี** [mii] を使います。

☆否定の場合 **ไม่** [mây] を動詞の前に置くと、「～ない」という意味になります。「～がいない・ない」、「～を持っていない」は、**ไม่มี** [mây mii] と言います。

🎵15 **ผมมีพี่น้อง**
phǒm mii phîi-nɔ́ɔŋ 　　　僕には兄弟がいます。

🎵15

主語	+ 動詞 +	目的語	
ผม phǒm 僕	มี mii	พี่น้อง phîi-nɔ́ɔŋ 兄弟	僕には兄弟がいる。
เขา kháw 彼・彼女		ไลน์ lay LINE	彼はLINEを持っている。
นักเรียน nák-rian 学生		คำถาม kham-thǎam 質問	生徒は質問がある。
น้องสาว nɔ́ɔŋ sǎaw 妹	ไม่มี mây mii	คอมพิวเตอร์ khɔɔm-phiu-tɤ̂ɤ コンピューター	妹はコンピューターを持ってない。
ที่บ้าน thîi bâan 家に		อินเทอร์เน็ต in-thɤɤ-nèt インターネット	家にはインターネットがない。

☆**ที่** [thîi] は場所を示す単語で前置詞にも名詞にもなります。（この他、接続詞や形容詞もあります。）

🎵15 肯定文 動詞 / 形容詞 + **ไหม** [mǎy] 文語　[máy] 口語

～しますか？ ～しませんか？ ～になりませんか？

意味と品詞 **ไหม** [mǎy] は **หรือไม่** [rɯ̌ɯ-mây] 「するかしないか / なるかならないか」に由来する同じ意味を持つ疑問詞です。会話の時は [máy] の発音になることが多いです。

使い方 「①勧誘 ②誘導」の質問で用い、動詞文と形容詞文で使います。

①勧誘は、「〜しますか / 〜しませんか」という勧め・誘いの時に使います。

例）กินไหมคะ [kin máy khá]　食べませんか？（誘い）（กิน [kin] 食べる）
☆タイ語では人を誘う時、「相手の答えがそうなってほしいため、肯定文」で誘います。日本語では「相手が断りやすいため、否定文」を使います。これは文化の違いが言葉の表現にも影響したものです。タイ語で人を誘う時は、「肯定文＋ไหม [máy]」で誘いましょうね。

②誘導は、質問者が一定の意志を持って相手の意見や事実を聞く時に使います。

例）กินไหมคะ [kin máy khá]　食べますか？
　　（私は食べない（食べる）。あなたは食べる？）

　　อร่อยไหมคะ [a-rɔ̀y máy khá]　美味しいですか？
　　（私は美味しい（美味しくない）と思う。あなたは美味しいと思う？）
　　（อร่อย [a-rɔ̀y] 美味しい）

　　มีไหมคะ [mii máy khá]　ありますか？持っていますか？
　　（私はあるかもしれないと思う。実際にある？）

　　หนาวไหมคะ [nǎaw máy khá]　寒いですか？
　　（あなたは寒いかもしれない。実際にあなたは寒い？）

☆注意

１．肯定文で使う。否定文では使えない。

２．タイ語では動詞文の質問をする時に、時制により様々な疑問詞を用います。
ไหม [máy] は「現在」と「未来」に使うことが多いですが、「過去」も使えます。

例）เมื่อวานเขาไปไหม [mɯ̂a-waan kháw pay máy]
　　昨日彼 / 彼女が行った？（事実を聞く）

「過去」の場合、แล้วหรือยัง [lɛ́ɛw-rɯ̌ɯ-yaŋ]「したかまだか」を使うことが多いです。（第５課参照）

３．勧誘と誘導の意味を含んでいるため、เป็น [pen]「は〜です」や คือ [khɯɯ]「は＝です」がある名詞文には使えません。（第４課参照）

☆第２課で習った疑問詞 หรือเปล่า [rɯ̌ɯ-plàw] と ไหม [máy] との違いは、質問者に意見がなく、相手が回答の想像つかない時には หรือเปล่า [rɯ̌ɯ-plàw] を使います。一方、ไหม [máy] は「勧誘や誘導」の時に使います。

例）กินหรือเปล่า [kin rɯ̌ɯ-plàw]
　　食べますか？（相手が食べるかどうか、全く分からない）

　　หนาวหรือเปล่า [nǎaw rɯ̌ɯ-plàw]
　　寒いですか？（相手が寒いかどうか、全く分からない）

(♪15) **มี ~ ไหม** [mii ~ mǎy] 文語
[mii ~ máy] 口語

~がありますか・いますか？　~を持っていますか？

使い方　「~がありますか？、~いますか？ / ~を持っていますか？」と聞く時、「**มี**
[mii] ＋聞きたいこと＋疑問詞」になります。今回は疑問詞 **ไหม** [mǎy]
を使ってみましょう。

(♪15) **คุณมีพี่น้องไหม**
khun mii phîi-nɔ́ɔŋ máy

あなたには兄弟がいますか？

(♪15)

主語	＋ 動詞	＋	目的語	＋	疑問詞	
คุณ khun あなた	มี mii		พี่น้อง phîi-nɔ́ɔŋ 兄弟		ไหม máy	あなたは兄弟がいますか？
เขา kháw 彼			ไลน์ lay LINE			彼はLINEを 持っていますか？
คุณ khun あなた			ใบขับขี่ bay-khàp-khìi 免許証			あなたは免許証を 持っていますか？
คุณ khun あなた			คำถาม kham-thǎam 質問			あなたは質問がありますか？

☆兄弟がおらず **ลูกคนเดียว** [lûuk-khon-diaw]「一人っ子」の場合、**ผมเป็นลูกคนเดียว**
[phǒm pen lûuk-khon-diaw]「僕は一人っ子です」と言います。

(♪15) **ขอ** [khɔ̌ɔ] ~ **หน่อย** [nɔ̀y] /**ด้วย** [dûay]　~を / もください

意味と品詞　**ขอ** [khɔ̌ɔ]は「ください」という意味の動詞です。**หน่อย** [nɔ̀y]は「ちょっ
と」という意味で **นิดหน่อย** [nít nɔ̀y]「少し」に由来します。
ด้วย [dûay] には色々な意味があります。この場合は副詞で「も、
一緒に」という意味です。

使い方　単に **ขอ** [khɔ̌ɔ]「~をください」と言ってもいいですが、**หน่อย**
[nɔ̀y] を付け加えると、柔らかくなり、相手に遠慮する気持ちが入
ります。タイ人はよく **หน่อย** [nɔ̀y] を付けて頼んでいます。日本語
の「~をくださいませんか」と似た感じです。

☆「これもください」と言う時に **ด้วย** [dûay] を使います。

🔊15 ขอที่อยู่หน่อย
khɔ̌ɔ thîi-yùu nɔ̀y

住所を（教えて）ください。

🔊15

動詞 +	目的語	+ 副詞	
ขอ khɔ̌ɔ	ที่อยู่ thîi-yùu 住所	หน่อย nɔ̀y	住所を（教えて）ください。
	เบอร์โทรศัพท์ bəə-thoo-ra-sàp 電話番号	ด้วย dûay	電話番号も（教えて）ください。
	ชื่อนามสกุล chɯ̂ɯ naam-sa-kun 氏名	หน่อย nɔ̀y	氏名を（教えて）ください。
	ชื่อเล่น chɯ̂ɯ-lên 愛称	ด้วย dûay	愛称も（教えて）ください。
	วันเดือนปีเกิด wan dɯan pii kə̀ət 生年月日	หน่อย nɔ̀y	生年月日を（教えて）ください。
	กรุ๊ปเลือด krúp-lɯ̂at 血液型	ด้วย dûay	血液型も（教えて）ください。

☆答え方は、あげる・くれる場合、**ค่ะ** [khâ] / **ครับ** [khráp]「はい」と答えた後に情報を教えます。言われた物を渡したり示したりする時は **นี่ค่ะ** [nîi khâ] / **นี่ครับ** [nîi khráp]「これです」と答えてもいいです。

☆情報を得たい時、もっと丁寧な表現に **ขอทราบ** [khɔ̌ɔ sâap] ～ 「～を教えてください」があります。**ทราบ** [sâap] は「知る」という意味の動詞です。普段の会話では使いませんが、改まった場面で、または目上の人に対してよく使います。

練習 5　以下の会話をタイ語で言ってみよう。

1．タイ語で尋ねてみよう。

A: 電話番号はありますか？電話番号を（教えて）ください。

....

B: **ค่ะ** [khâ]　**นี่ค่ะ** [nîi khâ]

A: そして、e メールはありますか？ e メールも（教えて）ください。

（**อีเมล** [ii-meen] e メール）

....

2．タイ語で答えてみよう。

A: **ขอทราบชื่อนามสกุลหน่อยค่ะ** [khɔ̌ɔ sâap chɯ̂ɯ naam-sa-kun nɔ̀y khâ]

B: ....

A: **ขอทราบกรุ๊ปเลือดด้วยค่ะ** [khɔ̌ɔ sâap krúp-lɯ̂at dûay khâ]

B: ....

Lesson 4 ▶ 語尾表現とニュアンス表現

🔊16 **นะ** [ná] ～よ ～ね

意味と品詞　**นะ** [ná] は副詞で文末に置くと、強調・懇願の気持ちを表す表現になります。

使い方　他の単語と一緒に使います。確信やお願いなどの気持ちを表す時によく使います。

🔊16

強調（確信、確認、念を押す）

ที่นี่ไม่มีกุญแจนะคะ [thîi nîi mây mii kun-cɛɛ ná khá]（กุญแจ [kun-cɛɛ] 鍵）
ここに鍵がないですよ。（確信）

ขอที่อยู่ด้วยนะครับ [khɔ̌ɔ thîi-yùu dûay ná khráp]
住所もくださいね。（教えることを忘れないで）（念を押す）

ขอโทษนะคะ [khɔ̌ɔ-thôot ná khá]
ごめんなさいね。（強調）

อะไรนะครับ [a-ray ná khráp]
何ですって。（確認）

懇願（お願いする）

ขอดูรูปหน่อยนะ [khɔ̌ɔ duu rûup nɔ̀y ná]
写真を見てもいいですかね？

ลดราคาให้หน่อยนะคะ [lót raa-khaa hây nɔ̀y ná khá]
（ลด [lót] 安くする　ให้หน่อย [hây nɔ̀y] ～してください）
安くしてくれないですかね？

ไปด้วยกันนะ [pay dûay kan ná]（ด้วยกัน [dûay kan] 一緒に）
一緒に行こうよ。

---

16 อืม [ɯɯm]　うん　うんうん　ええ　ふむふむ

意味と使い方　**อืม** [ɯɯm] は以下のような意味を持つ感嘆詞です。

うん　（そうです）
うんうん（賛成する）
ええ　（はい。呼応する）
ふむふむ　（分かった。了解）

16 อ้าว [âaw]　あら

意味と使い方　**อ้าว** [âaw] は想像していることと一致しなかった時に用いる感嘆詞です。**อ้าว** [âaw] の後に来る文は、大体疑問文です。

16

อ้าว ไม่ชอบเหรอ [âaw mây chɔ̂ɔp rə̌ə]　（**เหรอ** [rə̌ə] のですか。）
あら、好きじゃないの？

อ้าว ทำไมไม่มี [âaw tham-may mây mii]　（**ทำไม** [tham-may] なぜ）
あら、何でないの？

อ้าว มีกุญแจเหรอ [âaw mii kun-cɛɛ rə̌ə]
あら、鍵を持っているの？（鍵がないと思った）

会話の聞き取り練習 17

会話を聞いて次の質問にタイ語で答えましょう。

1. **คุณต้มยำเกิดวันที่เท่าไร** [khun tôm-yam kə̀ət wan-thîi thâw-rày]

2. **คุณเคนเกิดวันที่ยี่สิบเอ็ดหรือเปล่า**
   [khun kheen kə̀ət wan-thîi yîi-sìp-èt rʉ̌ʉ-plàw]

3. **คุณเคนเกิดเดือนอะไร** [khun kheen kə̀ət dʉan a-ray]

4. **คุณเคนมีงานอดิเรกไหม** [khun kheen mii ŋaan-a-di-rèek máy]

5. **คุณต้มยำมีงานอดิเรกอะไร** [khun tôm-yam mii ŋaan-a-di-rèek a-ray]

ต้มยำ
tôm-yam

1 คุณเคนเกิดเดือนอะไรครับ [khun kheen kə̀ət dɯan a-ray khráp]
ผมเกิดเดือนกุมภาพันธ์ [phǒm kə̀ət dɯan kum-phaa-phan]

เคน
kheen

2 **ผมก็เกิดเดือนกุมภาพันธ์เหมือนกัน**
[phǒm kɔ̂ɔ kə̀ət dɯan kum-phaa-phan mɯ̌an-kan]
คุณต้มยำเกิดวันที่เท่าไร
[khun tôm-yam kə̀ət wan-thîi thâw-rày]

ต้มยำ
tôm-yam

3 วันที่ 21 [wan-thîi yîi-sìp-èt]

เคน
kheen

4 **อ้าว ผมก็เกิดวันที่ 21 เหมือนกัน** [âaw phǒm kɔ̂ɔ kə̀ət wan-thîi yîi-sìp-èt mɯ̌an-kan]
5 5 5 (**ฮ่า ฮ่า ฮ่า** [hâa hâa hâa] 笑い声)

ต้มยำ
tôm-yam

5 คุณเคนมีอีเมลไหม ขออีเมลหน่อยนะ
[khun kheen mii ii-meen máy khɔ̌ɔ ii-meew nɔ̀y ná]

เคน
kheen

6 **อืม นี่ครับ** [ɯɯm nîi khráp] ken@sabaaysabaay.com
แล้วคุณต้มยำมีไลน์ไหม ขอไลน์ด้วยนะ
[lɛ́ɛw khun tôm-yam mii lay máy khɔ̌ɔ lay dûay ná]

ต้มยำ
tôm-yam

7 อืม นี่ครับ [ɯɯm nîi khráp] ID tomyum
คุณเคนมีงานอดิเรกไหม
[khun kheen mii ŋaan-a-di-rèek máy]

เคน
kheen

8 **มี ผมชอบถ่ายรูป** [mii phǒm chɔ̂ɔp thàay-rûup]
คุณต้มยำล่ะ [khun tôm-yam lâ]

ต้มยำ
tôm-yam

9 ผมชอบร้องเพลง
[phǒm chɔ̂ɔp rɔ́ɔŋ-phleeŋ]

ロールプレー練習

以上の会話を参考にして、タイ語で質問してみよう。

	A	B

A

1. 何月生まれかを聞き、それから
   自分の生まれた月を教える。

3. 何日生まれかを答える。

5. 「eメールはありますか？」と聞いて、
   「eメールをください」と聞く。

7. 答えて、「趣味はありますか？」
   と聞く。

9. 自分の趣味を答える。

B

2. 何月生まれかを答え、それか
   ら何日生まれかを聞く。

4. 同じかどうか、または何日
   生まれか答える。

6. 答えて、「LINE はありますか？」
   と聞いて「LINE をください」
   と聞く。

8. 答えて、相手の趣味を聞く。

日本語訳

トムヤム君　けん君は何月に生まれましたか？
　　　　　　私は2月に生まれました。

　　　　　　　　　私も2月に生まれました。　　　けん君
　　　　　　　　　トムヤム君は何日に生まれましたか？

トムヤム君　21 日。

　　　　　　　　　あら、私も 21 日に生まれました。　けん君
　　　　　　　　　ハハハ。

トムヤム君　けん君は e メールはある？ e メールをくださいね。

　　　　　　　うん。これです。ken@sabaaysabaay.com　けん君
　　　　　　　で、トムヤム君は LINE はある？ LINE もくださいね。

トムヤム君　うん。これです。 ID tomyum
　　　　　　けん君は趣味はある？

　　　　　　　　　ある。私は写真を撮るのが好きだ。　けん君
　　　　　　　　　トムヤム君は？

トムヤム君　私は歌を歌うのが好きだ。

読み取り練習 17

文を読んで次の質問にタイ語で答えましょう。

สวัสดีครับ ผมชื่อสำลีครับ ผมเป็นครูสอนดำน้ำอยู่ที่สมุย ผมชอบดำน้ำครับ ที่สมุยมีทะเล มีภูเขา มีอาหารอร่อยครับ คุณชอบไปเที่ยวทะเลไหม มาเที่ยวทะเลที่สมุยนะครับ

sa-wàt-dii khráp phǒm chûɯ sǎm-lii khráp
phǒm pen khruu sɔ̌ɔn dam-náam yùu thîi sa-mǔy
phǒm chɔ̂ɔp dam-náam khráp
thîi sa-mǔy mii tha-lee mii phuu-khǎw mii aa-hǎan a-rɔ̀y khráp
khun chɔ̂ɔp pay thîaw tha-lee máy
maa thîaw tha-lee thîi sa-mǔy ná khráp

（**สอน** [sɔ̌ɔn] 教える）

1．**เขาทำงานอะไร** kháw tham-ŋaan a-ray

2．**เขาชอบทำอะไร** kháw chɔ̂ɔp tham a-ray

3．**ที่สมุยมีอาหารอร่อยไหม** thîi sa-mǔy mii aa-hǎan a-rɔ̀y máy

新しい単語

数字　ตัวเลข [tua lêek]

๐	๑	๒	๓	๔	๕	๖	๗	๘	๙	๑๐
0	1	2	3	4	5	6	7	8	9	10
ศูนย์	หนึ่ง	สอง	สาม	สี่	ห้า	หก	เจ็ด	แปด	เก้า	สิบ
sǔun	nɯ̀ŋ	sɔ̌ɔŋ	sǎam	sìi	hâa	hòk	cèt	pɛ̀ɛt	kâw kâaw	sìp

単位　หน่วย [nùay]

สิบ	sìp	十	ร้อย	rɔ́ɔy	百
พัน	phan	千	หมื่น	mɯ̀ɯn	万
แสน	sɛ̌ɛn	10万	ล้าน	láan	100万
สิบล้าน	sìp láan	1,000万	ร้อยล้าน	rɔ́ɔy láan	1億

疑問詞　คำถาม [kham thǎam]

ไหม	mǎy máy	～しませんか？　～になりませんか？　～か？
เท่าไร	thâw-ray thâw-ráy	どれぐらい？（いくら　いくつ　何～）

เท่าไร [thâw-ray] と一緒に使う単語

อายุ	aa-yú	年齢	สูง	sǔuŋ	（身長、建物など）高い
ราคา	raa-khaa	値段	หนัก	nàk	重い
เกิดวันที่	kə̀ət wan-thîi	日に生まれた	รอนาน	rɔɔ-naan	待つ時間

類別詞　ลักษณนาม [lák-sa-nà-naam]

ปี	pii	～歳（13歳以上）	นิ้ว	níu	インチ
ขวบ	khùap	～歳（0-12歳まで）	เมตร	méet	メートル
เซนติเมตร	sen-tì-méet	センチメートル	นาที	naa-thii	分

月　เดือน [dɯan]

มกราคม	má-ka-raa-khom mók-ka-raa-khom	1月	กุมภาพันธ์	kum-phaa-phan	2月
มีนาคม	mii-naa-khom	3月	เมษายน	mee-sǎa-yon	4月
พฤษภาคม	phrɯ́t-sa- phaa-khom	5月	มิถุนายน	mí-thù-naayon	6月
กรกฎาคม	kà-rá-kà-daa-khom kà-rák-kà-daa-khom	7月	สิงหาคม	sǐŋ-hǎa-khom	8月
กันยายน	kan-yaa-yon	9月	ตุลาคม	tù-laa-khom	10月
พฤศจิกายน	phrɯ́t-sa-cì- kaa-yon	11月	ธันวาคม	than-waa-khom	12月

動詞　คำกริยา [kham kri-yaa]

มี	mii	～を持っている / ある　～がいる / ある
ชอบ	chɔ̂ɔp	～を好む　～をよくやっている
ขอ khɔ̌ɔ...หน่อย nɔ̀y / ด้วย dûay		～を / もください

動詞の否定

ไม่ mây + 動詞	～しない　～ない

名詞　คำนาม [kham naam]

เบอร์โทรศัพท์	bəə-thoo-ra-sàp	電話番号			
เบอร์	bəə	番号	พี่น้อง	phîi-nɔ́ɔŋ	兄弟
ลูกคนเดียว	lûuk-khon-diaw	一人っ子	พี่ชาย	phîi chaay	兄
น้องสาว	nɔ́ɔŋ sǎaw	妹	คำถาม	kham-thǎam	質問
ใบขับขี่	bay-khàp-khìi	免許証	ไลน์	lay	ライン LINE
อินเทอร์เน็ต	in-thəə-nèt	インターネット	คอมพิวเตอร์	khɔɔm- phiu-tə̂ə	コンピューター
ที่อยู่	thîi-yùu	住所	ชื่อนามสกุล	chɯ̂ɯ naam-sa-kun	氏名
กรุ๊ปเลือด	krúp-lɯ̂at	血液型	วันเดือนปีเกิด	wan dɯan pii kə̀ət	生年月日

指示代名詞　คำนิยมสรรพนาม [kham ní-yom sàp-pha-naam]

นี่	nîi	これ

趣味　งานอดิเรก [ŋaan a-di-rèek]

วาดภาพ	wâat phâap	絵を描く
ถ่ายรูป	thàay rûup	写真撮影
ทำอาหาร	tham aa-hǎan	料理を作る
อ่านหนังสือ	àan nǎŋ-sǔɯ	読書
ดูหนัง	duu nǎŋ	映画鑑賞
ฟังเพลง	faŋ phleeŋ	音楽を聴く
ร้องเพลง	rɔ́ɔŋ phleeŋ	歌う
เล่นดนตรี	lên don-trii	楽器の演奏
เล่นกีฬา	lên kii-laa	スポーツ
ท่องเที่ยว	thɔ̂ŋ-thîaw	旅行
ปีนเขา	piin khǎw	登山
ไปทะเล	pay tha-lee	海に行く
ว่ายน้ำ	wâay-náam	水泳
ดำน้ำ	dam-náam	ダイビング
ออกกำลังกาย	ɔ̀ɔk-kam-laŋ-kaay	運動
วิ่ง	wîŋ	走る

ニュアンス表現　สำนวนที่มีหลายความหมาย [sǎm-nuan thîi mii lǎay khwaam-mǎay]

นะ	ná	～よ／～ね
อืม	ɯɯm	うん　うんうん　ええ　ふむふむ
อ้าว	âaw	あら

まとめ　สรุป　sarùp　　何を勉強しましたか？

1. 数字の数え方 1 ～ **หลักล้าน** [nʉ̀ŋ ～ làk láan]	1～大きな位
2. 数字の尋ね方 **เท่าไร** [thâw-rày]	どれぐらい？ （いくら、いくつ、何～）
3. 相手の詳細の尋ね方 **ชอบ** [chɔ̂ɔp] **มี** [mii] **ไหม** [mày] **ขอ...หน่อย/ด้วย** [khɔ̌ɔ…nɔ̀y/dûay]	～を好む　～をよくやっている ～がいる・ある　～を持っている ～しませんか？　～になりませんか？ ～を / もください
4. 語尾表現とニュアンス表現 **นะ** [ná] **อืม** [ɯɯm] **อ้าว** [âaw]	～よ　～ね うん　うんうん　ええ　ふむふむ あら
単語	数字　趣味

できたことをチェック

- [ ] 1. 年齢、誕生日、趣味などの自己の詳細を紹介できる。
- [ ] 2. 相手の詳細を聞け、**ขอ...หน่อย/ด้วย** [khɔ̌ɔ…nɔ̀y/dûay] を使って求めることができる。
- [ ] 3. **ไหม** [máy] の疑問文を使って質問できる。
- [ ] 4. **นะ** [ná]、**อืม** [ɯɯm]、**อ้าว** [âaw] の表現が使える。

覚えておきたい表現 ประโยคน่าจำ pra-yòok nâa cam 18

年齢、身長、誕生日などの自己紹介

คุณอายุเท่าไรครับ [khun aa-yú thâw-rày khráp]	あなたは何歳ですか？
ผมอายุ 20ปี [phǒm aa-yú yîi-sìp pii]	私は２０歳です。

兄弟、持ち物などを持っているか、あるかと聞く

A: คุณมีพี่น้องไหมครับ [khun mii phîi-nɔ́ɔŋ máy khráp]	A: あなたは兄弟がいますか？
B: ดิฉันไม่มีพี่น้อง [di-chán mây mii phîi-nɔ́ɔŋ]	B: 私は兄弟がいないです。
เป็นลูกคนเดียวค่ะ [pen lûuk-khon-diaw khâ]	一人っ子です。
A: คุณมีเบอร์ติดต่อไหมครับ [khun mii bəə-tìt-tɔ̀ɔ máy khráp]	A: 連絡先を教えてください。 （あなたは連絡先がありますか？） （ติดต่อ [tìt-tɔ̀ɔ] 連絡）
B: มีค่ะ นี่ค่ะ [mii khâ nîi khâ]	B: あります。これです。

相手に何かを求めたい時

ขอที่อยู่หน่อยค่ะ [khɔ̌ɔ thîi-yùu nɔ̀y khâ]	住所を（教えて）ください。
ขอเบอร์โทรศัพท์ด้วยค่ะ [khɔ̌ɔ bəə-thoo-ra-sàp dûay khâ]	電話番号も（教えて）ください。

興味と気持ちを表す表現

A: **ขอโทษนะครับ ที่นี่มีคนนั่งไหมครับ** [khɔ̌ɔ-thôot ná khráp thîi-nîi mii khon nâŋ máy khráp]	A: すみませんねぇ。 ここ空いていますか？ （ここに座っている人がいますか？）
B: **ไม่มีค่ะ เชิญค่ะ** [mây mii khâ chəən khâ]	B: いないです。どうぞ。

もっと知りたいタイ語

書類の記入
การกรอกเอกสาร kaan krɔ̀ɔk èek-ka-sǎan

この課では、タイ語会話での様々な自己紹介の仕方を勉強しましたが、最後に、フィットネスクラブの会員登録書への記入を例にとり、タイ語での正式な文書での自己紹介の書き方を紹介します。

フィットネスクラブの会員登録書

ยินดีต้อนรับสู่ ฟิสเนต
yin dii tɔ̂ɔn ráp sùu fít nêet

รูปถ่าย
rûup thàay
写真

หมายเลขสมาชิก
mǎay-lêek sa-maa-chík
会員番号

ชื่อ chɯ̂ɯ 名前……
▢ **นาย** naay Mr. ▢ **นาง** naaŋ Mrs. ▢ **นางสาว** naaŋsǎaw Miss.
▢ **อื่นๆ** ɯ̀ɯn ɯ̀ɯn その他 **นามสกุล** naam-sa-kun 名字……
เพศ phêet 性別 ▢ **ชาย** chaay 男性 ▢ **หญิง** yǐŋ 女性
อายุ aa-yú 年齢…… **น้ำหนัก** nám nàk 体重……
ส่วนสูง sùan-sǔuŋ 身長…… **โรคประจำตัว** rôok-pra-cam-tua 持病……
วันเดือนปีเกิด wan dɯan pii kə̀ət 生年月日……
สัญชาติ sǎn-châat 国籍……
เลขประจำตัวบัตรประชาชน lêek-pra-cam-tua bàt-pra-chaa-chon ID番号
……
ที่อยู่ปัจจุบัน thîi-yùu pàt-cù-ban 現在の住所……
เลขที่ lêek-thîi 番…… **หมู่ที่** mùu-thîi 地……大きい通り……
หมู่บ้าน mùu bâan 村…… **ซอย** sɔɔy 細い通り……
ถนน tha-nǒn 大きい通り…… **ตำบล/แขวง** tam-bon/khwɛ̌ɛŋ 町・区……
อำเภอ/เขต am-phəə/khèet 市…… **จังหวัด** caŋ-wàt 都・府・県……
รหัสไปรษณีย์ ra-hàt pray-sa-nii 郵便番号……
โทรศัพท์ thoo-ra-sàp 電話番号…… **โทรสาร** thoo-ra-sǎan Fax……
ชื่อเบอร์โทรศัพท์บุคคลติดต่อได้กรณีฉุกเฉิน
chɯ̂ɯ bəə thoo-ra-sàp bùk-khon tìt-tɔ̀ɔ dây ka-ra-nii chùk-chə̌ən
他の方の緊急連絡先……

下の名前が先に来て、名字は後です。英語にしたら、男Mr. 女 Mrs 女（未婚）Miss と同じ習慣です。その他は、お坊さん、警察、軍、医者、王室の方など記入します。

生年月日の順は日本と逆で、「日　月　年」という順です。

タイ人は出生時に国からID番号を付与されます。この番号はその後作成するIDカードに記載されています。

タイの住所は細かく分けて書きます。バンコク以外は県（caŋ-wàt）、バンコクは県ではなく都（kruŋ）になります。タイではバンコクを **กรุงเทพมหานคร** kruŋ-thêep-ma-hǎa-na-khon（略して**กรุงเทพฯ** kruŋ-thêep）と呼びます。

④ これは僕のカバンです。

ผมเป็น "Host Family ครอบครัวอุปถัมภ์" ของคุณเคนครับ [phǒm pen hôot-fɛɛm-mí-lîi khrɔ̂ɔp-khrua ùp-pà-thǎm khɔ̌ɔŋ khun kheen khráp]
何だって!?ホストファミリーと聞こえたけど。
นี่คือเพื่อนของผม [nîi khʉʉ phʉ̂an khɔ̌ɔŋ phǒm]
ชื่อกุ้งครับ [chʉ̂ʉ kûŋ khráp]
ผมกับกุ้งเป็นนักศึกษาครับ [phǒm kàp kûŋ pen nák-sʉ̀k-sǎa khráp]
ああ可愛い♡
สวัสดีค่ะ คุณเคน [sa-wàt-dii khâ khun kheen]
นี่คือกระเป๋าของคุณเคนใช่ไหมคะ [nîi khʉʉ kra-pǎw khɔ̌ɔŋ khun kheen chây máy khá]
กระเป๋านี้ก็เป็นของคุณด้วยหรือคะ [kra-pǎw níi kɔ̂ɔ pen khɔ̌ɔŋ khun dûay rʉ̌ʉ khá]
ใบใหญ่จัง [bay yày caŋ]
ไม่ใช่ครับ นี่ไม่ใช่กระเป๋าของคุณเคน [mây chây khráp nîi mây chây kra-pǎw khɔ̌ɔŋ khun kheen]
หรือคะ [rʉ̌ʉ khâ]
แล้วเป็นกระเป๋าของใคร [lɛ́ɛw pen kra-pǎw khɔ̌ɔŋ khray]
何でこのカバンも指しているのかな。僕のじゃないけど…
誰のカバンだろう?

第 4 課 指示語（こそあ言葉）を使おう
บทที่ 4 มาใช้คำบ่งชี้สิ่งของนี่นั่นโน่นกัน
[bòt-thîi sìi maa cháy kham bòŋ-chíi sìŋ-khɔ̌ɔŋ nîi nân nôon kan]

Lesson 1 指示代名詞

19

นี่ [nîi] / **นั่น** [nân] / **โน่น** [nôon] ＋動詞

これ　それ　あれ　こちら　そちら　あちら

意味と品詞　タイ語の指示代名詞には **นี่** [nîi]「これ」、**นั่น** [nân]「それ」、**โน่น** [nôon]「あれ」などがあります。

使い方　「物指し」や「相手を紹介する時」などに使います。自分からの距離に応じて用いる単語を使い分けます。

☆タイ語では、人と物を指す際、日本語のように「こちら、そちら、あちら」と「これ、それ、あれ」を区別せず、**นี่** [nîi]「これ」、**นั่น** [nân]「それ」、**โน่น** [nôon]「あれ」を使います。

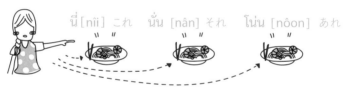

นี่ [nîi] これ
นั่น [nân] それ
โน่น [nôon] あれ

19

นี่คืออะไร
nîi khʉʉ a-ray

これは何ですか？

19

主語	＋ 動詞	＋ 補語	＋ 疑問詞	
นี่ nîi これ	**คือ** khʉʉ は/が＝です		**อะไร** a-ray 何	これは何？
นั่น nân それ		**ยางลบ** yaaŋ-lóp 消しゴム		それは/が消しゴムだ。
โน่น nôon あれ		**ช้าง** cháaŋ 象		あれは/が象だ。

☆**คือ** [khɯɯ]「は / が＝です」を使う文では通常、主語に指示代名詞 **นี่** [nîi]「これ」、**นั่น** [nân]「それ」、**โน่น** [nôon]「あれ」を用い、**คือ** [khɯɯ] のすぐ後ろに名詞が来ます。会話では、**คือ** [khɯɯ] を言わずに省略することが多いです。

🔊19 ## **ใคร** [khray] **誰？**

意味と品詞 「誰？」という意味の疑問詞です。

使い方 文末または文頭に置きます。文頭の場合は主語として使います。

🔊19 **นั่นคือใคร** そちらは誰ですか？
nân khɯɯ khray

🔊19

主語 +	動詞 +	補語 +	疑問詞	
นั่น nân それ	คือ khɯɯ は/が＝です		ใคร khray 誰	そちらは誰ですか？
นี่ nîi これ		คุณเคน khun kheen けん君 		こちらは/がけん君だ。
โน่น nôon あれ		เพื่อน phɯ̂an 友達 		あちらは/が友達だ。

🔊19 **ใครคือคุณเคน** 誰がけん君ですか？
khray khɯɯ khun kheen

🔊19

主語（疑問詞）+	動詞 +	補語	
ใคร khray 誰	คือ khɯɯ は/が＝です	คุณเคน khun kheen けん君 	誰がけん君ですか？
	มี mii がある/いる	พี่น้อง phîi-nɔ́ɔŋ	誰が兄弟がいますか？
	ชอบ chɔ̂ɔp 好き	ว่ายน้ำ wâay-náam	誰が泳ぐのが好きですか？

คือ [khɯɯ] の後に付くものの例を見てみよう。

文房具　เครื่องเขียน khrɯ̂aŋ-khǐan

ปากกา pàak-kaa ペン	ยางลบ yaaŋ-lóp 消しゴム	ดินสอ din-sɔ̌ɔ 鉛筆	ที่ลบคำผิด thîi-lóp-kham-phìt 修正液
หนังสือ nǎŋ-sɯ̌ɯ (文語) náŋ-sɯ̌ɯ (口語) 本	กระดาษ kra-dàat 紙	สมุด sa-mùt ノート	ที่เย็บกระดาษ thîi–yép-kra-dàat ホッチキス
แฟ้ม fɛ́ɛm ファイル		กล่องดินสอ klɔ̀ŋ-din-sɔ̌ɔ 筆箱	

日用品　ของใช้ khɔ̌ɔŋ cháy

กล้องถ่ายรูป klɔ̂ŋ thàay rûup カメラ	พวงมาลัย phuaŋ maa-lay ジャスミンの花輪	กระเป๋า kra-pǎw 鞄	กระเป๋าสตางค์ kra-pǎw sa-taaŋ 財布
นาฬิกา naa-lí-kaa 時計	แว่นตา wɛ̂n-taa 眼鏡	ข้าวกล่อง khâaw-klɔ̀ŋ お弁当	กระติกน้ำ kra-tìk-náam 水筒
นาฬิกาปลุก naa-lí-kaa plùk 目覚まし時計	รถ rót 車	โทรศัพท์มือถือ thoo-ra-sàp mɯɯ thɯ̌ɯ 携帯電話	กุญแจ kun-cɛɛ 鍵

家族　ครอบครัว khrɔ̂ɔp-khrua

ปู่ pùu （父方の）お祖父さん	ย่า yâa （父方の）お祖母さん	ตา taa （母方の）お祖父さん	ยาย yaay （母方の）お祖母さん
พี่น้อง phîi nɔ́ɔŋ 兄弟	สามีภรรยา sǎa-mii（夫） phan-ra-yaa（婦） 夫婦	พี่ phîi 兄/姉	พ่อแม่ phɔ̂ɔ（父）mɛ̂ɛ（母） 両親
น้อง nɔ́ɔŋ 弟/妹	เพื่อน phɯ̂an 友達	ญาติ yâat 親戚	เด็ก dèk 子供
แฟน fɛɛn 恋人		ลูก lûuk 自分の子供	

動物　สัตว์ sàt

ช้าง cháaŋ 象	นก nók 鳥	หมู mǔu 豚	แมว mɛɛw 猫
หมา mǎa 犬	กระต่าย kra-tàay ウサギ	ควาย khwaay 水牛	กระรอก kra-rɔ̂ɔk リス
ไก่ kày 鶏	เป็ด pèt アヒル	กุ้ง kûŋ えび	ปลา plaa 魚

🔊19 A+ **กับ** [kàp] +B　A と B

🔊19 A+ **และ** [lɛ́] +B　A それに、B　A 並びに B

意味と品詞　**กับ** [kàp] は様々な意味と用法を持つ単語ですが、この課では、「～と～」という意味の2つ以上の言葉（単語）をつなげる前置詞として習います。一方、**และ** [lɛ́] は「それに、並びに」などを意味する接続詞です。

使い方　**กับ** [kàp] は、短い単語を合わせる時に使います。**และ** [lɛ́] は、単語と単語をつなげることもできますが、主に文と文をつなげる場合に用い、書き言葉で使います。

例）**นี่คือปากกาและนั่นคือกระดาษ**

[nîi khɯɯ pàak-kaa lɛ́ nân khɯɯ kra-dàat]

これはペンです。そして、それは紙です。

🔊19 **นี่คือปากกากับกระดาษ**　　　これは / がペンと紙です。
nîi khɯɯ pàak-kaa kàp kra-dàat

🔊19

ปากกา pàak-kaa ペン 		กระดาษ kra-dàat 紙 	ペンと紙
เธอ thəə 君 	กับ kàp と	ฉัน chǎn 私 	君と私
คนญี่ปุ่น khon yîi-pùn 日本人 		คนไทย khon-thay タイ人 	日本人とタイ人

練習1　以下の質問にタイ語で答えてみよう。

1. **โน่นคืออะไรคะ** [nôon khɯɯ a-ray khá]　車　

------

2. **นี่คืออะไรคะ** [nîi khɯɯ a-ray khá]　ノートと本　

------

3. นั่นคืออะไรคะ [nân khɯɯ a-ray khá]　ウサギ

4. นั่นคือใครคะ [nân khɯɯ khray khá]　お父さんとお母さん

🔊19 **ไม่ใช่** [mây chây]　① は/が～ではありません（คือ [khɯɯ] の否定形）
　　　　　　　　　　② いいえ　違います

意味と品詞　ไม่ใช่ [mây chây] には2つの意味があります。一つめは「は/が～ではありません」という คือ [khɯɯ] の否定文です。二つめは「いいえ、違います」という答え方です。

使い方　否定文と否定の答えで使います。まず否定文の例文を見ましょう。

🔊19 **นี่ไม่ใช่ปากกา**
nîi mây chây pàak-kaa　　これは/がペンではありません。

🔊19

主語 +	動詞 +	補語	
นี่ nîi これ	คือ khɯɯ は/が＝です	ปากกา pàak-kaa ペン	これは/がペンだ。
	ไม่ใช่ mây chây は/が＝ではありません		これは/がペンではない。
นั่น nân それ	คือ khɯɯ は/が＝です	ไก่ kày 鶏	それは/が鶏だ。
	ไม่ใช่ mây chây は/が＝ではありません		それは鶏ではない。
โน่น nôon あれ	คือ khɯɯ は/が＝です	คุณเคน khun kheen けん君	あちらは/がけん君だ。
	ไม่ใช่ mây chây は/が＝ではありません		あちらはけん君ではない。

🎵19 文末 + **ใช่ไหม** [chây mǎy] 文語 ～でしょ？　～ですよね？
[chây máy] 口語

意味と品詞　合っているかどうかを確認する疑問詞です。

使い方　「そうですか、合っていますか？」と確認したい時に、文末に疑問詞
ใช่ไหม [chây máy] を使います。**ใช่ไหม** [chây máy] は、様々な文
で用いられますが、この課では **คือ** [khɯɯ] を用いた文を例にします。

🎵19
答え方

そうであれば、 ใช่ [chây] 「**そうです**」

そうではなければ、 ไม่ใช่ [mây chây] 「**違います**」と答えます。

🎵19 **นี่คือปากกาใช่ไหม**
nîi khɯɯ pàak-kaa chây máy　これは / がペンでしょう？

🎵19
主語 +	動詞 +	補語 +	疑問詞	
นี่ nîi これ		**ปากกา** pàak-kaa ペン 		これは/がペンでしょう？
นั่น nân それ	**คือ** khɯɯ は/が＝です	**คุณต้มยำ** khun tôm-yam トムヤム君 	**ใช่ไหม** chây máy でしょう	こちらは/が トムヤム君でしょう？
โน่น nôon あれ		**กุญแจบ้าน** kun-cɛɛ bâan 家の鍵 		あれは/が家の鍵でしょう？

A: **นี่คือนกใช่ไหมครับ** [nîi khɯɯ nók chây máy khráp]
これは / が鳥ですよね？

B: **ใช่ค่ะ นี่คือนกค่ะ** [chây khâ　nîi khɯɯ nók khâ]
はい、これは / が鳥です。

A: **นี่คือสมุดใช่ไหมคะ** [nîi khɯɯ sa-mùt chây máy khá]
これは / がノートですよね？

B: **ไม่ใช่ครับ** [mây chây khráp]
いいえ (違います)。
นี่ไม่ใช่สมุดครับ [nîi mây chây sa-mùt khráp]
これはノートではありません。
นี่คือหนังสือครับ [nîi khɯɯ náŋ-sǔɯ khráp]
これは / が本です。

132

練習2　以下の質問にタイ語で答えてみよう。

1．นี่คือกระเป๋านักเรียนใช่ไหมคะ
　　[nîi khɯɯ kra-pǎw nák-rian chây máy khá]

財布

. . . .

2．นั่นคือคุณกุ้งกับคุณผักชีใช่ไหมครับ
　　[nân khɯɯ khun kûŋ kàp khun phàk-chii chây máy khráp]

グンちゃん　パクチーちゃん

. . . .

3．นั่นคือกระรอกกับกระต่ายใช่ไหมครับ
　　[nân khɯɯ kra-rɔ̂ɔk kàp kra-tàay chây máy khráp]

犬　　豚

. . . .

4．โน่นคือภูเขาฟูจิใช่ไหมคะ
　　[nôon khɯɯ phuu-khǎw fuu-cì chây máy khá]
　　（ภูเขา [phuu-khǎw] 山）

富士山

. . . .

Lesson 2 　指示形容詞

20

名詞 + นี้ [níi] /นั้น[nán] /โน้น [nóon]　この / その / あの + 名詞

使い方　　タイ語の修飾語の語順は「被修飾語＋修飾語」が通常です。日本語
　　　　　と逆ですね。主語（主格）に指示形容詞を用いた名詞文（述語に名
　　　　　詞が来る文）を作る場合、通常、動詞には **คือ [khɯɯ]** を使わず、
　　　　　เป็น [pen]（は〜です）を使います。ただし、補語（述語）に指示形
　　　　　容詞が用いられている場合、動詞 **คือ [khɯɯ]** を使うことがあります
　　　　　（137 ページの例文を参考）。

☆**อันนี้เป็นอะไร [an níi pen a-ray]**「この物はどんな物？」という質問文への回答
は通常 **เป็น [pen]** を用いて答えます。**เป็น[pen]** のすぐ後ろに来るものは名詞です。
☆「この、その、あの」の指示形容詞の場合は声調の記号が変わり、**นี้ [níi] / นั้น [nán]
/ โน้น [nóon]** の発音になります。

หนังสือนี้ この本
náŋ-sɯ̌ɯ níi

(♪20)

	名詞		+	指示形容詞		
หนังสือ	náŋ-sɯ̌ɯ	本 📘	นี้	níi	この	この本
คน	khon	人	นั้น	nán	その	その人
กระเป๋า	kra-pǎw	カバン 👜	โน้น	nóon	あの	あのカバン

หนังสือนี้เป็นหนังสืออะไร

(♪20)
náŋ-sɯ̌ɯ níi pen náŋ-sɯ̌ɯ a-ray

この本はどんな本ですか？

(♪20)

主語	+	動詞	+	補語		
หนังสือนี้ náŋ-sɯ̌ɯ níi この本				**หนังสือเรียนภาษาไทย** náŋ-sɯ̌ɯ rian phaa-sǎa thay タイ語の教科書 	📘	この本はタイ語の 教科書だ。
คนนั้น khon nán その人		**เป็น** pen は～です。		**คนญี่ปุ่น** khon yîi-pùn 日本人 	👤	その人は日本人だ。
ดินสอโน้น din-sɔ̌ɔ nóon あの鉛筆				**ดินสออะไร** din-sɔ̌ɔ a-ray どんな鉛筆 	✏️	あの鉛筆はどんな鉛筆？

練習3　以下の日本語をタイ語で言ってみよう。

1. この  本とその 本

....

2. この人は  医者です。

....

3. その時計は  目覚まし時計だ。

....

4. あの人は  何人？

....

☆なお、タイ語では「この、その、あの」を使う時、修飾する名詞の類別詞（本、羽、頭など）を入れて言うことが多いです。名詞が単数の場合は、「1」は言わず、類別詞単独で使います。具体的には、**ปากกาด้ามนั้น** [pàak-kaa dâam nán]「その（1）本のペン」、**นกตัวโน้น** [nók tua nóon]「あの（1）羽の鳥」、**หนังสือเล่มนี้** [náŋ-sɯ̌ɯ lêm níi]「この（1）冊の本」などです。複数の場合は数字を入れて言います。具体的には、**ปากกา 2 ด้ามนั้น** [pàak-kaa sɔ̌ɔŋ dâam nán]「その2本のペン」、**นก 2 ตัวโน้น** [nók sɔ̌ɔŋ tua nóon]「あの2羽の鳥」、**หนังสือ 2 เล่มนี้** [náŋ-sɯ̌ɯ sɔ̌ɔŋ lêm níi]「この2冊の本」などです。

Lesson 3　名詞文と所有

●名詞文

　名詞文とは、述語が名詞である文のことで、「〜は / が〜（名詞）です」といった文を指します。

　タイ語の一般的な名詞文では、動詞 v＊ に **เป็น** [pen] または **คือ** [khɯɯ] などを用います。（v＊ は補語を必要とする動詞で、v＊ の後ろには名詞（句）が来ます）

เป็น [pen]　は〜です。

เป็น [pen] は主語と述語の関係性を表す動詞で、「主語 A は述語 B という属性を持っている・この状態になる・所有する」という意味で用いられます。一般的な名詞文で使われ、「A **เป็น** [pen] B」という文は、「A は B の一部（A<B）」というニュアンスになります。第2課で習った **เป็น** [pen] の例文では、職業・国籍・出身に用いました。

คือ [khɯɯ]　は／が＝です。

一方、**คือ** [khɯɯ] は「イコール・同一」という意味の動詞で、「主語と述語が同一（イコール）である」ことを意味します。

　つまり、〈A **คือ** [khɯɯ] B〉という文は、「A=B」というニュアンスになります。

●所有

物、人などの名詞＋ ของ [khɔ̌ɔŋ] ＋所有者　～の～

(♪21)

意味と品詞　ของ [khɔ̌ɔŋ] は所有「～の」を表す前置詞です。

使い方　日本語では「私の○○」と言う時に、〈所有者＋の＋○○〉となりますが、タイ語では、〈○○＋の＋所有者〉と順番が逆になります。ของ [khɔ̌ɔŋ] は省略することができます。

(♪21)
กระเป๋าของดิฉัน
kra-pǎw khɔ̌ɔŋ di-chán　私のカバン

(♪21)

名詞（物、人など）＋	ของ khɔ̌ɔŋ ＋	所有者	＋ 疑問詞	
กระเป๋า kra-pǎw カバン	**ของ** khɔ̌ɔŋ		**ใคร** khray 誰	誰のカバン?
		ดิฉัน di-chán 私		私のカバン
		คุณผักชี khun phàk-chii パクチーちゃん		パクチーちゃんのカバン
		เพื่อนของผม phûan khɔ̌ɔŋ phǒm 僕の友達		僕の友達のカバン

練習 4　以下の日本語をタイ語で言ってみよう。

1．誰のペン

2．タイ の象

3．彼 の子供

4．私の父 の車

●動詞 เป็น [pen] または คือ [khɯɯ] を用いて ของ [khɔ̌ɔŋ] を含む文を作る場合

☆**ของ** [khɔ̌ɔŋ] を含む文を作る場合、**ของ** [khɔ̌ɔŋ] を用いた句が「述語（補語）」か「主語」になるかで使う動詞を変えます。

1．述語（補語）になる場合

通常、所属を表す動詞 **เป็น** [pen] を使います。会話では主語が指示代名詞の場合、**เป็น** [pen] を省略することが多いです。**ของ** [khɔ̌ɔŋ] も省略できます。

นี่เป็นกระเป๋าของดิฉัน　　　これは私のカバンだ。
nîi pen kra-pǎw khɔ̌ɔŋ di-chán

主語	+ 動詞 +			補語		
นี่ nîi これ	เป็น pen は〜です。	กระเป๋า kra-pǎw カバン 	ของ khɔ̌ɔŋ の	ดิฉัน di-chán 私 		これは私のカバンだ。
คนนั้น khon nán その人		เพื่อน phɯ̂an 友達  		ผม phǒm 僕 		その人は僕の友達だ。
คุณกุ้ง khun kûŋ グンさん				คุณผักชี khun phàk-chii パクチーちゃん 		グンさんは パクチーちゃんの 友達だ。
หนังสือนี้ náŋ-sɯ̌ɯ níi この本		หนังสือ náŋ-sɯ̌ɯ 本 		ใคร khray 誰		この本は誰の本？

☆同一を表わす場合は、動詞 **คือ** [khɯɯ] を用います。

นี่เป็นกระเป๋าของดิฉัน [nîi pen kra-pǎw khɔ̌ɔŋ di-chán] は、「これは誰のカバン？」という属性を尋ねる質問への回答で、「これは私のカバンだ」という意味を持ちます。**นี่คือกระเป๋าของดิฉัน** [nîi khɯɯ kra-pǎw khɔ̌ɔŋ di-chán] は、「これがあなたのカバン？」という物事を一致させるための質問への回答で、「（他のカバンではなく）これこそが私のカバンだ」という意味を持ちます。

2．主語になる場合

通常、状態や属性を表す動詞 **เป็น** [pen] を用います。**ของ** [khɔ̌ɔŋ] は省略できます。

☆ただし、質問する時に **ไหน** [nǎy]「どの」という疑問詞が入ると同一を表す動詞 **คือ** [khɯɯ] を用います。

((♪)21) กระเป๋าของดิฉันเป็นกระเป๋าผ้า
kra-pǎw khɔ̌ɔŋ di-chán pen kra-pǎw phâa

私のカバンは布のカバンだ。

主語	動詞	補語	
กระเป๋าของดิฉัน kra-pǎw khɔ̌ɔŋ di-chán 私のカバン	เป็น pen は〜です。	กระเป๋าผ้า kra-pǎw phâa 布のカバン 	私のカバンは 布のカバンだ。
บ้านของผม bâan khɔ̌ɔŋ phǒm 私の家		บ้านไม้ bâan máay 木の家 	私の家は木の家だ。
แฟนของเขา fɛɛn khɔ̌ɔŋ kháw 彼の彼女		คนสวย khon sǔay きれいな人 	彼の彼女は きれいな人だ。
บริษัทของดิฉัน bɔɔ-ri-sàt khɔ̌ɔŋ di-chán 私の会社		บริษัทของญี่ปุ่น bɔɔ-ri-sàt khɔ̌ɔŋ yîi-pùn 日本の会社	私の会社は 日本の会社だ。

((♪)21) กระเป๋าของคุณคือกระเป๋าใบไหน
kra-pǎw khɔ̌ɔŋ khun khɯɯ kra-pǎw bay nǎy

あなたのカバンはどのカバン？

主語	動詞	補語	
กระเป๋าของคุณ kra-pǎw khɔ̌ɔŋ khun あなたのカバン 	คือ khɯɯ は＝です	กระเป๋าใบไหน kra-pǎw bay nǎy どのカバン	あなたのカバンは どのカバン？
กระเป๋าของดิฉัน kra-pǎw khɔ̌ɔŋ di-chán 私のカバン 		กระเป๋าใบนี้ kra-pǎw bay níi このカバン	私のカバンは このカバンだ。
ปากกาของคุณ pàak-kaa khɔ̌ɔŋ khun あなたのペン 		ปากกาด้ามไหน pàak-kaa dâam nǎy どのペン	あなたのペンは どのペン？
ปากกาของผม pàak-kaa khɔ̌ɔŋ phǒm 私のペン 		ปากกาด้ามนี้ pàak-kaa dâam níi このペン	僕のペンは このペンだ。

138

☆タイ語では、**ไหน** [nǎy]「どの」を用いた質問の場合、〈名詞＋類別詞＋**ไหน** [nǎy] どの〉と類別詞を入れて尋ねることが多いです。例えば、〈**คน** [khon] 名詞＋**คน** [khon] 類別詞＋**ไหน** [nǎy] どの〉で「どの（1 人の）人？」、〈**ปากกา** [pàak-kaa] 名詞＋**ด้าม** [dâam] 類別詞＋**ไหน** [nǎy]〉で「どの（1 本の）ペン？」などです。会話では、〈類別詞＋どの〉だけで名詞を省略することが多いです。

練習 5　以下の日本語をタイ語で言ってみよう。

1．あれはけん君のメガネです。

....

2．あなたの子供 　　　　はどの人ですか？

....

3．あの人は私の姉です。

....

4．これはトムヤム君の犬 　　　と猫 　　　です。

....

● **เป็น** [pen] と **คือ** [khɯɯ] の様々な使い方

動詞 เป็น [pen] の様々な使い方

これまで、**เป็น** [pen] は、国籍・出身・職業など、前後の言葉の関係性（属性）を表す動詞であることを述べてきました。この他に、**เป็น** [pen] には「〜になります」「できる状態になる」「生きている」という意味もあります。例文を見てみましょう。

เป็น [pen] を使う文例　（一般的な肯定文）

国籍	ผมเป็นคนญี่ปุ่น [phǒm pen khon yîi-pùn]	私は日本人だ。
出身	ผมเป็นคนโตเกียว [phǒm pen khon too-kiaw]	私は東京の人だ。
職業	ผมเป็นนักศึกษา [phǒm pen nák-sùk-sǎa]	私は学生だ。

所属	ผมเป็นพนักงานบริษัท ABC [phǒm pen pha-nák-ŋaan bɔɔ-ri-sàt ABC]	私はABC会社の 会社員だ。
容姿	เธอเป็นคนสวย [thəə pen khon sǔay]	彼女はきれいな人だ。
性格	เขาเป็นคนใจดี [kháw pen khon cay-dii]	彼は優しい人だ。
状況	เป็นอะไรคะ [pen a-ray khá]	どうしたのですか？
病状	เขาเป็นไข้ [kháw pen khây] เขาเป็นหวัด [kháw pen wàt] เขาเป็นโรคเบาหวาน [kháw pen rôok baw-wǎan]	彼は熱がある。 (熱の状態になった) 彼は風邪だ。 (風邪の状態になった) 彼は糖尿病だ。 (糖尿病の状態になった)
希望	อยากเป็นคนเก่ง [yàak pen khon kèŋ] อยากเป็นหมอ [yàak pen mɔ̌ɔ]	上手な人になりたい。 (〜になりたい) 医者になりたい。 (〜になりたい)
能力	ผมทำอาหารไทยเป็น [phǒm tham aa-hǎan thay pen] เขาดำน้ำเป็น [kháw dam náam pen]	私はタイ料理を 作ることができる。 彼はダイビングが できる。
生きている	ปลาเป็น [plaa pen] กุ้งเป็น [kûŋ pen]	魚は生きている。 (新鮮、まだ死んでいない) エビは生きている。 (新鮮、まだ死んでいない)
状態	นี่เป็นกระดาษ บอบบางขาดง่าย [nîi pen kra-dàat bɔ̀ɔp-baaŋ khàat ŋâay] นี่เป็นพลาสติก ก็เลยทนทาน [nîi pen phlâat-sa-tìk kɔ̂ɔ ləəy thon-thaan]	これは紙なので、 弱く、すぐ破れる。 (状態は紙なので) これはプラスチック なので、強い。(状態は プラスチックなので)
所有	A : นี่เป็นของใคร [nîi pen khɔ̌ɔŋ khray] B : เป็นของผม [pen khɔ̌ɔŋ phǒm]	これは誰のもの？ (持っている人は誰) 私のだ。

動詞 **คือ** [khɯɯ]

คือ [khɯɯ] は、「主語は述語と全く同一である」ことを意味する動詞として習いました。使い方にはいくつかのルールがあります。例文を見てみましょう。

1．指示代名詞

นี่ [nîi]「これ」、**นั่น** [nân]「それ」、**โน่น** [nôon]「あれ」が主語の場合、通常、**คือ** [khɯɯ] を使います。

A: **นี่คืออะไร** [nîi khɯɯ a-ray]
これは何？

B: **นี่คือกระดาษ** [nîi khɯɯ kra-dàat]
これは紙だ。

A: **นี่คือของใคร** [nîi khɯɯ khɔ̌ɔŋ khray]
これは誰のもの？

B: **นี่คือของผม** [nîi khɯɯ khɔ̌ɔŋ phǒm]
これは / が私のだ。

นี่คือคุณทานากะค่ะ [nîi khɯɯ khun thaa-naa-ka khâ]
こちらは / が田中さんだ。

2．指示形容詞

นี้ [níi]「この」、**นั้น** [nán]「その」、**โน้น** [nóon]「あの」または **ไหน** [nǎy]「どの」を含む句が述語であれば、通常 **คือ** [khɯɯ] を使います。

A: **รถของคุณคือรถคันไหนคะ** [rót khɔ̌ɔŋ khun khɯɯ rót khan nǎy khá]
あなたの車はどの車ですか？（**คัน** [khan] は車の類別詞）

B: **รถของผมคือรถคันนี้ครับ** [rót khɔ̌ɔŋ phǒm khɯɯ rót khan níi khráp]
私の車はこの車です。

A: **บ้านของคุณคือบ้านหลังไหนครับ**
[bâan khɔ̌ɔŋ khun khɯɯ bâan lǎŋ nǎy khráp]（**หลัง** [lǎŋ] は類別詞）
あなたの家はどの家ですか？

B: **บ้านของดิฉันคือบ้านหลังนี้คะ**
[bâan khɔ̌ɔŋ di-chán khɯɯ bâan lǎŋ níi khá]
私の家はこの家です。

เป็น [pen] を用いた文で、代わりに **คือ** [khɯɯ] を用い同一を表すことができますが、意味が異なってきます。**คือ** [khɯɯ] を用いて同一を示す文には、主語に指示代名詞が来ることが多いです。ただし、すべての文で **เป็น** [pen] の代わりに **คือ** [khɯɯ] を用いることができるわけではありません。

☆ポイント

1．通常、指示代名詞 **นี่** [nîi]「これ」、**นั่น** [nân]「それ」、**โน่น** [nôon]「あれ」が主語の時は **คือ** [khɯɯ] を使います。

2．通常 **เป็น** [pen] を使う文で、代わりに **คือ** [khɯɯ] を使うと同一を表す意味に変わります。

例）**ผมเป็นหมอ** [phǒm pen mɔ̌ɔ]　私は医者だ。
（属性・状態を表し、単純に職業を説明する）
ผมคือหมอ [phǒm khɯɯ mɔ̌ɔ]　私は／が医者だ。
（私が医者だからこそ、私が助けられる）

3．ただし、137-140 ページの **เป็น** [pen] の文のうち、「性格、状況、病状、希望、能力、生きている」の意味では、代わりに **คือ** [khɯɯ] を用いることができません。

	○	×	理由
性格	**คุณเป็นคนใจดี** [khun pen khon cay-dii] あなたは優しい人だ。	**คุณคือคนใจดี** [khun khɯɯ khon cay-dii] あなたは/が優しい人だ。	不自然 使われていない
状況	**เป็นอะไร** [pen a-ray] どうした？	**คืออะไร** [khɯɯ a-ray] （これは）何？	同じ意味ではない。
	เป็น [pen]はどういう状態になったかを聞いている。 **คือ** [khɯɯ]はこれが何かを示している。		
病状	**เขาเป็นไข้หวัดใหญ่** [kháw pen khây-wàt-yày] 彼はインフルエンザになった。	**เขาคือไข้หวัดใหญ่** [kháw khɯɯ khây-wàt-yày] 彼は/がインフルエンザだ。	文法の間違い 「～になった」 **เป็น** [pen]～ を使う。
希望	**ฉันอยากเป็นคนเก่ง** [chán yàak pen khon-kèŋ] 私は上手な人になりたい。	**ฉันอยากคือคนเก่ง** [chán yàak khɯɯ khon-kèŋ] （訳せない）	文法の間違い 「～になりたい」 **อยากเป็น**～ [yàak pen～] を使う。
能力	**ทำอาหารไทยเป็น** [tham aa-hǎan thay pen] タイ料理を作れる（できた状態）。	**ทำอาหารไทยคือ** [tham aa-hǎan thay khɯɯ] （訳せない）	文法の間違い 「～られる」 動詞＋**เป็น** [pen] を使う。
生きている	**ปลาเป็น** [plaa pen] 魚は生きている。	**ปลาคือ** [plaa khɯɯ] 魚とは～	同じ意味ではない。

เป็น [pen] と คือ [khɯɯ] は、いずれも名詞文を作る時に使う動詞です。

A < B

เป็น [pen] は属性、状態、所有などを表す名詞文で用います。

（A เป็น [pen] B では、AはBの一部）

例）ภูเขาฟูจิเป็นภูเขาที่สูง
[phuu-khǎw fuu-cì pen phuu-khǎw thîi sǔuŋ]
富士山は高い山だ。

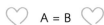A = B

คือ [khɯɯ] は同一を表す名詞文で用います。

（A คือ [khɯɯ] B では、A=B）

例）ภูเขาที่สูงที่สุดในญี่ปุ่นคือภูเขาฟูจิ
[phuu-khǎw thîi sǔuŋ thîi sùt nay yîi-pùn khɯɯ phuu-khǎw fuu-cì]
日本で一番高い山は富士山だ。

まとめ

比べてみよう。	เป็น [pen]	คือ [khɯɯ]
意味	「は〜です」、「〜になります」、「〜に属する」「できる状態」、「生きている」など、属性、状態、所有を表す。	「は/が〜です」「つまり」等、主語と述語は同じである（イコール）、特定する、物事を具体的に説明する場合などに用います。
通常使う文	一般の名詞文 国籍　出身　職業　所属 容姿　性格　状況　病状 希望　能力　状態　所有	主語が指示代名詞「これ、それ、あれ」の場合に使うことが多い。この他、指示形容詞「どの」が述語に含まれる場合でも用いられる。
一緒に使えない文	指示形容詞「どの」	性格　状況　病状 希望　能力　生きている

ニュアンス表現と感嘆語

♪22 หรือ [rǔɯ] 〜のですか（イントネーション）

意味と品詞　หรือ [rǔɯ] は様々な意味を持つ疑問詞です。日本語の語尾と同じように、イントネーションにより、その気持ちを表すことができます。

使い方　否定文と一緒に使うことが多いです。話す時、หรือ [rǔɯ] の発音ははっきり言わずに เหรอ [rǎə]・หรอ [rɔ̌ɔ]・รึ [rɯ́] になる場合があります。

♪22

> **1. 一般の質問　「〜の？　〜のですか？」**
>
> คุณเคนไม่มาหรือ [khun kheen mây maa rǔɯ]
> けん君は来ないの？
>
> เขาไม่ใช่คนญี่ปุ่นหรือครับ [kháw mây chây khon yîi-pùn rǔɯ khráp]
> 彼は日本人ではないのですか？
>
> นี่ไม่ใช่ปากกาหรือคะ [nîi mây chây pàak-kaa rǔɯ khá]
> これはペンではないのですか？
>
> ใครหรือ [khray rǔɯ]　誰なの？
>
> ทำไมหรือ [tham-may rǔɯ]　どうしたの？
>
> เหรอคะ [rǎə khá]　そうなんですか？
>
> **2. イントネーションを変える**
>
> ・驚いた場合　「〜の！？」
>
> อ้าว คุณเคนไม่มาเหรอ [âaw khun kheen mây maa rǎə]
> あら、けん君は来ないの！
>
> อ่าว ไม่ไปหรอ [àaw mây pay rɔ̌ɔ]　ヘェ、行かないの！？
>
> ・「疑問・本当に」の場合　　「〜ですよね？」
>
> เขาไม่ใช่คนญี่ปุ่นรึครับ [kháw mây chây khon yîi-pùn rɯ́ khráp]
> 彼は日本人ではないですよね？
>
> ไม่ไปหรือ [mây pay rǔɯ]　（本当に）行かないですよね？
>
> ・嬉しい場合　「〜の♡　〜んですか♡」
>
> A: คุณสวยมากนะครับ [khun sǔay mâak ná khráp]
> 　 あなたはとてもきれいですよ。
>
> B: เหรอคะ [rǎə khá] そうなんですか♡

ลดราคาให้เหรอค่ะ [lót raa-khaa hây rə̌ə khâ]
安くしてくれるんですか♡

・悲しい場合　「～の…　～んですか…」

ไม่ไปเหรอ [mây pay rə̌ə]　行かないの…
เหรอคะ [rə̌ə khá]　そうなんですか…

（肯定）＋ จัง [caŋ]　本当に

🔊22

意味と品詞　「本当に、非常に」という意味の副詞です。

使い方　口語で用います。おいしい、好きなどの感情を強く表したい時に用います。**จัง** [caŋ] の書き言葉は、**ยิ่งนัก** [yîŋ-nák]「本当に」、**อย่างยิ่ง** [yàaŋ-yîŋ]「非常に」です。**จัง** [caŋ] と似ている言葉に、第６課で習う **มาก** [mâak]「多い、たくさん、とても」があります。**จัง** [caŋ] は否定文では使いません。

🔊22

形容詞/特定の動詞				
น่ารัก	nâa-rák	可愛い	จัง caŋ	本当に可愛い
ดี	dii	良い		本当に良い
อร่อย	a-rɔ̀y	美味しい		本当に美味しい
เผ็ด	phèt	辛い		本当に辛い
เก่ง	kèŋ	上手		本当に上手
ชอบ	chɔ̂ɔp	好き		本当に好き
อยากไป	yàak pay	行きたい		本当に行きたい

โอ้โฮ [ôo-hoo]　ああ（驚いた気分）

🔊22

意味と品詞　驚きを表す感嘆詞です。

使い方　驚きを表す時に用い、**มาก** [mâak]「とても」や **จัง** [caŋ] と一緒に使われることが多いです。**โอ้โห** [ôo-hǒo] の発音になる場合もあります。

🔊22

โอ้โหสวยจัง　[ôo-hǒo sǔay caŋ]　ああ、本当にきれいだ。
โอ้โหใหญ่มาก　[ôo-hǒo yày mâak]　ああ、とても大きい。
โอ้โหโชคดีมาก　[ôo-hǒo chôok-dii-mâak]　ああ、とてもラッキー。
โอ้โฮแพงจัง　[ôo-hoo phɛɛŋ caŋ]　ああ、本当に高い。
โอ้โฮเผ็ดมาก　[ôo-hoo phèt mâak]　ああ、とても辛い。

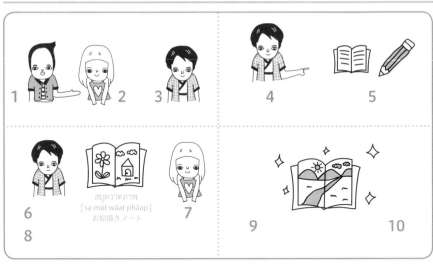

会話の聞き取り練習 23

会話を聞いて次の質問にタイ語で答えましょう。

1．คุณกุ้งเป็นเพื่อนของใคร [khun kûŋ pen phɯ̂an khɔ̌ɔŋ khray]

2．เพื่อนของคุณต้มยำชื่อกุ้งใช่ไหม
[phɯ̂an khɔ̌ɔŋ khun tôm-yam chɯ̂ɯ kûŋ chây máy]

3．สมุดเป็นของใคร [sa-mùt pen khɔ̌ɔŋ khray]

4．สมุดของคุณกุ้งเป็นสมุดภาษาไทยใช่ไหม
[sa-mùt khɔ̌ɔŋ khun kûŋ pen sa-mùt phaa-sǎa thay chây máy]

5．สมุดของคุณกุ้งเป็นสมุดอะไร [sa-mùt khɔ̌ɔŋ khun kûŋ pen sa-mùt a-ray]

会話

ต้มยำ
tôm-yam

1 นี่คือคุณกุ้ง เพื่อนของผม
[nîi khɯɯ khun kûŋ phɯ̂an khɔ̌ɔŋ phǒm]

กุ้ง
kûŋ

2 สวัสดีค่ะ ดิฉันกุ้ง เป็นเพื่อนของต้มยำค่ะ
[sa-wàt-dii khâ di-chán kûŋ
pen phɯ̂an khɔ̌ɔŋ tôm-yam khâ]

เคน
kheen

สวัสดีครับ คุณกุ้ง [sa-wàt-dii khráp khun kûŋ]
ผมเคนครับ [phǒm kheen khráp]
3 นี่คืออะไรครับคุณกุ้ง
[nîi khɯɯ a-ray khráp khun kûŋ]

กุ้ง
kûŋ

4 นี่คือสมุดกับดินสอค่ะ
[nîi khɯɯ sa-mùt kàp din-sɔ̌ɔ khâ]

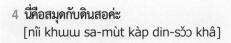

เคน
kheen

5 สมุดอะไรครับ [sa-mùt a-ray khráp]

กุ้ง
kûŋ

6 สมุดนี้เป็นสมุดวาดภาพค่ะ
[sa-mùt níi pen sa-mùt wâat phâap khâ]

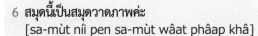

เคน
kheen

7 สมุดวาดภาพหรือครับ [sa-mùt wâat phâap rɯ̌ɯ khráp]
เป็นสมุดวาดภาพของคุณใช่ไหมครับ
[pen sa-mùt wâat phâap khɔ̌ɔŋ khun
chây máy khráp]

กุ้ง
kûŋ

8 ใช่ค่ะ ของกุ้ง [chây khâ khɔ̌ɔŋ kûŋ]
แล้วนี่ก็เป็นสมุดวาดภาพของกุ้งด้วยค่ะ
[lɛ́ɛw nîi kɔ̂ɔ pen sa-mùt wâat phâap
khɔ̌ɔŋ kûŋ dûay khâ]

เคน
kheen

9 โอ้โห สวยจัง ! [ôo-hǒo sǔay caŋ !]

ロールプレー練習

以上の会話を参考にして、タイ語で質問してみよう

A	B
1. 友達を紹介する。	2. 自己紹介をする。
3. 「これは何ですか？」と質問する。	4. 相手の質問に答える。
5. 「この○○は何の○○ですか？」と質問する。	6. 相手の質問に答える。
7.「あなたのものですか？」と質問する。	8. 「自分のものだ」と答える。「またこれも私の○○です」と答える。
9. 驚いた表現	

（日本語訳）

トムヤム君　こちらはグンちゃん。僕の友達です。

こんにちは。私はグンです。　グン
トムヤムの友達です。

けん君　こんにちは。グンちゃん。
僕はけんです。
これは何ですか？グンちゃん。

これはノートと鉛筆です。　グン

けん君　何のノートですか？

これはお絵描きノートです。　グン

けん君　お絵描きノートですか。
あなたのお絵描きノートですか？

はい、そうです。グンのです。　グン
そして、これもグンの
お絵描きノートです。

けん君　ああ、とてもきれい。

読み取り練習

文を読んで次の質問にタイ語で答えましょう。

ผักชี phàk-chii **กุ้ง** นี่คืออะไร [kûŋ nîi khɯɯ a-ray]

คือกระเป๋า [khɯɯ kra-pǎw] กุ้ง kûŋ

ผักชี phàk-chii **เป็นของใครเหรอ** [pen khɔ̌ɔŋ khray rə̌ə]

นี่เป็นกระเป๋าของเรา [nîi pen kra-pǎw khɔ̌ɔŋ raw] กุ้ง kûŋ

นั่นก็เป็นกระเป๋าของเราด้วย [nân kɔ̂ɔ pen kra-pǎw khɔ̌ɔŋ raw dûay]

ผักชี phàk-chii **โอ้โห เยอะจัง** [ôo hǒo yə́ caŋ] (เยอะ [yə́] 多い)

เป็นกระเป๋าอะไรเหรอ [pen kra-pǎw a-ray rə̌ə]

กระเป๋านี้เป็นกระเป๋าสตางค์ [kra-pǎw níi pen kra-pǎw sa-taaŋ] กุ้ง kûŋ

กระเป๋านั้นเป็นกระเป๋านักเรียน [kra-pǎw nán pen kra-pǎw nák-rian]

กระเป๋าโน้นเป็นกระเป๋าคอมพิวเตอร์ [kra-pǎw nóon pen kra-pǎw khɔɔm-phiu-tə̂ə]

ผักชี phàk-chii

กระเป๋านักเรียนคือใบนี้ใช่ไหม [kra-pǎw nák-rian khɯɯ bay níi chây máy]

ใช่ ใบนี้ [chây bay níi] กุ้ง kûŋ

1. กระเป๋านักเรียนเป็นของใคร [kra-pǎw nák-rian pen khɔ̌ɔŋ khray]

....

2. กระเป๋าสตางค์ก็เป็นของคุณกุ้งใช่ไหม

[kra-pǎw sa-taaŋ kɔ̂ɔ pen khɔ̌ɔŋ khun kûŋ chây máy]

....

3. กระเป๋าคอมพิวเตอร์ไม่ใช่ของคุณผักชีใช่ไหม

[kra-pǎw khɔɔm-phiu-tə̂ə mây chây khɔ̌ɔŋ khun phàk-chii chây máy]

....

新しい単語

文房具　เครื่องเขียน [khrûaŋ-khǐan]

ปากกา	pàak-kaa	ペン	ยางลบ	yaaŋ-lóp	消しゴム
ดินสอ	din-sɔ̌ɔ	鉛筆	ที่ลบคำผิด	thîi-lóp-kham-phìt	修正液
หนังสือ	nǎŋ-sɯ̌ɯ náŋ-sɯ̌ɯ	本	กระดาษ	kra-dàat	紙
สมุด	sa-mùt	ノート	ที่เย็บกระดาษ	thîi-yép-kra-dàat	ホッチキス
แฟ้ม	fɛ́ɛm	ファイル	กล่องดินสอ	klɔ̀ŋ-din-sɔ̌ɔ	筆箱

日用品　ของใช้ [khɔ̌ɔŋ cháy]

กล้องถ่ายรูป	klɔ̂ŋ thàay rûup	カメラ	พวงมาลัย	phuaŋ maa-lay	ジャスミンの花輪
กระเป๋า	kra-pǎw	鞄	กระเป๋าสตางค์	kra-pǎw sa-taaŋ	財布
นาฬิกา	naa-li-kaa	時計	แว่นตา	wɛ̂n-taa	眼鏡
ข้าวกล่อง	khâaw-klɔ̀ŋ	お弁当	กระติกน้ำ	kra-tìk-náam	水筒
กุญแจ	kun-cɛɛ	鍵	รถ	rót	車
โทรศัพท์มือถือ	thoo-ra-sàp mɯɯ thɯ̌ɯ			携帯電話	
นาฬิกาปลุก	naa-li-kaa plùk			目覚まし時計	

家族　ครอบครัว [khrɔ̂ɔp-khrua]

ปู่	pùu	（父方の）お祖父さん	ย่า	yâa	（父方の）お祖母さん
ตา	taa	（母方の）お祖父さん	ยาย	yaay	（母方の）お祖母さん
พี่น้อง	phîi-nɔ́ɔŋ	兄弟	สามีภรรยา	sǎa-mii（夫） phan-ra-yaa（妻）	夫婦
พี่	phîi	兄／姉	พ่อแม่	phɔ̂ɔ（父）-mɛ̂ɛ（母）	両親
น้อง	nɔ́ɔŋ	弟／妹	เพื่อน	phɯ̂an	友達
ญาติ	yâat	親戚	เด็ก	dèk	子供
แฟน	fɛɛn	恋人	ลูก	lûuk	自分の子供

動物　สัตว์ [sàt]

ช้าง	cháaŋ	象	นก	nók	鳥
หมู	mǔu	豚	แมว	mɛɛw	猫
หมา	mǎa	犬	กระต่าย	kra-tàay	ウサギ
ควาย	khwaay	水牛	กระรอก	kra-rɔ̂ɔk	リス
ไก่	kày	鶏	เป็ด	pèt	アヒル
กุ้ง	kûŋ	えび	ปลา	plaa	魚

動詞　คำกริยา [kham krì-yaa]

เป็น	pen	A は / が B です（A は B の一部）(A<B)
คือ	khɯɯ	A は / が B です（A = B）

指示代名詞 / 指示形容詞　สรรพนามชี้เฉพาะ [sàp-pha-naam chíi cha-phɔ́]

นี่	nîi	これ	นี้	níi	この
นั่น	nân	それ	นั้น	nán	その
โน่น	nôon	あれ	โน้น	nóon	あの

返答　Yes No

ใช่	chây	はい、そうです。ええ　うん
ไม่ใช่	mây chây	1. いいえ、違います　2. ～ではありません （คือ [khɯɯ] の否定形）

前置詞　คำบุพบท [kham bùp-phá-bòt]

ของ	khɔ̌ɔŋ	～の～	กับ	kàp	A（単語）と B（単語）

接続詞　คำเชื่อม [kham chûam]

และ	lɛ́	A（文）と B（文）

疑問詞　คำถาม [kham thǎam]

ใคร	khray	誰	ใช่ไหม	chây mǎy chây máy	ですよね？　でしょ？

ニュアンス表現　สำนวนที่มีหลายความหมาย[sǎm-nuan thîi mii lǎay khwaam-mǎay]

หรือ	rɯ̌ɯ	～のですか？	จัง	caŋ	本当に　非常に
โอ้โฮ	ôo hoo	ああ			

まとめ　สรุป　sarùp　何を勉強しましたか？

1. 指示代名詞	
นี่ [nîi] /นั่น [nân]/โน่น [nôon]	これ / それ / あれ
คือ [khɯɯ]	は / が＝です
กับ [kàp]	～と～
และ [lɛ́]	それに、並びに
ไม่ใช่ [mây chây]	は / が～ではありません
ใช่ไหม [chây máy]	～でしょ？　～ですよね？
2. 指示形容詞	
นี้ [níi]/นั้น [nán]/โน้น [nóon]	この / その / あの
3. 名詞文と所有	
ของ [khɔ̌ɔŋ]	～の～
4. ニュアンス表現と感嘆語	
หรือ [rɯ̌ɯ]	～のですか？
จัง [caŋ]	本当に
単語	文房具　日用品　家族　動物

できたことをチェック ☑

- ☐ 1. นี่ [nîi] / นั่น [nân] / โน่น [nôon] と คือ [khɯɯ] を使って指示代名詞の文を作れる。
- ☐ 2. กับ [kàp]、ของ [khɔ̌ɔŋ] の文を使える。
- ☐ 3. นี้ [níi] / นั้น [nán] / โน้น [nóon] を使ってタイ語の修飾語の語順（被修飾語＋修飾語）の文を作れる。
- ☐ 4. ไม่ใช่ [mây chây] を使えて否定文を作れる。
- ☐ 5. ใช่ไหม [chây máy] の疑問詞を使える。
- ☐ 6. จัง [caŋ]、หรือ [rɯ̌ɯ] の表現を使える。

覚えておきたい表現 ประโยคน่าจำ pra-yòok nâa cam ♪24

指示代名詞

A: นี่คืออะไรครับ [nîi khɯɯ a-ray khráp]	A: これは何ですか？
B: นี่คือกระเป๋าค่ะ [nîi khɯɯ kra-pǎw khâ]	B: これはカバンです。
C: นี่คือนาฬิกากับกระเป๋าค่ะ [nîi khɯɯ naa-li-kaa kàp kra-pǎw khâ]	C: これは時計とカバンです。

疑問詞

นี่คือปากกาใช่ไหมคะ [nîi khɯɯ pàak-kaa chây máy khá]	これはペンでしょ？

否定

นี่ไม่ใช่ปากกาครับ [nîi mây chây pàak-kaa khráp]	これはペンではありません。

所有

A: นี่เป็นกระเป๋าของใครครับ [nîi pen kra-pǎw khɔ̌ɔŋ khray khráp]	A: これは誰のカバンですか？
B: นี่เป็นกระเป๋าของดิฉันค่ะ [nîi pen kra-pǎw khɔ̌ɔŋ di-chán khâ]	B: これは私のカバンです。

指示形容詞

A: กระเป๋านั้นเป็นของใครครับ [kra-pǎw nán pen khɔ̌ɔŋ khray khráp]	A: そのカバンは誰のですか？
B: กระเป๋านี้เป็นของดิฉันค่ะ [kra-pǎw níi pen khɔ̌ɔŋ di-chán khâ]	B: このカバンは私のです。
A:กระเป๋าของคุณคือกระเป๋าใบไหนครับ [kra-pǎw khɔ̌ɔŋ khun khɯɯ kra-pǎw bay nǎy khráp]	A: あなたのカバンは 　どのカバンですか？
B:กระเป๋าของดิฉันคือกระเป๋าใบนี้ค่ะ [kra-pǎw khɔ̌ɔŋ di-chán khɯɯ kra-pǎw bay níi khâ]	B: 私のカバンは 　このカバンです。

ニュアンス表現

โอ้โฮ สวยจัง [ôo-hoo sǔay caŋ]	ああ、本当にきれい。

もっと知りたいタイ語 🗊

วิธีจำคำศัพท์ wí-thii cam kham-sàp　単語の覚え方

タイ語の単語の覚え方を紹介します。

この課では、色々な名詞の単語が出てきましたね。タイ語では、ひとつの単語を他の単語と一緒に並べることで新しい単語を生み出すことができます。この新しくできた単語を複合語（**คำประสม** [kham pra-sǒm]）と言います。複合語は言葉を増やす方法の一つです。

複合語には元の単語の意味が残っています。元の言葉を覚えることで、複合語も覚えられますね。１＋１が３になるのです。

ยาง [yaaŋ] ゴム	+	ลบ [lóp] 消す	=	ยางลบ [yaaŋ-lóp] 消しゴム
กล่อง [klɔ̀ŋ] ボックス　箱		ดินสอ [din-sɔ̌ɔ] 鉛筆		กล่องดินสอ [klɔ̀ŋ-din-sɔ̌ɔ] 筆箱
ข้าว [khâaw] ご飯		กล่อง [klɔ̀ŋ] ボックス　箱		ข้าวกล่อง [khâaw-klɔ̀ŋ] お弁当
กระติก [kra-tìk] 水を入れる物		น้ำ [náam] 水		กระติกน้ำ [kra-tìk-náam] 水筒
นาฬิกา [naa-lí-kaa] 時計		ปลุก [plùk] 起こす		นาฬิกาปลุก [naa-li-kaa plùk] 目覚まし時計
โทรศัพท์ [thoo-ra-sàp] 電話		มือ [mɯɯ]　ถือ [thɯ̌ɯ] 手　　　持つ		โทรศัพท์มือถือ [thoo-ra-sàp mɯɯ thɯ̌ɯ] 携帯電話
พี่ [phîi] 兄・姉		น้อง [nɔ́ɔŋ] 弟・妹		พี่น้อง [phîi-nɔ́ɔŋ] 兄弟
พ่อ [phɔ̂ɔ] 父		แม่ [mɛ̂ɛ] 母		พ่อแม่ [phɔ̂ɔ-mɛ̂ɛ] 両親

5 僕はトゥックトゥックに乗ったことがない。

เราไปบ้านผมกันครับ
[raw pay bâan phǒm kan khráp]
จะนั่งรถตุ๊กตุ๊กไปกันไหม
[cà nâŋ rót túk túk pay kan máy]
คุณเคนไม่เคยนั่งตุ๊กตุ๊กใช่ไหม
[khun kheen mây khəəy nâŋ túk túk chây máy]
อยากจะลองนั่งตุ๊กตุ๊กดูไหม
[yàak cà lɔɔŋ nâŋ túk túk duu máy]
トゥックトゥックと聞こえたけど…他は分からないな。
รถตุ๊กตุ๊กมาแล้วหรือยัง
[rót túk-túk maa lɛ́ɛw-rʉ̌ʉ-yaŋ]
ยังไม่มา [yaŋ mây maa]
ถ้าอย่างนั้น
[thâa yàaŋ nán]
มาแล้ว [maa lɛ́ɛw]
มาแล้ว [maa lɛ́ɛw]
トゥックトゥックが来た！
ไปแล้ว [pay lɛ́ɛw]
あー！乗れなかった！
ไม่ได้ขึ้น [mây dây khʉ̂n]

第5課 動詞を使って友達を誘おう
บทที่ 5 มาใช้คำกริยาชวนเพื่อนกัน
[bòt-thîi hâa maa cháy kham krì-yaa chuan phûan kan]

Lesson 1 動詞の使い方（肯定、否定）

　タイ語では過去・未来であっても、動詞に変化がありません！時制を表す文脈やキーワードを使えば、過去か未来かが分かります。簡単そうではないでしょうか。

この課では日常生活に関する単語を用いて動詞の基本的な使い方を習いましょう。

●動詞の肯定文

（🔊25）
คุณเคนกินข้าว
khun kheen kin khâaw　　　けん君はご飯を食べる。

（🔊25）

主語	+	動詞	+	目的語	疑問詞	
คุณเคน khun kheen けん君		**กิน** kin 食べる		**ข้าว** khâaw ご飯		けん君はご飯を食べる。
พวกคุณ phûak khun あなた達						あなた達はご飯を食べる。
เขา kháw 彼 / 彼女					**ไหม máy / หรือเปล่า** rǔɯ-plàw	彼 / 彼女はご飯を食べる？

（🔊25）| **แล้ว (ก็)** 　[lɛ́ɛw (kɔ̂ɔ)] 　〜してから…する

意味と品詞　「前の動作が終わってから、次の動作を行なう」という意味の副詞です。
使い方　　　動作の連続の時に使います。

☆第2課では **แล้ว** [lɛ́ɛw] を「で、それで、ところで」という意味の接続詞として習いました。**แล้วก็** [lɛ́ɛw kɔ̂ɔ] の **ก็** [kɔ̂ɔ] は省略できますが、接続詞 **แล้ว** [lɛ́ɛw] とは意味が違います。注意しましょう。

25

กินแล้วก็นอน
kin lέεw kɔ̂ɔ nɔɔn

食べてから寝る。

25

動詞	+ แล้ว(ก็) lέεw (kɔ̂ɔ) +	動詞	
กิน kin 食べる	แล้ว(ก็) lέεw (kɔ̂ɔ)	นอน nɔɔn 寝る	食べてから寝る。
ล้างมือ láaŋ mɯɯ 手を洗う		กินข้าว kin khâaw ご飯を食べる	手を洗ってから ご飯を食べる。
อ่านหนังสือ àan náŋ-sɯ̌ɯ 読書または自分で 勉強する		ดูทีวี duu thii-wii テレビを見る	本を読んでから テレビを見る。

朝起きてから夜寝るまでの日常生活でよく用いられる動詞

25

朝 เช้า cháw（文語）
cháaw（口語）

ตื่น(นอน) tɯ̀ɯn (nɔɔn) 起きる 	ล้าง láaŋ 洗う - หน้า nâa 顔 - จาน caan お皿 	แปรง prεεŋ 磨く - ฟัน fan 歯 	หวี wǐi とかす - ผม phǒm 髪の毛
อาบ àap 浴びる - น้ำ náam 水 	กิน kin 食べる - ข้าว khâaw ご飯 - ขนม kha-nǒm お菓子 - ของหวาน khɔ̌ɔŋ-wǎan デザート 	ดื่ม dɯ̀ɯm 飲む - นม nom ミルク - ชา chaa お茶 - กาแฟ kaa-fεε コーヒー 	สวม sǔam/ ใส่ sày かぶる / 着る / 履く / 付ける / はめる - เสื้อผ้า sɯ̂a-phâa 服 - รองเท้า rɔɔŋ-tháaw 靴 - แหวน wε̌εn 指輪

ออกจาก ɔ̀ɔk càak
出発する
- บ้าน bâan
家
- สถานีรถไฟ sa-thǎa-nii-ròt fay
駅

ไป pay
行く
- ซื้อของ sɯ́ɯ khɔ̌ɔŋ
買い物する
- ที่ทำงาน thîi tham ŋaan
職場
- ทำงาน tham-ŋaan
働く

มา maa
来る
- โรงเรียน rooŋ-rian
学校
- เที่ยว thîaw
旅する / 遊ぶ

ซื้อ sɯ́ɯ
買う
- ของ khɔ̌ɔŋ
物
- กับข้าว kàp khâaw
おかず

ทำ tham
やる、する
- งาน ŋaan
仕事
- การบ้าน kaan-bâan
宿題
- งานพิเศษ ŋaan phí-sèet
アルバイト

เล่น lên
遊ぶ
- กีฬา kii-laa
スポーツ
- เกม keem
ゲーム
- เปียโน pia-noo
ピアノ

เรียน rian
学ぶ
- หนังสือ náŋ-sɯ̌ɯ
勉強する
（熟語で「先生と勉強する」という意味になる）
- เต้น tên
踊る

อ่าน àan
読む
- หนังสือ náŋ-sɯ̌ɯ
本
（読書または自分で勉強する）

เขียน khǐan
書く
- จดหมาย còt-mǎay
手紙
- ภาษาไทย phaa-sǎa-thay
タイ語

ฟัง faŋ
聞く
- เพลง phleeŋ
歌
- ซีดี sii-dii
CD

พูด phûut
話す
- ภาษาไทย phaa-sǎa thay
タイ語

คุย(กับ) khuy (kàp)
お喋りする
- แฟน fɛɛn
彼女 / 彼氏

ถาม thǎam
聞く・伺う・尋ねる
- ทาง thaaŋ
道
- ชื่อ chɯ̂ɯ
名前
- อายุ aa-yú
年齢

บอก bɔ̀ɔk
教える
- ทาง thaaŋ
道
- ที่อยู่ thîi-yùu
住所
- เพื่อน phɯ̂an
友達

ดู duu
見る
- ทีวี / โทรทัศน์ thii-wii/thoo-ra-thát
テレビ
- หนัง nǎŋ
映画

(มอง)เห็น (mɔɔŋ) hěn
見える
- ผี phǐi
お化け
- คุณเคน khun kheen
けん君
- ตึก tùk
建物

เดิน dəən
歩く
- เล่น lên
散歩 (遊ぶ)

ยืน yɯɯn
立つ

วิ่ง wîŋ
走る

ออกกำลังกาย ɔ̀ɔk-kam-laŋ-kaay
運動する

25

昼 กลางวัน klaaŋ-wan

จ่าย càay
払う
- **เงิน** ŋən
  お金

นั่ง nâŋ
座る

ขึ้น khʉ̂n
乗る・登る・上がる
- **รถ** rót
  車

- **เครื่องบิน**
  khrʉ̂aŋ-bin
  飛行機

- **(ภู)เขา**
  (phuu)khǎw
  山

ลง loŋ
降りる
- **บันไดเลื่อน**
  ban-day-lʉ̂an
  エスカレーター

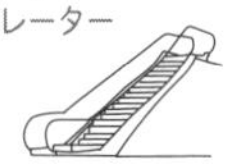

- **ลิฟต์** líf
  エレベーター

ไหว้ wâay
お辞儀する
- **พระ** phŕa
  お坊さん
- **ครู** khruu
  先生
- **พ่อแม่**
  phɔ̂ɔ-mɛ̂ɛ
  両親

ชวน chuan
誘う
- **เพื่อน** phʉ̂an
  友達

- **แฟน** fɛɛn
  恋人

25

夕方 เย็น yen

กลับ klàp
帰る
- **บ้าน** bâan
  家

พัก(ผ่อน)
phák (phɔ̀ɔn)
休憩する / 休む

夜 กลางคืน klaaŋ-khʉʉn

นอน(หลับ)
nɔɔn(làp)
寝る

ฝัน fǎn
夢を見る

●動詞の否定文

動詞の否定には **ไม่** [mây]「～ない、～なかった」と **ไม่ได้** [mây dâay]「～ていない、～ていなかった」が用いられます。

 ไม่ [mây] ＋動詞　　～ない　～なかった

意味と品詞　　**ไม่** [mây] は否定を意味する副詞です。

使い方　　　　動詞の前に置き、①「～しない」という否定の意思を表したい時
　　　　　　　②状態を表す動詞の否定の時に用いられます。

状態を表す動詞の例

知る	**รู้** [rúu]	↔	**ไม่รู้** [mây rúu]
お腹が空く	**หิว** [hǐu]	↔	**ไม่หิว** [mây hǐu]
終わる	**เสร็จ** [sèt]	↔	**ไม่เสร็จ** [mây sèt]
渇く	**แห้ง** [hɛ̂ɛŋ]	↔	**ไม่แห้ง** [mây hɛ̂ɛŋ]
始まる	**เริ่ม** [rɘ̂ɘm]	↔	**ไม่เริ่ม** [mây rɘ̂ɘm]
がいる / ある、持っている	**มี** [mii]	↔	**ไม่มี** [mây mii]

☆第3課で動詞 **มี** [mii] を習った時、動詞の否定文も一緒に習いましたね。

 คุณเคนไม่กินข้าว　　　　　けん君はご飯を食べない。
khun kheen mây kin khâaw

主語 / 修飾語 ＋	動詞　＋	目的語　＋	疑問詞	
คุณเคน khun kheen けん君	**ไม่กิน** mây kin 食べない	**ข้าว** khâaw ご飯		けん君はご飯を 食べない。
	ไม่กิน mây kin 食べない	**ข้าว** khâaw ご飯	**หรือ / หรือเปล่า** rɯ̌ɯ/rɯ̌ɯ-plàw の？ / か？	ご飯を食べないの？ / ご飯を食べないの ですか？
เมื่อวานเขา mûa-waan kháw 昨日彼 / 彼女	**ไม่มาทำ** mây maa tham しに来ない	**งาน** ŋaan 仕事		昨日、彼 / 彼女は 仕事に来なかった。 (欠勤、本人の意志で休み)
พรุ่งนี้ phrûŋ-níi 明日	**ไม่มี** mây mii ない	**เรียน** rian 勉強する		明日は勉強（する） がない。

☆一般に動詞 **มี** [mii] の後ろには名詞が来ますが、例外的に動詞が名詞的に来る場合があります。具体的には動詞 **เรียน** [rian]「勉強する」や **สอน** [sɔ̌ɔn]「教える」などです。

☆否定の疑問文では、**หรือ** [rǔɯ]「の？」、**หรือเปล่า** [rǔɯ-plàw]「か？」、**ใช่ไหม** [chây máy]「でしょう？」などの疑問詞を使います。疑問詞 **ไหม** [máy] は否定文では使えないことを第3課で習いましたね。

ไม่ได้ [mây dâay] +動詞　〜ていない　〜ていなかった

意味と品詞　「得る」という意味の動詞 **ได้** [dâay] の否定形です。

☆**ได้** [dâay] の発音は、他の単語が後ろに来ると [dây] という短い発音になります。

使い方　過去に得ていない状態が現在まで続いている、という意味の時に使います。未来形でも用います。

คุณเคนยังไม่ได้กินข้าว
khun kheen yaŋ mây dây kin khâaw

けん君はまだご飯を
食べていない。

主語 / 修飾語 +	動詞 +	目的語	
คุณเคน khun kheen けん君	**ยังไม่ได้กิน** yaŋ mây dây kin まだ食べていない	**ข้าว** khâaw ご飯	けん君はまだご飯を食べていない。
วันนี้ wan-níi 今日	**ยังไม่ได้นอน** yaŋ mây dây nɔɔn まだ寝ていない		今日はまだ寝ていない。
เมื่อวานเขา mûa-waan kháw 昨日彼 / 彼女	**ไม่ได้มาทำ** mây dây maa tham しに来ない	**งาน** ŋaan 仕事	昨日彼 / 彼女は働かなかった。（本人の意志に関係なく休みだったという客観的事実を述べている）
พรุ่งนี้ฉัน phrûŋ-níi chán 明日私	**ไม่ได้ทำ** mây dây tham していない	**งาน** ŋaan 仕事	明日私は働いていない。（休みです）

ไม่ได้ [mây dâay] は、状態を表す意味がすでに含まれているため、状態を表す動詞の否定形には用いられません。例えば、**แห้ง** [hɛ̂ɛŋ]「乾く」の否定は **ไม่แห้ง** [mây hɛ̂ɛŋ]「乾いていない」になります。

☆ただし、動詞が **มี** [mii] の場合はいずれも **ไม่** [mây] を使います。

☆ไม่ [mây] と ไม่ได้ [mây dâay] の主な違いは、ไม่ [mây] は「ない、しない、やらない」という意思を表す時に使い、ไม่ได้ [mây dâay] は「〜していない、やらない状態になっている、得られていない状態のまま」を意味する時に使います。

練習1　以下の質問にタイ語の否定文で答えてみよう

1．ไปเดินเล่น ไหมครับ [pay dəən-lên máy khráp]

....

2．หิวข้าว ไหมคะ [hǐu khâaw máy khá]

....

3．คุณมีกระเป๋าสีแดงไหมคะ　(สีแดง [sǐi dɛɛŋ] 赤い)
　 [khun mii kra-pǎw sǐi dɛɛŋ máy khá]

....

4．ตอนนี้คุณเคนอยู่ที่ญี่ปุ่นหรือเปล่าครับ　(ตอนนี้ [tɔɔn-níi] 今)
　 [tɔɔn-níi khun kheen yùu thîi yîi-pùn rɯ̌ɯ-plàw khráp]

....

Lesson 2　過去文・完了文・意思文

●過去文の作り方

作り方　タイ語では、過去を表す文（過去文）を作る場合、動詞の変化はありません。過去を表す単語や文脈を用いることで、過去文であることがわかります。以下に過去文の作り方の5つの例を示します。

①過去を示す単語を使う。

เมื่อวานฝนตก [mɯ̂a-waan fǒn tòk]
昨日雨が降った。
（เมื่อวาน [mɯ̂a-waan] 昨日、ฝน [fǒn] 雨、ตก [tòk] 降る）

เมื่อวานฝนไม่ตก [mɯ̂a-waan fǒn mây tòk]
昨日雨が降らなかった。

อาทิตย์ที่แล้วไปทำงาน [aa-thít thîi lɛ́ɛw pay tham ŋaan]
先週働きに行った。
（อาทิตย์ที่แล้ว [aa-thít thîi lɛ́ɛw] 先週、ไป [pay] 行く、ทำงาน [tham ŋaan] 働く）

อาทิตย์ที่แล้วไม่ไปทำงาน [aa-thít thîi lɛ́ɛw mây pay tham ŋaan]
先週働きに行かなかった。

อาทิตย์ที่แล้วไม่ได้ไปทำงาน [aa-thít thîi lɛ́ɛw mây dây pay tham ŋaan]
先週働きに行ってなかった。（状態）

ปี 1998 มีโอลิมปิกที่นากาโนะ
[pii nɯ̀ŋ-phan kâaw-rɔ́ɔy kâaw-sìp-pɛ̀ɛt mii oo-lim-pìk thîi naa-kaa-nó]
1998 年に長野でオリンピックがあった。
（มี [mii] ある、โอลิมปิก [oo-lim-pìk] オリンピック、ที่ [thîi] で、นากาโนะ [naa-kaa-nó] 長野）

ปี 2005 ไม่มีโอลิมปิกที่นากาโนะ
[pìi sɔŋ-phan hâa mây mii oo-lim-pìk thîi naa-kaa-nó]
2005 年に長野でオリンピックがなかった。

เดือนที่แล้วเขาไม่มีงาน [dɯan thîi-lɛ́ɛw kháw mây mii ŋaan]
先月彼は仕事がなかった。（เดือนที่แล้ว [dɯan thîi-lɛ́ɛw] 先月）

②文脈で過去を表す。

A: เมื่อวานฝนตกหรือเปล่า [mɯ̂a waan fǒn tòk rɯ̌ɯ-plàw]
昨日雨が降った？

B: ฝนตก [fǒn tòk]
雨が降った。/ 雨でした。

A: เมื่อเช้ากินอะไร [mɯ̂a-cháw kin a-ray]
今朝何を食べた？ （เมื่อเช้า [mɯ̂a-cháaw] 今朝）

B: กินข้าวต้ม [kin khâaw-tôm]
おかゆを食べた。

③助動詞 ได้ dâay を使う。

 ได้ [dâay] +動詞 ～した ～得た ～できた

意味と品詞 　ได้ [dâay] は様々な意味で用いられる単語（動詞・助動詞）です。
過去を表す場合、助動詞になります。ただし、単なる過去だけではな
く可能のニュアンスも含む場合もあります。タイ語ではこの 2 つを
使い分けていません。どちらの意味で用いているかは、文脈や話し
手に確認して判断する必要があります。

使い方 　　動詞の前に置く。否定は ไม่ได้ [mây dâay] で、①「～していない / ～を
得ない（通常の否定）」と②「できない（可能の否定）」という意味です。

A:　ได้กินข้าวไหม [dây kin khâaw máy]　ご飯を食べられた？ / 食べた？
B:　ได้กิน [dây kin]　食べられた / 食べた。

A:　ได้ดูหนังหรือเปล่า [dây duu nǎŋ rǔɯ-plàw]　映画を見ることができた？
B:　ได้ดู [dây duu]　見られた / 見た。

A:　ได้ไปเที่ยวที่ไหน [dây pay thîaw thîi-nǎy]　どこかへ遊びに行けた？
B:　ไม่ได้ไปเที่ยวที่ไหน [mây dây pay thîaw thîi-nǎy]
　　どこへも行かなかった / 行けなかった。

☆ ได้ [dâay] の他の意味

①「できる、成果を上げる」という意味の動詞。他の動詞の後ろに置く。（第 6 課参照）
例）**เขียนได้** [khǐan dâay] 書ける　**อ่านได้** [àan dâay] 読める
　　สอบได้ [sɔ̀ɔp dâay] 試験に合格する

②「許可する」という意味の動詞。他の動詞の後ろに置く。（第 6 課参照）
例）**เข้ามาได้** [khâw maa dâay] 入っていい　**ไปได้** [pay dâay] 行っていい

③「もらった、得た」という意味の動詞。名詞の前に置く。（第 7 課参照）
例）**ได้เงิน** [dây ŋən] お金をもらった　**ได้แผล** [dây phlɛ̌ɛ] 怪我をした
　　ได้ลูก [dây lûuk] 子供ができた

④「もらったもの、得たもの」という意味の名詞。他の名詞の後ろに置く。
例）**เงินได้** [ŋən dâay] 所得　**รายได้** [raay dâay] 給料

④完了文を使う。

(♪26) ┃ **肯定動詞 / 形容詞 +** แล้ว [lɛ́ɛw]（もう）～した　～になった

意味と品詞　แล้ว [lɛ́ɛw] は肯定動詞の後ろにつけば「（もう）～した」、形容詞の後
　　　　　　ろにつけば「（もう）～になった」という完了の意味の副詞になります。

使い方　　　完了（もう～した）を表すために用います。

☆過去文ではないので注意しましょう。

เมื่อวานกินข้าวมันไก่ [mûa-waan kin khâaw-man-kày]

昨日カオマンガイを食べた。（過去）

เมื่อวานกินข้าวมันไก่แล้ว [mûa-waan kin khâaw-man-kày lɛ́ɛw]

昨日カオマンガイを（もう）食べた。（完了）

(♪26)

動詞	+	完了を表す	
กิน kin 食べる 			（もう）食べた。
ดู duu 見る 		แล้ว lɛ́ɛw （もう）～した	（もう）見た。
เรียน rian 習う / 勉強する 			（もう）習った。 / 勉強した。

☆副詞 แล้ว [lɛ́ɛw] の他に、動詞 แล้ว [lɛ́ɛw] もあります。動詞の場合は 「～し終えた、
終わった」 という意味で、動詞 เสร็จ [sèt]「終わる」と一緒に使うことが多いです。

(♪26) ┃ **肯定動詞 +** เสร็จแล้ว [sèt lɛ́ɛw]　　～し終えた　終わった

(♪26)

ทำการบ้านเสร็จแล้ว [tham kaan-bâan sèt lɛ́ɛw]	宿題が終わった。
ล้างจานเสร็จแล้ว [láaŋ caan sèt lɛ́ɛw]	お皿を洗い終わった。
กินเสร็จแล้ว [kin sèt lɛ́ɛw]	食べ終わった。

☆〈動詞の否定 +แล้ว [lɛ́ɛw]〉の場合は、完了文ではなく、「もう〜しない」という意味を持ちます。

(♪26) 否定動詞+ **แล้ว** [lɛ́ɛw]　　もう〜しない

(♪26)
ไม่ไปแล้ว [mây pay lɛ́ɛw]	もう行かない。
ไม่เอาแล้ว [mây aw lɛ́ɛw]	もう要らない。
ไม่กินแล้ว [mây kin lɛ́ɛw]	もう食べない。

☆แล้ว [lɛ́ɛw] は แล้วหรือยัง [lɛ́ɛw-rɯ̌ɯ-yaŋ]「〜したか、まだか？」という疑問詞を含む疑問文に対する回答として使うことが多いです。

(♪26) **แล้วหรือยัง** [lɛ́ɛw-rɯ̌ɯ-yaŋ]　　〜したか、まだか

使い方　แล้วหรือยัง [lɛ́ɛw-rɯ̌ɯ-yaŋ] の元々の意味は แล้ว [lɛ́ɛw]「した」、หรือ [rɯ̌ɯ]「あるいは」、ยัง [yaŋ]「まだ」で、合わせると文字通り「〜したかあるいはまだか」という意味になります。

☆会話では、省略して แล้วยัง [lɛ́ɛw-yaŋ] หรือยัง [rɯ̌ɯ-yaŋ] ยัง [yaŋ] にする場合もよくあります。

(♪26)
答え方	
（もう）〜した	動詞+ **แล้ว** [lɛ́ɛw]
まだ 〜 ていない	**ยังไม่** [yaŋ mây] +動詞
	ยังไม่ได้ [yaŋ mây dâay] +動詞

(♪26)
A: ผ้าแห้งแล้วหรือยัง [phâa hɛ̂ɛŋ lɛ́ɛw-rɯ̌ɯ-yaŋ] 布が乾いた（かまだか）？
B: แห้งแล้ว [hɛ̂ɛŋ lɛ́ɛw] （もう）乾いた。
C: ยังไม่แห้ง [yaŋ mây hɛ̂ɛŋ] まだ乾かない。（まだまだ）

A: เมื่อวานซักผ้าแล้วหรือยัง [mɯ̂a-waan sák-phâa lɛ́ɛw-rɯ̌ɯ-yaŋ]
昨日服を洗濯した（かまだか）？
B: ซักแล้ว [sák lɛ́ɛw] （もう）洗濯した。
C: ยังไม่ได้ซัก [yaŋ mây dây sák] まだ洗濯していない。

⑤ เคย [khəəy] を使う。

เคย [khəəy] ＋動詞　～したことがある

意味と品詞　เคย [khəəy] は「～したことがある」という意味の助動詞です。

使い方　เคย [khəəy] は แล้ว [lɛ́ɛw]「(もう) ～した」と一緒に使うことが多い
ですが、แล้ว [lɛ́ɛw] は省略できます。

🔊26 **เคยกินอาหารไทยแล้ว**
khəəy kin aa-hǎan thay lɛ́ɛw　タイ料理を食べたことがある。

🔊26

助動詞 ＋	動詞 ＋	目的語	＋ （副詞）	
เคย khəəy ～したことがある	กิน kin 食べる	อาหารไทย aa-hǎan thay タイ料理 	(แล้ว lɛ́ɛw) (もう) ～した	タイ料理を 食べたことがある。
	ดู duu みる	หนังไทย nǎŋ thay タイの映画 		タイの映画を 見たことがある。
	ไป pay 行く	เชียงใหม่ chiaŋ-mày チェンマイ	แล้วหรือยัง lɛ́ɛw-rɯ̌ɯ-yaŋ したかまだか	チェンマイへ 行ったことがある？

☆ เคย [khəəy]を含む文で質問する時、แล้วหรือยัง [lɛ́ɛw-rɯ̌ɯ-yaŋ]、ไหม [mǎy]、
หรือเปล่า [rɯ̌ɯ-plàw] などの疑問詞がよく一緒に使われます。この課では
แล้วหรือยัง [lɛ́ɛw-rɯ̌ɯ-yaŋ] を用いて練習します。

🔊26

答え方
肯定　**เคย** [khəəy] ＋動詞 (＋**目的語**) (＋ **แล้ว** [lɛ́ɛw]) (～) したことがある。
否定　**(ยัง)ไม่เคย** [yaŋ mây khəəy] (まだ) ～したことがない。

🔊26

A: **เคยกินอาหารไทยแล้วหรือยัง** [khəəy kin aa-hǎan thay lɛ́ɛw-rɯ̌ɯ-yaŋ]
タイ料理を食べたことがある？

B: **เคยกิน(อาหารไทย)แล้ว** [khəəy kin (aa-hǎan thay) lɛ́ɛw]
(タイ料理を) 食べたことがある。

C: **ยังไม่เคยกิน(อาหารไทย)** [yaŋ mây khəəy kin (aa-hǎan thay)]
まだ (タイ料理を) 食べたことがない。

☆答える時、**เคย** [khəəy] の後ろに来る動詞も省略できます。

☆**ไหม** [máy]、**หรือเปล่า** [rɯ̌ɯ-plàw] の疑問詞を使っても、答え方は同じです。

練習 2 以下の質問にタイ語で答えてみよう。

1．**คุณกินข้าวเช้าแล้วหรือยัง** [khun kin khâaw cháaw lɛ́ɛw-rɯ̌ɯ-yaŋ]

2．**คุณหิวแล้วหรือยัง** [khun hǐw lɛ́ɛw-rɯ̌ɯ-yaŋ]

3．**คุณเคยกินอาหารไทยแล้วหรือยัง**
　　[khun khəəy kin aa-hǎan thay lɛ́ɛw-rɯ̌ɯ-yaŋ]

4．**คุณเคยฟังเพลงไทยแล้วหรือยัง**
　　[khun khəəy faŋ phleeŋ thay lɛ́ɛw-rɯ̌ɯ-yaŋ]

☆**เคย** [khəəy] の他の使い方

 เคยเป็น [khəəy pen] +名詞　〜（名詞）だった

> **คนนี้เคยเป็นนักกีฬาโอลิมปิกมาก่อน**
> [khon níi khəəy pen nák-kii-laa oo-lim-pìk maa-kɔ̀ɔn]
> この人はかつてオリンピックの選手だった。（**มาก่อน** [maa-kɔ̀ɔn] かつて）
>
> **พวกเขาเคยเป็นแฟนกัน** [phûak kháw khəəy pen fɛɛn kan]
> 彼らは恋人同士だった。
>
> **ที่นี่เคยเป็นโรงเรียนมาก่อน** [thîi nîi khəəy pen rooŋ-rian maa-kɔ̀ɔn]
> ここはかつて学校だった。（**ที่นี่** [thîi nîi] ここ　**โรงเรียน** [rooŋ-rian] 学校）

26

เคย (เป็นคน) [khəəy (pen khon)] +形容詞　～(形容詞)だった

26

☆เป็นคน [pen khon] は省略できます。

สมัยก่อนเขาเคยจน [sa-mǎy kɔ̀ɔn kháw khəəy con]
昔、彼 / 彼女は貧乏だった。(สมัยก่อน [sa-mǎy kɔ̀ɔn] 昔、จน [con] 貧乏)

เขาเคยอ้วนมาก่อน [kháw khəəy ûan maa-kɔ̀ɔn]
かつて、彼 / 彼女は太っていた。(อ้วน [ûan] 太る)

●意思・予定を表す文

26

จะ [cà] [ca] +動詞　(これから) ～する

意味と品詞　จะ [cà] は様々な意味を持つ単語です。この課では、「これから～する」という意思・予定を表す助動詞として習います。

☆จะ [cà] の発音は他の単語が後ろに来ると [ca] という発音になります。

使い方　①意思・予定を明確に表したい時、จะ [cà] を入れます。

☆タイ語では動詞の未来形変化がないですが、จะ [cà] を用いると、意思・予定の意味が入ります。または จะ [cà] を用いなくても文脈などで未来だと分かります。

26

จะไปเที่ยวเมืองไทย
ca pay thîaw mɯaŋ-thay　(これから) タイへ遊びに行く。

26

助動詞 +	動詞 +	目的語 +	疑問詞	
จะ ca (これから) ～する	ไปเที่ยว pay thîaw 旅行する	เมืองไทย mɯaŋ-thay タイ		(これから) タイへ遊びに行く。
	อ่าน àan 読む	หนังสือ náŋ-sɯ̌ɯ 本	ไหม máy	(これから) 本を読む？
	ทำ tham する		อะไร a-ray 何	(これから) 何をする？

☆ จะ [cà] の意思・予定を示す以外の使い方

② 「推測・判断」を表す場合にも使います。

> **推測の場合** : สงสัยว่า [sǒŋ-sǎy wâa] 「〜ではないかと思う」と一緒に使う
> ことが多いです。
>
> สงสัยว่าเขาจะไม่มา [sǒŋ-sǎy wâa kháw ca mây maa]
> 彼 / 彼女は来ないかな。
>
> **判断の場合** : ควรจะ [khuan cà] 「〜すべき（助動詞）」として使うことが多
> いです。
>
> ไม่ควรจะอาบน้ำเย็น [mây khuan ca àap-náam yen]
> 冷たい水を浴びるべきではない。

③習慣・傾向の場合、 มักจะ [mák cà] 「よく〜する / 〜がち / 〜する傾向があ
る（助動詞）」として使うことが多く、また、 ทุก [thúk] 「毎〜」と一緒に使う
ことが多いです。

> เขามักจะมาสายบ่อยๆ [kháw mák ca maa sǎay bɔ̀y bɔ̀y]
> 彼 / 彼女はよく遅刻している。
>
> เวลานี้มักจะรถติด [wee-laa níi mák ca rót tìt]
> (เวลา [wee-laa] 時間、รถติด [rót tìt] 渋滞)
> この時間はよく渋滞している。

☆ จะ [cà] は แล้ว [lέɛw] と一緒に使うと、「もうすぐ〜する」という意味になります。

 จะ [cà] ＋動詞＋ **แล้ว** [lέɛw]　　もうすぐ 〜 する

> จะกินแล้ว [ca kin lέɛw] もうすぐ食べる。
> จะนอนแล้ว [ca nɔɔn lέɛw]　もうすぐ寝る。
> จะอิ่มแล้ว [ca ìm lέɛw] そろそろお腹いっぱい。

♪26 **อยาก (จะ)** [yàak (cà)] +動詞 （これから）〜したい / したがる

意味と品詞　อยาก [yàak] は願望を表す動詞です。他の動詞の前に置き、〈อยาก（จะ）[yàak(cà)] +動詞〉とすると、「○○したい」という意味になります。

使い方　อยาก [yàak] は動詞なので、否定文は**ไม่อยาก** [mây yàak]になります。意志を強調したい場合、**จะ** [cà] を入れます。

♪26 อยากจะไปเที่ยวเมืองไทย　　タイへ遊びに行きたい。
yàak ca pay thîaw mɯaŋ-thay

主語 +	動詞 +	動詞 +	目的語 +	疑問詞	
	อยาก(จะ) yàak(ca)	ไปเที่ยว pay thîaw	เมืองไทย mɯaŋ-thay	ไหม máy	タイへ遊びに行きたい？
คุณ khun				หรือเปล่า rɯ̌ɯ-plàw	あなたはタイへ遊びに行きたい？
เขา kháw	ไม่อยากจะ mây yàak ca	ทำ tham	อะไร a-ray 		彼は何もしたくない。

☆ อยาก [yàak] の他の使い方

① อยาก [yàak] +形容詞「〜になりたい / になりたがる」
   ฉันอยากเก่งภาษาไทย [chán yàak kèŋ phaa-sǎa thay]
   私はタイ語を上手になりたい。（เก่ง [kèŋ] 上手）

② อยาก [yàak] + ได้ [dâay]「（物）が欲しい・（物）を欲しがる」（得たい）
   เขาอยากได้กระเป๋า [kháw yàak dây kra-pǎw]
   彼 / 彼女はカバンを欲しがる。

③ อยาก [yàak] + มี [mii]「（人 / 物）が欲しい・（人 / 物）を欲しがる」（持ちたい）
   เขาอยากมีแฟน [kháw yàak mii fɛɛn]　彼 / 彼女は恋人を欲しがる。

④ อยาก [yàak] + เป็น [pen]　「〜になりたい / になりたがる」
   เพื่อนของฉันอยากเป็นดารา [phɯ̂an khɔ̌ɔŋ chàn yàak pen daa-raa]
   私の友達は芸能人になりたがっている。

🔊26 **ลอง** [lɔɔŋ] ＋動詞＋ (**ดู** [duu]) 　〜を試してみる

意味と品詞　**ลอง** [lɔɔŋ] は「試す」、**ดู** [duu] は「見る」という意味の動詞です。

使い方　　　〈**ลอง** [lɔɔŋ] ＋動詞＋**ดู** [duu]〉で「〜を試してみる」という表現になります。会話では **ดู** [duu] を省略することが多いです。**ลอง** [lɔɔŋ] の前に **อยาก** [yàak] を置くと「〜を試してみたい」という表現になります。否定は **ไม่ลอง** [mây lɔɔŋ]「〜を試さない」になります。否定では **ดู** [duu] を用いません。

🔊26
ลองกินผัดไทยดู 　　パッタイを食べてみる。
lɔɔŋ kin phàt thay duu

🔊26

動詞	＋ 動詞	＋ 目的語	＋	疑問詞	
ลอง lɔɔŋ 試す	**กิน** kin 食べる 	**ผัดไทย** phàt-thay パッタイ 	(**ดู** duu) みる		パッタイを 食べてみる。
อยากลอง yàak lɔɔŋ 試したい				**ไหม** máy （ます）か	食べてみたい？
ไม่ลอง mây lɔɔŋ 試さない				**เหรอ** rǎə の？	食べてみないの？

🔊26

答え方

A : **อยากลองกินผัดไทยดูไหมคะ** [yàak lɔɔŋ kin phàt-thay duu máy khá]
パッタイを食べてみたいですか？

B : **ขอบคุณค่ะ อยากลองกินดูค่ะ** [khɔ̀ɔp-khun khâ　yàak lɔɔŋ kin duu khâ]
ありがとうございます。食べてみたいです。

C : **ไม่เป็นไรครับ ขอบคุณครับ** [mây-pen-ray khráp khɔ̀ɔp-khun khráp]
大丈夫です。ありがとうございます。

☆ **ไม่ลอง** [mây lɔɔŋ]「〜を試さない」とはっきり答えない方が丁寧です。

練習 3　以下の文をタイ語で言ってみよう。

1．タイ料理 を作ってみますか？

………………………………………………………………………………

2．タイ語の本 を読んでみますか？

………………………………………………………………………………

3．タイの踊り をやってみませんか？（รำ [ram] 踊る / 舞う）

………………………………………………………………………………

4．シャツ を着てみたいですか？

………………………………………………………………………………

Lesson 3　勧誘文

27

動詞＋(ด้วย) กัน　[(dûay) kan]

（2 人以上の主語が）一緒に～をする

意味と品詞　**ด้วย** [dûay] は、副詞、前置詞、接続詞の 3 つの用法がある単語ですが、この課では「一緒に～をする、同様に」を意味する副詞として習います。**กัน** [kan] も同様に、動詞、名詞、副詞の 3 つの用法がある単語ですが、この課では「複数の主語（2 人以上）が一緒に～する、共に感じる」を意味する副詞として習います。

使い方　**ด้วยกัน** [dûay kan] は「複数の主語が一緒に～する、感じる」という意味で使います。**ด้วย** [dûay] は省略できます。誘う時は、**ไหม** [máy] などの疑問詞を用います。〈(**ด้วย**) **กัน**[(dûay) kan] ＋ **ไหม** [máy]〉で「一緒に～しませんか」という意味で使います。

27

กินข้าวด้วยกัน kin khâaw dûay kan　一緒に食事する。(一緒にご飯を食べる)

27

主語	+ 動詞	+ 目的語	+ 副詞	+ 疑問詞	
ผมกับเขา phǒm kàp kháw 僕と彼 / 彼女	กิน kin 食べる 	ข้าว khâaw ご飯 	ด้วยกัน dûay kan 一緒に～する		僕と彼 / 彼女は一緒に食事する。
	มาเรียน maa rian 勉強しにくる 	ภาษาไทย phaa-sǎa thay タイ語 กข			一緒にタイ語を勉強しに来る。
	ดู duu 見る 	หนังไทย nǎŋ thay タイの映画 		ไหม máy (ます)か	一緒にタイの映画を見る？

☆一部の動詞では、**กัน** [kan] だけを用い、**ด้วย** [dûay] は用いません。

ทะเลาะ [tha-lɔ́] 喧嘩する　**หย่า** [yàa] 離婚する　**ดี** [dii] 仲直りする
ชอบ [chɔ̂ɔp] 好き　**รัก** [rák] 愛する
แต่งงาน [tɛ̀ŋ-ŋaan] 結婚する　**เป็นแฟน** [pen fɛɛn] 付き合う
เจอ [cəə] 会う　**คุย** [khuy] 話す　**ติดต่อ** [tìt tɔ̀ɔ] 連絡する
などの、相手を必要とする動詞 (＝相互動詞) です。

ดีกันแล้ว [dii kan lɛ́ɛw]　もう仲直りした。
พวกเขาแต่งงานกัน [phûak kháw tɛ̀ŋ-ŋaan kan]　彼らは結婚する。
เขาเป็นแฟนกัน [kháw pen fɛɛn kan]　彼らは付き合っている。

27

誘われた時の答え方

A : **ไปดูหนังเรื่องนี้กันไหมครับ** [pay duu nǎŋ rɯ̂aŋ níi kan máy khráp]
この映画を一緒に見に行きませんか？

B : **ไปค่ะ** [pay khâ]　行きます。

C : **ไม่อยากดูเรื่องนี้ค่ะ** [mây yàak duu rɯ̂aŋ níi khâ]
この映画を見に行きたくありません。

D : **ขอโทษค่ะ ไม่ว่างค่ะ** [khɔ̌ɔ-thôot khâ　mây wâaŋ khâ]
すみません。空いていないです。

動詞 + **เถอะ** [thə̀]　　～をしよう

意味と品詞　　**เถอะ** [thə̀] は「～しましょう」という意味の副詞で、動詞の後ろに
　　　　　　置きます。

使い方　　　　会話では、**เหอะ** [hə̀] または **เถิด** [thə̀ət] の発音にもなります。
　　　　　　(ด้วย)กัน [(dûay) kan] とともに用いると、「一緒に～をしましょう」
　　　　　　という意味になります。**กัน** [kan] と一緒に使う時、**เถอะ** [thə̀] を
　　　　　　省略することもできます。**ด้วยกันเถอะ** [dûay kan thə̀] は **ด้วยกันไหม**
　　　　　　[dûay kan máy] より、より強く誘うニュアンスで使われます。

ไปกินข้าว (ด้วย) กันเถอะ　　　　一緒に食事しに行こう。
pay kin khâaw (dûay) kan thə̀　　　（一緒に食べに行こう）

動詞 +	目的語 +	副詞	
ไป pay	กินข้าว kin khâaw	(ด้วย)กันเถอะ (dûay) kan thə̀	一緒に食事しに行こう。 （一緒に食べに行こう）
	เมืองไทย mɯaŋ-thay 	เถอะ thə̀	（あなたは） タイへ行こう。
กิน kin	อาหารไทย aa-hǎan thay 	กัน(เถอะ) kan (thə̀)	（私とあなたは） 一緒にタイ料理を食べよう。

練習4　以下の文をタイ語で言ってみよう。

1. 一緒にタイ🔺へ遊びに行きますか？

. . . .

2. 一緒に家🏠に帰りますか？

. . . .

3. タイ語📙を勉強してみましょう。

. . . .

4. 一緒に映画🎬を見に行きましょう。

. . . .

☆**กัน** [kan] には **ด้วยกัน** [dûay kan] または **กันเถอะ** [kan thə̀] の他に、**กัน** [kan] 単独で使う表現もあります。**กัน** [kan] は日本語に直訳できないため、**กัน** [kan] をうまく使えず、自然なネイティブ表現ができない場合が多いです。**กัน** [kan] の色々な使い方を以下に例示します。
☆ポイントは、**กัน** [kan] は、「一緒に〇〇する / 共に感じることを表したい」場合と「相互動詞」の場合に使うということです (**กัน** [kan] は主語が複数の場合に使います。主語が複数だから **กัน** [kan] を使うということではありません。主語は省略できます)。

กัน kan 主語が複数の場合	**สบายดีไหม** [sa-baay dii máy]	（あなた）元気？
	สบายดีกันไหม [sa-baay dii kan máy]	（あなた達）元気？
	หนาวไหม [nǎaw máy]	（あなた）寒い？
	หนาวกันไหม [nǎaw kan máy]	（あなた達）寒い？
กัน kan 相互動詞の場合	**แต่งงาน** [tɛ̀ŋ-ŋaan]	結婚する。
	(เขา) แต่งงานกัน [kháw tɛ̀ŋ-ŋaan kan]	（彼らは）（一緒に）結婚する。
	เข้าใจ [khâw-cay]	分かる。
	เขาเข้าใจกัน [kháw khâw-cay kan]	彼らは（お互いに）分かり合う。

☆**ด้วย** [dûay] は第 2 課で習った **ก็** [kɔ̂ɔ] と一緒に使うことが多いです。
その場合、「同様に / も」という意味になります。**ก็** [kɔ̂ɔ] は省略できます。

ด้วย dûay 同様に　も	**(ผมก็) กินด้วย** [(phǒm kɔ̂ɔ) kin dûay]	（私も）食べる。
	ขอผัดไทย [khɔ̌ɔ phàt-thay]	パッタイをください。
	(เขาก็) ขอผัดไทยด้วย [(kháw kɔ̂ɔ) khɔ̌ɔ phàt-thay dûay]	（彼も）同様にパッタイをください。

練習 5　以下の文をタイ語で言ってみよう。

・主語が複数

1．（あなた達）コーヒー  を飲みたいですか？

⋯⋯⋯⋯⋯⋯⋯⋯⋯⋯⋯⋯⋯⋯⋯⋯⋯⋯⋯⋯⋯⋯⋯⋯⋯⋯⋯⋯⋯⋯⋯

2．（あなた達）タイ料理  を食べたいですか？

⋯⋯⋯⋯⋯⋯⋯⋯⋯⋯⋯⋯⋯⋯⋯⋯⋯⋯⋯⋯⋯⋯⋯⋯⋯⋯⋯⋯⋯⋯⋯

・同様に

3．私も一緒にプーゲッ（ト）  へ行きたいです。

⋯⋯⋯⋯⋯⋯⋯⋯⋯⋯⋯⋯⋯⋯⋯⋯⋯⋯⋯⋯⋯⋯⋯⋯⋯⋯⋯⋯⋯⋯⋯

・一緒に〜する　共に感じる

4．彼らは一緒に喋ります。

⋯⋯⋯⋯⋯⋯⋯⋯⋯⋯⋯⋯⋯⋯⋯⋯⋯⋯⋯⋯⋯⋯⋯⋯⋯⋯⋯⋯⋯⋯⋯

Lesson 4　ニュアンス表現

🔊28

ถ้าอย่างนั้น [thâa-yàaŋ-nán]　**それでは**

意味と品詞　直訳すると「もしそのようなことであれば」という意味になります。

使い方　話す時、นั้น [nán] の発音は งั้น [ŋán] になることが多いです。
また ถ้าอย่างนั้น [thâa-yàaŋ-nán] を略して อย่างนั้น [yàaŋ-nán]、
อย่างงั้น [yàaŋ-ŋán]、ถ้างั้น [thâa-ŋán]、งั้น [ŋán] になる場合もあ
ります。

🔊28

ถ้าอย่างนั้น ไปกัน [thâa-yàaŋ-nán pay kan]	それでは、行こう。
อย่างงั้นไม่กิน [yàaŋ-ŋán mây kin]	それじゃ、食べない。
ถ้างั้นซื้อเถอะ [thâa-ŋán súɯ thə̀]	それじゃ、買って。
งั้นลองดู [ŋán lɔɔŋ duu]	じゃ、してみる。

28 แต่ (ก็) [tɛ̀ɛ（kɔ̂ɔ）]　でも　が　しかし

意味と品詞　แต่（ก็）[tɛ̀ɛ(kɔ̂ɔ)] は副詞、前置詞、接続詞の三つの用法を持つ単語ですが、この課では「でも、が、しかし」を意味する接続詞として習います。

使い方　ก็ [kɔ̂ɔ] は省略できますが、แต่ [tɛ̀ɛ] を言わずに ก็ [kɔ̂ɔ] だけ言う場合もあります。

28

ไม่สวยแต่ก็ชอบ [mây sǔay tɛ̀ɛ kɔ̂ɔ chɔ̂ɔp]
きれいではないが、好きだ。

เผ็ด แต่อร่อย [phèt tɛ̀ɛ a-rɔ̀y]
辛いが、美味しい。

เหนื่อยก็ไม่เป็นไร [nɯ̀ay kɔ̂ɔ mây-pen-ray]
疲れても、大丈夫だ。

เคยฟังแล้วก็อยากฟังอีก [khəəy faŋ lɛ́ɛw kɔ̂ɔ yàak faŋ ìik]
聞いたことがあるが、また聞きたい。

28 อ๋อ [ɔ̌ɔ]
そうか　そうだ　分かった！　理解できた！　思い出した！

意味と品詞　อ๋อ [ɔ̌ɔ] は、「分かった！理解できた！思い出した！」を意味する感嘆詞です。

使い方　時折、อ้อ [ɔ̂ɔ] の発音になります。

28

อ๋อ นึกออกแล้ว [ɔ̌ɔ nɯ́k-ɔ̀ɔk lɛ́ɛw]
そうだ、思い出した！

อ๋อ ไม่ชอบกินเหรอ [ɔ̌ɔ mây chɔ̂ɔp kin rə̌ə]
分かった。食べるのが好きではないか。

อ๋อ คุณเคนชอบกินผัดไทย [ɔ̌ɔ khun kheen chɔ̂ɔp kin phàt-thay]
そうだ、けん君はパッタイを食べるのが好きだ。

อีก [ìik]　さらに　もっと　また　もう

意味と品詞　**อีก** [ìik] は、「さらに、もっと、また、もう」などを意味する副詞です。

เคยไปแล้ว แต่ก็อยากไปอีก [khəəy pay lɛ́ɛw tɛ̀ɛ kɔ̂ɔ yàak pay ìik]
行ったことがあるが、また行きたい。

ง่วงนอน แต่ก็ไม่อยากนอนอีก [ŋûaŋ-nɔɔn tɛ̀ɛ kɔ̂ɔ mây yàak nɔɔn ìik]
眠いが、もう寝たくない。

A: เอาข้าวอีกไหมคะ [aw khâaw ìik máy khá]
　ご飯のお替りをしますか？

B: เอาอีกครับ [aw ìik khráp]
　また要ります。

A: ดื่มน้ำอีกไหม [dùɯm náam ìik máy]
　またお水を飲みたい？

B: ดื่มอีกค่ะ [dùɯm ìik khâ]
　もっと飲みたいです。

会話の聞き取り練習 29

1　　　　　　　　2　　　　　　　　5　　　　　　　　6

3　　　　　　　　4　　　　　　　　7

会話を聞いて次の質問にタイ語で答えましょう。

1．คุณเคนเคยกินอาหารไทยแล้วหรือยัง
[kun kheen khəəy kin aa-hǎan thay lɛ́ɛw-rɯ̌ɯ-yaŋ]

……………………………………………………………………………………

2．ใครอยากลองกินอาหารอีสานดู [khray yàak lɔɔŋ kin aa-hǎan ii-sǎan duu]

……………………………………………………………………………………

3．คุณกุ้งไม่อยากกินส้มตำใช่ไหม
[khun kûŋ mây yàak kin sôm-tam chây-máy]

……………………………………………………………………………………

4．คุณกุ้งเคยกินส้มตำร้านนี้ไหม [khun kûŋ khəəy kin sôm-tam ráan níi máy]

……………………………………………………………………………………

5．คุณต้มยำ คุณเคน คุณกุ้ง ไปกินอาหารด้วยกันใช่ไหม [khun tôm-yam khun kheen khun kûŋ pay kin aa-hǎan dûay kan chây-máy]

……………………………………………………………………………………

会話

ต้มยำ
tôm-yam

1 คุณเคนเคยกินอาหารไทยแล้วหรือยังครับ
[khun kheen khəəy kin aa-hǎan thay lɛ́ɛw-rɯ̌ɯ-yaŋ khráp]

2 ยังไม่เคยกินครับ
[yaŋ mây khəəy kin khráp]

เคน
kheen

ต้มยำ
tôm-yam

3 งั้น ลองกินอาหารอีสานกันดูไหมครับ
[ŋán lɔɔŋ kin aa-hǎan ii-sǎan kan duu máy khráp]

4 ครับ อยากลองกินดูครับ
[khráp yàak lɔɔŋ kin duu khráp]

เคน
kheen

ต้มยำ
tôm-yam

5 คุณกุ้ง อยากกินส้มตำร้านนี้อีกไหม
[khun kûŋ yàak kin sôm-tam ráan níi ìik máy]
ไปกินด้วยกันไหมครับ [pay kin dûay kan máy khráp]

6 ค่ะ ไปค่ะ [khâ pay khâ]
อยากไปกินอีก [yàak pay kin ìik]
อยากกินไก่ย่างด้วย [yàak kin kày-yâaŋ dûay]

กุ้ง
kûŋ

ต้มยำ
tôm-yam

7 อ๋อเหรอครับ [ɔ̌ɔ rə̌ə khráp]
อย่างงั้น [yàaŋ-ŋán]
เราไปกินกันเถอะครับ หิวแล้ว
[raw pay kin kan thə̀ khráp hǐu lɛ́ɛw]

ロールプレー練習

以上の会話を参考しにして、タイ語で質問してみよう

相手の経験などを聞いて、一緒にしましょうと誘ってみよう。

A

1. 「～をしたことがありますか？」と聞く。
3. 「それをしてみたいですか？」と聞く。
5. 別の人に「それをまたしたいですか？」と聞き、「一緒にそれをしますか？」と聞く。
7. 「それを一緒にしましょう」と誘う。

B

2. 「～をしたことがありません」と答える。
4. 「それをしてみたい」と答える。

C

6. 「したい」と答え、それから「もう一度したい」と答える。

（日本語訳）

トムヤム君　けん君はタイ料理を食べたことがありますか？

まだ食べたことがありません。　けん君

トムヤム君　それではイサーン料理を一緒に食べてみますか？

はい、食べてみたいです。　けん君

トムヤム君　グンちゃんはこのお店のソムタムをまた食べたい？一緒に食べに行きますか？

はい、行きます。また食べに行きたいです。ガイヤーンも食べたい。　グン

トムヤム君　そうですか。それじゃ、（我々は）一緒に食べに行きましょう。お腹が空いた。

読み取り練習 29

文を読んで次の質問にタイ語で答えましょう。

ผมไม่เคยไปเที่ยวเมืองไทย แต่เพื่อนของผมเคยไปเที่ยวเมืองไทยกันแล้ว ผมอยากจะไปสมุย ภูเก็ต เชียงใหม่ กรุงเทพฯ อยากจะลองไปกินผัดไทยที่เมืองไทยดูด้วย เพื่อนของผมเคยกินผัดไทยกันแล้ว แต่ผมยังไม่เคยกิน ปีนี้เพื่อนของผมจะไปเมืองไทยกันอีก ผมก็จะไปเที่ยวเมืองไทยด้วยครับ

phǒm mây khəəy pay thîaw mɯaŋ-thay
tɛ̀ɛ phɯ̂an khɔ̌ɔŋ phǒm khəəy pay thîaw mɯaŋ-thay kan lɛ́ɛw
phǒm yàak ca pay sa-mǔy phuu-kèt chiaŋ-mày kruŋ-thêep
yàak ca lɔɔŋ pay kin phàt-thay thîi mɯaŋ-thay duu dûay
phɯ̂an khɔ̌ɔŋ phǒm khəəy kin phàt-thay kan lɛ́ɛw tɛ̀ɛ phǒm yaŋ mây khəəy kin
pii níi phɯ̂an khɔ̌ɔŋ phǒm ca pay mɯaŋ-thay kan ìik
phǒm kɔ̂ɔ ca pay thîaw mɯaŋ-thay dûay khráp

（ปีนี้ [pii níi] 今年）

1．**เขาเคยไปเที่ยวเมืองไทยแล้วหรือยัง**
[kháw khəəy pay thîaw mɯaŋ-thay lɛ́ɛw-rɯ̌ɯ-yaŋ]

....

2．**เขาอยากจะลองกินอะไรที่เมืองไทย** [kháw yàak ca lɔɔŋ kin a-ray thîi mɯaŋ-thay]

....

3．**เพื่อนของเขาจะไปเมืองไทยอีกหรือเปล่า**
[phɯ̂an khɔ̌ɔŋ kháw ca pay mɯaŋ-thay ìik rɯ̌ɯ-plàw]

....

4．**เขาอยากจะไปทำอะไรที่เมืองไทย** [kháw yàak ca pay tham a-ray thîi mɯaŋ-thay]

....

5．**ปีนี้เขาจะไปเมืองไทยหรือเปล่า** [pii níi kháw ca pay mɯaŋ-thay rɯ̌ɯ-plàw]

....

新しい単語

動詞　คำกริยา [kham kri-yaa]

ตื่น(นอน)	tùɯɯn (nɔɔk)	起きる	
ล้าง	láaŋ	洗う	(หน้า nâa 顔)(จาน caan お皿)
แปรง	prɛɛŋ	磨く	(ฟัน fan 歯)
หวี	wǐi	とかす	(ผม phǒm 髪の毛)
อาบ	àap	浴びる	(น้ำ náam 水)
กิน	kin	食べる	(ข้าว khâaw ご飯) (ขนม kha-nǒm お菓子) (ของหวาน khɔ̌ɔŋ-wǎan デザート)
ดื่ม	dùɯɯm	飲む	(นม nom ミルク)(ชา chaa お茶) (กาแฟ kaa-fɛɛ コーヒー)
สวม / ใส่	sǔam /sày	かぶる　着る 履く　付ける はめる	(เสื้อผ้า sûa-phâa 服) (รองเท้า rɔɔŋ-tháaw 靴) (แหวน wɛ̌ɛn 指輪)
ออกจาก	ɔ̀ɔk càak	出発する	(บ้าน bâan 家) (สถานีรถไฟ sa-thǎa-nii-ròt fay 駅)
ไป	pay	行く	(ซื้อของ sɯ́ɯ khɔ̌ɔŋ 買い物する) (ที่ทำงาน thîi tham-ŋaan 職場) (ทำงาน tham-ŋaan 働く)
มา	maa	来る	(โรงเรียน rooŋ-rian 学校) (เที่ยว thîaw 旅する　遊ぶ)
ซื้อ	sɯ́ɯ	買う	(ของ khɔ̌ɔŋ 物) (กับข้าว kàp khâaw おかず)
ทำ	tham	やる　する	(งาน ŋaan 仕事) (การบ้าน kaan-bâan 宿題) (งานพิเศษ ŋaan phí-sèet アルバイト)
เล่น	lên	遊ぶ	(กีฬา kii-laa スポーツ) (เกม keem ゲーム) (เปียโน pia noo ピアノ)
เรียน	rian	学ぶ	(หนังสือ nǎŋ-sɯ̌ɯ 勉強する) (熟語で「先生と勉強する」という意味になる) (เต้น tên 踊る)
อ่าน	àan	読む	(หนังสือ nǎŋ-sɯ̌ɯ 本) (読書または自分で勉強する)

184

เขียน	khǐan	書く	(จดหมาย còt-mǎay 手紙)
			(ภาษาไทย phaa-sǎa-thay タイ語)
ฟัง	faŋ	聞く	(เพลง phleeŋ 歌) (ซีดี sii-dii CD)
พูด	phûut	話す	(ภาษาไทย phaa-sǎa thay タイ語)
คุย (กับ)	khuy (kàp)	喋る	(แฟน fɛɛn 彼女 / 彼氏)
ถาม	thǎam	聞く 伺う	(ทาง thaaŋ 道) (ชื่อ chɯ̂ɯ 名前)
		尋ねる	(อายุ aa-yú 年齢)
บอก	bɔ̀ɔk	教える	(ทาง thaaŋ 道) (ที่อยู่ thîi-yùu
			住所) (เพื่อน phɯ̂an 友達)
ดู	duu	見る	(ทีวี thii-wii テレビ)
			(หนัง nǎŋ 映画)
(มอง)เห็น	(mɔɔŋ)hěn	見える	(ผี phǐi お化け) (ตึก tɯ̀k 建物)
เดิน	dəən	歩く	(เล่น lên 散歩 (遊ぶ))
ยืน	yɯɯn	立つ	
วิ่ง	wîŋ	走る	
ออกกำลังกาย	ɔ̀ɔk-kam-laŋ-kaay	運動する	
จ่าย	càay	払う	(เงิน ŋən お金)
นั่ง	nâŋ	座る	
ขึ้น	khɯ̂n	乗る 登る	(รถ rót 車) (เครื่องบิน khrɯ̂aŋ-bin
		上がる	飛行機) ((ภู)เขา (phuu)khǎw 山)
ลง	loŋ	降りる	(บันได ban-day 階段)
			(บันไดเลื่อน ban-day-lɯ̂an エスカ
			レーター) (ลิฟต์ líf エレベーター)
ไหว้	wâay	お辞儀する	(พระ phrá お坊さん) (ครู khruu
			先生) (พ่อแม่ phɔ̂ɔ-mɛ̂ɛ 両親)
ชวน	chuan	誘う	(เพื่อน phɯ̂an 友達)
			(แฟน fɛɛn 恋人)
กลับ	klàp	帰る	(บ้าน bâan 家)
พัก (ผ่อน)	phák (phɔ̀ɔn)	休憩する 休む	
นอน (หลับ)	nɔɔn(làp)	寝る	
ฝัน	fǎn	夢を見る	
เสร็จ	sèt	終える 終わる	

副詞 / 助動詞　คำวิเศษณ์ [kham wí-sèet]/คำช่วยกริยา [kham chûay krì-yaa]

ไม่	mây	～しない（動詞の否定）
ได้	dây dâay	～した　～得た　できた
แล้ว	lɛ́ɛw	もう～した　もう～になった
แล้ว（ก็）	lɛ́ɛw(kɔ̂ɔ)	～してから～する
ยัง	yaŋ	まだ
เคย	khəəy	～したことがある
จะ	cà ca	これから～する
อยาก（จะ）	yàak(cà)	～したい
ลอง lɔɔŋ ～ ดู duu		～を試してみる
（ด้วย）กัน（dûay）kan		一緒に～する / 共に感じる
เถอะ	thə̀	～しましょう

疑問詞　คำถาม [kham thǎam]

แล้วหรือยัง	lɛ́ɛw-rʉ̌ʉ-yaŋ	～したか、まだか

接続詞　คำเชื่อม [kham chʉ̂am]

แต่（ก็）	tɛ̀ɛ（kɔ̂ɔ）	でも　が　しかし

ニュアンス表現　สำนวนคำที่มีหลายความหมาย [sǎm-nuan kham thîi mii lǎay khwaam-mǎay]

ถ้าอย่างนั้น	thâa-yàaŋ-nán	それでは
อีก	ìik	さらに　もっと　また　続ける　繰り返す

感嘆詞　คำอุทาน [kham ù-thaan]

อ๋อ	ɔ̌ɔ	そうか　そうだ 分かった！　理解できた！　思い出した！

時間帯　ช่วงเวลา [chûaŋ wee-laa]

เช้า	cháw cháaw	朝
กลางวัน	klaaŋ-wan	昼
เย็น	yen	夕方
กลางคืน	klaaŋ-khʉʉn	夜

まとめ　สรุป sarùp　何を勉強しましたか？

---

1. 動詞の使い方

ทำ [tham]	〜する
ไม่ [mây]	〜ない　〜なかった
ไม่ได้ [mây dây][mây dâay]	〜ていない　〜ていなかった
แล้ว(ก็) [lɛ́ɛw(kɔ̂ɔ)]	〜してから〜する

2. 過去文・完了文・意思文

ได้ [dây][dâay]	〜した　〜得た　できた
แล้ว [lɛ́ɛw]	もう〜した　もう〜になった
แล้วหรือยัง [lɛ́ɛw-rɯ̌ɯ-yaŋ]	〜したか、まだか
เคย [khəəy]	〜したことがある
จะ [cà][ca]	これから〜する
อยาก(จะ) [yàak (ca)]	〜したい
ลอง 〜 ดู [lɔɔŋ 〜 duu]	〜してみる

3. 勧誘

ด้วยกัน [dûay kan]	一緒に〜する
กันเถอะ [kan thə̀]	〜しましょう

4. ニュアンス表現

ถ้าอย่างนั้น [thâa-yàaŋ-nán]	それでは
แต่ (ก็) [tɛ̀ɛ (kɔ̂ɔ)]	でも　が　しかし
อ๋อ [ʔɔ̌ɔ]	そうか　そうだ
อีก [ʔìik]	さらに　もっと　また

単語	動詞

できたことをチェック ✅

- [ ] 1．動詞の肯定文・否定文・過去文・完了文・意思文が作れる。
- [ ] 2．「〜したい」「〜してみる」の文が言える。
- [ ] 3．「一緒に〜しませんか / しましょう」の勧誘文が言える。
- [ ] 4．「それでは」「でも」を使って、文を繋げることができる。
- [ ] 5．อ๋อ [ʔɔ̌ɔ]、อีก [ʔìik] を使ってネイティブ表現ができる。

覚えておきたい表現 ประโยคน่าจำ pra-yòok nâa cam 30

動詞

1. 肯定文 **ฉันกินข้าว** [chán kin khâaw] **เมื่อวานฉันกินข้าว** [mûa-waan chán kin khâaw] （เมื่อวาน [mûa-waan] 昨日）	私はご飯を食べる。 昨日私はご飯を食べた。
2. 否定文 **ฉันไม่กินข้าว** [chán mây kin khâaw] **ฉันไม่ได้กินข้าว** [chán mây dây kin khâaw]	私はご飯を食べない。 私はご飯を食べていない。 / 私はご飯を食べられない。
3. 完了文 **ฉันกินข้าวแล้ว** [chán kin khâaw lɛ́ɛw]	私はご飯を（もう）食べた。
4. 意思（未来）文 **ฉันจะกินข้าว** [chán ca kin khâaw]	私は（これから）ご飯を食べる。

願望

ฉันอยาก(จะ)ลองกินผัดไทยดู [chán yàak(ca)lɔɔŋ kin phàt-thay duu]	私はパッタイを食べてみたい。

「～したか、まだか」の疑問詞

กินข้าวแล้วหรือยังคะ [kin khâaw lɛ́ɛw-rɯ̌ɯ-yaŋ khá]	ご飯を食べましたか？

経験

ฉันเคยกินผัดไทย(แล้ว) [chán khəəy kin phàt-thay (lέεw)]	私はパッタイを 食べたことがある。
ฉัน(ยัง)ไม่เคยกินผัดไทย [chán (yaŋ) mây khəəy kin phàt-thay]	私は（まだ）パッタイを 食べたことがない。

勧誘

ฉันกับเขากินข้าวด้วยกัน [chán kàp kháw kin khâaw dûay kan]	私と彼 / 彼女は一緒に ご飯を食べる / 食事する。
กินข้าวด้วยกันไหมครับ [kin khâaw dûay kan máy khráp]	一緒にご飯を 食べませんか？
กินข้าวด้วยกันเถอะครับ [kin khâaw dûay kan thə̀ khráp]	一緒にご飯を 食べましょう。

気持ちを表す表現

ถ้าอย่างนั้น ไปเที่ยวอยุธยากัน [thâa-yàaŋ-nán pay thîaw a-yút-tha-yaa kan]	それでは、アユタヤへ 行こう。
แต่ก็อยากไปภูเก็ตด้วย [tὲε kɔ̂ɔ yàak pay phuu-kèt dûay]	でも、プーゲッ（ト）にも 行きたい。
อ๋อ อยากไปภูเก็ตด้วยเหรอ [ɔ̌ɔ yàak pay phuu-kèt dûay rə̌ə]	そうか。プーゲッ（ト）も 行きたいの？
ฉันก็อยากไปภูเก็ตอีก [chán kɔ̂ɔ yàak pay phuu-kèt ìik]	私もまたプーゲッ（ト）へ 行きたい。

もっと知りたいタイ語 ⑦

การย่อคำกริยา kaan yɔ̂ɔ kham krì-yaa　動詞の省略

皆さんはタイ語の基本の文は〈主語＋動詞＋目的語〉であることを習いましたね。しかし、動詞がない文もありますよ！日本語には主語のない文がたくさんありますね。タイ語でも動詞のない文がよく見られます。
タイ文字はラムカムヘーン王朝という古い時代にラームカムヘーン王が考案したものですが、当時の碑文に動詞のない文がすでに書かれています。
現代で使われている動詞のない文（動詞の省略文）の例を紹介します。タイ人はこのような話をする時に、動詞を省略することが多いですよ。

ผมชื่อมาก [phǒm chɯ̂ɯ mâak]　僕の名前（は）マーク。
เขาอายุ 20 ปี [kháw aa-yú yîi-sìp pii]　彼 / 彼女（は）20 歳だ。
กระเป๋าราคาเท่าไร [kra-pǎw raa-khaa thâw-rày]　カバン（は）いくら？
นี่อะไร [nîi a-ray]　これ（は）何？
วันนี้วันศุกร์ [wan-níi wan sùk]　今日（は）金曜日だ。
กระเป๋านี้ของดิฉัน [kra-pǎw níi khɔ̌ɔŋ di-chán]　このカバン（は）私のだ。

これらの動詞の省略文に動詞を入れるとしたら、何を入れたらいいでしょうか。
以下の文を見ましょう。

เขามีอายุ 20 ปี [kháw mii aa-yú yîi-sìp pii]　彼 / 彼女は 20 歳だ。
กระเป๋ามีราคาเท่าไร [kra-pǎw mii raa-khaa thâw-rày]　カバンはいくら？
นี่คืออะไร [nîi khɯɯ a-ray]　これは何？
วันนี้เป็นวันศุกร์ [wan níi pen wan sùk]　今日は金曜日だ。
กระเป๋านี้เป็นของดิฉัน [kra-pǎw níi pen khɔ̌ɔŋ di-chán]　このカバンは私のだ。

つまり、よく省略している動詞は、**มี** [mii]、**คือ** [khɯɯ]、**เป็น** [pen] です。
これから動詞のない文（省略文）を探してみましょうね。

6 このココナッツジュースを飲んでもいいですか?

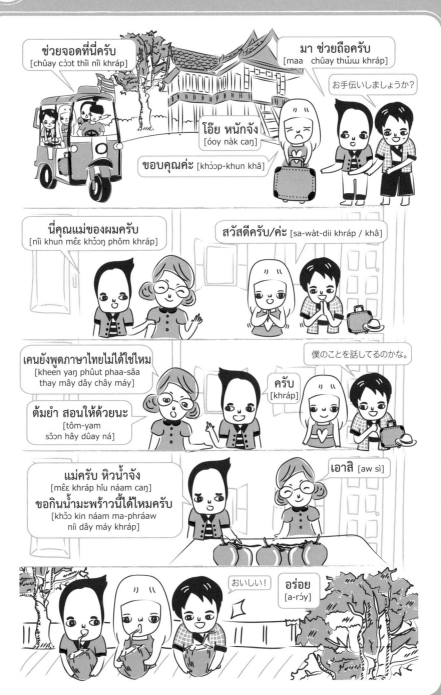

第6課 料理の注文と依頼をしよう

บทที่ 6 มาสั่งอาหารและใช้ประโยคขอความช่วยเหลือกัน

[bòt-thîi hòk maa sàŋ aa-hǎan lɛ́ cháy pra-yòok khɔ̌ɔ khwaam-chûay-lɯ̌a kan]

Lesson 1 ▶ 料理の注文

🔊31 **ขอ** [khɔ̌ɔ] ＋名詞 ～をください

🔊31 **เอา** [aw] ＋名詞 ～にする ～が要る

意味と品詞 **ขอ** [khɔ̌ɔ] は後ろに名詞が来ると「～をください」という意味の動詞になります。**เอา** [aw] には 様々な使い方がありますが、この課では「～が要る」「～を受け取る」などを意味する動詞として習います。

☆料理を注文する時はいずれも使えますが、**เอา** [aw] より、**ขอ** [khɔ̌ɔ] を用いる方が丁寧です。

🔊31
ขอผัดไทย	khɔ̌ɔ phàt-thay	パッタイをください。
เอาผัดไทย	aw phàt-thay	パッタイにします。

🔊31

動詞	＋	目的語	＋	数＋類別詞	
ขอ khɔ̌ɔ をください		ผัดไทย phàt-thay パッタイ 			パッタイをください。
		อันนี้ an níi この（小さい）物		1 ที่ nɯ̀ŋ thîi 1つ	これを1つください。
เอา aw にする		ก๋วยเตี๋ยวน้ำ kúay-tǐaw nám kǔay-tǐaw グイッティオ・ナム 		3 ชาม sǎam chaam 3つ 	グイッティオ・ナムを3つにする。
		น้ำเปล่า nám plàw 飲むお水 		4 แก้ว sìi kɛ̂ɛw 4つ 	お水を4つにする。
ไม่เอา mây aw 要らない		น้ำแข็ง nám khɛ̌ŋ 氷 			氷は要らない。

☆ **ก๋วยเตี๋ยว** [kúay-tǐaw] は **ก๋วยเตี๋ยว** [kǔay-tǐaw] と書く場合もあります。

料理を注文する時の類別詞を見てみましょう。

名詞	数＋類別詞		
ข้าว khâaw	1 จาน nɯ̀ŋ caan		ご飯　1皿
ข้าวต้ม khâaw tôm	4 ถ้วย sìi thûay 		お粥　4椀
ก๋วยเตี๋ยว kúay-tǐaw	2 ชาม sɔ̌ɔŋ chaam 		グイッティオ 2鉢
ข้าวเหนียว khâaw nǐaw	3 กระติบ sǎam kra-tìp（文語） kra-típ（口語） 		もち米　3かご

類別詞を省略して数だけ述べても通じます。また、ご飯や麺類を注文する時、〈数＋ที่ [thîi]〉「数＋人前」を使うこともできます。

ข้าว khâaw	1 โถ nɯ̀ŋ thǒo		大きい入れ物 （おひつ）に 入ったご飯1つ
ต้มยำ tôm-yam	1 หม้อ nɯ̀ŋ mɔ̂ɔ		トムヤム　1鍋

量が多い場合は、入れ物の名前で注文します。

มะพร้าว ma-phráaw	1 ลูก nɯ̀ŋ lûuk 		ヤシ　1個
มะม่วง ma-mûaŋ	2 ลูก sɔ̌ɔŋ lûuk 		マンゴー　2個
พริก phrík	2 เม็ด sɔ̌ɔŋ mét 		とうがらし2房

丸い果物などは、〈個数＋ลูก [lûuk]〉「〜つ/〜個」を使います。

ช้อน / ส้อม chɔ́ɔn / sɔ̂m	1 คัน nɯ̀ŋ khan		スプーン/フォーク 1つ
ตะเกียบ ta-kìap	1 คู่ nɯ̀ŋ khûu		お箸　1つ
เค้ก khéek	1 ชิ้น nɯ̀ŋ chín		ケーキ　1つ
น้ำ nám	1 แก้ว nɯ̀ŋ kɛ̂ɛw		お水　1つ （1カップ）
น้ำ nám	1 ขวด nɯ̀ŋ khùat		お水　1ボトル

例文以外に、お菓子や日用品の小物であれば、อัน [an]「〜つ／〜個」を覚えて使えば便利です。

☆数字 1 の場合、順番は〈1 ＋類別詞〉だけでなく、〈類別詞＋1〉でも言えます。例えば、1 ที่ [nɯ̀ŋ thîi]、1 จาน [nɯ̀ŋ caan] は ที่ 1 [thîi nɯŋ]、จาน 1 [caan nɯŋ] とも言えます。その時、発音は [nɯ̀ŋ] ではなく [nɯŋ] になります。

กี่ [kìi] + 類別詞　いくつ　何

意味と品詞　副詞で「いくつ、何」という意味です。

使い方　　　数を質問する時、**กี่** [kìi] を使います。

กี่ kìi + 類別詞				
A: เอา aw	กี่ จาน kìi caan 	⬯	ครับ khráp	何皿にしますか？
B: เอา aw	1 จาน nɯ̀ŋ caan 	⬯	ค่ะ khâ	1皿にします。
A: รับ ráp	กี่ ชิ้น kìi chín 	🍰	คะ khá	何個召し上がりますか。
B: ขอ khɔ̌ɔ	2 ชิ้น sɔ̌ɔŋ chín 	🍰	ค่ะ khâ	2個にします。

☆**รับ** [ráp] はお店の人が使う丁寧な表現で、「受け取る、召し上がる」という意味の動詞です。**จะรับอะไรดีครับ** [cà ráp a-ray dii khráp]「何を召し上がりますか？」という丁寧な表現で用いられます。また、普通の言い方では、**เอาอะไรดีคะ** [aw a-ray dii khá]「何にしますか？」が使われます。

แล้วก็ [lɛ́ɛw kɔ̂ɔ]　それに　さらに　加えて

意味と品詞　〈**แล้วก็** [lɛ́ɛw kɔ̂ɔ] ＋名詞 / 副詞 / 形容詞 / 動詞〉とすると、「それに、さらに、加えて」という意味になる接続詞です。

使い方　　　単語や文を繋げるために、次の文の文頭に置きます。**ด้วย** [dûay] と一緒に使うことが多いです。

ขอไก่ย่างหน่อยครับ แล้วก็ข้าวเหนียวด้วย
[khɔ̌ɔ kày-yâaŋ nɔ̀y khráp lɛ́ɛw kɔ̂ɔ khâaw-nǐaw dûay]
ガイヤーンをください。それに、もち米もください。

เอาส้มตำแล้วก็ลาบหมูด้วย [aw sôm-tam lɛ́ɛw kɔ̂ɔ lâap-mǔu dûay]
ソムタムを、それにラープムーも。

อยากจะกินผัดไทยด้วยแล้วก็กินก๋วยเตี๋ยวด้วย
[yàak cà kin phàt-thay dûay lɛ́ɛw kɔ̂ɔ kin kúay-tǐaw dûay]
パッタイも食べたいし、グイッティオも食べたい。

ดีด้วยแล้วก็ถูกด้วย [dii dûay lɛ́ɛw kɔ̂ɔ thùuk dûay]
良くて、さらに安いものだ。

練習1　数と類別詞を入れてタイ語で料理を注文してみよう。

A1. จะรับอะไรดีครับ [ca ráp a-ray dii khráp]
何を召し上がりますか？

B1. カニカレー炒めを1皿ください。

....

2. それに、ごはんを1皿ください。

....

A2. เอาอะไรดีคะ [aw a-ray dii khá]
何にしますか？

B1. パッタイを2つにします。

....

เอาน้ำอะไรคะ [aw nám a-ray khá]
飲み物は何にしますか？

2. ココナッツジュースにします。

....

เอากี่แก้วคะ [aw kìi kɛ̂ɛw khá]
何杯にしますか？

3. 2杯にします。

....

A3. รับอะไรดีคะ [ráp a-ray dii khá]
何を召し上がりますか？

196-199ページのメニューを見て、
好きなものをタイ語で注文してみよう。
B1.

....

2. それに

....

ก๋วยเตี๋ยว kúay-tǐaw 麺類

タイの麺類を注文する時、麺の種類から選び始め、スープ、具、サイズの順に注文してみてくださいね。スープによって合う麺と具が変わります。また、スープと具によって専門店があります。

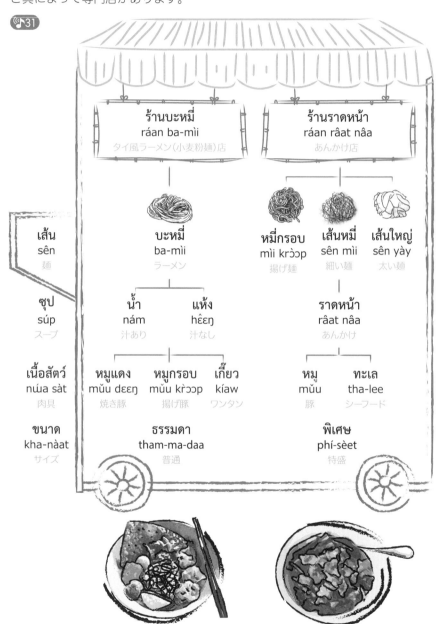

ร้านบะหมี่
ráan ba-mìi
タイ風ラーメン(小麦粉麺)店

ร้านราดหน้า
ráan râat nâa
あんかけ店

เส้น
sên
麺

บะหมี่
ba-mìi
ラーメン

หมี่กรอบ
mìi krɔ̀ɔp
揚げ麺

เส้นหมี่
sên mìi
細い麺

เส้นใหญ่
sên yày
太い麺

ซุป
súp
スープ

น้ำ
nám
汁あり

แห้ง
hɛ̂ɛŋ
汁なし

ราดหน้า
râat nâa
あんかけ

เนื้อสัตว์
nɯ́a sàt
肉具

หมูแดง
mǔu dɛɛŋ
焼き豚

หมูกรอบ
mǔu krɔ̀ɔp
揚げ豚

เกี๊ยว
kíaw
ワンタン

หมู
mǔu
豚

ทะเล
tha-lee
シーフード

ขนาด
kha-nàat
サイズ

ธรรมดา
tham-ma-daa
普通

พิเศษ
phí-sèet
特盛

196

ร้านก๋วยเตี๋ยวเรือ
ráan kúay-tǐaw rɯa
船グイッティオ(豚の血入り
スープグイッティオ)店

ร้านก๋วยเตี๋ยว
ráan kúay-tǐaw
グイッティオ(米粉麺)店

เส้น sên 麺	เส้นใหญ่ sên yày 太い麺	เส้นหมี่ sên mìi 細い麺	เส้นเล็ก sên lék 中細い麺	วุ้นเส้น wún sên 春雨	มาม่า maa mâa インスタント ラーメン	เกาเหลา kaw lǎw 麺なし

ซุป súp スープ	น้ำตก nám tòk 血入り汁	ไม่ตก mây tòk 血無し汁	น้ำ nám 汁あり	แห้ง hɛ̂ɛŋ 汁なし	ต้มยำ tôm-yam 辛い汁	เย็นตาโฟ yen-taa-foo 紅腐乳入り汁

เนื้อสัตว์ nɯ́a sàt 肉具	หมู mǔu 豚	เนื้อ nɯ́a 牛肉

- **หมู** mǔu 豚
- **ไก่มะระ** kày ma-ra 鶏ゴーヤ
- **เนื้อตุ๋น** nɯ́a tǔn 牛肉煮込み
- **เป็ด** pèt ダック
- **ลูกชิ้นปลา** lûuk chín plaa
  海老つみれ

ขนาด kha-nàat サイズ	ธรรมดา tham-ma-daa 普通	พิเศษ phí-sèet 特盛

กับข้าว kàp khâaw おかず

อาหารจานเดียว aa-hǎan caan diaw 単品

ข้าวมันไก่
khâaw man kày
蒸しチキンライス
（カーオ・マンガイ）

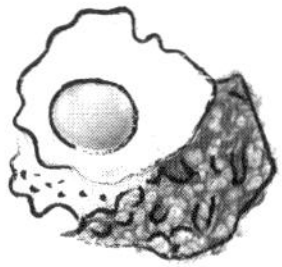

ข้าวกะเพราไข่ดาว
khâaw ka-phraw khày daaw
鶏バジル炒めライスと目玉焼き
（ガッパオライス）

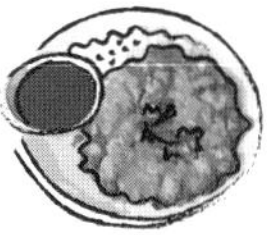

ผัดไทย
phàt-thay
タイ風焼きそば

ข้าวซอย
khâaw-sɔɔy
北部レッドカレー麺

ยำ yam あえる サラダ

ยำวุ้นเส้น
yam wún sên
春雨サラダ

ทอด thɔ̂ɔt 揚げる

ทอดมันกุ้ง
thɔ̂ɔt man kûŋ
海老入りさつま揚げ

ผัด phàt 炒める

ปูผัดผงกะหรี่
puu phàt phǒŋ ka-rìi
蟹カレー炒め

ย่าง yâaŋ   เผา phǎw 焼く

ไก่ย่าง   กุ้งเผา   ปลาเผา
kày yâaŋ kûŋ phǎw plaa phǎw
焼き鶏   焼き海老   焼き魚

อบ òp   นึ่ง nɯ̂ŋ 蒸す

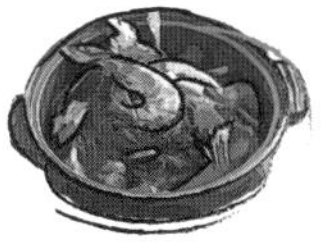

กุ้งอบวุ้นเส้น   ปลานึ่งมะนาว
kûŋ òp wún sên plaa nɯ̂ŋ ma-naaw
海老と春雨の蒸し物   魚のレモン風味蒸し物

แกง kɛɛŋ 汁・スープ

แกงเขียวหวาน   แกงจืดวุ้นเส้น
kɛɛŋ khǐaw wǎan kɛɛŋ cɯ̀ɯt wún sên
グリーンカレー   春雨スープ

ต้ม tôm 煮る

ต้มยำกุ้ง
tôm yam kûŋ
トムヤムグン

ต้มข่าไก่
tôm khàa kày
鶏とショウガの
ココナッツスープ

อาหารเช้า aa-hǎan cháaw 朝ごはん

โจ๊ก
cóok
砕いた米のお粥

ข้าวต้ม
khâaw tôm
お粥

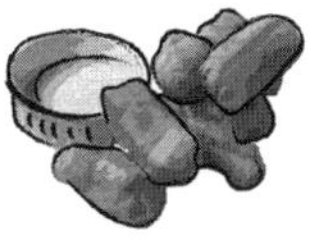

ปาท่องโก๋
paa-thɔ̂ŋ-kǒo
中華風揚げパン

ข้าวเหนียวหมูปิ้ง
khâaw nǐaw mǔu pîŋ
もち米と豚の串焼き

อาหารว่าง aa-hǎan wâaŋ 軽食

หมูสะเต๊ะ
mǔu sa-té
カレー風味の豚串焼き

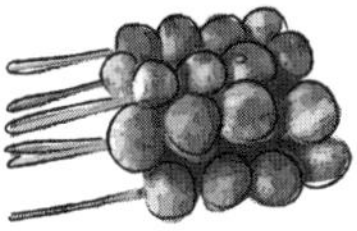

ลูกชิ้น
lûuk chín
つみれ

ไส้กรอกอีสาน
sây krɔ̀ɔk ii-sǎan
東北風ソーセージ

ขนมปังหน้าหมู
kha-nǒm paŋ nâa mǔu
豚とパン揚げ

ขนม kha-nǒm スイーツ

ไอศกรีมกะทิ
ay-sa-kriim ka-thí
ココナッツアイス

ขนมถ้วย
kha-nǒm thûay
蒸したココナッツミルク

สาคูเปียกข้าวโพด
sǎa-khuu pìak khâaw-phôot
タピオカとトウモロコシ入り
ココナッツミルク

ข้าวเหนียวมะม่วง
khâaw nǐaw ma-mûaŋ
マンゴーともち米

เครื่องดื่ม khrɯ̂aŋ dɯ̀ɯm 飲み物

น้ำมะพร้าว
nám ma-phráaw
ココナッツジュース

น้ำมะม่วง
nám ma-mûaŋ
マンゴージュース

ชานมเย็น
chaa nom yen
タイ風ミルクティー

กาแฟ
kaa-fɛɛ
コーヒー

(♪31) **ขอ** [khɔ̌ɔ] + 形容詞　～のをください

(♪31) **เอา** [aw] + 形容詞　～のが要る

使い方　　ขอ [khɔ̌ɔ] と เอา [aw] の後ろに来る形容詞は、繰り返して言うことが多いです。繰り返さないで言うと、気持ちが伝わりにくいです。同じ形容詞を繰り返すことで、①「～ぽい、～め」という柔らかい表現になったり、②「もっと、よく」という強調の意味が含まれたりします。繰り返す形容詞を書く時は、ๆ (ไม้ยมก [máy ya-mók]) で書きます。

☆形容詞の否定は、動詞の否定と同じく、ไม่ [mây] を使います。

〈ไม่ [mây] +形容詞〉　＝　形容詞の否定

☆否定の場合、形容詞は繰り返しません。

(♪31) **เอาไม่หวาน**　甘くしないでください。
aw mây wǎan

(♪31)

動詞	＋	形容詞	
ขอ khɔ̌ɔ		เผ็ดๆ phèt phèt	辛いのを
		สดๆ sòt sòt	新鮮なものを
		เป็นๆ pen pen	生きているものを
		ไม่ร้อน mây rɔ́ɔn	熱くないのを
เอา aw		ร้อนๆ rɔ́ɔn rɔ́ɔn	熱々のにする
		ไม่หวาน mây wǎan	甘くないのにする
		ไม่เผ็ด mây phèt	辛くないのにする

☆注文する時、動詞を否定して「〇〇が要らない」という表現も使えます。ไม่เอาหวาน [mây aw wǎan]「甘いのが要らない」、ไม่เอาเผ็ด [mây aw phèt]「辛いのが要らない」などです。

☆断る時も ไม่เอา [mây aw 〇〇]　「〇〇が要らない」という表現になります。買い物などの他の場面でも使えます。

味 รสชาติ rót châat / 食感 รสสัมผัส rót sǎm-phàt

เผ็ด phèt 辛い	เปรี้ยว prîaw 酸っぱい	หวาน wǎan 甘い	เค็ม khem しょっぱい
เข้มข้น khêm khôn 濃い	จืด cɯ̀ɯt 薄い	อร่อย a-rɔ̀y 美味しい	ขม khǒm 苦い

เลี่ยน lîan 油っぽい	สุก sùk 熟した（よく火が通った）	ดิบ dìp 生、半熟

เย็น yen 冷たい	ร้อน rɔ́ɔn 熱い	อุ่น ùn 温かい

●程度

程度の表現を、辛さの度合いで見てみよう。

	副詞	形容詞	副詞	
100%		เผ็ด phèt 辛い	มาก mâak とても	とても辛い
70%	ค่อนข้าง khɔ̂ɔn khâaŋ かなり			かなり辛い
50%			พอดี phɔɔ-dii/ กำลังดี kam-laŋ dii ちょうど	ちょうどの辛さ
30%			น้อย nɔ́ɔy 少ない นิดหน่อย nít nɔ̀y 少し	控え目な辛さ 少し辛い
20%			นิดเดียว nít diaw ちょっと	ちょっと(だけ)辛い
10%	ไม่ค่อย mây khɔ̂y あまり～ない			あまり辛くない
0%	ไม่ mây ない		เลย ləəy 全く	全然辛くない

☆มาก [mâak] は「とても、大変、非常に」という意味の副詞で形容詞を修飾します。似たような言葉に เยอะ [yə́] があります。เยอะ [yə́] は「いっぱい、たくさん」という意味の副詞で動詞を修飾します。使い方の例として、คนเยอะ [khon yə́]「人がいっぱい（いる）」、กินเยอะ [kin yə́]「たくさん食べる」、เล่มเกมเยอะ [lêm keem yə́]「ゲームでたくさん遊ぶ」などです。これらの例では มาก [mâak] は使えません。

Lesson 2 依頼文

ขอ [khɔ̌ɔ] + 欲しいもの + หน่อย/ด้วย [nɔ̀y / dûay]
〜を / もください

使い方　第 3 課で、何かを教えてもらいたい時、「ขอ 〜 หน่อย / ด้วย [khɔ̌ɔ 〜 nɔ̀y / dûay] を使うと習いました。料理の注文の時など、何かを貰いたい時にも使えます。หน่อย [nɔ̀y] を入れると遠慮する気持ちが入り、柔らかくなります。ด้วย [dûay] は加えて注文する時に使います。

ขอตะเกียบหน่อย
khɔ̌ɔ ta-kìap nɔ̀y

お箸をください。

動詞 +	目的語 +	副詞	
ขอ khɔ̌ɔ	ตะเกียบ ta-kìap お箸 	หน่อย nɔ̀y	お箸をください。
	จานอีก 1 ใบ caan ìik nùŋ bày お皿もう1枚 	ด้วย dûay	お皿ももう1枚ください。
	โต๊ะไม่สูบบุหรี่ tó mây sùup bù-rìi 禁煙席 	หน่อย nɔ̀y	禁煙席をお願いします。

食卓用の食器　ภาชนะบนโต๊ะอาหาร phaa-cha-ná bon tó aa-hǎan

ถ้วย
thûay
お椀

จาน
caan
お皿

ช้อน
chɔ́ɔn
スプーン

ส้อม
sɔ̂m
フォーク

ตะเกียบ
ta-kìap
お箸

แก้ว
kɛ̂ɛw
コップ

ทิชชู่
thít-chûu
ティッシュ

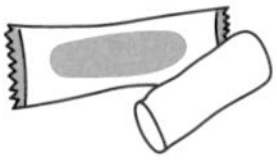

ผ้าเย็น
phâa yen
おしぼり

ผ้าเช็ดโต๊ะ
phâa chét tó
布巾

ไม้จิ้มฟัน
máy cîm fan
爪楊枝

จานแบ่ง
caan bɛ̀ŋ
取り皿

หลอด
lɔ̀ɔt
ストロー

調味料　เครื่องปรุงรส khrɯ̂aŋ pruŋ rót

น้ำปลา
nám plaa
ナンプラー

น้ำตาล
nám taan
砂糖

พริก
phrík
唐辛子

น้ำส้มสายชู
nám sôm sǎay chuu
お酢

เกลือ
klɯa
塩

พริกไทย
phrík thay
コショウ

น้ำจิ้ม
nám cîm
つけソース

กระเทียม
kra-thiam
ニンニク

มะนาว
ma-naaw
レモン

ขอ [khɔ̌ɔ] ＋動詞＋ หน่อย / ด้วย [nɔ̀y / dûay] ～させてください

使い方　ขอ [khɔ̌ɔ] の後ろに動詞が来ると、「～させてください」という相手に許可を求める意味になります。

	＋ 動詞	＋	
ขอ khɔ̌ɔ	ดู duu 見る	หน่อย nɔ̀y	見せてください。
	ดูเมนู duu mee-nuu メニューを見る		メニューを 見せてください。
	ลองกิน lɔɔŋ kin 食べてみる		食べさせてみてください。

動詞（句）＋ ให้ [hây] ＋目的語（人）
人に～をしてあげる

意味と品詞　ให้ [hây] は様々な用法がある単語です。この課では、「あげる、くれる」という意味の動詞として習います。

使い方　「主語は目的語（人）に～をしてあげる / くれる」という場面で使います。目的語は人以外（動物、国、会社など）でもできます。主語や目的語を省略することも多く、その場合、何を意味するかは文脈で判断します。

พี่ซื้อของขวัญให้ฉัน
phîi sɯ́ɯ khɔ̌ɔŋ khwǎn hây chán　　姉 / 兄は僕にプレゼントを買ってくれる。

主語	＋ 動詞（＋目的語）	＋あげる/くれる	＋目的語（人）	
พี่ phîi 姉/兄	ซื้อของขวัญ sɯ́ɯ khɔ̌ɔŋ khwǎn プレゼントを買う	ให้ hây	ฉัน chán 僕	姉/兄は僕に プレゼントを 買ってくれる。
คุณแม่ khun mɛ̂ɛ 母	ทำกับข้าว tham kàp khâaw 料理を作る		น้อง nɔ́ɔŋ 妹・弟	お母さんは 妹/弟に料理を 作ってくれる。
ฉัน chán 私	ทำการบ้าน tham kaan-bâan 宿題をする		เพื่อน phʉ̂an 友達	私は友達に 宿題をしてあげた。

32

ช่วย [chûay] + 動詞（句）+ให้หน่อย/ด้วย [hây nɔ̀y / dûay] ～を / もお願いします（丁寧）

意味と品詞　**ช่วย** [chûay] は元々「手伝う、手を貸す」という意味の動詞です。

使い方　お願いする時、助けを求める時に使う丁寧な表現です。**ให้** [hây] の後ろは省略されていることが多いですが、人が来ます。通常は「私に」ですが、「彼」や「会社」などでもできます。

32

ช่วยแนะนำอาหารให้หน่อย
chûay nέ-nam aa-hǎan hây nɔ̀y　　お勧めの料理を教えてください。

32

	+ 動詞（+目的語）+		
ช่วย chûay	แนะนำอาหาร nέ-nam aa-hǎan 料理を勧める	ให้หน่อย hây nɔ́y	おすすめの料理を教えてください。
	ลดราคา lót raa-khaa 安くする		安くしてください。
	ห่อกลับบ้าน hɔ̀ɔ klàp bâan 包んで家に持ち帰る		持ち帰りをお願いします。
	ถ่ายรูป thàay rûup 写真を撮る		写真を撮ってもらえますか？

☆ちょっとの頼み事、お願いをする時、**หน่อย/ ด้วย** [nɔ̀y /dûay] を使わず、**ที** [thii]「回」を使うことも出来ます。

32

ช่วย～ให้ที [chûay~ hây thii]　ちょっと～をお願い

使い方　**ช่วย～ให้ที** [chûay~ hây thii] は「ちょっと（1 回）お願い」という意味になります。友達や立場の上の人から下の人に対して頼む表現です。

32

ช่วยหยิบของให้ที [chûay yìp khɔ̌ɔŋ hây thii]	ちょっと物を取ってくれ。
ช่วยเขียนให้ที [chûay khǐan hây thii]	ちょっと書いてくれ。
ช่วยถามให้ทีสิ [chûay thǎam hây thii sì]	ちょっと聞いてくれ。

☆軽くお願いする、依頼する時、**หน่อย/ด้วย** [nɔ̀y/dûay] だけ使う表現もあります。ただし、ちょっと命令するような気持ちも入るので、相手の義務である場面に使いましょう。また、丁寧な語尾を入れるとある程度柔らかくなりますが、丁寧にお願いする時は **ช่วย** [chûay] を入れた方がいいです。

依頼する内容＋**หน่อย** [nɔ̀y]/**ด้วย** [dûay]
～をして / もして（軽いお願い・命令）

คิดเงินด้วย [khít ŋən dûay]	お会計もして。
เก็บจานด้วย [kèp caan dûay]	お皿も下げて。
จอดหน่อย [cɔ̀ɔt nɔ̀y]	止めて。（จอด [cɔ̀ɔt] 止める / 止まる）
จอดด้วยค่ะ [cɔ̀ɔt dûay khâ]	～も止めてください。
ช่วยด้วย [chûay dûay]	助けて。（慣用句）

☆自分が相手をお手伝いする時、～ **หน่อย / ด้วย** [nɔ̀y / dûay] または **ที** [thii] を使わず、〈**ช่วย** [chûay] ＋動詞＋（**ให้** hây)〉だけ使います。

例）**ช่วยถือ (ให้)ไหมครับ** [chûay thǔɯ (hây) máy khráp]

　　持ってあげましょうか？（持つのをお手伝いしましょうか？）（**ถือ** [thǔɯ] 持つ）

32

ช่วย [chûay]＋動詞＋ให้ [hây]＋形容詞＋หน่อย/ด้วย [nɔ̀y / dûay]

～になるように○○してください（丁寧）

使い方　**ให้** [hây] の後ろに「人」ではなく「形容詞」が来ると、「～の状態になるように○○する」という意味になります。「～の状態にならないように○○する」の場合、〈**ช่วย** [chûay]＋動詞＋**ไม่ให้** [mây hây]＋形容詞＋**หน่อย / ด้วย** [nɔ̀y / dûay]〉になります。

32

ช่วยอุ่นให้ร้อนหน่อย
chûay ùn hây rɔ́ɔn nɔ̀y
熱くなるように温めてください。

32

	動詞		形容詞		
ช่วย chûay	อุ่น ùn 温める	ให้ hây	ร้อน rɔ́ɔn 熱い	หน่อย nɔ̀y	熱くなるように 温めてください。
	ปิ้ง pîŋ 焼く		สุก sùk よく火が通った		よく火が通るように 焼いてください。
	ชง choŋ 熱湯を注ぐ （飲み物を作る）		ไม่หวาน mây wǎan 甘くない		甘くないように 作ってください。
		ไม่ให้ mây hây	หวาน wǎan 甘い		甘くならないように 作ってください。

☆**ช่วย** [chûay] を入れずに言うと、お願いする気持ちがなくなり、「命令」または「文句」になります。

32

動詞＋ให้ [hây]＋形容詞＋หน่อย / ด้วย [nɔ̀y / dûay]

～になるように…しなさい

32

เช็ดให้สะอาดด้วย [chét hây sa-àat dûay]
（もっと）きれいに拭いて。

ปรุงรสให้ไม่เผ็ดด้วย [pruŋ rót hây mây phèt dûay]
（辛さも）辛くしないで調味して。

ทำให้ดีหน่อย [tham hây dii nɔ̀y]
上手にやって。

料理の調理方法 วิธีทำอาหาร [wí-thii tham aa-hǎan]

ผัด phàt 炒める	ทอด thɔ̂ɔt 揚げる	นึ่ง nûŋ 密封せずに蒸気で蒸す	อบ òp 密封して蒸気で蒸す
ต้ม tôm 煮る 茹でる	ตุ๋น tǔn 水の中に置いて煮込む	เคี่ยว khîaw お水がなくなるまで煮込む	ย่าง yâaŋ 焼く（長い時間）
ปิ้ง pîŋ 焼く (ย่าง yâaŋより短い時間)	เผา phǎw 火で熱くする 燃やす	แกง kɛɛŋ 汁・スープ料理を作る	ยำ yam あえる サラダ
ผสม pha-sǒm 混ぜる	ปรุง(รส) pruŋ(rót) 調味する	ชง choŋ 熱湯を注ぐ	อุ่น ùn 温める

練習 2　以下の例を参考にして、①～④をタイ語で置き換えて好きな料理の注文
をしてみよう。

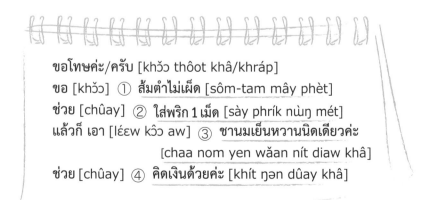

ขอโทษค่ะ/ครับ [khɔ̌ɔ thôot khâ/khráp]
ขอ [khɔ̌ɔ] ① ส้มตำไม่เผ็ด [sôm-tam mây phèt]
ช่วย [chûay] ② ใส่พริก 1 เม็ด [sày phrík nùŋ mét]
แล้วก็ เอา [lɛ́ɛw kɔ̂ɔ aw] ③ ชานมเย็นหวานนิดเดียวค่ะ
　　　　　　[chaa nom yen wǎan nít diaw khâ]
ช่วย [chûay] ④ คิดเงินด้วยค่ะ [khít ŋɤn dûay khâ]

①好きな料理 / 味 / 数

例）**ผัดไทยไม่ใส่พริก** [phàt-thay mây sày phrík]
唐辛子無しパッタイ

เส้นเล็กน้ำ [sên lék nám]
スープのある中細麺

ลูกชิ้นแยกน้ำจิ้ม 5 ไม้ [lûuk-chín yɛ̂ɛk nám cîm hâa máy]
つけソースを別にした、つみれ５本（**แยก** [yɛ̂ɛk] 別にする）

②料理に関する依頼

例）**ใส่ถั่วงอกเยอะๆ** [sày thùa-ŋɔ̂ɔk yə́ yə́]
もやしをいっぱい入れる。

โรยผักชีเยอะๆ [rooy phàk-chii yə́ yə́]
パクチーをたくさんかける。

อุ่นให้ร้อน [ùn hây rɔ́ɔn]
温める。

③好きな飲み物

例）**น้ำไม่ใส่น้ำแข็งหนึ่งแก้ว** [nám mây sày nám khěŋ nʉ̀ŋ kɛ̂ɛw]
氷無しの水１杯

น้ำแตงโมปั่น [nám tɛɛŋ-moo pàn]
スイカジュース

กาแฟร้อน [kaa-fɛɛ rɔ́ɔn]
温かいコーヒー

④その他の依頼

例）**เก็บจานด้วย** [kèp caan dûay]
お皿を片付ける。

เช็ดโต๊ะด้วย [chét tó dûay]
テーブルを拭く。

ห่อกลับบ้านด้วย [hɔ̀ɔ klàp bâan dûay]
持ち帰る。

☆その他のお願いする言葉には、**โปรด** [pròot]、**กรุณา** [ka-ru-naa]、**รบกวน** [róp kuan]、**ขอให้** [khɔ̌ɔ hây]、**อยากให้** [yàak hây] などがあり、いずれの言葉も **ช่วย** [chûay] を入れるともっと丁寧になります。これらの言葉には目的によってそれぞれの使い方があります。

🎵32 **โปรด** [pròot]　　**〜するようにお願い致します**

意味と品詞　**โปรด** [pròot] は「（相手に従ってもらうために）丁寧にお願いする」という意味の動詞です。

使い方　　相手に本当に従ってもらうことを期待して用います。**โปรด** [pròot] の後ろに **ช่วย** [chûay] を入れるともっと丁寧になり、書き言葉にもなります。

🎵32

> **โปรดช่วยกันรักษาความสะอาด** [pròot chûay kan rák-sǎa khwaam sa-àat]
> きれいにするように（ご協力を）お願い致します。
>
> ☆ **ช่วย** [chûay] なしで、**โปรด** [pròot] だけを使う場合も多いです。
> **โปรดรักษาความสะอาด** [pròot rák-sǎa khwaam sa-àat]
> きれいにするようにお願い致します。

🎵32 **กรุณา** [ka-ru-naa]　　**（どうか）〜するようにお願いします**

意味と品詞　**กรุณา** [ka-ru-naa] は「（相手に心尽くしをしてもらうために）丁寧にお願いすること」を意味する名詞です。

使い方　　相手に依頼する際に用い、動詞の前に置きます。従うか従わないかは相手の判断によります。**กรุณา** [ka-ru-naa] の後ろに **ช่วย** [chûay] を入れると依頼する気持ちを表し、より丁寧になります。

🎵32

> **กรุณาถอดรองเท้า** [ka-ru-naa thɔ̀ɔt rɔɔŋ-tháaw]
> 靴を脱ぐようにお願いします。
>
> **กรุณาชำระด้วยเงินสด** [ka-ru-naa cham-ra dûay ŋən sòt]
> 現金でのお支払いをお願いします。
>
> **กรุณารอสักครู่นะคะ** [ka-ru-naa rɔɔ sàk-khrûu ná khá]
> 少々お待ちください。

รบกวน [róp-kuan]　　**お手数をおかけしますが**

意味と品詞　**รบกวน** [róp-kuan] は「邪魔する、迷惑をかける」という意味の動詞です。

使い方　　相手に迷惑をかけ、申し訳ない気持ちを持ちながらお願いする時に用います。**รบกวน** [róp-kuan] の後ろに **ช่วย** [chûay] を入れると、より丁寧になります。

🔊32

> **รบกวนรอสักครู่นะคะ** [róp-kuan rɔɔ sàk-khrûu ná khá]
> （申し訳ございません）少々お待ちください。
>
> **รบกวนช่วยเซ็นชื่อด้วยค่ะ** [róp-kuan chûay sen chʉ̂ʉ dûay khâ]
> お手数ですが、サインをお願い致します。
>
> **รบกวนแวะให้หน่อยครับ** [róp-kuan wɛ́ hây nɔ̀y khráp]
> 寄って（寄り道して）いただけますでしょうか。

🔊32

ขอให้ [khɔ̌ɔ hây]　　**（すぐ）～するようにしてください**

意味と品詞　**ขอให้** [khɔ̌ɔ hây] は「（有無を言わずに）従うように依頼する」を意味する動詞です。

使い方　　主に身分が上の人からの命令のような依頼用語として使われています。**ขอ** [khɔ̌ɔ] は省略できます（**ขอให้** [khɔ̌ɔ hây] は「祈念する」「～を祈りします」「～になりますように」という意味の祝福の用語としても用います）。

🔊32

> **ขอให้ทุกคนช่วยกันรักษาความสะอาด**
> [khɔ̌ɔ hây thúk khon chûay kan rák-sǎa khwaam sa-àat]
> 皆さん清潔を保ってください。
>
> **ให้ส่งใบสมัครที่นี่** [hây sòŋ bay sa-màk thîi nîi]
> ここに申込書を提出してください。
>
> **ขอให้มีความสุข** [khɔ̌ɔ hây mii khwaam sùk]
> 幸せになれますように。
>
> **ขอให้หายป่วยไวๆ** [khɔ̌ɔ hây hǎay pùay way way]
> 早く治るように祈ります。

32 อยากให้ yàak hây　～してほしい　～してもらいたい

意味と品詞　**อยากให้** [yàak hây] は、「～してほしい」という意味の動詞です。

使い方　普通にお願いする時に用います。語順は〈**อยากให้** [yàak hây] + してほしい / してもらいたいこと〉になります。

32

อยากให้ช่วยพูดช้าๆ ให้หน่อยค่ะ
[yàak hây chûay phûut cháa cháa hây nɔ̀y khâ]
ゆっくり話してほしいです。

อยากให้สอนวิธีทำต้มยำกุ้งค่ะ
[yàak hây sɔ̌ɔn wí-thii tham tôm-yam kûŋ khâ]
トムヤムグンの作り方を教えてもらいたいです。

อยากให้คุณมาเที่ยวที่บ้านดิฉันค่ะ
[yàak hây khun maa thîaw thîi bâan di-chán khâ]
私の家に遊びに来てほしいです。

Lesson 3 可能文

タイ語で可能を表す表現には様々あります。この課では代表的な可能文を習います。

33 動詞 + ได้ [dây] ①可・不可の許可によって可能である / [dâay] ②単に可能である

意味と品詞　「許可する」と「可能」という意味の動詞です。

使い方　動詞（句）の後ろに **ได้** [dâay] を置きます。
ได้ [dâay] の否定は〈**ไม่** [mây] + **ได้** [dâay]〉になります。

กินได้ [kin dâay]
（①許可により）（②腐っていない、辛くないなど）食べられる。

ว่ายน้ำได้ [wâay-náam dâay]
（①許可により）（②能力で）泳げる。

ลดราคาได้ [lót raa-khaa dâay]
（①許可により）値段を安くできる。

33 **ผมกินเผ็ดได้นิดหน่อย** 私は辛い物を少し食べられる。
phǒm kin phèt dây nít nɔ̀y

33

主語 +	動詞 +	目的語 +	可能	
ผม phǒm 僕	กิน kin 食べる	เผ็ด phèt 辛い	ได้นิดหน่อย dây nít nɔ̀y	私は辛い物を 少し食べられる。
เขา kháw 彼/彼女	พูด phûut 話す	ภาษาไทย phaa-sǎa thay タイ語	ได้ดี dây dii	彼/彼女はタイ語を よく話せる。
ฉัน chán 私	ทำ tham 作る	อาหารไทย aa-hǎan thay タイ料理	ไม่ค่อยได้ mây khɔ̂y dâay	私はタイ料理を あまり作れない。

練習 3　以下の質問に、できるかできないか、程度を入れてタイ語で答えましょう。

1. **คุณพูดภาษาไทยได้ไหมคะ** [khun phûut phaa-sǎa thay dây máy khá]

2. **คุณเขียนภาษาไทยได้ไหมครับ** [khun khǐan phaa-sǎa thay dây máy khráp]

3. **คุณทำอาหารไทยได้ไหมคะ** [khun tham aa-hǎan thay dây máy khá]

4. **คุณว่ายน้ำได้ไหมคะ** [khun wâay-náam dây máy khá]

Lesson 4 ニュアンス表現と感嘆語

34

動詞＋ สิ [sì]　ね　ねぇ～　よ

使い方　言葉を強調するために文末に付けると、強調文、呼応文、勧誘文、軽い命令文を表す表現になります。話す時の発音は、**ซิ** [sí]、**ซิ่** [sî]、**ซี** [sii] になることもあります。

☆注意：この表現は命令的な意味合いもあるため、年上の人やお客さんに対しては失礼なので使わないでください。親しい友達同士で使っています。

34

強調的な文

A: **หนาวไหม** [nǎaw máy]　寒い？

B: **หนาวสิ** [nǎaw sì]　（こんな気温）寒いよ！

ทำไมพริกไม่เผ็ด พริกต้องเผ็ดสิ
[tham-may phrík mây phèt phrík tɔ̂ŋ phèt sì]（**ต้อง** tɔ̂ŋ 必ず）
なぜ唐辛子が辛くない！唐辛子は辛いものだよ。
（辛くない唐辛子はない）

呼応文

A: **ไปเที่ยวเมืองไทยไหม** [pay thîaw mɯaŋ-thay máy]
タイに遊びに行く？

B: **ไปสิ** [pay sì]　行くよ！（いいねぇ）

A: **รู้ไหม** [rúu máy]　知っている？

B: **ไม่รู้สิ** [mây rúu sì]　知らないよ～。

เอาสิ [aw sì] いいよ。（慣用句）

勧誘文

เมืองไทยสนุกนะ มาเที่ยวสิ [mɯaŋ-thay sa-nùk ná maa thîaw sì]
タイは楽しいよ。遊びに来てね。

อร่อยนะ ลองกินดูสิ [a-rɔ̀y ná lɔɔŋ kin duu sì]
美味しいよ。食べてみてね。

軽い命令文

ขอหน่อยสิ [khɔ̌ɔ nɔ̀y sì]
くださいよ。（ちょうだい、ほしい）

เห็นไหม มาดูที่นี่สิ [hěn máy maa duu thîi nîi sì]
見える？ここに来て見てね。（ここはよく見えるよ）

(♪34) **โอ๊ย** [óoy]　うわー！

品詞　　　感嘆詞

使い方　　文頭に置き、「痛い」「珍しい」「すごく」などの表現を強調する時
　　　　　に使います。会話の時、**โอย** [ooy]、**อุ๊ย** [úy] などの発音になるこ
　　　　　ともあります。

(♪34)

โอ๊ย เจ็บจัง [óoy cèp caŋ]	うわー！本当に痛い。
โอ๊ย อะไรกัน [óoy a-ray kan]	うわー！何てこと。
โอ๊ย เท่ห์จัง [óoy thêe caŋ]	うわー！とてもかっこいい。
โอ๊ย แย่แล้ว [óoy yɛ̂ɛ lɛ́ɛw]	うわー！もう大変だ。

会話の聞き取り練習

会話を聞いて次の質問にタイ語で答えましょう。

1．คุณเคนกินเผ็ดได้ไหม [khun kheen kin phèt dâay máy]

2．ไปกินข้าวกันกี่คน [pay kin khâaw kan kìi khon]

3．คุณกุ้งสั่งน้ำอะไร [khun kûŋ sàŋ nám a-ray]

4．ใครเป็นคนสั่งอาหาร [khray pen khon sàŋ aa-hǎan]

5．คุณเคนลองกินอาหารเผ็ดดูหรือเปล่า
[khun kheen lɔɔŋ kin aa-hǎan phèt duu rɯ̌ɯ-plàw]

会話 35

1 กี่คนครับ [kìi khon khráp]

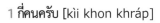

คนขายอาหาร
khon khǎay aa-hǎan
料理店の人

2 สามคนค่ะ [sǎam khon khâ]
พี่คะ สั่งอาหารหน่อยค่ะ [phîi khá sàŋ aa-hǎan nɔ̀y khâ]

กุ้ง
kûŋ

ขาย [khǎay] 売る

3 ครับ จะรับอะไรดีครับ [khráp cà ráp a-ray dii khráp]

คนขายอาหาร
khon khǎay aa-hǎan

4 ขอไก่ย่างสองที่ [khɔ̌ɔ kày-yâaŋ sɔ̌ɔŋ thîi]
ส้มตำสองจาน จานหนึ่งเผ็ดนิดเดียว กับอีกจานเผ็ดมาก
[sôm-tam sɔ̌ɔŋ caan caan nɯ̀ŋ phèt nít diaw kàp ìik caan phèt mâak]
แล้วก็ข้าวเหนียวสามกระติบด้วยค่ะ
[lɛ́ɛw kɔ̂ɔ khâaw nǐaw sǎam kra-típ dûay khâ]

กุ้ง
kûŋ

5 รับน้ำอะไรดีครับ [ráp nám a-ray dii khráp]

คนขายอาหาร
khon khǎay aa-hǎan

6 ขอน้ำเปล่า ไม่ใส่น้ำแข็งสามแก้วค่ะ
[khɔ̌ɔ nám plàw mây sày nám khɛ̌ŋ sǎam kɛ̂ɛw khâ]

กุ้ง
kûŋ

7 ครับ [khráp]

คนขายอาหาร
khon khǎay aa-hǎan

料理が来ました。

8 อันนี้เผ็ดไหมครับ [an níi phèt máy khráp]
ผมกินเผ็ดได้นิดหน่อย [phǒm kin phèt dây nít-nɔ̀y]

เคน
kheen

9 เผ็ดนิดเดียวค่ะ ลองกินดูสิคะ
[phèt nít diaw khâ lɔɔŋ kin duu sì khá]

กุ้ง
kûŋ

10 โอ๊ย เผ็ด [óoy phèt]

เคน
kheen

ロールプレー練習

以上の会話を参考にして、タイ語で質問してみよう。
196-199 ページのメニューから選んで、お客さんと店員さんの役を演じてみよう。

A 店員さん

1. 「何名様ですか？」と聞く。
3. 「何にしますか？」と聞く
5. 「飲み物はいかがですか？」と聞く。
7. 「かしこまりました」と答える。

C お客さん

8. 「これはどんな味ですか？」とお客さん B に聞き、自分の意見を言う。
10. 食べてから、驚く表現で感情を言う。

B お客さん

2. 人数を答える。
「注文をお願いします」とお願いする。
4. 食べ物を注文する。
6. 飲み物を注文する。
9. 味を答え、「食べてみてね」と勧める。

（日本語訳）

何名様ですか？　店員さん

グン　3 人です。
注文をお願いします。

はい。何にしますか？　店員さん

グン　ガイヤーン 2 つ、ソムタムを 2 つ、
1 つはちょっとだけ辛い、もう 1 つはすごく辛い。
それからもち米も 3 つください。

飲み物はいかがですか？　店員さん

グン　氷のないお水を 3 つください。

かしこまりました。　店員さん

（料理が来ました）

これは辛いですか？　けん君
僕は辛い物を少し食べられます。

グン　ちょっとだけ辛い。食べてみてね。

うわー、辛〜い。　けん君

読み取り練習 35

文を読んで次の質問にタイ語で答えましょう。

ผมกินเผ็ดได้นิดหน่อย เพื่อนผมบอกให้ไปลองกินส้มตำดูสิ เมื่อวานผมไปกินอาหารไทยมา โอ๊ย เผ็ดมากเลยครับ ผมขอให้เขาทำให้เผ็ดน้อยๆ แต่ กินไม่ได้เลยครับ ผมอยากให้เพื่อนผมมาลองกินดูเหมือนกันครับ

phǒm kin phèt dây nít nɔ̀y phɯ̂an phǒm bɔ̀ɔk hây pay lɔɔŋ kin sôm-tam duu sì mɯ̂a waan phǒm pay kin aa-hǎan thay maa óoy phèt mâak ləəy khráp phǒm khɔ̌ɔ hây kháw tham hây phèt nɔ́ɔy nɔ́ɔy tɛ̀ɛ kin mây dây ləəy khráp phǒm yàak hây phɯ̂an phǒm maa lɔɔŋ kin duu mɯ̌an kan khráp

1. เขากินเผ็ดได้นิดหน่อยใช่ไหม [kháw kin phèt dây nít nɔ̀y chây máy]

……………………………………………………………………

2. เขาสั่งอะไรมากิน [kháw sàŋ a-ray maa kin]

……………………………………………………………………

3. เขากินได้ไหม [kháw kin dây máy]

……………………………………………………………………

4. เขาคือใคร [kháw khɯɯ khray] (เขา [kháw] は文中の彼 / 彼女)

……………………………………………………………………

5. ใครบอกให้เขาลองกินส้มตำดู
[khray bɔ̀ɔk hây kháw lɔɔŋ kin sôm-tam duu]

……………………………………………………………………

第６課

新しい単語

類別詞　ลักษณนาม [lák-sa-nà-naam]

ที่	thîi	人前	จาน	caan	皿 ご飯
ถ้วย	thûay	小さな椀 お粥	ชาม	chaam	大きい椀 ラーメン
โถ	thŏo	大きい入れ物 ご飯	ลูก	lûuk	丸いもの 果物 ボール
ชิ้น	chín	個　〜つ ケーキ 小物 肉	แก้ว	kɛ̂ɛw	グラス
คู่	khûu	ペア お箸 靴 イアリング ファイル	กระติบ	kra-tìp kra-típ	かご (もち米入れ)
หม้อ	mɔ̂ɔ	鍋 トムヤム スープ	คัน	khan	台 個 フォーク スプーン 車 傘
ที่	thîi	回			

味　รสชาติ [rót-châat]/ 食感　รสสัมผัส [rót sǎm-phàt]

เผ็ด	phèt	辛い	เปรี้ยว	prîaw	酸っぱい
หวาน	wǎan	甘い	เค็ม	khem	しょっぱい
เข้มข้น	khêm khôn	濃い	จืด	cɯ̀ɯt	薄い
สุก	sùk	熟した (よく 火が通った)	ดิบ	dìp	生の 半熟
เย็น	yen	冷たい	ร้อน	rɔ́ɔn	熱い
อุ่น	ùn	温かい	อร่อย	a-rɔ̀y	美味しい
ขม	khǒm	苦い	เลี่ยน	lîan	油っぽい

食卓用の食器　ภาชนะบนโต๊ะอาหาร [phaa-cha-ná bon tó aa-hǎan]

ถ้วย	thûay	お椀	จาน	caan	お皿
ช้อน	chɔ́ɔn	スプーン	ส้อม	sɔ̂m	フォーク
ตะเกียบ	ta-kìap	お箸	แก้ว	kɛ̂ɛw	コップ
ทิชชู่	thít-chûu	ティッシュ	ผ้าเย็น	phâa yen	おしぼり
ผ้าเช็ดโต๊ะ	phâa chét tó	布巾	ไม้จิ้มฟัน	máy cîm fan	爪楊枝
จานแบ่ง	caan bɛ̀ŋ	取り皿	หลอด	lɔ̀ɔt	ストロー

調味料　เครื่องปรุงรส [khrɯ̂aŋ pruŋ rót]

น้ำปลา	nám plaa	ナンプラー	น้ำตาล	nám taan	砂糖
พริก	phrík	唐辛子	น้ำส้มสายชู	nám sôm sǎay chuu	お酢
เกลือ	klɯa	塩	พริกไทย	phrík thay	コショウ
น้ำจิ้ม	nám cîm	つけソース	กระเทียม	kra-thiam	ニンニク
มะนาว	ma-naaw	レモン			

料理の調理方法　วิธีทำอาหาร [wí-thii tham aa-hǎan]

ผัด	phàt	炒める	ยำ	yam	あえる サラダ
ทอด	thɔ̂ɔt	揚げる	เผา	phǎw	火で熱くする 燃やす
นึ่ง	nɯ̂ŋ	密封せずに蒸気で蒸す	อบ	òp	密封して蒸気で蒸す
ผสม	pha-sǒm	混ぜる	ปรุงรส	pruŋ rót	調味する
ต้ม	tôm	煮る 茹でる	ชง	choŋ	熱湯を注ぐ
ตุ๋น	tǔn	水の中に置いて煮込む	แกง	kɛɛŋ	汁・スープ料理を作る
เคี่ยว	khîaw	お水がなくなるまで煮込む	ย่าง	yâaŋ	焼く（長い時間）
อุ่น	ùn	温める	ปิ้ง	pîŋ	焼く（ย่าง yâaŋ より短い時間）

程度　ระดับ [ra-dàp]

มาก	mâak	とても	ไม่ค่อย	mây khɔ̂y	あまり～ない
ค่อนข้าง	khɔ̂ɔn khâaŋ	かなり	ไม่	mây	～ない
พอดี/กำลังดี	phɔɔ-dii / kam-laŋ dii	丁度いい	ไม่ ～ เลย	mây ～ ləəy	全然～ない
น้อย	nɔ́ɔy	少ない	นิดหน่อย	nít nɔ̀y	少し
นิดเดียว	nít diaw	ちょっと			

動詞　คำกริยา [kham krì-yaa]

ขอ	khɔ̌ɔ	〜を下さい
เอา	aw	〜にする　〜が要る
ให้	hây	あげる　くれる
ช่วย	chûay	手伝う　手を貸す
โปรด	pròot	〜するようにお願い致します
รบกวน	róp-kuan	お手数をおかけしますが
ขอให้	khɔ̌ɔ hây	（すぐ）〜するようにしてください
อยากให้	yàak hây	〜してほしい　〜してもらいたい
ได้	dây	①可 / 不可の許可によって可能である
	dâay	②能力によって可能である
ลด	lót	下げる　下がる
ขาย	khǎay	売る
จอด	cɔ̀ɔt	止める　止まる
ถือ	thɯ̌ɯ	持つ
แยก	yɛ̂ɛk	別にする

名詞　คำนาม [kham naam]

| กรุณา | ka-ru-naa | （どうか）〜するようにお願いします |

副詞　คำวิเศษณ์ [kham wí-sèet]

| กี่ | kìi | いくつ　（何＋類別詞） |

接続詞　คำเชื่อม [kham chûam]

| แล้ว(ก็) | lɛ́ɛw(kɔ̂ɔ) | それで　さらに　も（加える） |

ニュアンス表現　คำลงท้าย [kham loŋ tháay]
語尾

| สิ | sì | ね　ねぇ〜　よ |

感嘆詞　คำอุทาน [kham ù-thaan]

| โอ๊ย | óoy | うわー！ |

まとめ　สรุป sarùp　何を勉強しましたか？

1. 料理の注文	
ขอ [khɔ̌ɔ]	～をください
เอา [aw]	～にします　～が要る
กี่ [kìi]	いくつ？/ 何？
แล้วก็ [lɛ́ɛw kɔ̂ɔ]	それに　さらに　加えて
ไม่ [mây] ＋形容詞	＝形容詞の否定
程度	
มาก [mâak] - **น้อย** [nɔ́ɔy]	とても - 少ない
2. 依頼文	
ขอ+ 名詞 +**หน่อย/ด้วย** [khɔ̌ɔ ～ nɔ̀y/dûay]	～を / もください（丁寧）
ขอ+ 動詞 +**หน่อย/ด้วย** [khɔ̌ɔ ～ nɔ̀y/dûay]	～をさせてください（丁寧）
動詞＋ **ให้** [hây] ＋人	人に～をしてあげる
ช่วย+ 動詞 +**ให้หน่อย/ด้วย** [chûay ～ hây nɔ̀y/dûay]	～を / もお願いします
ช่วย+ 動詞 +**ให้**+ 形容詞 +**หน่อย/ด้วย** [chûay ～ hây ～ nɔ̀y/dûay]	～になるように○○してください
3. 可能文	
ได้ [dây] [dâay]	①可 / 不可の許可によって可能 ②能力によってできる
4. ニュアンス表現と感嘆語	
สิ [sì] **โอ๊ย** [óoy]	ね　ねぇ～　よ うわー
単語	料理の類別詞　料理に関する単語（味、調味料、食器、調理方法）

できたことをチェック ✓

- [ ] 1. ขอ [khɔ̌ɔ]、เอา [aw] を使って料理を注文できる。
- [ ] 2. ช่วย ～ ให้หน่อย/ด้วย [chûay ～ hây nɔ̀y/dûay] を使って肯定と否定の依頼ができる。
- [ ] 3. ได้ [dâay] を使って可能文を作れる。
- [ ] 4. สิ [sì]、โอ๊ย [óoy] が使える。

覚えておきたい表現 ประโยคน่าจำ pra-yòok nâa cam 36

料理の注文

ขอโทษครับ [khɔ̌ɔ thôot khráp]	すみません。
ขอเมนูหน่อยค่ะ [khɔ̌ɔ mee-nuu nɔ̀y khâ]	メニューをください。
นี่อะไรครับ [nîi a-ray khráp]	これは何ですか？
มีผัดไทยไหมครับ [mii phàt thay máy khráp]	パッタイはありますか？
เผ็ดไหมครับ [phèt máy khráp]	辛いですか？
ขอไม่เผ็ดครับ [khɔ̌ɔ mây phèt khráp]	辛くしないでください。
ขอผัดไทยหนึ่งจานครับ [khɔ̌ɔ phàt thay nùŋ caan khráp]	パッタイを１皿ください。
สั่งอาหารแล้ว อาหารยังไม่มาค่ะ [sàŋ aa-hǎan lɛ́ɛw aa-hǎan yaŋ mây maa khâ]	料理を注文しましたが、 料理がまだ来てないです。
ช่วยคิดเงินด้วยครับ [chûay khít ŋən dûay khráp]	お会計をお願いします。
เท่าไรครับ [thâw-rày khráp]	いくらですか？

依頼

ช่วยเช็ดโต๊ะให้ด้วยค่ะ [chûay chét tó hây dûay khâ] (เช็ด [chét] 拭く)	テーブルを拭いてください。
ช่วยปิ้งให้สุกอีกนิดค่ะ [chûay pîŋ hây sùk ìik nít khâ]	もっと火が通るように 焼いてください。
ช่วยถ่ายรูปให้ด้วยค่ะ [chûay thàay-rûup hây dûay khâ]	写真を撮ってもらえませんか？

可能

A: คุณกินเผ็ดได้ไหมครับ [khun kin phèt dây máy khráp]	あなたは辛いものを 食べられますか？
B: กินได้นิดหน่อยค่ะ [kin dây nít nɔ̀y khâ]	少し食べられます。

もっと知りたいタイ語 ⑰

การใช้ลักษณนาม kaan cháy lák-sa-nà-naam　類別詞の使い方

タイ語の特徴の一つは、類別詞をよく使うことです。類別詞は数量や名詞の種類を表す時に使い、名詞によって、どの類別詞を使うか決まっています。
タイ語の類別詞は以下のように6つの種類に分けられます。

> 1. 種類を示す類別詞　　　　例）〜つ・個 อัน [an]、〜人 คน [khon] など
>
> 2. グループを示す類別詞　　例）〜セット ชุด [chút] 、〜達 พวก [phûak]
>   　　　　　　　　　　　　　　　など
>
> 3. 形態を示す類別詞　　　　例）〜個 ชิ้น [chín]（ケーキなど）、
>   　　　　　　　　　　　　　　〜枚 แผ่น [phὲn]
>
> 4. 数と量を示す類別詞　　　例）〜回 ครั้ง [khráŋ] 、〜足 คู่ [khûu]
>   　　　　　　　　　　　　　　（靴、ピアス、お箸など）
>
> 5. 行動を示す類別詞　　　　例）〜個 ห่อ [hɔ̀ɔ]（包む）〜個 มัด [mát]（結ぶ）
>
> 6. 名詞と同じ言葉の類別詞　例）〜語 ภาษา [phaa-sǎa]
>   　　　　　　　　　　　　　　〜箇所 วัด [wát]（お寺）

名詞、その数と類別詞の語順は、以下の4つに分類されます。

1．名詞＋数＋類別詞
หนังสือ 1 เล่ม [nǎŋ-sǔɯ nɯ̀ŋ lêm]　本1冊
คน 2 คน [khon sɔ̌ɔŋ khon]　人2人

2．名詞＋類別詞＋数（数が1の場合のみ）
หนังสือเล่มหนึ่ง [nǎŋ-sǔɯ lêm nɯ̀ŋ]　1冊の本（本1冊）
คนคนหนึ่ง [khon khon nɯ̀ŋ]　1人の人 （1人）

3．名詞＋類別詞
（決まっている言葉に使う。数は1の場合がほとんどだが、省略することが多い）
เสื่อผืนหมอนใบ [sɯ̀a phɯ̌ɯn mɔ̌ɔn bay]
ござ（1）枚　枕（1）枚（慣用句）
อยากดื่มน้ำสักแก้ว [yàak dɯ̀ɯm náam sák kɛ̂ɛw]
お水をちょっと（1）杯飲みたい。
สัก [sák] は「だけ、ちょっと、でも、少なくとも」などを意味する副詞で、สัก [sák]
を用いる場合は、1を省略することが多い）

226

4．数を数える目的ではない場合の類別詞の使い方

名詞＋類別詞＋形容詞（形容詞を使う時、類別詞を入れない場合もある）

หนังสือเล่มเล็ก [náŋ-sɯ̌ɯ lêm lék]　小さい（冊の）本
หมาตัวใหญ่ [mǎa tua yày]　大きい（匹の）犬

☆類別詞と代名詞と一緒に使う場合、名詞か類別詞のどちらかを省略することが多いです。

名詞＋類別詞＋指示代名詞　（1 つのものを特定したい時に類別詞を入れる。特定しているものが何かが分かっている場合、名詞を省略し、類別詞と指示代名詞だけでも言える。また、そのものに特定せず、種類全般を述べたい時は類別詞を省略して言う）

หนังสือเล่มนี้ [náŋ-sɯ̌ɯ lêm níi]　この（1 冊の）本。（他の本ではなく）
เล่มนี้ [lêm níi]　この冊（この本。他の本ではなく）
หนังสือนี้ [náŋ-sɯ̌ɯ níi]　この（種類の）本。

หมาตัวนี้ใหญ่ [mǎa tua níi yày]　この（1 匹の）犬が大きい。（他の犬ではなく）
ตัวนี้ใหญ่ [tua níi yày]　この匹が大きい。（この犬が大きい。他の犬ではなく）
หมานี้ใหญ่ [mǎa níi yày]　この（種類の）犬は大きい。

7 私は友達とタイの衣装を試着している。

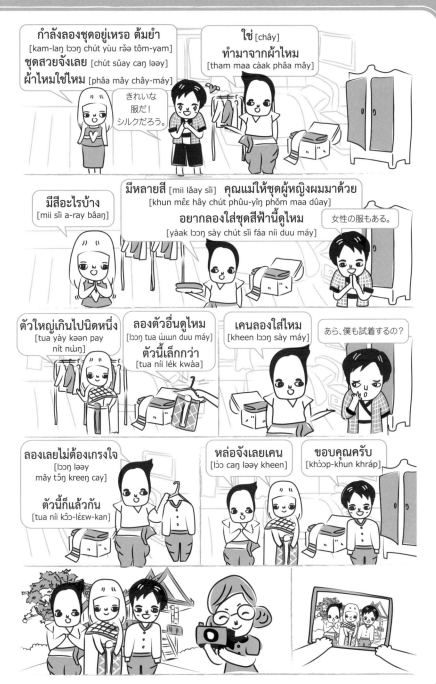

第7課 物の説明と買い物をしよう

บทที่ 7 มาบอกรายละเอียดสิ่งของ และมาซื้อของกัน

[bòt-thîi cèt maa bɔ̀ɔk raay-lá-ìat sìŋ-khɔ̆ɔŋ lɛ́ maa sɯ́ɯ khɔ̆ɔŋ kan]

Lesson 1 物の説明

買い物の際、欲しい物の「素材、色、サイズ、柄、形」について説明してみよう。
さらに、数を言ってみよう。

●説明する順

① 物 + ②「素材 色 サイズ 柄 形」など + ③ 数 + ④ 類別詞

物 +	説明	+ 数 +	類別詞	
กระเป๋า kra-pǎw カバン	หนังสีดำ nǎŋ sǐi dam 黒い革	1 nɯ̀ŋ	ใบ bay 〜つ	黒い革の カバン1つ
เสื้อ sûua シャツ	สีขาวลายจุดเบอร์ M sǐi khǎaw laay cùt bəə em Mサイズのドット柄の白い	1 nɯ̀ŋ	ตัว tua 〜枚	Mサイズの ドット柄の 白いシャツ1枚
ผ้าพันคอ phâa-phan-khɔɔ マフラー	ผ้าไหมไม่มีลาย phâa mǎy mây mii laay 無地シルク	1 nɯ̀ŋ	ผืน phɯ̌ɯn 〜枚	無地シルク マフラー1枚

練習1　231-235 のページを参考に、以下の物をタイ語で言ってみよう。

1．白い車1台

....

2．タイ語の本2冊

....

3．黒い革靴1足

....

4．Lサイズの縦柄の青いスカート

....

身に着けるもの　เครื่องแต่งกาย khrɯ̂aŋ tɛ̀ŋ kaay

37

物	類別詞	左の類別詞を用いる他の物
สร้อยคอ sɔ̂y khɔɔ ネックレス สร้อยข้อมือ sɔ̂y khɔ̂ɔ mɯɯ ブレスレット เนคไท néek tháy ネクタイ เข็มขัด khěm khàt ベルト 	เส้น sên ～個	糸　紐　など
เสื้อ sɯ̂a　シャツ กระโปรง kra-prooŋ スカート กางเกง kaaŋ-keeŋ ズボン 	ตัว tua ～枚　～体 ～匹　～つ	椅子　動物　など セットの場合 ชุด [chút]「～セット」 を使います。
ผ้า phâa　布 ผ้าพันคอ phâa-phan-khɔɔ マフラー 	ผืน phɯ̌ɯn ～枚	マット　布　ごさ　など
หมวก mùak　帽子 กระเป๋า kra-pǎw　鞄 	ใบ bay ～個、～枚	お皿　コップ 袋　箱　など
รองเท้า rɔɔŋ-tháaw 靴 ถุงเท้า thǔŋ-tháaw 靴下 	คู่ khûu ～対　～足	１対のもの （お箸　ピアス カップル　など）
นาฬิกาข้อมือ naa-li-kaa khɔ̂ɔ mɯɯ 腕時計 	เรือน rɯan ～個	時計　など
แว่นตา wɛ̂n taa メガネ 	～อัน an ～つ　～個	一般の小物に使える。 便利です。
แหวน wɛ̌ɛn　指輪 	วง woŋ ～個 ～グループ	バンド　など

物	類別詞	左の類別詞を用いる他の物
สมุด sa-mùt　ノート หนังสือ náŋ-sɯ̌ɯ　本	 เล่ม lêm ～冊　～個	ナイフ　針 ろうそく　はさみ　など
ดินสอ din-sɔ̌ɔ　鉛筆 ไอศกรีม ay-sa-kriim　アイス 	แท่ง thêŋ ～本	長くて長方形のもの
ปากกา pàak-kaa　ペン	 ด้าม dâam ～本	筆　など
รถยนต์ rót yon　自動車 รถจักรยาน　自転車 rót càk-krà-yaan รถจักรยานยนต์ / รถมอเตอร์ไซด์　バイク rót càk-krà-yaan-yon/ rót mɔɔ-təə-say ร่ม rôm　傘	 คัน khan ～台　～個	長い取手のあるもの （フォーク　スプーン 矢　釣り竿　など）
โทรทัศน์ / ทีวี　テレビ thoo-ra-thát / thii-wii โทรศัพท์ thoo-ra-sàp　電話	เครื่อง khrɯ̂aŋ ～台	機械
เปียโน pia-noo　ピアノ บ้าน bâan　家	 หลัง lǎŋ ～軒	ビル　建物　など

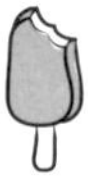

果物　ผลไม้ phǒn-la-máay

37

物		類別詞	果物の他の数別詞
กล้วย klûay　バナナ		ผล / ลูก phǒn/lûuk ～個	กล้วย [klûay]バナナ 「～房」の類別詞は **หวี** [wǐi]です。 1つの枝に何房もついているものは**เครือ** [khrɯa]です。 องุ่น [a-ŋùn]ぶどう 「～房」の類別詞は **พวง** [phuaŋ]です。
มะม่วง ma-mûaŋ　マンゴー			
ทุเรียน thú-rian　ドリアン			
ส้มโอ sôm-oo　ザボン			
ส้ม sôm　みかん			
สับปะรด sàp-pa-rót　パイナップル			
มะพร้าว ma-phráaw　ココナッツ			
แตงโม tɛɛŋ-moo　スイカ			
เงาะ ŋɔ́　ランブータン			
มังคุด maŋ-khút　マンゴスチン			
ลำไย lam-yay　リュウガン			
องุ่น a-ŋùn　ぶどう			

色　สี sǐi

สีขาว sǐi khǎaw 白色	**สีแดง** sǐi dɛɛŋ 赤色	**สีเหลือง** sǐi lǔaŋ 黄色	**สีชมพู** sǐi chom-phuu ピンク
สีเขียว sǐi khǐaw 緑色	**สีแสด** sǐi sɛ̀ɛt / **สีส้ม** sǐi sôm オレンジ色	**สีฟ้า** sǐi fáa 水色	**สีน้ำเงิน** sǐi nám-ŋən 青色
สีม่วง sǐi mûaŋ 紫色	**สีน้ำตาล** sǐi nám-taan 茶色	**สีเนื้อ** sǐi nɯ́a ベージュ	**สีดำ** sǐi dam 黒色
สีเทา sǐi thaw 灰色	**สีทอง** sǐi thɔɔŋ 金色	**สีเงิน** sǐi ŋən 銀色	**สีเข้ม** sǐi khêm 濃い色 **สีอ่อน** sǐi ɔ̀ɔn 薄い色

サイズ　ขนาด kha-nàat／เบอร์ bəə

เล็ก lék 小さい	**ใหญ่** yày 大きい	**สั้น** sân 短い	**ยาว** yaaw 長い
หนา nǎa 厚い	**บาง** baaŋ 薄い	**สูง** sǔuŋ 高い	**ต่ำ** tàm 低い
กว้าง kwâaŋ 広い	**แคบ** khɛ̂ɛp 狭い	**หลวม** lǔam ゆるい	**คับ** kháp きつい

柄　ลวดลาย lûat-laay

มีลาย mii laay 柄がある	**ไม่มีลาย** mây mii laay 柄がない	**ลายทาง** laay thaaŋ 縦柄
ลายขวาง laay khwǎaŋ 縞模様	**ลายจุด** laay cùt ドット柄	**ลายดอกไม้** laay dɔ̀ɔk máay 花柄

234

形 รูปทรง rûup soŋ		
ทรงกลม soŋ klom 丸い形 	ทรงรี soŋ rii 楕円形 	ทรงกระบอก soŋ kra-bɔ̀ɔk 円筒形 
ทรงสี่เหลี่ยมจตุรัส soŋ sìi lìam ca-tù-ràt 四角形 	ทรงสามเหลี่ยม soŋ sǎam lìam 三角形 	ทรงสี่เหลี่ยมผืนผ้า soŋ sìi lìam phǔɯn phâa 長方形 

素材 วัสดุ wát-sa-dù				
ป่าน pàan/ ลินิน lí-nin 麻（リネン） 	ฝ้าย fâay 綿 	ไหม mǎy シルク 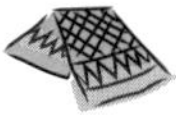	แคชเมียร์ khét-mia カシミア 	ขนสัตว์ khǒn-sàt ウール 
พลาสติก phlâat-satik プラスチック 	ไนลอน nay-lɔ̂ɔn ナイロン 	หนัง nǎŋ 革 	หนังแท้ nǎŋ thɛ́ɛ 本革 	หนังเทียม nǎŋ thiam 合成皮革 

道具・手段 อุปกรณ์ ùp-pà-kɔɔn		
มือ mɯɯ 手　ハンドメイド 	เครื่องจักร khrɯ̂aŋ-càk 機械 	เตา taw 窯 

主語 + ทำ [tham] + มาจาก / ด้วย [maa càak/ dûay] + 名詞
～から / でできた

意味と品詞　ทำ [tham] は「作る、やる」という意味の動詞です。มาจาก [maa càak] は「～の原点から来た」という意味の動詞です。この ด้วย [dûay] は「この名詞は道具または手段である」という意味の前置詞です。

使い方　มาจาก [maa càak] と ด้วย [dûay] はいずれかを名詞の前に置きます。ทำ [tham] มาจาก [maa càak] は「何（の原点）からできた」「何でできている」というように素材や材料などを聞く時に使います。ทำ [tham] ด้วย [dûay] は「何（手段）でできた」「何で作られている」というように道具や手段などを聞く時に使います。なお、日本語では「で」は材料と手段の両方の意味を持つため、日本人は มาจาก [maa càak] と ด้วย [dûay] をよく混同しているので注意しましょう。

37 **ผ้าพันคอผืนนี้ทำมาจากอะไร**
phâa-phan-khɔɔ phɯ̌ɯn níi tham maa càak a-ray　　このマフラーは何でできていますか？

37

主語	+ 作る +	から/で	+ 素材/手段	+ 疑問詞	
ผ้าพันคอผืนนี้ phâa-phan-khɔɔ phɯ̌ɯn níi このマフラー	ทำ tham	มาจาก maa càak		อะไร a-ray 何	このマフラーは何で（から）できていますか？
			แคชเมียร์ khɛ́t-mia カシミア		カシミアで（から）できている。
			ฝ้าย fâay 綿		綿で（から）できている。
		ด้วย dûay で		อะไร a-ray 何	このマフラーは何で作られていますか？
			มือ mɯɯ 手		ハンドメイド
			เครื่องจักร khrɯ̂aŋ-càk 機械		機械でできた。

☆**ทำ** [tham]「作る」の他に **ทอ** [thɔɔ]「織る」なども使われます。

練習 2　絵を見て、以下の質問にタイ語で答えてみよう。

1．**ร่มคันนี้ทำมาจากอะไร และทำด้วยอะไร**
[rôm khan níi tham maa càak a-ray lɛ́ tham dûay a-ray]

ไนลอน [nay-lɔ̂ɔn]
เครื่องจักร [khrɯ̂aŋ-càk]

....

2．**เสื้อตัวนี้ทำมาจากผ้าอะไร และทำด้วยอะไร**
[sɯ̂a tua níi tham maa càak phâa a-ray lɛ́ tham dûay a-ray]

ฝ้าย [fâay]
มือ [mɯɯ]

....

3．**กระเป๋าของคุณทำมาจากอะไร และทำด้วยอะไร**
[kra-pǎw khɔ̌ɔŋ khun tham maa càak a-ray lɛ́ tham dûay a-ray]

....

38 **กำลัง** [kam-laŋ] +動詞+ **อยู่** [yùu] （今まさに）～しているところ

意味と品詞　**อยู่** [yùu] は動詞の後ろに付くと、「～している」という意味の動詞になります。**กำลัง** [kam-laŋ] は「力」という意味の名詞で、強調を意味します。

使い方　**กำลัง** [kam-laŋ] は **อยู่** [yùu] と一緒に使うことが多いですが、否定の場合でも肯定の場合でも、どちらかを省略して使うこともできます。

☆否定は **ไม่ได้** [mây dâay] を使い、**ไม่ได้กำลัง ～ อยู่** [mây dây kam-laŋ ～ yùu] 「今～していない」という意味になります。

38 **คุณกำลังทำอะไรอยู่**　あなたは何をしていますか？
khun kam-laŋ tham a-ray yùu

38

主語 +		動詞 +	目的語 +		
คุณ khun あなた	**กำลัง** kam-laŋ	**ทำ** tham する	**อะไร** a-ray 何	**อยู่** yùu	あなたは何をしている？
ฉัน chán 私		**หา** hǎa 探す	**กระเป๋า** kra-pǎw カバン		私はカバンを探している。
คุณกุ้ง khun kûŋ グンちゃん	**ไม่ได้กำลัง** mây dây kam-laŋ	**กิน** kin 食べる	**ข้าว** khâaw ご飯		グンちゃんはご飯を（今）食べていない。
เขา kháw 彼/彼女		**เรียน** rian 勉強する	**ภาษาไทย** phaa-sǎa thay タイ語		彼/彼女はタイ語を（今）勉強していない。

☆質問文を作る場合は、**อยู่** [yùu] の後ろに疑問詞を入れます。

คุณกำลังหากระเป๋าอยู่หรือเปล่า [khun kam-laŋ hǎa kra-pǎw yùu rɯ̌ɯ-plàw]
あなたはカバンを探していますか？

คุณแม่ซื้อของอยู่ไหม [khun mɛ̂ɛ sɯ́ɯ khɔ̌ɔŋ yùu máy]
お母さんは買い物をしていますか？

練習3　以下の文をタイ語で言ってみよう。

1．けん君は本を読んでいます。

. . . .

2．パクチーちゃんは料理をしていません。

. . . .

3．ジムさんは仕事をしていますか。（จิม [cim] ジム）

. . . .

4．グンちゃんは絵を描いていますか。

. . . .

กำลัง [kam-laŋ] の他の使い方に以下のようなものがあります。

กำลัง [kam-laŋ] ＋形容詞　　〜中　ちょうど　今の状態が一番（強調する意味）

ร้อนๆ กำลังอร่อย [rɔ́ɔn rɔ́ɔn kam-laŋ a-rɔ̀y]
ちょうど熱々で美味しい。（今一番美味しい）

เพลงนี้กำลังดัง [phleeŋ níi kam-laŋ daŋ]
この歌が人気になっている。（今流行中）

อากาศกำลังดี [aa-kàat kam-laŋ dii]
ちょうどいい天気　（今の天気が一番）

กำลังจะ [kam-laŋ cà] ＋動詞　　これから〜するところ

กำลังจะกินข้าว [kam-laŋ ca kin khâaw]
これからご飯を食べるところだ。

กำลังจะออกนอกบ้าน [kam-laŋ ca ɔ̀ɔk nɔ̂ɔk bâan]
これから出かけるところだ。

กำลังจะเข้านอน [kam-laŋ ca khâw nɔɔn]
これから寝るところだ。

อยากได้ [yàak dây] [yàak dâay] +名詞　〜が欲しい / 欲しがる

意味と品詞　อยาก [yàak] は第5課に習った願望を表す動詞です。ได้ [dâay] も第5課に習った「もらった、得た」という意味の動詞です。〈อยาก [yàak] + ได้ [dâay]〉の場合は、「(物) が欲しい・欲しがる」(持ちたい) という意味になります。

使い方　อยากได้ [yàak dâay] の後ろに「欲しいもの / こと (名詞)」を入れます。さらに、意思・予定を表す助動詞 จะ [cà] 用い อยากจะได้ [yàak ca dâay] とすると、意思がより明確になります。

ผมอยากได้เสื้อสีขาว 1 ตัว
phǒm yàak dây sûa sǐi khǎaw nùŋ tua

僕は白いシャツが
1枚欲しいです。

主語 +	動詞 +	目的語	
คุณ khun あなた	อยากได้ yàak dây	อะไร a-ray 何	あなたは何が欲しい？
ผม phǒm		เสื้อสีขาว 1 ตัว sûa sǐi khǎaw nùŋ tua 白いシャツ1枚 	僕は白いシャツが 1枚欲しい。
เขา kháw		เงาะ 3 กิโล ŋɔ́ sǎam kì-loo ランブータン3キロ 	彼/彼女はランブータンが 3キロ欲しい。

疑問詞 + บ้าง [bâaŋ]　どんな

意味と品詞　บ้าง [bâaŋ] は様々な意味で用いられる単語です。〈疑問詞 + บ้าง [bâaŋ]〉の場合、「どのような○○」という意味の副詞になります。

使い方　「何、どの、どんな、どう、どこ、誰、何〜」などの、疑問文の文末に付けます。บ้าง [bâaŋ] を付けることにより、より広い (複数の) 答えを求める質問になり、直接的でなくなります。答え方は複数でも単数でもできます。会話の時、บ้าง [bâaŋ] は มั่ง [mâŋ] の発音にもなります。

(🎵38) **มีอะไรบ้าง**
mii a-ray bâaŋ　　どんなもの / ことがありますか？

(🎵38)

動詞（句） +	疑問詞 +	副詞	
มี mii ある／いる	อะไร a-ray 何	บ้าง bâaŋ	どんなものがある？
มี mii がいる	ใครมา khray maa 誰が来た		どんな人が来た？
เมื่อวานทำ mûa-waan tham 昨日～する	อะไร a-ray 何		昨日どんなことをした？
คุณเล่นกีฬา khun lên kii-laa あなたはスポーツをやる	อะไรได้ a-ray dâay 何ができる		あなたはどんなスポーツが できる？

(🎵38) **類別詞 + ไหน [nǎy]　どの〜　何の〜**

意味と品詞　疑問詞のひとつで、〈類別詞 + ไหน [nǎy]〉で「どの〜、何の〜」とい
　　　　　　う意味になります。

使い方　　　例) สีไหน　[sǐi nǎy]　どの色　แบบไหน [bὲɛp nǎy] どのタイプ
　　　　　　　　วันไหน [wan nǎy] どの日　ที่ไหน　　[thîi nǎy]　どこ
　　　　　　　　คนไหน [khon nǎy] どの人　ตอนไหน [tɔɔn nǎy] いつ頃

(🎵38)

動詞（句） +	疑問詞 + ไหน nǎy	
มี mii 〜がある	ขนาดไหน kha-nàat nǎy どのサイズ	どのサイズがある？
ชอบ chɔ̂ɔp 好き	แบบไหน bὲɛp nǎy どのスタイル	どのスタイルが好き？
อยากไปเที่ยว yàak pay thîaw 遊びに行きたい	ที่ไหน thîi nǎy どこ	どこへ遊びに行きたい？

หลาย [lǎay] +類別詞　色んな〜　何〜も

意味と品詞　หลาย [lǎay] は「色んな」という意味の形容詞です。

使い方　หลาย [lǎay] の後ろに類別詞が来ます。複数のものを表します。

มีอะไรบ้าง [mii a-ray bâaŋ]「どんなもの / ことがありますか？」
という質問への回答でよく用いられます。

 38
มีหลายอย่าง　色んなものがあります。
mii lǎay yàaŋ

 38

動詞（句）	+	形容詞	+	類別詞	
มี mii ある／いる		หลาย lǎay		อย่าง yàaŋ 種類	色んなものがあります。
				แบบ bɛ̀ɛp タイプ	色んなタイプがある。
เคยไป khəəy pay 行ったことがある				ครั้ง khráŋ 回	何回も行ったことがある。
อยากไปเที่ยว yàak pay thîaw 遊びに行きたい				ที่ thîi ヶ所	色んな場所に旅行したい。
อยากกิน yàak kin 食べたい				อย่าง yàaŋ 種類	色んなものを食べたい。

練習4　以下の質問にタイ語で答えてみよう。

1. **ในกระเป๋าคุณมีอะไรบ้าง** [nay kra-pǎw khun mii a-ray bâaŋ]
   (**ในกระเป๋า** [nay kra-pǎw] カバンの中)

. . . .

2. **วันนี้คุณอยากจะกินอะไรบ้าง** [wan-níi khun yàak ca kin a-ray bâaŋ]
   (**วันนี้** [wan-níi] 今日)

. . . .

3. **เมื่อวานคุณทำอะไรบ้าง** [mɯ̂a-waan khun tham a-ray bâaŋ]
(**เมื่อวาน** [mɯ̂a-waan] 昨日)

4. **คุณอยากไปเที่ยวที่ไหนบ้างในเมืองไทย**
[khun yàak pay thîaw thîi-nǎy bâaŋ nay mɯaŋ-thay]
(**ในเมืองไทย** [nay mɯaŋ-thay] タイの中)

38 **เท่าไร** [thâw-ray] 文語 [thâw-rày] 口語　どれぐらい（いくら　いくつ　何～）

使い方　**เท่าไร** [thâw-rày] は第３課で「どれぐらい多いか少ないか」という意味で習いました。値段を聞く時も **เท่าไร** [thâw-rày] を用います。正確には **ราคาเท่าไร** [raa-khaa thâw-rày]「お値段はいくら？」と聞きますが、**ราคา** [raa-khaa] は省略できます。会話では、[thâw-rày] の発音になることが多いです。また、**เท่าไร** [thâw-rày] の他に **ขายยังไง** [khǎay yaŋ-ŋay]「どうやって売る」も使えます。

38 名詞＋類別詞＋ **ละ** [lá]　１つあたり　１つにつき

意味と品詞　**ละ** [lá] には様々な意味があります。〈名詞＋類別詞＋ **ละ** [lá]〉の場合は、「1 つあたり、1 つにつき」という意味の形容詞になります。

使い方　質問文の場合、**ละ** [lá] の後ろに **เท่าไร** [thâw-rày]、**กี่บาท** [kìi bàat]「何バーツ」などが付きます。

☆会話の時、名詞を省略して〈類別詞＋ **ละ** [lá]〉になることが多いです。

例）**ลูกละเท่าไร** [lûuk lá thâw-rày]　1 個いくら？

または、**ละ** [lá] を省略して〈類別詞＋ **เท่าไร** [thâw-rày] / **กี่บาท** [kìi bàat]〉「何バーツ？」になることも多いです。

例）**ลูกเท่าไร** [lûuk thâw-rày]　1 個いくら？
ลูกกี่บาท [lûuk kìi bàat]　1 個何バーツ？

38

มะพร้าวลูกละเท่าไร
ma-phráaw lûuk lá thâw-rày

ココナッツは１個いくらですか？

38

名詞	+ 類別詞	+ ～につき	+ いくら	
เค้ก khéek	ชิ้น chín ～つ・～個	ละ lá	เท่าไร thâw-rày いくら	ケーキは1つ いくら？
ขนม kha-nǒm お菓子	อัน an ～つ・～個			お菓子は1個 いくら？
ทุเรียน thú-rian ドリアン	กิโล kì-loo ～キロ		กี่บาท kìi bàat 何バーツ	ドリアンは1キロ 何バーツ？
นั่งชิงช้าสวรรค์ nâŋ chiŋ-cháa sa-wǎn 観覧車	เที่ยว thîaw/ รอบ rɔ̂ɔp ～周			観覧車は1周 何バーツ？

☆果物の値段を聞く場合、**ขายยังไง** [khǎay yaŋ-ŋay] をよく使っています。

A: **ผลไม้ขายยังไงคะ** [phǒn-la-máay khǎay yaŋ-ŋay khá]
果物をどうやって売りますか？

B: **กิโลละ 100 บาทค่ะ** [kì-loo lá nùŋ-rɔ́ɔy bàat khâ]　１キロ100バーツです。
ขีดละ 50 บาทค่ะ [khìit lá hâa-sìp bàat khâ]　１グラム50バーツです。
ลูกละ 20 บาทค่ะ [lûuk lá yîi-sìp bàat khâ]　１個 20 バーツです。
เหลือแพ็กละ 40 บาทค่ะ [lɯ̌a phɛ́k lá sìi-sìp bàat khâ]　残り１箱40バーツです。
(値段が安くなった時などは **เหลือ** [lɯ̌a]「残り」を入れることが多いです)

練習 5　以下の質問をタイ語で言ってみよう。

1. シャツは 1 枚何バーツですか？

....

2. ピアノレッスンは 1 回いくらですか？

....

3. グイッティオは 1 ついくらですか？

....

4. タイ風ミルクティーは 1 杯いくらですか？

....

38　形容詞・副詞 + **เกินไป** [kəən pay]　程度を超えた　〜すぎる

意味と品詞　**เกินไป** [kəən pay] は「程度を超えた」という意味の副詞です。

使い方　　　形容詞・副詞の後ろに置き、**เกิน** [kəən] または **ไป** [pay] のいずれか
を省略できます。**เกินไป** [kəən pay] の反対は **พอดี** [phɔɔ-dii]「丁度」
です。

38　**แพงเกินไป**
phɛɛŋ kəən pay　　　（値段）高すぎる。

38

形容詞・副詞	+ 〜すぎる	
แพง phɛɛŋ 高い	**เกินไป** kəən pay	（値段）高すぎる。
สูง sǔuŋ 高い		（建物など）高すぎる。
เมื่อวานกินมาก mûa-waan kin mâak 昨日たくさん食べる		昨日食べ過ぎた。
เสียงดัง sǐaŋ daŋ 音・声が大きい	**เกิน** kəən	（音・声）大きすぎる。

38 形容詞 + กว่านี้ [kwàa níi]　これより～

意味と品詞　กว่า [kwàa] は様々な意味がある単語です。〈形容詞＋กว่า [kwàa]〉の場合は「より～」という意味の副詞になります。นี้ [níi] は「これ」です。

使い方　「これよりもっと○○」の時に使います。

38

มีถูกกว่านี้ไหม [mii thùuk kwàa níi máy]
これより安いものはある？

ชอบสีแดง (เข้ม) กว่านี้ [chɔ̂ɔp sǐi dɛɛŋ (khêm) kwàa níi]
これより濃い赤色が好き。

อยากได้ทรงกลมกว่านี้ [yàak dây soŋ klom kwàa níi]
これより丸い形が欲しい。

38 類別詞 + อื่น [ɯ̀ɯn]　他の　別の

意味と品詞　อื่น [ɯ̀ɯn] は「他の、別の」という意味の形容詞です。

使い方　他の物を述べたい時に使います。

38

มีแบบอื่นไหม [mii bɛ̀ɛp ɯ̀ɯn máy]　他の形 / デザインはある？
อยากได้สีอื่น [yàak dây sǐi ɯ̀ɯn]　他の色が欲しい。
ชอบสีอื่น [chɔ̂ɔp sǐi ɯ̀ɯn]　他の色が好き。

Lesson 3 　物の受け渡し

  人₁は＋ **ให้** [hây] ＋物などを＋人₂に　　人に〜をあげる / くれる

意味と品詞　第6課に習った **ให้** [hây] の別の使い方です。この課では **ให้** [hây] を
　　　　　　単独の動詞として用い、「物などをあげる / くれる」という意味に
　　　　　　なる用法を学びます。**ให้แก่** [hây kɛ̀ɛ]、**ให้แด่** [hây dɛ̀ɛ]、**ให้ต่อ** [hây
　　　　　　tɔ̀ɔ]「〜にあげる / くれる」の用語に由来します。

使い方　　　**ให้** [hây] のすぐ後ろに目的語（物）を置き、その後ろに目的語（人）
　　　　　　を置きます。「主語は、物などを人にあげる / くれる」という意味に
　　　　　　なります。

พี่ให้ของขวัญผม
phîi hây khɔ̌ɔŋ-khwǎn phǒm　　　　　兄 / 姉は僕にプレゼントをくれた。

主語（人など）＋	動詞	＋目的語（物など）	＋目的語（人など）	
คุณ khun _{あなた}	ให้ hây	อะไร a-ray _何	ใคร khray _誰	あなたは誰に 何をあげた？
พี่ phîi _{兄／姉}		ของขวัญ khɔ̌ɔŋ-khwǎn _{プレゼント}	ผม phǒm _僕	兄/姉は僕に プレゼントをくれた。
ผม phǒm _僕	อยากให้ yàak hây	ดอกไม้ dɔ̀ɔk máay _花	คุณแม่ khun mɛ̂ɛ _{お母さん}	僕はお母さんに 花をあげたい。
แฟนผม fɛɛn phǒm _{僕の彼女}	เคยให้ khəəy hây	กระเป๋าสตางค์ kra-pǎw sa-taaŋ _{財布}	ผม phǒm _僕	僕の彼女は僕に財布を くれたことがある。

☆〈**ให้** [hây] ＋何＋ **กับ** [kàp] ＋誰〉という表現も使います。

例）**คุณเคยให้อะไรกับใครบ้าง** [khun khəəy hây a-ray kàp khray bâaŋ]
　　あなたは誰に何をあげたことがありますか？

🎵39 **เป็น** [pen] 　～で　～として

意味と品詞　第4課で**เป็น** [pen] の様々な使い方を学びました。この課では「～で、～として」という意味の前置詞として習います。

使い方　**เป็น** [pen] の後ろに名詞を置きます。

พี่ให้กีตาร์ผมเป็นของขวัญวันเกิด
🎵39 phîi hây kii-tâa phǒm pen khɔ̌ɔŋ-khwǎn wan kə̀ət
兄 / 姉は僕に誕生日のプレゼントとしてギターをくれた。

🎵39

本文	+～として+	名詞	
พี่ให้กีตาร์ผม phîi hây kii-tâa phǒm 兄 / 姉は僕にギターをくれた	**เป็น** pen	**ของขวัญวันเกิด** khɔ̌ɔŋ-khwǎn wan kə̀ət 誕生日プレゼント 	兄/姉は僕に 誕生日のプレゼント としてギターをくれた。
บริษัทให้สมุด bɔɔ-ri-sàt hây sa-mùt 会社はノートをあげた/くれた		**ของที่ระลึก** khɔ̌ɔŋ thîi ra-lɯ́k 記念品 	会社は記念品 としてノートを あげた/くれた。
เพื่อนให้ขนมฉัน phɯ̂an hây kha-nǒm chán 友達はお菓子をくれた		**ของฝาก** khɔ̌ɔŋ fàak お土産 	友達は お土産として お菓子をくれた。

🎵39 **ได้รับ** [dây ráp] +物など（名詞）+ **จาก** [càak] +人など
～から～をもらう

意味と品詞　**ได้รับ** [dây ráp] は「もらう」という意味の動詞です。**จาก** [càak] は「～（原点）から」という意味の前置詞です。

使い方　「人などから何か（良いこと）を貰った」時に使う表現です。この場合、**ได้** [dâay] は「得た」という意味で、**รับ** [ráp] は「受け取る」という意味です。**ได้รับ** [dây ráp] は改まった会話や書き言葉などに使います。会話の時は **รับ** [ráp] は省略することが多いです。また、**จาก** [càak] は **มาจาก** [maa càak]「～から来た」とすることもできます。

🔊39
ผมได้ของขวัญจากพี่
phǒm dây khɔ̌ɔŋ-khwǎn càak phîi

私は兄 / 姉からプレゼントをもらった。

🔊39

主語	+ 動詞 +	名詞（目的語）	+～から+	人	
คุณ khun あなた	ได้ dây	ของขวัญอะไร khɔ̌ɔŋ-khwǎn a-ray 何のプレゼント	จาก càak	ใคร khray 誰	あなたは誰から何のプレゼントをもらった？
ผม phǒm 僕		เสื้อ sʉ̂a シャツ		พี่ phîi 兄/姉	私は兄/姉からシャツをもらった。
ฉัน chán 私	ได้รับ dây ráp	คำชม kham chom 褒める言葉		ครู khruu 先生	私は先生から褒められた。
เขา kháw 彼/彼女		รางวัลโนเบล raaŋ-wan noo-beew ノーベル賞		สวีเดน sa-wĭi-deen スウェーデン	彼/彼女はスウェーデンからノーベル賞をもらった。

☆注意　悪い目に合う場合は、**ได้รับ** [dây ráp] は用いず、**ถูก** [thùuk]「～られる」という受け身形を使います。

例）**น้องถูกคุณแม่ว่า** [nɔ́ɔŋ thùuk khun mɛ̂ɛ wâa]
　　妹 / 弟はお母さんに叱られた。

練習 6　以下の質問にタイ語で答えてみよう。

1．**คุณเคยได้รับของขวัญอะไร จากใครบ้าง**
[khun khəəy dây ráp khɔ̌ɔŋ-khwǎn a-ray càak khray bâaŋ]

....

2．**คุณเคยให้ของขวัญอะไร กับใครบ้าง**
[khun khəəy hây khɔ̌ɔŋ-khwǎn a-ray kàp khray bâaŋ]

....

3．**ปีนี้คุณอยากให้ของขวัญอะไร กับใครบ้าง**
[pii níi khun yàak hây khɔ̌ɔŋ-khwǎn a-ray kàp khray bâaŋ]
（**ปีนี้** [pii níi] 今年）

....

ニュアンス表現

🎵40 **ก็แล้วกัน** [kɔ̂ɔ-lɛ́ɛw-kan] ～にしよう　ということにしよう

意味　①結論や内容をまとめ、決める時に「～にしましょう、～ということに
　　　しましょう」②提案する時に、「～にしましょう」という意味で用います。
使い方　文末に付きます。

🎵40

วันนี้ฝนตก ไปพรุ่งนี้ก็แล้วกันนะ
[wan-níi fǒn tòk pay phrûŋ-níi kɔ̂ɔ-lɛ́ɛw-kan ná]
今日は雨だ。明日行くことにしようね。

ลดให้ 50 บาท ก็แล้วกันครับ
[lót hây hâa sìp bàat kɔ̂ɔ-lɛ́ɛw-kan khráp]
５０バーツ安くしましょう。

ถ้าอย่างนั้น เอาน้ำมะม่วงก็แล้วกันค่ะ
[thâa-yàaŋ-nán aw nám ma-mûaŋ kɔ̂ɔ-lɛ́ɛw-kan khâ]
それでは、マンゴージュースにしよう。

🎵40 **動詞 + เลย** [ləəy]　すぐに

意味と品詞　「すぐに」「待たずに」「遠慮なくすぐに」という意味の副詞です。文
　　　末に付きます。

🎵40

อย่าคิดมาก ซื้อเลย [yàa khít mâak sɯ́ɯ ləəy]
考えすぎないで、買う。（買っちゃえ）

ไม่ต้องเกรงใจ กินเลยครับ [mây tɔ̂ŋ kreeŋ cay kin ləəy khráp]
(เกรงใจ [kreeŋ cay] 遠慮する)
遠慮しないで、（どうぞ）食べてください。

เลือกได้เลยครับ [lɯ̂ak dây ləəy khráp] (เลือก [lɯ̂ak] 選ぶ)
どうぞ選んでください。（気にしないで　遠慮しないで）

ไปเลยนะ [pay ləəy ná] もう（すぐに）行くよ。
ได้เลย [dây ləəy] すぐにしてよい。（もちろん）

動詞 / 形容詞 + **เลย** [ləəy]

全く　確かに　強調

意味と品詞　「強調する」「目、耳、口などで確かめた」という意味の副
詞です。

น่ารักจังเลย [nâa rák caŋ ləəy]
すっごく可愛い。

แย่เลย ลืมของ [yɛ̂ɛ ləəy　lɯɯm khɔ̌ɔŋ]
大変だぁ。物を忘れた。

ดีเลย กำลังอยากจะกินอยู่ [dii ləəy　kam-laŋ yàak ca kin yùu]
良かったぁ。食べたいと思ってたところ。

เห็นกับตาเลย [hěn kàp taa ləəy]
目で確かめた。(慣用句)

250

会話の聞き取り練習 41

会話を聞いて次の質問にタイ語で答えましょう。

1. คุณเคนกำลังทำอะไรอยู่ [khun kheen kam-laŋ tham a-ray yùu]

....

2. มีกางเกงเลสีอะไรบ้าง [mii kaaŋ-keeŋ lee sǐi a-ray bâaŋ]

....

3. กางเกงเลตัวละเท่าไร [kaaŋ-keeŋ lee tua lá thâw-rày]

....

4. กางเกงเลทำมาจากอะไร [kaaŋ-keeŋ lee tham maa càak a-ray]

....

5. คุณเคนซื้อกางเกงเลให้ใคร [khun kheen sɯ́ɯ kaaŋ-keeŋ lee hây khray]

....

คนขาย
khon khǎay

1 สวัสดีครับ กำลังหาอะไรอยู่ครับ
[sa-wàt-dii khráp kam-laŋ hǎa a-ray yùu khráp]

เคน
kheen

2 กางเกงเลครับ [kaaŋ-keeŋ lee khráp]
มีสีอะไรบ้างครับ [mii sǐi a-ray bâaŋ khráp]

คนขาย
khon khǎay

3 มีหลายสี [mii lǎay sǐi]
อยากได้สีอะไร [yàak dây sǐi a-ray]
เลือกได้เลยครับ [lʉ̂ak dây ləəy khráp]

เคน
kheen

4 สีฟ้าตัวนี้สวยจังเลย แต่สีอ่อนเกินไป
มีสีเข้มกว่านี้ หรือมีสีอื่นไหมครับ
[sǐi fáa tua níi sǔay caŋ ləəy tὲε sǐi ɔ̀ɔn kəən pay mii sǐi khêm kwàa níi rʉ̌ʉ mii sǐi ʉ̀ʉn máy khráp]

คนขาย
khon khǎay

5 มีครับ นี่ครับ [mii khráp nîi khráp]

เคน
kheen

6 ผ้านี้ทำมาจากอะไรครับ
[phâa níi tham maa càak a-ray khráp]

คนขาย
khon khǎay

7 ผ้าฝ้ายทอมือครับ [phâa fâay thɔɔ mʉʉ khráp]

เคน
kheen

8 ตัวละเท่าไรครับ [tua lá thâw-rày khráp]

คนขาย
khon khǎay

9 500 บาท [hâa-rɔ́ɔy bàat]

เคน
kheen

10 ซื้อ 2 ตัวลดได้เท่าไรครับ
[sʉ́ʉ sɔ̌ɔŋ tua lót dây thâw-rày khráp]
ผมจะให้กางเกงเลเพื่อน 1 ตัวด้วยเป็นของขวัญ
[phǒm cà hây kaaŋ-keeŋ lee phʉ̂an nʉ̀ŋ tua dûay pen khɔ̌ɔŋ-khwǎn]

คนขาย
khon khǎay

11 เหลือตัวละ 480 บาทก็แล้วกันครับ
[lʉ̌a tua lá sìi-rɔ́ɔy pὲεt-sìp bàat kɔ̂ɔ-lέεw-kan khráp]

เคน
kheen

12 เอา 2 ตัวนี้ครับ [aw sɔ̌ɔŋ tua níi khráp]

ロールプレー練習

以上の会話と p.254 を参考にして、お店の人とお客さんの役を演じて、買い物を
しましょう。

A お店の人	B お客さん
1. お客さんに挨拶し、「何を探していますか？」と聞く。	2. 探したいものを教え、「どの色や形などがありますか？」と聞く。
3. 「探しているものがある」と答える。「色んな種類がある」「遠慮せず選んでください」と答える。	4. 「この種類は本当に○○だけど色、サイズ、柄、形などが○○過ぎる」と答え、「これより○○」または「他の○○がありますか？」と聞く
5. 「ある」と答えて、渡す。	6. 「何からできた？」または「何でできた？」と聞く。
7. 「○○できた」と答える。	8. 「○○数（類別詞）いくらですか？」と聞く。
9. 値段を答える。	10. 「○○数で買うといくら？」と聞く。「誰かにもこの物を買ってあげる」と教え、
11. 最終の値段を教える。	12. 「これにします」と答える。

（日本語訳）

お店の人	こんにちは。何を探していますか？
	タイのズボン（レーズボン）です。何色がありますか？ けん君
お店の人	色んな色があります。
	何色が欲しいですか？（どうぞ）選んでください。
	この水色は本当にきれいですが、この水色は薄すぎる。 けん君
	もっと濃いものがありますか？または、他の色がありますか？
お店の人	あります。これです。
	この生地は何からできていますか？ けん君
お店の人	綿で、手で織りました。
	1枚いくらですか？ けん君
お店の人	５００バーツです。
	２枚買うといくら安くできますか？ けん君
	僕は友達にもプレゼントとしてレーズボンを1枚買ってあげる。
お店の人	1枚（残り）４８０バーツにしましょう。
	この２枚にします。 けん君

ผลไม้สดตามฤดูกาล
กก.50.-
มะมวง
ส้มโอ
แตงโม
กล้วย
เงาะ
ลำไย
ทุเรียน
มังคุด
สับปะรด
มะพร้าว
องุ่น
ส้ม

読み取り練習 🎵41

文を読んで次の質問にタイ語で答えましょう。

ที่จตุจักรมีของขายหลายอย่าง ผมอยากได้กระเป๋าสีแดงอีก 1 ...... กระเป๋า ...นี้
ซื้อมาจากจตุจักร ราคาไม่แพงเกินไป ...... ละ 300 บาท แล้วก็ ผมอยากได้หนังสือด้วย
ผมเคยได้รับหนังสือ 1 เล่มเป็นของขวัญจากคุณแม่ ผมชอบมันมากเลยครับ

thîi cà-tu-càk mii khɔ̌ɔŋ khǎay lǎay yàaŋ   phǒm yàak dây kra-pǎw sǐi dɛɛŋ
ìik nùŋ ……   kra-pǎw …… níi sɯ́ɯ maa càak cà-tu-càk   raa-khaa mây
phɛɛŋ kəən pay …… lá sǎam rɔ́ɔy bàat   lɛ́ɛw-kɔ̂ɔ phǒm yàak dây náŋ-
sɯ̌ɯ dûay   phǒm khəəy dây ráp náŋ-sɯ̌ɯ nùŋ lêm pen khɔ̌ɔŋ-khwǎn
càak khun mɛ̂ɛ   phǒm chɔ̂ɔp man mâak ləəy khráp

1. ที่จตุจักรมีอะไรขายบ้าง [thîi cà-tu-càk mii a-ray khǎay bâaŋ]

....

2. …… に、当てはまる言葉を書きましょう。

....

3. เขามีกระเป๋าสีแดงแล้วหรือยัง [kháw mii kra-pǎw sǐi dɛɛŋ lɛ́ɛw-rɯ̌ɯ-yaŋ]

....

4. 「ผมชอบมันมากเลยครับ [phǒm chɔ̂ɔp man mâak ləəy khráp]」について、
    เขาชอบอะไร [kháw chɔ̂ɔp a-ray]

....

新しい単語

身に着けるもの　เครื่องแต่งกาย [khrɯ̂aŋ tɛ̀ŋ kaay]

หมวก	mùak	帽子	ผ้า	phâa	布
กระเป๋า	kra-pǎw	鞄	ผ้าพันคอ	phâa-phan-khɔɔ	マフラー
เสื้อ	sɯ̂a	シャツ	รองเท้า	rɔɔŋ-tháaw	靴
กระโปรง	kra-prooŋ	スカート	ถุงเท้า	thǔŋ-tháaw	靴下
กางเกง	kaaŋ-keeŋ	ズボン	นาฬิกาข้อมือ	naa-li-kaa khɔ̂ɔ mɯɯ	腕時計
สร้อยคอ	sɔ̂y-khɔɔ	ネックレス	แหวน	wɛ̌ɛn	指輪
เนคไท	néek-tháy	ネクタイ	สร้อยข้อมือ	sɔ̂y khɔ̂ɔ mɯɯ	ブレスレット
เข็มขัด	khěm-khàt	ベルト	แว่นตา	wɛ̂n-taa	メガネ

日用品　ของใช้ทั่วไป [khɔ̌ɔŋ cháy thûa pay]

สมุด	sa-mùt	ノート	บ้าน	bâan	家
หนังสือ	nǎŋ-sɯ̌ɯ náŋ sɯ̌ɯ	本	รถยนต์	rót yon	自動車
ปากกา	pàak-kaa	ペン	รถจักรยาน	rót càk-krà-yaan	自転車
ดินสอ	din-sɔ̌ɔ	鉛筆	ไอศกรีม	ay-sa-kriim	
ร่ม	rôm	傘	เปียโน	pia-noo	アイス
โทรทัศน์ / ทีวี	thoo-ra-thát / thii-wii	テレビ	โทรศัพท์	thoo-ra-sàp	ピアノ 電話
รถจักรยานยนต์ / รถมอเตอร์ไซค์	rót càk-krà-yaan-yon / rót mɔɔ-tə̂ə-say	バイク			

果物　ผลไม้ [phǒn-la-máay]

กล้วย	klûay	バナナ	มะพร้าว	ma-phráaw	ココナッツ
มะม่วง	ma-mûaŋ	マンゴー	แตงโม	tɛɛŋ-moo	スイカ
ทุเรียน	thú-rian	ドリアン	มังคุด	maŋ-khút	マンゴスチン
ส้มโอ	sôm-oo	ザボン	เงาะ	ŋɔ́	ランブータン
ส้ม	sôm	みかん	ลำไย	lam-yay	リュウガン
สับปะรด	sàp-pa-rót	パイナップル	องุ่น	a-ŋùn	ぶどう

類別詞　ลักษณนาม [lák-sa-nà-naam]

อัน	an	〜つ　〜個　一般の物
ใบ	bay	〜枚　〜個　帽子　鞄　お皿　コップ　袋　箱　など
ตัว	tua	〜体　〜匹　〜つ シャツ　スカート　ズボン　椅子　動物　など
ผืน	phǔɯn	〜枚　マフラー　マット　布　ござ　など
คู่	khûu	〜足　〜対 1対のもの　靴　靴下　ピアス　カップル　など
เรือน	rɯan	〜個　時計　腕時計　など
วง	woŋ	〜グループ　〜個　バンド　指輪　など
เส้น	sên	〜個　ネックレス　ブレスレット　ネクタイ ベルト　糸　紐　など
เล่ม	lêm	〜冊　〜個　ノート　本　ナイフ　針 ろうそく　はさみ　など
ด้าม	dâam	〜本　ペン　筆　など
แท่ง	thêŋ	〜本　鉛筆　アイス　など　長くて長方形のもの
หลัง	lǎŋ	〜軒　ピアノ　家　ビル　建物　など
คัน	khan	〜台　自動車　自転車　バイク　傘 フォーク　スプーン　矢　釣り竿　など　長い取手のあるもの
เครื่อง	khrɯ̂aŋ	〜台　テレビ　電話　機械　など
ไม้	máy	〜本　　焼き鶏　串　など
ครั้ง	khráŋ	〜回　レッスン　勉強　など
เที่ยว thîaw / รอบ rɔ̂ɔp		〜周

色　สี [sǐi]

สีขาว	sǐi khǎaw	白色	สีแดง	sǐi dɛɛŋ	赤色
สีเหลือง	sǐi lǔaŋ	黄色	สีชมพู	sǐi chom-phuu	ピンク色
สีเขียว	sǐi khǐaw	緑色	สีแสด / สีส้ม	sǐi sɛ̀ɛt / sǐi sôm	オレンジ色
สีฟ้า	sǐi fáa	水色	สีน้ำเงิน	sǐi nám-ŋən	青色
สีม่วง	sǐi mûaŋ	紫色	สีน้ำตาล	sǐi nám-taan	茶色
สีเนื้อ	sǐi nɯ́a	ベージュ	สีดำ	sǐi dam	黒色

สีเทา	sǐi thaw	灰色	สีทอง	sǐi thɔɔŋ	金色
สีเงิน	sǐi ŋən	銀色			
สีเข้ม	sǐi khêm	濃い色	สีอ่อน	sǐi ɔ̀ɔn	薄い色

サイズ　ขนาด [khà-nàat]

เล็ก	lék	小さい	ใหญ่	yày	大きい
สั้น	sân	短い	ยาว	yaaw	長い
หนา	nǎa	厚い	บาง	baaŋ	薄い
สูง	sǔuŋ	高い	ต่ำ	tàm	低い
กว้าง	kwâaŋ	広い	แคบ	khɛ̂ɛp	狭い
เบอร์	bəə	号　サイズ	หลวม	lǔam	ゆるい
คับ	kháp	きつい	พอดี	phɔɔ dii	丁度

柄　ลวดลาย [lûat-laay]

มีลาย	mii laay	柄がある	ไม่มีลาย	mây mii laay	柄がない
ลายทาง	laay thaaŋ	縦柄	ลายขวาง	laay khwǎaŋ	縞模様
ลายจุด	laay cùt	ドット柄	ลายดอกไม้	laay dɔ̀ɔk máay	花柄

形　รูปทรง [rûup soŋ]

ทรงกลม	soŋ klom	円形	ทรงรี	soŋ rii	楕円形
ทรงสี่เหลี่ยมจตุรัส	soŋ sìi lìam ca-tù-ràt	四角形			
ทรงสามเหลี่ยม	soŋ sǎam lìam	三角形			
ทรงกระบอก	soŋ kra-bɔ̀ɔk	円筒形			
ทรงสี่เหลี่ยมผืนผ้า	soŋ sìi lìam phɯ̌ɯn phâa	長方形			

素材　วัตถุดิบ [wát-thù-dìp]

ลินิน	lí-nin	麻（リネン）	ป่าน	pàan	麻（リネン）
ฝ้าย	fâay	綿	ไหม	mǎy	シルク
แคชเมียร์	khɛ́t-mia	カシミア	ขนสัตว์	khǒn-sàt	ウール
พลาสติก	phlâat-satìk	プラスチック	ไนลอน	nay-lɔ̂ɔn	ナイロン
หนัง	nǎŋ	革	หนังแท้	nǎŋ thɛ́ɛ	本革
หนังเทียม	nǎŋ thiam	合成皮革			

道具 / 手段　เครื่องมือ อุปกรณ์ [khrɯ̂aŋ-mɯɯ ùp-pà-kɔɔn]

มือ	mɯɯ	ハンドメイド	**เตา**	taw	窯
เครื่องจักร	khrɯ̂aŋ-càk	機械			

動詞　คำกริยา [kham krì-yaa]

กำลัง kam-laŋ ～ **อยู่** yùu		～しているところ
อยากได้	yàak dây yàak dâay	～が欲しい / 欲しがる
ให้	hây	人に～をあげる / くれる
ได้รับ dây ráp ～ **จาก** càak		～から～もらう
ทำ tham **มาจาก / ด้วย** maa càak/ dûay		～から / でできた
ทอ	thɔɔ	織る
เลือก	lɯ̂ak	選ぶ

副詞 / 形容詞　คำวิเศษณ์ [kham wí-sèet]

บ้าง	bâaŋ	どんな
เกินไป	kəən pay	程度を超えた　～すぎる
ละ	lá	～あたり　～につき
หลาย	lǎay	色んな～　何～も
กว่า	kwàa	より～
อื่น	ɯ̀ɯn	他の　別の
เหลือ	lɯ̌a	残り

前置詞　คำบุพบท [kham bùp-phá-bòt]

จาก	càak	～から	**เป็น**	pen	～で　～として
ด้วย	dûay	～で			

疑問詞　คำถาม [kham thǎam]

เท่าไร	thâw-ray thâw-rày	どれぐらい？（いくら　いくつ　何～）
ไหน	nǎy	どの

ニュアンス表現
สำนวนคำที่มีหลายความหมาย [sǎm-nuan kham thîi mii lǎay khwaam-mǎay]

ก็แล้วกัน	kɔ̂ɔ-lɛ́ɛw-kan	～にしよう　ということにしよう
เลย	ləəy	①すぐに　②強調口語

♥ まとめ　สรุป　sarùp　何を勉強しましたか？

1. 物を説明する 物＋「素材 色 サイズ 柄 形」など ＋数＋類別詞の順 ทำ [tham] มาจาก /ด้วย [maa càak / dûay]	～から / でできた

2. 買い物 กำลัง [kam-laŋ] ～ อยู่ [yùu]	～しているところ
อยากได้ [yàak dây] [yàak dâay]	～が欲しい / 欲しがる
บ้าง [bâaŋ]	どんな
ไหน [nǎy]	どの～　何の～
หลาย [lǎay]	色んな～　何～も
เท่าไร [thâw-ray][thâw-rày]	程度を超えた　～すぎる
ละ [lá]	1つあたり　1つにつき
เกินไป [kəən pay]	どれぐらい? (いくら/いくつ/何～)
กว่านี้ [kwàa níi]	これより～
อื่น [ùɯn]	他の　別の

3. 物の受け渡し 人＋ให้ [hây] ＋名詞＋人	人に～をあげる / くれる
เป็น [pen]	～で　～として
ได้รับ [dây ráp] ～ จาก [càak]	～から～もらう

4. ニュアンス表現 ก็แล้วกัน [kɔ̂ɔ-lɛ́ɛw-kan]	～にしよう　ということにしよう
เลย [ləəy]	すぐに　強調

単語	身に着けるもの　日用品　類別詞 色　サイズ　柄　形　素材　道具

できたことをチェック ✅

- [ ] 1. 物の説明ができる。
- [ ] 2. 買い物ができる。
- [ ] 3. ก็แล้วกัน [kɔ̂ɔ-lɛ́ɛw-kan] と เลย [ləəy] の表現が使える。

覚えておきたい表現 ประโยคน่าจำ pra-yòok nâa cam 42

買い物

A: กำลังหาอะไรอยู่คะ [kam-laŋ hǎa a-ray yùu khá] B: มีกางเกงแบบนี้ไหมครับ [mii kaaŋ-keeŋ bὲὲp níi máy khráp]	A: 何を探していますか？ B: このようなズボンが ありますか？
A: มีสีอะไรบ้าง [mii sǐi a-ray bâaŋ] B: มีหลายสีค่ะ [mii lǎay sǐi khâ]	A: 何色がありますか？ B: 色んな色があります。
อยากได้สีเทาครับ [yàak dây sǐi thaw khráp]	灰色がほしいです。
ตัวละเท่าไรครับ [tua lá thâw-rày khráp]	1枚いくらですか？
ขายยังไงครับ [khǎay yaŋ-ŋay khráp]	どうやって売りますか？
ใหญ่เกินไป [yày kəən pay]	大きすぎます。
ทำมาจากอะไรครับ [tham maa càak a-ray khráp]	何からできていますか？
ขอดูหน่อยได้ไหมครับ [khɔ̌ɔ duu nɔ̀y dây máy khráp]	ちょっと見ていいですか？
ลองได้ไหมครับ [lɔɔŋ dây máy khráp]	お試しできますか？
เป็นของที่ไหนครับ [pen khɔ̌ɔŋ thîi-nǎy khráp]	どこの物ですか？
ขอคิดดูก่อนครับ [khɔ̌ɔ khít duu kɔ̀ɔn khráp]	考えさせてもらいます。
เอาอันนี้ครับ [aw an-níi khráp]	これにします。(この小物をください)
ทั้งหมดเท่าไรครับ [tháŋ-mòt thâw-rày khráp] (ทั้งหมด [tháŋ mòt] 全部で)	全部でいくらですか？

物の受け渡し

แฟนซื้อดอกไม้ ให้ฉันเป็นของขวัญ [fɛɛn súɯ dɔ̀ɔk-máay hây chán pen khɔ̌ɔŋ- khwǎn]	彼氏は私にプレゼントとして花を買ってくれた。
ฉันได้รับดอกไม้จากแฟน [chán dây-ráp dɔ̀ɔk-máay càak fɛɛn]	私は彼氏から花を貰いました。

ニュアンス表現

เอาตัวนี้ก็แล้วกันครับ [aw tua níi kɔ̂ɔ-lɛ́ɛw-kan khráp]	このズボンにしよう。
น่ารักจังเลย [nâa-rák caŋ ləəy]	すごく可愛い。

もっと知りたいタイ語 ภ

คำกริยาที่ต่อเนื่องกัน kham krì-yaa thîi tɔ̀ɔ-nɯ̂aŋ kan　動詞の連続

タイ語の特徴のひとつに、動詞をそのまま続けて複数使うことができるということがあります。つまり、〈主語＋動詞＋動詞＋（動詞）〉などの文型が可能です。よく使う動詞を紹介します。

1．気持ちを表す動詞

・**ชอบ** [chɔ̂ɔp] 好き

ฉันชอบกินผัดไทย　[chán chɔ̂ɔp kin phàt-thay]
私はパッタイを食べるのが好きだ。

ฉันชอบไปเที่ยวทะเล　[chán chɔ̂ɔp pay thîaw tha-lee]
私は海に遊びに行くのが好きだ。

・**อยาก** [yàak]　〜したい

อยากไปเที่ยว　[yàak pay thîaw]　遊びに行きたい。

อยากนอน　[yàak nɔɔn]　寝たい。

・**ห่วง** [hùaŋ] 心配する

เด็กห่วงเล่น　[dèk hùaŋ lên]
子供は遊ぶことが心配だ。（遊べないのが心配）

เขาห่วงกิน　[kháw hùaŋ kin]
彼 / 彼女は食べることが心配だ。（食べられないのが心配）

・**กลัว** [klua] 怖い、恐れがある

กลัวจะไม่กิน　[klua ca mây kin]
食べない恐れがある。食べてくれないことが怖い。

กลัวแพ้　[klua phɛ́ɛ]
負けるのが怖い。

2．動作を表す動詞

・**ไป** [pay] 行く

ไปเที่ยว　[pay thîaw]　遊びに行く。

ไปเดินเล่น　[pay dəən lên]　散歩しに行く。

เขาไปเดินเที่ยวเล่นแถวนี้　[kháw pay dəən thîaw lên thěw níi]
彼はこの辺でぶらぶら散歩する。

・มา [maa] 来る

มากินข้าว　[maa kin khâaw]　食べに来て。食べに来た。

มาดูนี่　[maa duu nîi]　これを見に来て。これを見に来た。

・เตรียม [triam] 準備する

เตรียมย้ายบ้าน　[triam yáay bâan]　引っ越しを準備する。

เตรียมทำกับข้าว　[triam tham kàp-khâaw]　料理を準備する。

・หยุด [yùt]　止まる / 止める

หยุดเดิน　[yùt dəən]　歩きを止める。

รถไฟหยุดวิ่ง　[rót-fay yùt wîŋ]　電車が止まる。

8 トムヤム君はお台場へ遊びに行きたい。

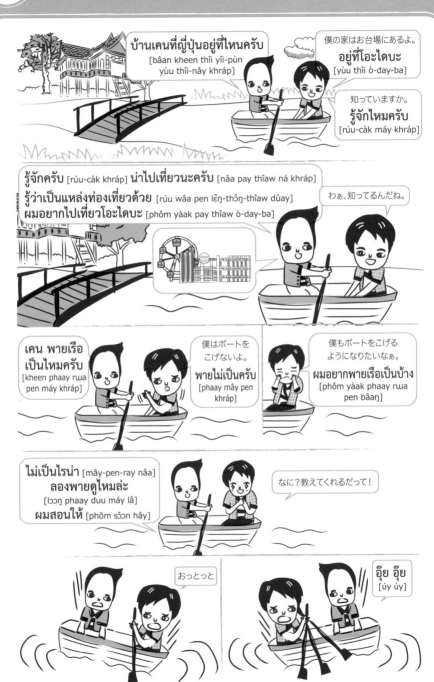

第８課　場所を聞こう

บทที่ 8 ถามเกี่ยวกับสถานที่

[bòt thîi pɛ̀ɛt thǎam kìaw-kàp sa-thǎan-thîi]

Lesson 1 場所の聞き方

43 **อยากไป** [yàak pay] ＋場所　～へ行きたい

意味と品詞　**อยาก** [yàak] は第５課に習った「願望を表す」動詞です。**ไป** [pay] は第５課に習った「行く」という意味の動詞です。〈**อยาก** [yàak] ＋ **ไป**[pay]〉の場合は、「～へ行きたい」という意味になります。

使い方　否定の場合は **ไม่อยากไป** [mây yàak pay]「～へ行きたくない」になります。

43 **ผมอยากไปเมืองไทย**
phǒm yàak pay mɯaŋ-thay　僕はタイへ行きたい。

43

主語	＋ 動詞	＋ 場所	
คุณ khun あなた	อยากไป yàak pay 行きたい ○	ที่ไหน thîi-nǎy どこ	あなたはどこへ行きたい？
ผม phǒm 僕		เมืองไทย mɯaŋ-thay タイ	僕はタイへ行きたい。
เด็ก dèk 子供		สวนสาธารณะ sǔan-sǎa-thaa-ra-ná 公園	子供は公園へ行きたい。
ฉัน chán 私	ไม่อยากไป mây yàak pay 行きたくない ×	ทะเล tha-lee 海	私は海へ行きたくない。
เขา kháw 彼/彼女		อเมริกา a-mee-ri-kaa アメリカ	彼/彼女はアメリカへ行きたくない。

☆山、海、公園などの一般的な場所を具体的に特定して述べたい時、具体名の前に **ที่** [thîi] を用います。

例）**อยากไปทะเลที่ภูเก็ต** [yàak pay tha-lee thîi phuu-kèt]
　プーゲッ（ト）の海へ行きたい。

☆「何をしにどこへ行きたい」という行く目的を説明する場合は、〈อยากไป [yàak pay] ＋動詞（句）＋ ที่ [thîi] ＋場所〉になります。

ただし、動詞が เที่ยว [thîaw]「遊ぶ」の場合、ที่ [thîi] を省略することが多いです。

〈อยากไป [yàak pay] ＋ เที่ยว [thîaw] 遊ぶ＋場所〉になります。

ผมอยากไปเที่ยวที่เมืองไทย　　　　　　僕はタイへ遊びに行きたい。
phŏm yàak pay thîaw thîi mwaŋ-thay

主語 ＋	動詞 ＋	目的(動詞(句)) ＋	場所	
คุณ khun あなた	อยากไป yàak pay 行きたい	ทำอะไร tham a-ray 何をする	ที่ไหน thîi-nǎy どこへ	あなたはどこへ 何をしに行きたい？
ผม phŏm 僕		เที่ยว thîaw 遊ぶ	ที่เมืองไทย thîi mwaŋ-thay タイへ	僕はタイへ 遊びに行きたい。
เขา kháw 彼/彼女		เรียนต่อ rian-tɔ̀ɔ 進学する	ที่อเมริกา thîi a-mee-ri-kaa アメリカへ	彼/彼女はアメリカへ 進学しに行きたい。
เด็ก dèk 子供		เล่นกับเพื่อน lên kàp phʉ̂an 友達と遊ぶ	ที่สวนสาธารณะ thîi sǔan-sǎa- thaa-ra-ná 公園へ	子供は公園へ友達と 遊びに行きたい。

練習1　あなたはどこに行きたいですか。次のページにある単語を参考にして、อยากไป [yàak pay] の後ろに行きたい場所をいれてタイ語で言ってみましょう。

1. คุณอยากไปเที่ยวที่ไหนครับ [khun yàak pay thîaw thîi-nǎy khráp]

2. คุณอยากไปออนเซ็นที่ไหนครับ
[khun yàak pay ɔɔn-sen（温泉）thîi-nǎy khráp]

3. คุณอยากไปเดินเล่นที่สวนสาธารณะที่ไหนคะ
[khun yàak pay dəən-lên thîi sǔan-sǎa-thaa-ra-ná thîi-nǎy khá]

4. คุณอยากไปเที่ยวทะเลที่ไหนคะ [khun yàak pay thîaw tha-lee thîi-nǎy khá]

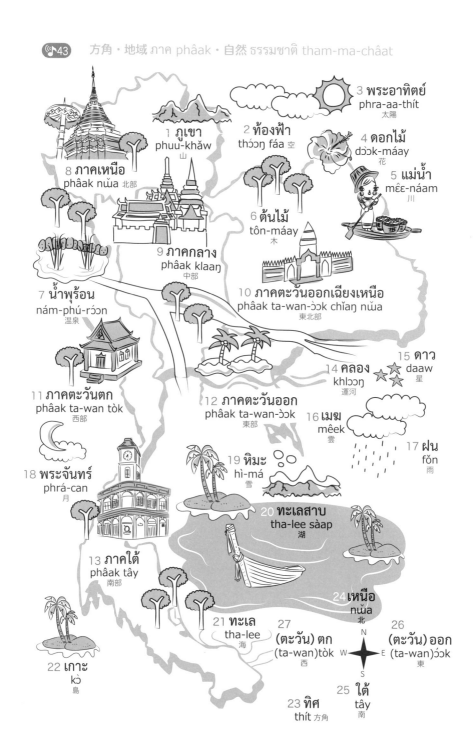

3 พระอาทิตย์
phra-aa-thít
太陽

1 ภูเขา
phuu-khǎw
山

2 ท้องฟ้า
thɔ́ɔŋ fáa
空

4 ดอกไม้
dɔ̀ɔk-máay
花

5 แม่น้ำ
mɛ̂ɛ-náam
川

8 ภาคเหนือ
phâak nǔa 北部

6 ต้นไม้
tôn-máay
木

9 ภาคกลาง
phâak klaaŋ
中部

10 ภาคตะวันออกเฉียงเหนือ
phâak ta-wan-ɔ̀ɔk chiaŋ nǔa
東北部

7 น้ำพุร้อน
nám-phú-rɔ́ɔn
温泉

15 ดาว
daaw
星

14 คลอง
khlɔɔŋ
運河

11 ภาคตะวันตก
phâak ta-wan tòk
西部

12 ภาคตะวันออก
phâak ta-wan-ɔ̀ɔk
東部

16 เมฆ
mêek
雲

17 ฝน
fǒn
雨

19 หิมะ
hì-má
雪

18 พระจันทร์
phrá-can
月

20 ทะเลสาบ
tha-lee sàap
湖

13 ภาคใต้
phâak tây
南部

24 เหนือ
nǔa
北

21 ทะเล
tha-lee
海

27 (ตะวัน) ตก
(ta-wan)tòk
西

26 (ตะวัน) ออก
(ta-wan)ɔ̀ɔk
東

22 เกาะ
kɔ̀
島

25 ใต้
tây
南

23 ทิศ
thít 方角

43

季節 ฤดู rɯ́-duu / หน้า nâa

ฤดูร้อน rɯ́-duu rɔ́ɔn 夏	ฤดูหนาว rɯ́-duu nǎaw 冬	ฤดูฝน rɯ́-duu fǒn 雨季
ฤดูแล้ง rɯ́-duu lɛ́ɛŋ 乾季	ฤดูใบไม้ร่วง rɯ́-duu bay-máay rûaŋ 秋	ฤดูใบไม้ผลิ rɯ́-duu bay-máay phlì 春

☆**ฤดู** [rɯ́-duu] は口語では **หน้า** [nâa] とも言えます。

43

名詞（場所名）＋ **อยู่ที่ไหน** [yùu thîi-nǎy] ～はどこにいますか？/ありますか？

意味と品詞 **อยู่** [yùu] は「存在している、生きている、住む、～という状態である」などの、「にいる / ある」という意味の動詞です。〈名詞＋ **อยู่** [yùu]〉の場合は「存在している」という意味になります。ちなみに、〈動詞＋ **อยู่** [yùu]〉の場合は、第７課に習った「～している」という意味になります。

使い方 場所を聞く時、〈**อยู่** [yùu] ＋ **ที่ไหน** [thîi-nǎy]〉「どこにいますか / ありますか」と聞きます。答える時は、〈**อยู่** [yùu] ＋ **ที่** [thîi] ＋場所〉または、〈**อยู่** [yùu] ＋位置〉になります。

☆もともと方向の意味を含む単語（位置）を用いる場合は **ที่** [thîi] を用いません。

43 **ห้องน้ำอยู่ที่ไหน**
hɔ̂ŋ-náam yùu thîi-nǎy
お手洗いはどこにありますか？

43

主語	＋動詞＋	修飾語（場所）	＋疑問詞	
ห้องน้ำ hɔ̂ŋ-náam お手洗い	**อยู่** yùu		**ที่ไหน** thîi-nǎy どこへ	お手洗いは どこにある？
		ทางนี้ thaaŋ níi こちら		お手洗いは こちらにある。
โตเกียวทาวเวอร์ too-kiaw thaaw-wə̂ə 東京タワー			**ที่ไหน** thîi-nǎy どこ	東京タワーは どこにある？
		ที่สถานีรถไฟโอะนาริมง thîi sa-thǎa-nii ròt-fay ò-naa-ri-moŋ 御成門駅に		東京タワーは 御成門駅にある。

●知識に関する表現

タイ語では知識に関する表現を使い分けています。

43

รู้จัก [rúu-càk] ＋名詞 / 動詞　①以前から知っている　親しい　②やり方を知っている　心得ている

意味と品詞　รู้จัก [rúu-càk] は「①以前から知っている、親しい　②やり方を知っている、心得ている」という意味の動詞です。

使い方　รู้จัก [rúu-càk] の後ろに名詞が来ると「①以前から知っている　親しい」という意味になり、「人、場所、物、方法」などを知っている時に使います。〈รู้จัก [rúu-càk] ＋名詞＋ มาก่อน [maa-kɔ̀ɔn]「以前から」〉として使うことが多いです。รู้จัก [rúu-càk] の後ろに動詞が来ると「②やり方を知っている、心得ている」という意味になります。เป็น [pen] と似た意味です。

43

ผมรู้จักเกาะพีพี
phǒm rúu-càk kɔ̀ phii-phii　僕は（以前から）ピーピー島を知っています。

43

主語	＋ 動詞	＋ 目的語	
ผม phǒm 僕	รู้จัก rúu-càk	เกาะพีพี kɔ̀ phii-phii ピーピー島	僕は（以前から） ピーピー島を知っています。
พวกเขา phûak kháw 彼ら		กันมาก่อน kan maa-kɔ̀ɔn お互い 以前から	彼らは以前から お互いを知っています。
คุณ khun あなた		ทางไปร้านอาหารไหม thaaŋ pay ráan aa-hǎan máy レストランへ行く方向	あなたはレストランへ行く 方向を知っていますか？ （以前から知っていますか？）
เขา kháw 彼/彼女		แต่งตัว tɛ̀ŋ tua 着飾る	彼/彼女はおしゃれの仕方を 知っている。
พี่ phîi 兄／姉		คบเพื่อน khóp phɯ̂an 友達と付き合う	兄/姉は友達との 付き合い方をよく心得ている。

รู้ [rúu] ＋名詞（節）　知る

意味と品詞 รู้ [rúu] は「知る、知っている、情報を得ている」という意味の動詞です。

使い方 รู้ [rúu] の後ろに来る名詞は知識、情報、方法などになります。
（รู้จัก [rúu-càk] が「人、場所、物、方法」などであることとの違いに注意しましょう）

☆「方法」の場合は、รู้จัก [rúu-càk] と รู้ [rúu] のいずれも使えますが、รู้จัก [rúu-càk] は「以前から知っている」というニュアンスに対し、รู้ [rúu] は「（最近）情報を得ている」というニュアンスになります。

☆〈รู้ [rúu]＋名詞節〉の場合は รู้ว่า [rúu wâa]「～と知る」になります。質問したい場合は〈รู้ [rúu]＋疑問詞＋ว่า [wâa]〉として使います。

☆รู้ [rúu] の丁寧語は ทราบ [sâap]「存じる、ご存じ」です。

ผมรู้ว่าเขาอยากไปเกาะพีพี
phǒm rúu wâa kháw yàak pay kɔ̀ phii-phii

僕は彼／彼女がピーピー島に
行きたいことを知っています。

主語	＋動詞＋	目的語（句・節）	
ผม phǒm 僕	รู้ rúu	ข่าวนี้ khàaw níi このニュース	僕はこのニュースを 知っている。
คุณแม่ khun mɛ̂ɛ お母さん		เรื่องนี้หรือเปล่า rûaŋ níi rǔɯ-plàw このこと　ですか	お母さんはこのことを 知っている？
คุณ khun あなた		ทางไปร้านอาหารไหม thaaŋ pay ráan aa-hǎan máy レストランへ行く方向	あなたはレストランへ 行く方向を知っている？ （情報を得ていますか？）
ผม phǒm 僕		ว่าเขาอยากไปเกาะพีพี wâa kháw yàak pay kɔ̀ phii-phii ピーピー島に行きたいと	僕は彼/彼女がピーピー島に 行きたいことを知っている。
คุณ khun あなた		ไหม/หรือเปล่า ว่าเขาชอบคุณ máy/rǔɯ-plàw wâa kháw chɔ̂ɔp khun 彼/彼女があなたのことを好きと	あなたは彼/彼女が あなたのことを 好きだと知っている？

動詞（句）+ **ว่า** [wâa] ～　　～と

意味と品詞　　**ว่า** [wâa] は様々な意味・用法がある単語ですが（動詞の場合「言う、教える、叱る、歌う、雇う」など）、この課では、接続詞として習います。接続詞の場合は、述語の内容を引用し、「～と」という意味になります。

使い方　　様々な動詞（句）と一緒に使われます。

พูดว่า	phûut wâa	～と言う
คิดว่า	khít wâa	～と考える
รู้สึกว่า	rúu-sùk wâa	～と感じる
รู้ว่า	rúu wâa	～と知る
บอกว่า	bɔ̀ɔk wâa	～と伝える
สอนว่า	sɔ̌ɔn wâa	～と教える
เขียนว่า	khǐan wâa	～と書く
ลงข่าวว่า	loŋ khàaw wâa	（新聞などに）～と載る

คุณพูดว่าอะไรนะ [khun phûut wâa a-ray ná]
あなたは何と言ったの？

ไม่ทราบว่าแถวนี้มีร้านอาหารไทยไหมครับ
[mây sâap wâa thɛ̌w-níi mii ráan aa-hǎan thay máy khráp]
この辺にタイレストランがあるかご存じではないですか？

มีคนบอกว่าอาหารร้านนี้อร่อยมาก
[mii khon bɔ̀ɔk wâa aa-hǎan ráan níi a-rɔ̀y mâak]
このレストランの料理はとても美味しいと言われています（言った人がいます）。

ผมได้ข่าวว่าเขาแต่งงานแล้ว [phǒm dây khàaw wâa kháw tɛ̀ŋ-ŋaan lɛ́ɛw]
（ข่าว khàaw 情報　แต่งงาน tɛ̀ŋ-ŋaan 結婚する）
僕は彼 / 彼女は結婚したとの噂を聞いた。

Lesson 2 ▶ 場所の教え方

場所の教え方は、大きく4つに分けられます。

1．固有名詞で教える。

🔊44

อยู่ [yùu] + **ที่** [thîi] + 場所　　～は○○（場所）にある

🔊44

主語	＋動詞＋	修飾語（場所）	＋	疑問詞	
เกียวโต kiaw-too 京都	อยู่ yùu			ที่ไหน thîi-nǎy どこ	京都はどこにある？
		ที่ญี่ปุ่น thîi yîi-pùn 日本に 			京都は日本にある。
คุณกุ้ง khun kûŋ グンちゃん		ที่เมืองไทย thîi mɯaŋ-thay タイに 			グンちゃんは タイにいる。
เขา kháw 彼/彼女		ที่โรงเรียน thîi rooŋ-rian 学校に 			彼/彼女は学校にいる。

2．方向で教える。

🔊44

อยู่ [yùu] + **ทาง** [thaaŋ]　　～は○○（方向）にある

〈ทาง [thaaŋ]「方向」+ นี้ [níi] นั้น [nán] โน้น [nóon]〉を使います。ทาง [thaaŋ]
は「道」という意味の名詞で、英語の「way」にあたります。第9課で詳しく習います。

🔊44

主語	＋動詞＋	修飾語	＋	疑問詞	
ห้องน้ำ hɔ̂ŋ-náam お手洗い	อยู่ yùu			ทางไหน thaaŋ-nǎy どちら	お手洗いは どこ・どちら？
		ทางนี้ thaaŋ níi こちら 			お手洗いはこちら。
		ทางนั้น thaaŋ nán そちら 			お手洗いはそちら。
		ทางโน้น thaaŋ nóon あちら 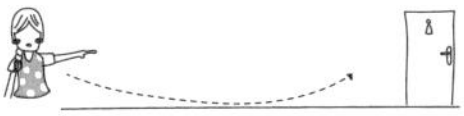			お手洗いはあちら。

3. ここ・そこ・あそこで教える

44

อยู่ [yùu] + ตรง [troŋ]/ที่ [thîi]/แถว [thɛ̌w] + นี้ [níi] / นั้น [nán] / โน้น [nóon]　～は○○（こ・そ・あ）にある

ตรง [troŋ]、ที่ [thîi]、แถว [thɛ̌w] はいずれも場所を意味する名詞です。
ตรงไหน [troŋ-nǎy]「どこ」は ที่ไหน [thîi-nǎy]「どこ」より狭い範囲を指します。
แถวไหน [thɛ̌w-nǎy] は「どの辺」というより広い範囲を指します。
ตรง [troŋ]< ที่ [thîi]< แถว [thɛ̌w] になります。

主語	+ 動詞 +	修飾語	+ 疑問詞	
กระเป๋าสตางค์ kra-pǎw sa-taaŋ 財布	อยู่ yùu		ตรงไหน troŋ-nǎy どこ	財布はどこにある？
		ตรงนี้ troŋ níi ここ		財布はここにある。
คุณเคน khun kheen けん君			ที่ไหน thîi-nǎy どこ	けん君はどこにいる？
		ที่นั่น thîi nân そこ		けん君はそこにいる。
ร้านขายกระเป๋าสตางค์ ráan khǎay kra-pǎw sa-taaŋ 財布を売っているお店			แถวไหน thɛ̌w-nǎy どの辺	財布を売っているお店はどの辺にある？
		แถวโน้น thɛ̂w nóon あの辺		財布を売っているお店はあの辺にある。

4. 位置で教える。

44

อยู่ [yùu] ＋位置　～は○○（位置）にある

44

ระหว่าง A กับ B	ra-wàaŋ A kàp B	A と B の間
ติด (กัน) กับ	tìt (kan) kàp	のすぐ隣に と近接している
ตรงข้าม (กัน) กับ	troŋ khâam (kan) kàp	の向かい側
ใกล้ (กัน) กับ	klây (kan) kàp	に（から）近い
ไกลจาก	klay càak	から遠い
ข้าง	khâaŋ	のそば
ชั้น	chán	階

主語	+ 動詞	+ 位置		
โอซาก้า oo-saa-kâa 大阪	อยู่ yùu	ระหว่าง ra-wàaŋ の間	เกียวโตกับโกเบ kiaw-too kàp koo-bee 京都と神戸	大阪は京都と 神戸の間にある。
ห้องน้ำ hɔŋ-náam お手洗い		ชั้น chán 階	ใต้ดิน tây din 地下	お手洗いは地下にある。
เขา kháw 彼/彼女	ยืนอยู่ yɯɯn yùu 立っている	ข้าง khâaŋ 横	ร้านขายผลไม้ ráan khǎay phǒn-la-máay 果物屋	彼/彼女は果物屋の そばに立っている。

☆**กับ** [kàp]「と・に」を主語に用いて、複数の主語になる場合、文末に **กัน** [kan] を用います。

例）**เอกับบีอยู่ติดกัน**　[A kàp B yùu tìt kan]

　Ａ と Ｂ はすぐ隣にある。

☆**ใกล้** [klây]「近い」と **ไกล** [klay]「遠い」の発音は似ていますが、**ใกล้** [klây]「近い」の後に続く単語は **กับ** [kàp]、**ไกล** [klay]「遠い」の後に続く単語は **จาก** [càak] と異なるので、この違いも判断のヒントになります。

☆この他、位置を表す単語には **ชั้นบน** [chán bon]「上の階」、**ใต้** [tây]「下」、**ใน** [nay]「中」、**หน้า** [nâa]「前」などがあります。これらの単語は、また第１０課で詳しく習います。

練習 2　以下の質問にタイ語で答えてみよう。

１．**ห้องน้ำอยู่ที่ไหนคะ** [hɔ̂ŋ-náam yùu thîi-nǎy khá]

　こちらにあります。

２．**คุณต้มยำอยู่ที่ไหนคะ** [khun tôm-yam yùu thîi-nǎy khá]

　タイにいます。

３．**ชิซูโอกะอยู่ที่ไหนคะ** [chí-suu-oo-ka yùu thîi-nǎy khá]

　東京と名古屋の間です。

4. เชียงใหม่อยู่ที่ไหนคะ [chiaŋ-mày yùu thîi-nǎy khá]

　　タイの北部にあります。

● 可能性

น่า [nâa] + 動詞（句）/ 形容詞

①〜べき　〜するに価する　②〜したくなるような　〜ようにさせる
③〜そう　　　　　　　　　　④〜ようだ　〜はず

意味と品詞　น่า [nâa] は動詞 / 形容詞の前に置くと、「①〜べき、〜するに価する　②〜
したくなる　③〜そう　④〜ようだ、〜はず」という意味になる副詞です。

使い方　　　①お勧めしたい時に「〜べき、〜するに価する、〜するに相応しい」
という意味で使います。

②自分の感情を表現する時に น่า [nâa] 〜　「〜したくなる、したくな
るようにさせる」という意味で使います。

③自分の推測を言う時に、「〜そう」という意味で使います。

④状況を推測する時に、(ท่าทาง)น่าจะ [(thâa-thaaŋ) nâa cà] 「〜
ようだ」として使います。ท่าทาง [thâa-thaaŋ] は省略できます。

否定は ไม่น่า [mây nâa]、または ท่าทางไม่น่าจะ [thâa-thaaŋ mây
nâa cà] になります。

น่าไปเที่ยวเมืองไทย
nâa pay thîaw mɯaŋ-thay

タイへ行きたくなる。

主語	＋副詞＋	動詞（句）/ 形容詞	
	น่า nâa	ไปเที่ยวเมืองไทย pay thîaw mɯaŋ-thay タイへ旅行しに行く	①タイへ旅行しに行く価値がある。 ②タイへ旅行しに行きたくなる。
หนังเรื่องนี้ nǎŋ rɯ̂aŋ níi この映画		ดู duu 観る	①この映画は観る価値がある。 ②この映画は観たくなる。
เมืองไทย mɯaŋ thay タイ		อยู่ yùu 住む	①タイは住む価値がある。 ②タイは住みたくなる。
อาหาร aa-hǎan 料理		อร่อยจัง a-rɔ̀y caŋ とても美味しい	③料理はとても 　美味しそうに見える。

276

44

主語	+	副詞	+ 動詞(句) / 形容詞	
เขา kháw 彼／彼女	ท่าทางน่าจะ thâa-thaaŋ nâa ca		ไปเที่ยวแล้ว pay thîaw lɛ́ɛw すでに旅行しに行く	④彼/彼女はもう 旅行しに行ったようだ。
ทางนี้ thaaŋ níi こちら			มีอุบัติเหตุ mii ù-bàt-ti-hèet 事故がある	④こちらには 事故があるようだ。
โรงแรมนี้ rooŋ-rɛɛm níi このホテル			สะอาด sa-àat 清潔	④このホテルは 清潔なようだ。

④の場合、明確な根拠がある場合は「～はず」というニュアンスでも用いられます。

ฝนตกสวนสาธารณะน่าจะเปียก [fǒn-tòk sǔan-sǎa-thaa-ra-ná nâa ca pìak]
雨が降ったので公園は濡れているはずだ。(เปียก [pìak] 濡れる)

คนนั้นพูดภาษาไทย　น่าจะเป็นคนไทย
[khon nán phûut phaa-sǎa thay　nâa ca pen khon thay]
その人はタイ語を話しているので、タイ人のはずだ。

☆次の文はよく誤訳されています。
เมืองไทยน่าอยู่ [mɯaŋ-thay nâa yùu]「タイに住む価値があります / タイは住みたくなる」は อยากอยู่ [yàak yùu]「住みたい」とは意味が異なります。「タイに住みたい」は、อยากอยู่เมืองไทย [yàak yùu mɯaŋ-thay] になります。

น่า [nâa] と一緒によく使う動詞

44

ดู	duu	見る	กิน	kin	食べる
ฟัง	faŋ	聞く	เข้าใจ	khâw-cay	理解する 分かる
คิด	khít	考える	เชื่อถือ	chɯ̂a-thɯ̌ɯ	信頼する
อ่าน	àan	読む	สงสัย	sǒŋ-sǎy	疑う / 怪しい
อยู่	yùu	住む	สนใจ	sǒn-cay	興味をそそる

練習 3　以下の日本語をタイ語に訳して言ってみよう。

1．このツアー **ทัวร์** [thua] はとても行きたくなるようだ。

....

2．彼はもうタイに戻ったはず。

....

3．このお店は美味しいようだ。

....

4．チェンマイへ行く価値があります。

....

☆**น่า** [nâa] には他の使い方があります。

น่าจะ [nâa cà] / **ไม่น่า (จะ)** [mây nâa（cà）] ＋動詞

～したら／～しなければ、よかったのに

使い方　　　過ぎたことを振り返って感想（主に残念な気持ち）を述べる場合に使います。否定文では **จะ** [ca] を省略することが多く、また、**เลย** [ləəy] と一緒に使うことが多いです。

เสียดายจัง ผมน่าจะไปเที่ยวเมืองไทยตั้งนานแล้ว
[sǐa-daay caŋ phǒm nâa ca pay thîaw mɯaŋ-thay tâŋ-naan lɛ́ɛw]
（**ตั้งนานแล้ว** [tâŋ-naan lɛ́ɛw] すいぶん前）
すごく残念　僕はもっと前からタイへ遊びに行ったらよかったのに。
（すればよかった）

น่าจะอ่านหนังสือเยอะๆ จะได้สอบได้
[nâa cà àan nǎŋ-sɯɯ yə́ yə́ ca dây sɔ̀ɔp dây]
たくさん本を読めば合格したのに。（**สอบได้** [sɔ̀ɔp dây] 合格）

เราน่าจะได้อยู่ด้วยกันนานๆ [raw nâa ca dây yùu dûay kan naan naan]
私たちは長く一緒に居ればよかったのに。（**นานๆ** [naan naan] もっと長く）

278

ไม่น่าเชื่อเลย [mây nâa chûֿa ləəy]
信じられない。（慣用句）

ไม่น่าเลย [mây nâa ləəy]
残念だ。（慣用句）

Lesson 3 能力文

タイ語では可能を表す単語を意味により使い分けています。第6課に習った ได้
[dâay] は「単なる可能」を意味します。

(♪45)

動詞 + เป็น [pen] （能力や経験、練習、知識により
やり方が分かっているので）できる

意味と品詞　เป็น [pen] は、「能力や経験、練習、知識によりやり方が分かってい
　　　　　　るのでできる」という意味の動詞です。

使い方　　　経験や練習や知識などが必要であるスポーツや、音楽、言語などに
　　　　　　よく使います。文末に เป็น [pen] を付けます。否定は ไม่เป็น [mây
　　　　　　pen] です。

(♪45)
เขาร้องเพลงเป็น
kháw rɔ́ɔŋ phleeŋ pen
彼 / 彼女は歌えます。

(♪45)

動詞（句）		+ 動詞（可能）	
ร้องเพลง rɔ́ɔŋ phleeŋ 歌を歌う 		เป็น pen	（歌い方が分かっていて）歌える。
เล่นเปียโน lên pia noo ピアノを弾く 			（弾き方を分かっていて）弾ける。
ทำ tham やる 			（やり方を分かっていて）やれる。
กิน kin 食べる 		ไม่เป็น mây pen	（口に慣れず、または食べ方が 分からなくて）食べられない。

第8課

第8課 場所を聞こう　279

練習4 次のページを参考に、以下の質問にタイ語で答えてみよう。

1. คุณเล่นกีฬาอะไรเป็นบ้างคะ
   [khun lên kii-laa a-ray pen bâaŋ khá]

2. คุณเล่นเครื่องดนตรีอะไรเป็นบ้างครับ
   [khun lên khrɯ̂aŋ-don-trii a-ray pen bâaŋ khráp]

3. คุณทำอาหารอะไรเป็นบ้างครับ
   [khun tham aa-hǎan a-ray pen bâaŋ khráp]

4. คุณอยากทำอะไรเป็นบ้างคะ
   [khun yàak tham a-ray pen bâaŋ khá]

スポーツ กีฬา kii-laa

กอล์ฟ
kɔ́ɔf
ゴルフ

เทนนิส
then-nít
テニス

แบตมินตัน
bɛ̀ɛt-min-tan
バドミントン

ปิงปอง
piŋ-pɔɔŋ
卓球

วอลเลย์บอล
wɔɔn-lee-bɔɔn
バレーボール

โยคะ
yoo-khá
ヨガ

ยูโด
yuu-doo
柔道

คาราเต้
khaa-raa-têe
空手

ขี่ม้า
khìi máa
乗馬

ชกมวย
chók muay
ボクシング

45

楽器 เครื่องดนตรี khrɯ̂aŋ-don-trii

กีตาร์
kii-tâa
ギター

เปียโน
pia-noo
ピアノ

ไวโอลิน
way-oo-lin
ヴァイオリン

ขิม
khǐm
キム
（タイの打楽器）

ระนาด
ra-nâat
ラナート
（タイの木琴）

ซอ
sɔɔ
ソー
（タイの弦楽器）

ขลุ่ย
khlùy
笛

ฉิ่ง
chìŋ
チン
（タイのカスタネット）

ซามิเซ็ง
saa-mí-seŋ
三味線

กลอง
klɔɔŋ
太鼓

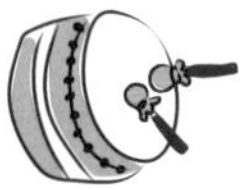

☆他の可能を表す単語

(🔊45) ┃ 動詞 + **ไหว** [wǎy]　　**（肉体的・精神的または経済的余裕により）できる　耐えられる**

使い方　　　　副詞で、否定は **ไม่ไหว** [mây wǎy] です。否定の時 **แล้ว** [lɛ́ɛw]「もう」と一緒に使うことも出来ます。

(🔊45)

> **ทนไหว** [thon wǎy]
> 耐えられる。
>
> **กินไม่ไหวแล้ว** [kin mây wǎy lɛ́ɛw]
> （お腹がいっぱい、または辛すぎるなどの理由で）もう食べられない。
>
> **รับไม่ไหว** [ráp mây wǎy]
> （精神的に）受け入れられない。
>
> **ตื่นไม่ไหว** [tùɯn mây wǎy]
> （まだ眠い、または風邪などで）起きられない。
>
> **ซื้อไหว** [sɯ́ɯ wǎy]
> （お金がある、または買う価値があるなどの理由で）買える。

(🔊45) ┃ 動詞 + **ออก** [ɔ̀ɔk]　　**物事を解決できた　出られた**

使い方　　　　**ออก** [ɔ̀ɔk] は動詞でも副詞でもある様々な使い方ができる単語です。可能の場合は、副詞として「解決できた、出られた、抜けられた」という意味になります。読む、聞く、話す、考えるなどの単語とともに使うことが多いです。否定は **ไม่ออก** [mây ɔ̀ɔk] です。

(🔊45)

> **อ่านออก** [àan ɔ̀ɔk]　　　　（字がきれいなどの理由で）読めた。
> **ฟังออก** [faŋ ɔ̀ɔk]　　　　聞き取れた。
> **นึกออกแล้ว** [nɯ́k ɔ̀ɔk lɛ́ɛw]　　ようやく思い出せた。
> **พูดไม่ออก** [phûut mây ɔ̀ɔk]　　言葉が出ない。

動詞 + เก่ง [kèŋ]　①上手にできる　②よく～する傾向がある

使い方　เก่ง [kèŋ] は「得意なことがよりよくできる、または上手にできる」
という意味の副詞です。いい意味と悪い意味の両方に使っています。
否定は ไม่เก่ง [mây kèŋ] です。

เล่นฟุตบอลเก่ง [lên fút-bɔɔn kèŋ]　サッカーが上手にできる。

กินเหล้าเก่ง [kin lâw kèŋ]　お酒に強い。

เรียนเก่ง [rian kèŋ]　勉強ができる。

また、เก่ง [kèŋ] は「よく～する傾向がある」という意味でも使います。

กินเก่ง [kin kèŋ]　よく食べる。

Lesson 4 語尾表現

46 文末＋ ล่ะ [lâ]　（文を認識させる）強調口語

意味と品詞　伝えたいことを強調するために口語の文末に置く副詞です。

使い方　①相手の意見を聞く時に、質問文と一緒に使います。
ล่ะ [lâ] の発音は **เล่า** [lâw] にもなります。

46

อยากกินอะไรล่ะ [yàak kin a-ray lâ]　何を食べたいの？
จะไปไหมล่ะ [ca pay máy lâ]　行くの？
ชอบไหมล่ะครับ [chɔ̂ɔp máy lâ khráp]　好きなのですか？

②自分の気持ちを強調して伝える時に、**แล้วล่ะ** [lɛ́ɛw lâ] として使います。
ล่ะ [lâ] の発音は **แหละ** [lɛ̀] にもなり、**แล้วแหละ** [lɛ́ɛw lɛ̀] になります。

46

ไม่อยากได้แล้วล่ะ [mây yàak dây lɛ́ɛw lâ]　もう欲しくないわ。
อยากกลับบ้านแล้วล่ะค่ะ [yàak klàp bâan lɛ́ɛw lâ khâ]　もう家に帰りたいです。
มิน่าล่ะ [mí nâa lâ]　当然だ、それだからか！（慣用句）
เอาล่ะ [aw lâ]　よし、さて（慣用句）

46 文末＋ น่า [nâa]　～よぅ

意味と品詞　文末に置き、相手が反対する行動を取らないように、①勧誘、②懇願、③文句のニュアンスを出す時に用いる副詞です。

使い方　友達や親しい人に対して使う口語です。目上の人には失礼にあたるため、使いません。**เถอะ** [thə̀] 、**เถิด** [thə̀ət]、**กัน** [kan] 「～しよう」と一緒に使うことが多いです。

46

กลับกันเถอะน่า [klàp kan thə̀ nâa]　帰ろうよぅ。
ทิ้งไปเถอะน่า [thíŋ pay thə̀ nâa]　捨てようよぅ。
รู้แล้วน่า [rúu lɛ́ɛw nâa]　もう知っているよぅ。

46

動詞（句） + บ้าง [bâaŋ]　　～も同じように～する

意味と品詞　「～も同じように～する」という意味の副詞です。

使い方　動詞（句）の後ろに置きます。会話では **มั่ง** [mâŋ] の発音にもなります。

46

ขอดูบ้าง [khɔ̌ɔ duu bâaŋ]
（私に）も見せて。

อยากได้บ้าง [yàak dây bâaŋ]
（私）も欲しい。

อยากลองไปดูบ้าง [yàak lɔɔŋ pay duu bâaŋ]
（私も同じように）行ってみたい。

会話の聞き取り練習 47

会話を聞いて次の質問にタイ語で答えましょう。

1．คุณเคนอยากไปเที่ยวที่ไหน [khun kheen yàak pay thîaw thîi-nǎy]

……………………………………………………………………………………

2．คุณเคนรู้จักเกาะสมุยหรือเปล่า [khun kheen rúu-càk kɔ̀ sa-mǔy rʉ̌ʉ-plàw]

……………………………………………………………………………………

3．เกาะสมุยอยู่ที่ไหน [kɔ̀ sa-mǔy yùu thîi-nǎy]

……………………………………………………………………………………

4．คุณเคนดำน้ำเป็นไหม [khun kheen dam-náam pen máy]

……………………………………………………………………………………

5．ที่เกาะสมุยดำน้ำได้ไหม [thîi kɔ̀ sa-mǔy dam-náam dây máy]

……………………………………………………………………………………

会話

ต้มยำ tôm-yam

1 เคนอยากไปเที่ยวที่ไหนครับ
[kheen yàak pay thîaw thîi-nǎy khráp]

เคน kheen

2 ผมอยากไปเที่ยวทะเล [phǒm yàak pay thîaw tha-lee]

ต้มยำ tôm-yam

3 เหรอครับ [rə̌ə khráp]
ฤดูร้อน น่าไปเที่ยวทะเลนะครับ
[rɯ́-duu rɔ́ɔn nâa pay thîaw tha-lee ná khráp]
เคนรู้จักเกาะสมุยไหมครับ
[kheen rúu-càk kɔ̀ sa-mǔy máy khráp]

เคน kheen

4 ไม่รู้จักครับ [mây rúu-càk khráp]
เกาะสมุยอยู่ที่ไหนครับ [kɔ̀ sa-mǔy yùu thîi-nǎy khráp]

ต้มยำ tôm-yam

5 อยู่ที่ภาคใต้ของเมืองไทยครับ
[yùu thîi phâak tây khɔ̌ɔŋ mɯaŋ-thay khráp]
อยู่ในจังหวัดสุราษฎร์ธานี [yùu nay caŋ-wàt sù-râat-thaa-nii]
ที่เกาะสมุยดำน้ำได้ด้วยนะ
[thîi kɔ̀ sa-mǔy dam-náam dây dûay ná]

เคน kheen

6 เหรอครับ [rə̌ə khráp]
น่าสนุกนะครับ [nâa sa-nùk ná khráp]

ต้มยำ tôm-yam

7 เคนดำน้ำเป็นไหมครับ [kheen dam-náam pen máy khráp]

เคน kheen

8 ผมดำน้ำเป็นครับ [phǒm dam-náam pen khráp]

ต้มยำ tôm-yam

9 มีคนบอกว่าสมุยสวยมาก
[mii khon bɔ̀ɔk wâa sa-mǔy sǔay mâak]
ผมอยากลองไปดูบ้าง [phǒm yàak lɔɔŋ pay duu bâaŋ]
ไปสมุยกันไหมล่ะครับ [pay sa-mǔy kan máy lâ khráp]

เคน kheen

10 แต่ว่าสมุยอยู่ไกลจากกรุงเทพฯ จังเลยครับ
[tɛ̀ɛ wâa sa-mǔy yùu klay càak kruŋ-thêep caŋ ləəy khráp]

ต้มยำ tôm-yam

11 ไปกันเถอะน่า [pay kan thə̀ nâa]
ลองไปกันดูครับ [lɔɔŋ pay kan duu khráp]

เคน kheen

12 ครับ [khráp]

🎧 ロールプレー練習

以上の会話を参考しにして、タイ語で質問してみよう。

A	B
1.「どこへ遊びに行きたい？」と聞く。	2. 行きたい場所を答える。
3. お勧めの場所を紹介する。 「〇〇を知っていますか？」と聞く	4.「知らない」と答える。 「〇〇（場所）はどこにありますか？」と聞く。
5. 場所や位置などを答える。 「〇〇（場所）では〇〇できる」と教える。	6.「楽しそう」などと答える。
7.「〇〇できますか？」と聞く。	8.「〇〇できる」と答える。
9.「〇〇（場所）は〇〇と聞いた」と教える。 「私も行ってみたい」と教える。 「〇〇（場所）に行ってみる？」と聞く。	10. 行かなさそうな理由を答える。 12.「行く」と答える。
11.「一緒に行こうよぅ」と誘う。	

（日本語訳）

トムヤム君　けん君はどこへ遊びに行きたいですか？

僕は海に遊びに行きたい。　けん君

トムヤム君　そうですか。夏、海に遊びに行くのがいいですよ。
けん君はサムイ島を知っていますか？

知らないです。 サムイ島はどこにありますか？ けん君

トムヤム君　タイの南部にあります。スラーターニー県内にあります。
サムイ島ではダイビングができるよ。

そうですか。面白そうですね。けん君

トムヤム君　けん君はダイビングができますか？

僕はダイビングができます。 けん君

トムヤム君　サムイ島はとてもきれいだと言われている
（言った人がいます）。
僕も（同じように）行ってみたい。
サムイ島に一緒に行きましょうか？

でも、バンコクからすごく遠いですね。 けん君

トムヤム君　一緒に行こうよぅ。行ってみよう。

はい、行きます。 けん君

読み取り練習 47

文を読んで、次の質問にタイ語で答えましょう。

ถึงคุณกุ้ง
สวัสดีครับคุณกุ้ง จำผมได้ไหมครับ ผมเคนครับ คุณกุ้งสบายดีไหมครับ
ผมสบายดีครับ วันหยุดหน้าร้อนนี้ ผมอยากชวนคุณกุ้งไปเที่ยวเกาะสมุยครับ
สมุยสวยมากน่าไปเที่ยวครับ ไม่รู้ว่าคุณกุ้งเคยไปหรือยังครับ
ผมคิดว่าคุณกุ้งน่าจะอยากไปด้วย คุณต้มยำก็ไปครับ
เขาบอกว่าอยากไปสมุยดูบ้าง ไปด้วยกันนะครับ

จากเคน

thʉ̌ŋ khun kûŋ
sa-wàt-dii khráp khun kûŋ cam phǒm dây máy khráp
phǒm kheen khráp khun kûŋ sa-baay dii máy khráp
phǒm sa-baay dii khráp wan-yùt nâa-rɔ́ɔn níi
phǒm yàak chuan khun kûŋ pay thîaw kɔ̀ sa-mǔy khráp
sa-mǔy sǔay mâak nâa pay thîaw khráp
mây rúu wâa khun kûŋ khəəy pay rʉ̌ʉ yaŋ khráp
phǒm khít wâa khun kûŋ nâa ca yàak pay dûay
khun tôm-yam kɔ̂ɔ pay khráp
kháw bɔ̀ɔk wâa yàak pay sa-mǔy duu bâaŋ
pay dûay kan ná khráp (จำ [cam] 覚える)

càak kheen

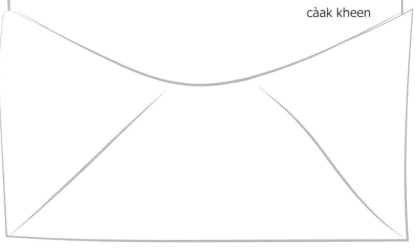

1．คุณเคนชวนคุณกุ้งไปที่ไหน
[khun kheen chuan khun kûŋ pay thîi-nǎy]（ชวน [chuan] 誘う）

2．คุณเคนคิดว่าคุณกุ้งอยากจะไปด้วยหรือเปล่า
[khun kheen khít wâa khun kûŋ yàak cà pay dûay rɯ̌ɯ-plàw]

3．คุณคิดว่าคุณกุ้งน่าจะไปเที่ยวกับคุณเคนหรือเปล่า
[khun khít wâa khun kûŋ nâa ca pay thîaw kàp khun kheen rɯ̌ɯ-plàw]

4．เขาบอกว่าอยากไปสมุยดูบ้าง
[kháw bɔ̀ɔk wâa yàak pay sa-mǔy duu bâaŋ]」
เขาคือใคร [kháw khɯɯ khray]

新しい単語

方角　ทิศ [thít]

เหนือ	nʉ̌a	北	ใต้	tây	南
ตะวันออก	ta-wan ɔ̀ɔk	東	ตะวันตก	ta-wan tòk	西
ตะวันออกเฉียงเหนือ	ta-wan-ɔ̀ɔk chǐaŋ nʉ̌a		東北		

自然　ธรรมชาติ [tham-ma-châat]

ภูเขา	phuu-khǎw	山	น้ำพุร้อน	nám-phú-rɔ́ɔn	温泉
ทะเล	tha-lee	海	เกาะ	kɔ̀	島
แม่น้ำ	mɛ̂ɛ-náam	川	ทะเลสาบ	tha-lee sàap	湖
คลอง	khlɔɔŋ	運河	หิมะ	hì-má	雪
พระจันทร์	phrá-can	月	พระอาทิตย์	phra-aa-thít	太陽
ท้องฟ้า	thɔ́ɔŋ fáa	空	ดาว	daaw	星
เมฆ	mêek	雲	ฝน	fǒn	雨
ต้นไม้	tôn-máay	木	ดอกไม้	dɔ̀ɔk-máay	花

季節　ฤดู [rʉ́-duu]/หน้า [nâa]

ฤดูฝน	rʉ́-duu fǒn	雨季	ฤดูแล้ง	rʉ́-duu lɛ́ɛŋ	乾季
ฤดูร้อน	rʉ́-duu rɔ́ɔn	夏	ฤดูหนาว	rʉ́-duu nǎaw	冬
ฤดูใบไม้ร่วง	rʉ́-duu bay-máay rûaŋ		秋		
ฤดูใบไม้ผลิ	rʉ́-duu bay-máay phlì		春		

方向　ทิศทาง [thít thaaŋ]

ทางนี้	thaaŋ níi	こちら	ทางนั้น	thaaŋ nán	そちら
ทางโน้น	thaaŋ nóon	あちら	ทางไหน	thaaŋ-nǎy	どちら

場所の指示　การเจาะจงสถานที่ [kaan cɔ̀-coŋ sa-thǎan-thîi]

ตรงนี้	troŋ níi	ここ	ตรงนั้น	troŋ nán	そこ
ตรงโน้น	troŋ nóon	あそこ	ตรงไหน	troŋ-nǎy	どこ
ที่นี่	thîi nîi	ここ	ที่นั่น	thîi nân	そこ
ที่โน่น	thîi nôon	あそこ	ที่ไหน	thîi-nǎy	どこ
แถวนี้	thɛ̌w níi	この辺	แถวนั้น	thɛ̌w nán	その辺
แถวโน้น	thɛ̌w nóon	あの辺	แถวไหน	thɛ̌w-nǎy	どの辺

位置　ตำแหน่ง [tam-nɛ̀ŋ]

ติด(กัน)กับ	tìt (kan)kàp		のすぐ隣に		
ตรงข้าม(กัน)กับ	troŋ khâam(kan) kàp		の向かい側		
ไกลจาก	klay càak	から遠い	ใกล้(กัน)กับ	klây(kan) kàp	に近い
ระหว่าง	ra-wàaŋ	の間	ข้าง	khâaŋ	～のそば
ชั้น	chán	階			

スポーツ　กีฬา [kii-laa]

กอล์ฟ	kɔ́ɔf	ゴルフ	เทนนิส	then-nít	テニス
แบตมินตัน	bɛ̀ɛt-min-tan	バドミントン	ปิงปอง	piŋ-pɔɔŋ	卓球
วอลเลย์บอล	wɔɔn-lee-bɔɔn	バレーボール	คาราเต้	khaa-raa-têe	空手
ขี่ม้า	khìi máa	乗馬	ยูโด	yuu-doo	柔道
โยคะ	yoo khá	ヨガ	ชกมวย	chók muay	ボクシング

楽器　เครื่องดนตรี [khrûaŋ-don-trii]

กีตาร์	kii-tâa	ギター	เปียโน	pia-noo	ピアノ
ขิม	khǐm	キム　タイの打楽器	ระนาด	ra-nâat	ラナート　タイの木琴
ซอ	sɔɔ	ソー　タイの弦楽器	ฉิ่ง	chìŋ	チン　タイのカスタネット
ไวโอลิน	way-oo-lin	ヴァイオリン	ขลุ่ย	khlùy	笛
ซามิเซ็ง	saa-mí-seŋ	三味線	กลอง	klɔɔŋ	太鼓

名詞　คำนาม [kham naam]

| ข่าว | khàaw | ニュース　情報 | เรื่อง | rûaŋ | こと |
| อุบัติเหตุ | ù-bàt-ti-hèet | 事故 | | | |

動詞　คำกริยา [kham kri-yaa]

อยากไป	yàak pay	～へ行きたい
อยู่	yùu	～にいます / あります
เป็น	pen	（経験や練習や知識により、やり方が分かっているので）できる

รู้จัก	rúu-càk	①以前から知っている　親しい ②やり方を知っている、心得ている			

รู้	rúu	知る			
ทราบ	sâap	存じる　ご存じ			
คิด	khít	考える	เชื่อถือ	chɯ̂a-thɯ̌ɯ	信頼する
เข้าใจ	khâw-cay	理解する分かる	สนใจ	sǒn-cay	興味をそそる
สงสัย	sǒŋ-sǎy	疑う 怪しい	ทน	thon	耐える
สอน	sɔ̌ɔn	教える	เปียก	pìak	濡れる
เรียนต่อ	rian-tɔ̀ɔ	進学する	คบ	khóp	付き合う
แต่งงาน	tɛ̀ŋ-ŋaan	結婚する	แต่งตัว	tɛ̀ŋ-tua	着飾る 身支度をする

จำ	cam	覚える

副詞　คำวิเศษณ์ [kham wí-sèet]

ไหว	wǎy	肉体的、精神的または経済的余裕によりできる、耐えられる
ออก	ɔ̀ɔk	物事を解決できた、出られた
เก่ง	kèŋ	上手にできる、よく〜する傾向がある
น่า	nâa	①〜べき、〜するに価する　②〜したくなるような、〜ようにさせる　③〜そう　④〜ようだ、〜はず
น่าจะ	nâa cà	〜したらよかったのに

接続詞　คำเชื่อม [kham chɯ̂am]

ว่า	wâa	〜と

語尾　คำลงท้าย [kham loŋ tháay]

ล่ะ	lâ	（文を認識させる）強調口語
น่า	nâa	〜よぅ
บ้าง	bâaŋ	〜も同じようにする

まとめ　สรุป　sarùp　何を勉強しましたか？

1. 場所の聞き方	
อยากไป [yàak pay]	～へ行きたい
อยู่ที่ไหน [yùu thîi-nǎy]	どこにありますか？/ いますか？
รู้จัก [rúu-càk]	～を知っています
รู้ [rúu]	～を知る
ว่า [wâa]	～と
2. 場所の教え方	
อยู่ [yùu]	～にあります / います
น่า [nâa]	①～べき　～するに値する ②～したくなるような　～ようにさせる ③～そう　④～ようだ　～はず
น่าจะ [nâa cà]	～したらよかったのに
3. 能力文	
เป็น [pen]	(能力や経験、練習、知識により、やり方が分かっているので）できる
ไหว [wǎy]	(肉体的 / 精神的 / 経済的余裕により）できる、耐えられる
ออก [ɔ̀ɔk]	物事を解決できた、出られた
เก่ง [kèŋ]	上手にできる よく～する傾向がある
4. 語尾表現	
ล่ะ [lâ]	(文を認識させる）強調口語
น่า [nâa]	～よぅ
บ้าง [bâaŋ]	～も同じように～する
単語	地域　自然　季節　方向 場所の指示　位置　スポーツ　楽器 น่า [nâa] と一緒によく使う動詞

- □ 1. 場所を聞く・教えることができる。

覚えておきたい表現 ประโยคน่าจำ pra-yòok nâa cam 48

場所を聞く・教える

A:ขอโทษครับ ไม่ทราบว่าห้องน้ำอยู่ที่ไหนครับ [khɔ̌ɔ-thôot khráp mây-sâap-wâa hɔ̂ŋ-náam yùu thîi-nǎy khráp]	A: すみません。 お手洗いはどこか、ご存じですか？
B:อยู่ทางโน้นค่ะ [yùu thaaŋ nóon khâ]	B: あそこにあります。

人を尋ねる

A:รู้จักคุณเคนไหมคะ [rúu-càk khun kheen máy khá]	A: けんさんを知っていますか？
B:รู้จักครับ [rúu-càk khráp]	B: 知っています。

情報、知識、方法を知る　～と　～ようぅ

ผมรู้ว่าคุณคิดมาก [phǒm rúu wâa khun khít mâak]	僕はあなたが考えすぎると知っています。
ไม่เอาน่า [mây aw nâa]	考えすぎなくていいよ。 (要らないようぅ)

可能性 [น่า nâa]

เขาน่าจะไปเมืองไทยแล้วค่ะ [kháw nâa ca pay mɯaŋ-thay lɛ́ɛw khâ]	彼 / 彼女はもうタイに 行ったはずです。
ปีนี้ น่าไปเที่ยวเมืองไทยครับ [pii níi nâa pay thîaw mɯaŋ-thay khráp]	今年はタイに遊びに行く に値する。
น่าอร่อยจังครับ [nâa a-rɔ̀y caŋ khráp]	美味しそう。

能力

A:คุณเล่นกีฬาอะไรเป็นบ้างคะ [khun lên kii-laa a-ray pen bâaŋ khá]	A: あなたはどのスポーツが できますか？
B:ผมเล่นกอล์ฟเป็นครับ [phǒm lên kɔ́ɔf pen khráp]	B: 僕はゴルフができます。

「～も同じように」と「強調口語」

A: ขอผมชิมบ้าง [khɔ̌ɔ phǒm chim bâaŋ]	僕にも味見させて。
B: อร่อยไหมล่ะคะ [a-rɔ̀y mǎy lâ khá] A: อร่อยเหาะ [a-rɔ̀y hɔ̀] (เหาะ [hɔ̀] 飛ぶ)	美味しいですか？ 飛び上がるぐらい美味しい！

もっと知りたいタイ語 17　タイ語の「います／あります」の使い方

การใช้ "มี/อยู่" ในภาษาไทย kaan-cháy mii/yùu nay phaa-sǎa thay

タイ語の「います / あります」の使い分けは、日本語のそれと異なります。タイ語では、「います / あります」に当てはまる動詞 **มี** [mii] と **อยู่** [yùu] を生物・無生物に関係なく使い分けて文を作ります。

มี mii	อยู่ yùu
①存在そのもの（〜がある・なし）について述べるもの。 ②目的語に対象となる人・物を置き、「持っている、属する、有る、空かない」という意味になる。	①対象となる人・物が存在していることを前提に、主にどこにある・いるについて述べるもの。 ②主語に対象となる人・物を置き、**อยู่** [yùu] の後ろに「場所、位置、人」などの「〜に」に当たる名詞を置くことで、「〜に存在している、〜で生きている、〜に住む、〜という状態である」という意味になる。

日本人は **มี** [mii] と **อยู่** [yùu] の使い分けをよく間違えているので、注意しましょう。

มี [mii] と **อยู่** [yùu] の使い方

A: **คุณมีกระเป๋าไหม**　[khun mii kra-pǎw máy]
あなたはカバンを持っている（カバンがある）？

B: **มี ผมมีกระเป๋า**　[mii phǒm mii kra-pǎw]
ある。僕はカバンを持っている（カバンがある）。

A: **กระเป๋าของคุณอยู่ที่ไหน**　[kra-pǎw khɔ̌ɔŋ khun yùu thîi-nǎy]
あなたのカバンはどこにありますか？

B: **กระเป๋าอยู่บนโต๊ะ**　[kra-pǎw yùu bon tó]（**อยู่** [yùu]+ 位置）
カバンは机の上にあります。

A: **ร้านนี้มีห้องคาราโอเกะหรือเปล่า**
[ráan níi mii hɔ̂ŋ khaa-raa-oo-kè rʉ̌ʉ-plàw]
このお店はカラオケルームがありますか？

B: **ร้านนี้มีห้องคาราโอเกะ**　[ráan níi mii hɔ̂ŋ khaa-raa-oo-kè]
このお店はカラオケルームがあります。

A: **คุณต้มยำอยู่ไหมครับ**　[khun tôm-yam yùu máy khráp]

トムヤム君は（ここに）いますか？

B: **ไม่อยู่ค่ะ**　[mây yùu khâ]

いないです。

A: **โต๊ะนี้ว่างไหมคะ**　[tó níi wâaŋ máy khá]

この席が空いていますか？

B: **มีคนนั่งแล้วครับ**　[mii khon nâŋ lɛ́ɛw khráp]

もう座っている人がいます。（空かない）

9 僕の家はどの方向ですか？

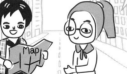

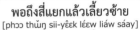

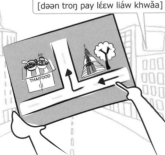

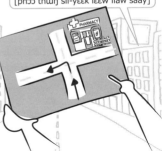

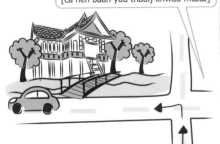

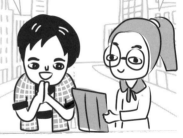

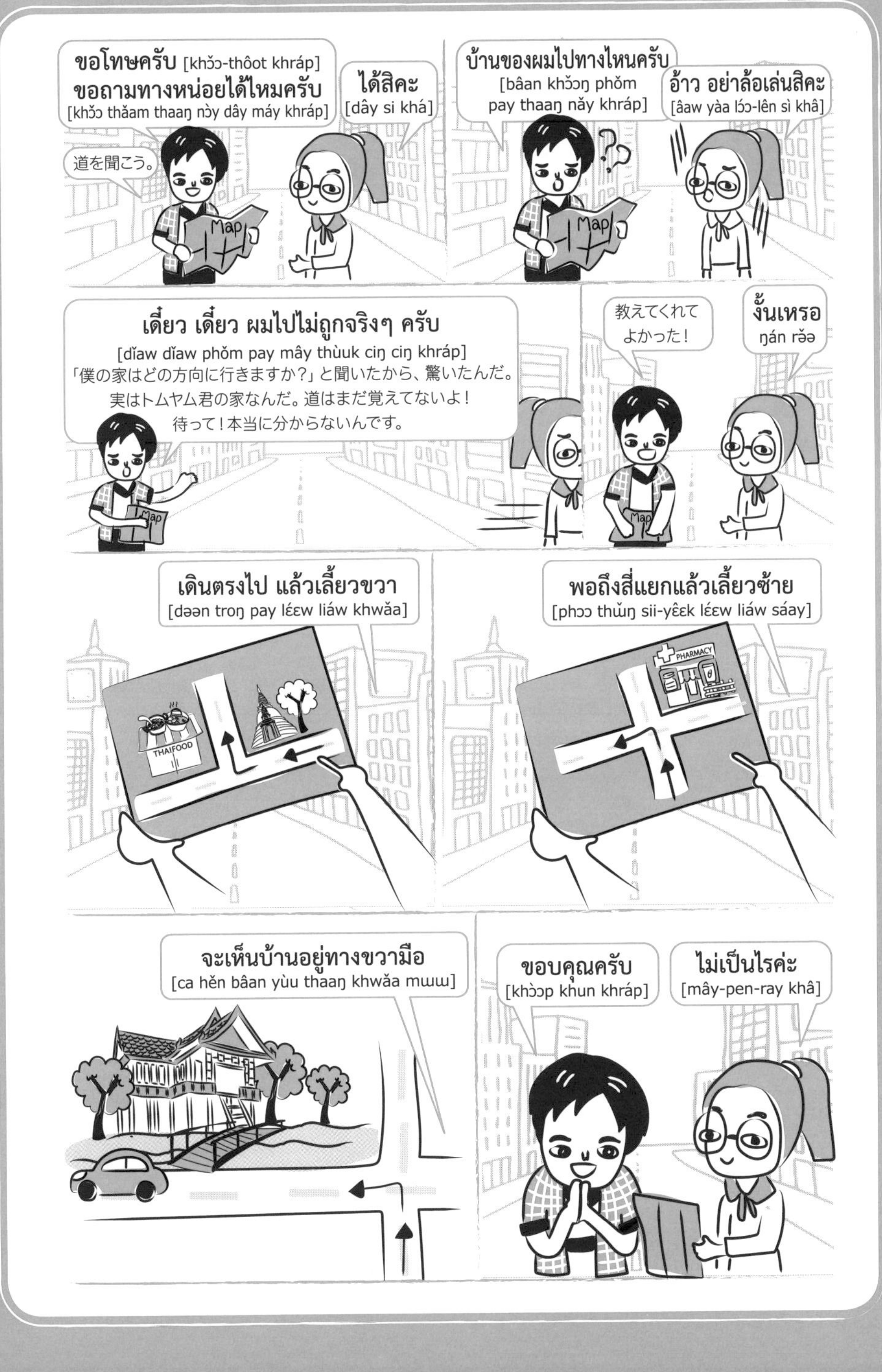

第9課　道を教えよう
บทที่ 9 มาบอกทางกัน
[bòt-thîi kâw maa bɔ̀ɔk thaaŋ kan]

Lesson 1 乗り物と道の聞き方

●乗り物の聞き方

乗り物＋類別詞＋**นี้/นั้น/โน้น** [níi/nán/nóon]
＋ไป(ที่)ไหน [pay(thîi-)nǎy]
この・その・あの乗り物はどこへ行きますか？

使い方 「この乗り物は、どこへ行きますか？」と聞きたい時に使います。

☆〈ไป [pay] ＋ ที่ไหน [thîi-nǎy]〉は、ที่ [thîi] を省略して ไปไหน [pay nǎy] にすることができます。さらに、乗り物を省略して乗り物の類別詞だけを言うことも多いです。

☆จะ [cà] 「これから」を使って、จะไปที่ไหน [ca pay thîi-nǎy] あるいは จะไปไหน [ca pay nǎy] としてもよいです。意味は変わりません。

รถไฟขบวนนี้ไปที่ไหน
rót-fay kha-buan níi pay thîi-nǎy

この電車はどこに行きますか？

主語	＋	〜へ行く	
รถไฟขบวนนี้ rót-fay kha-buan níi この電車 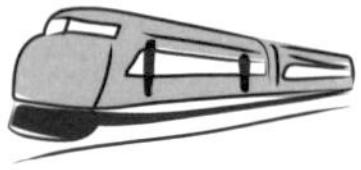		**ไป(ที่)ไหน** pay (thîi-)nǎy どこへ行く	この電車はどこに行く？
		ไปสถานีจตุจักร pay sa-thǎa-nii cà-tu-càk	ヂャトゥ・ヂャック駅行き
รถเมล์คันนั้น rót-mee khan nán そのバス 		**ไป(ที่)ไหน** pay (thîi-)nǎy どこへ行く	そのバスはどこへ行く？
		ไปวัดพระแก้ว pay wát phra kɛ̂ɛw	エメラルド寺院へ行く。

☆他の聞き方

① 「こ・そ・あ」の指示代名詞を用いず、具体的に聞きたい時は、その乗り物の固有名詞を使います。

A: รถไฟสายสีม่วงไปที่ไหนคะ [rót-fay sǎay sǐi mûaŋ pay thîi-nǎy khá]
　紫線の電車はどこへ行きますか？（สาย [sǎay] 線)

B: ไปบางใหญ่ค่ะ [pay baaŋ-yày khâ]
　バーンヤイへ行きます。

② 「この乗り物は○○（場所）へ行きますか？」と聞きたい時、文末に疑問詞を入れます。

A: รถไฟขบวนนี้ไปสีลมไหมคะ [rót-fay kha-buan níi pay sǐi-lom máy khá]
　この電車はシーロムに行きますか？

B: ไปค่ะ [pay khâ] 行きます。

A: รถเมล์คันนี้ไปสยามหรือเปล่าครับ
　[rót-mee khan níi pay sa-yǎam rǔɯ-plàw khráp]
　このバスはサヤームに行きますか？

B: ไม่ไปครับ [mây pay khráp] 行かないです。

③ 「どの乗り物が、○○（場所）へ行きますか？」と聞きたい時は、〈類別詞＋ไหน [nǎy]〉「どの〜」〉を使います。

A: รถไฟขบวนไหนไปสถานีสีลมคะ
　[rót-fay kha-buan nǎy pay sa-thǎa-nii sǐi-lom khá]
　どの電車がシーロム駅に行きますか？

B: ขบวนนี้ค่ะ [kha-buan níi khâ] この電車です。

A: รถเมล์คันไหนไปสยามครับ [rót-mee khan nǎy pay sa-yǎam khráp]
　どのバスがサヤームに行きますか？

B: สาย 1 ครับ [sǎay nɯ̀ŋ khráp] 1番のバスです。

乗り物 ยานพาหนะ [yaan-phaa-hà-ná]			類別詞
รถไฟ rót-fay	電車		ขบวน kha-buan ～台（つながったもの）
รถไฟฟ้า rót-fay fáa	高架鉄道		
รถไฟใต้ดิน rót-fay tây-din	地下鉄		
รถ(ยนต์) rót(yon)	車		คัน khan ～台
รถแท็กซี่ rót thɛ́k-sîi	タクシー		
รถเมล์ rót-mee	路線バス		
รถตุ๊กๆ rót túk-túk	トゥックトゥック		
รถสองแถว rót sɔ̌ɔŋ-thɛ̌w	ソォーンテォ（小型トラック）		
รถมอเตอร์ไซค์ rót mɔɔ-tə̂ə-say	バイク		
รถมอเตอร์ไซค์รับจ้าง rót mɔɔ-tə̂ə-say ráp-câaŋ	バイクタクシー		
รถจักรยาน rót càk-krà-yaan	自転車		
เครื่องบิน khrɯ̂aŋ-bin	飛行機		ลำ lam ～台
เรือ rɯa	船		

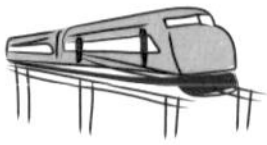

ต้อง [tɔ̂ŋ] +動作動詞+ ที่ไหน [thîi-nǎy]
どこで~すればよい？ なくてはいけませんか？ する必要がありますか？

意味と品詞　　ต้อง [tɔ̂ŋ] は「～しなければならない、～する必要がある」という
　　　　　　　意味の副詞です。

使い方　　　　その行動が必要となる時や義務やお勧めなどの時にも使います。否定
　　　　　　　の場合は ไม่ต้อง [mây tɔ̂ŋ]「～しなくていい、～する必要がない」になります。

ไปจตุจักรต้องลงสถานีไหน
pay cà-tu-càk tɔ̂ŋ loŋ sa-thǎa-nii nǎy

ヂャトゥ・ヂャックへ行くにはど
の駅で降りますか？（降りなけれ
ばならない？・降りればよい？）

ต้อง tɔ̂ŋ + 動作動詞 + どこ・どの・何の・場所			
ต้อง tɔ̂ŋ	ลง loŋ 降りる	สถานีไหน sa-thǎa-nii nǎy どの駅で	どの駅で降りる？
	ต่อรถ tɔ̀ɔ-rót 乗り継ぐ	ที่ไหน thîi-nǎy どこ	どこで乗り継ぐ？
	ขึ้น khɯ̂n 上る・上がる	ทางไหน thaaŋ-nǎy どの方向	どの方向に上る？
	นั่ง nâŋ 乗る	สายสีอะไรไป sǎay sǐi a-ray pay 何色の線で行く	何色の線に乗って行く？

☆乗り物以外での ต้อง [tɔ̂ŋ] の義務や勧誘の使い方

ต้อง [tɔ̂ŋ] +動詞／形容詞　　必要　是非

พรุ่งนี้ต้องไปทำงาน [phrûŋ-níi tɔ̂ŋ pay tham-ŋaan]
明日は働きに行かなければならない。（พรุ่งนี้ [phrúŋ-níi] 明日）

ปีหน้าต้องมาเที่ยวเมืองไทยอีกนะคะ
[pii-nâa tɔ̂ŋ maa thîaw mɯaŋ-thay ìik ná khá]
来年また是非タイへ遊びに来てくださいね。（ปีหน้า [pii-nâa] 来年）

ไม่ต้องเป็นห่วง [mây tɔ̂ŋ pen-hùaŋ]
心配する必要はない。（เป็นห่วง [pen-hùaŋ] 心配する）

ไม่ต้องไปแล้ว [mây tɔ̂ŋ pay lɛ́ɛw]
もう行かなくていい。

動作動詞

乗り物の場合、日本語では「乗る」の単語1つでほぼ全てに使えますが、タイ語では「乗る」の動作でも単語を細かく使い分けています。

🎵49

動作動詞 +	乗り物
ขึ้น khɯ̂n 乗る・搭乗する・上がる 	เครื่องบิน khrɯ̂aŋ-bin 飛行機  รถไฟ rót-fay 電車  รถจักรยาน rót càk-krà-yaan 自転車  รถมอเตอร์ไซค์ rót mɔɔ-tə̂ə-say バイク  เรือ rɯa 船（大型船に乗る） 
ลง loŋ 降りる、（小型船に）乗る 	จาก càak から＋乗り物 เรือ rɯa 船（小型船に乗る） 
ขี่ khìi （足を開けて）乗る・運転する 	รถจักรยาน rót càk-krà-yaan 自転車  รถมอเตอร์ไซค์ rót mɔɔ-tə̂ə-say バイク  ช้าง cháaŋ 象 
นั่ง nâŋ （足を閉じて）乗る・座る 	あらゆる乗り物 สาย sǎay＋固有名詞 ○○線・号
ขับ khàp （機械を）運転する 	รถยนต์ rót yon 車  รถไฟ rót-fay 電車  เครื่องบิน khrɯ̂aŋ-bin 飛行機  เรือ rɯa 船（機械で動く船のみ） 
動作動詞	乗り物＋ต่อ tɔ̀ɔ ～に乗り継ぐ
(ไป) ต่อ (pay) tɔ̀ɔ 乗り換える	あらゆる乗り物

例）**ลงจากรถแล้วนั่งมอเตอร์ไซค์ต่อ** [loŋ càak rót lɛ́ɛw nâŋ mɔɔ-tə̂ə-say tɔ̀ɔ]
車から降りてからバイクに乗り継ぐ。

ลงจากสายสีม่วงแล้วไปต่อสายสีเขียว
[loŋ càak sǎay sǐi-mûaŋ lɛ́ɛw pay tɔ̀ɔ sǎay sǐi khǐaw]
紫線から降りてから緑線に乗り換える。

順番　ลำดับ [lam dàp]

49

場所＋	ก่อนหน้า kɔ̀ɔn-nâa 前の～	สถานีก่อนหน้า sa-thǎa-nii kɔ̀ɔn-nâa 前の駅
	หน้า nâa 次の～	สถานีหน้า sa-thǎa-nii nâa 次の駅
	ถัดไป thàt-pay 次の順番の～	สถานีถัดไป sa-thǎa-nii thàt-pay 次の順番の駅（次の駅）
	ต่อไป tɔ̀ɔ pay 続く～	สถานีต่อไป sa-thǎa-nii tɔ̀ɔ pay 続く駅（次の駅）
	แรก rɛ̂ɛk 最初の～	สถานีแรก sa-thǎa-nii rɛ̂ɛk 最初の駅
	สุดท้าย sùt-tháay 最後の～	สถานีสุดท้าย sa-thǎa-nii sùt-tháay 最後の駅（終点）
	ที่ thîi＋数字 ～番目の～	สถานีที่ 2 sa-thǎa-nii thîi sɔ̌ɔŋ 2番目の駅 สถานีที่เท่าไร sa-thǎa-nii thîi thâw-rày 何番目の駅
	อีก ìik＋数字＋場所 あと～場所	อีก 3 ป้าย ìik sǎam pâay あと3バス停 อีกกี่สถานี ìik kìi sa-thǎa-nii あと何駅

49

A: **ขอโทษครับ ถึงหมอชิตแล้วหรือยังครับ**
[khɔ̌ɔ-thôot khráp thɯ̌ŋ mɔ̌ɔ-chít lɛ́ɛw-rɯ̌ɯ-yaŋ khráp]
すみません。モォーチットに着きましたか？（ถึง [thɯ̌ŋ] 着く）

B: **ยังค่ะ ต้องลงสถานีถัดไปค่ะ** [yaŋ khâ tɔ̂ŋ loŋ sa-thǎa-nii thàt-pay khâ]
まだです。次の駅で降ります。

A: **ต้องนั่งไปอีกกี่สถานีคะ** [tɔ̂ŋ nâŋ pay ìik kìi sa-thǎa-nii khá]
あと何駅乗ればいいですか？

B: **อีก 5 สถานีครับ** [ìik hâa sa-thǎa-nii khráp]
あと5駅です。

A: **สถานีสุดท้ายเป็นสถานีอะไรครับ**
[sa-thǎa-nii sùt-tháay pen sa-thǎa-nii a-ray khráp]
最後の駅は何駅ですか？

B: **สถานีเตาปูนค่ะ** [sa-thǎa-nii taw-puun khâ]
タオ・プーン駅です。

練習1 「どこで〜すればよい？ / なくてはいけませんか？ / する必要ですか？」
の表現を使って、以下の文をタイ語で言ってみよう。

1．ヤオ・ワラーッ（ト）（タイの中華街）へ行きたいです。
どの駅で降りればよいですか？

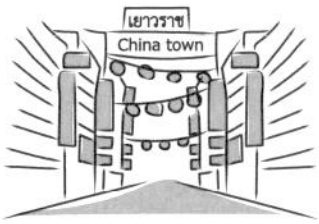

เยาวราช
[yaw-wa-râat]

. . . .

2．スワンナプーム空港へ行くには
どの駅で電車を乗り換えなければならないですか？

สนามบินสุวรรณภูมิ
[sa-nǎam-bin
sù-wan-na-phuum]
スワンナプーム空港

. . . .

3．何番目の駅で降りる必要がありますか？

. . . .

4．アイコンサヤームへ行くには
どこで船に乗る必要がありますか？

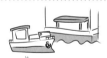

ไอคอนสยาม
[ay-khɔɔn sa-yǎam]

. . . .

●道の聞き方

49 **名詞＋ไปทางไหน [pay thaaŋ-nǎy]** **〜（へ行くに）はどの方向に行きますか？**

意味と品詞　**ทาง** [thaaŋ] は様々な意味を持つ単語ですが、ここでは「道・方向・通行」という意味の名詞として習います。**ไปทางไหน** [pay thaaŋ-nǎy] は「どの方向に行きますか？」という方向を聞く表現です。

使い方　「その場所（名詞）に行くにはどの方向に行きますか？」と聞きたい時に使います。

49

สถานีรถไฟสยามไปทางไหนครับ
[sa-thǎa-nii rót-fay sa-yǎam pay thaaŋ-nǎy khráp]
サヤーム駅へ行くにはどの方向に行きますか？

ถนนรัชดาไปทางนี้ใช่ไหม
[tha-nǒn rát-cha-daa pay thaaŋ níi chây-máy]
ラッチャダー通りへ行くにはこの方向に行きますよね。

บ้านของคุณไปทางนั้นหรือเปล่า
[bâan khɔ̌ɔŋ khun pay thaaŋ nán rɯ̌ɯ-plàw]
あなたの家へ行くにはその方向に行きますか？

☆場所、方向、道などを聞くために声をかける時の表現は、

1．**ขอโทษค่ะ/ครับ** [khɔ̌ɔ-thôot khâ/khráp]
〇〇 ไปทางไหน [pay thaaŋ-nǎy]
「すみません。〇〇（へ行くには）どこ方向に行きますか？」
となります。または、より丁寧な表現として

2．**ขอโทษค่ะ/ครับ** [khɔ̌ɔ-thôot khâ/khráp]
ไม่ทราบว่า [mây sâap wâa]
〇〇 ไปทางไหน [pay thaaŋ-nǎy]
「すみません。ご存知ではありませんか？〇〇（へ行くに）はどの方向へ行きますか？」が使われています。

第9課

第9課　道を教えよう　307

ขอ [khɔ̌ɔ] +**ถามทาง** [thǎam thaaŋ] + **หน่อย** [nɔ̀y]

道を聞いてもいいですか？

ช่วย [chûay]+**บอกทาง** [bɔ̀ɔk thaaŋ] + **(ให้) หน่อย** [(hây) nɔ̀y]

道を教えてください

ขอถามทางไปสถานีรถไฟหน่อยครับ

[khɔ̌ɔ thǎam thaaŋ pay sa-thǎa-nii rót-fay nɔ̀y khráp]

駅に行く道を聞いてもいいですか？

ช่วยบอกทางเดินไปร้าน (ให้) หน่อยค่ะ

[chûay bɔ̀ɔk thaaŋ dəən pay ráan (hây) nɔ̀y khâ]

お店に歩いて行く道を教えてください。

場所　สถานที่ [sa-thǎan-thîi]

บ้าน bâan 家

โรงเรียน rooŋ-rian 学校

ธนาคาร tha-naa-khaan 銀行

โรงแรม rooŋ-rɛɛm ホテル

ไปรษณีย์ pray-sa-nii 郵便局

โรงพยาบาล rooŋ-pha-yaa-baan 病院

ห้างสรรพสินค้า hâaŋ sàp-pha-sǐn-kháa デパート

สวนสาธารณะ sǔan sǎa-thaa-ra-ná 公園

ห้องน้ำ
hɔ̂ŋ-náam お手洗い
POLICE
สถานีตำรวจ
sa-thǎa-nii tam-rùat
警察署
TRAIN STATION
สถานีรถไฟ
sa-thǎa-nii rót-fay
駅
PHARMACY
ร้านขายยา
râan-khǎay-yaa 薬局
NOODLE
THAIFOOD
ร้านอาหารไทย
ráan aa-hǎan thay
タイレストラン
ร้านก๋วยเตี๋ยว
ráan kǔay-tǐaw
(ráan kúay-tǐaw)
グイッティオ（粉めん）店
วัด wát お寺
MARKET
ตลาด ta-làat 市場
สนามบิน sa-nǎam-bin 空港
BAEBER
ร้านทำผม
ráan tham phǒm
美容院
SUPER
MARKET
ซูเปอร์มาเก็ต
suu-pəə-maa-kèt
スーパーマーケット
EMBASSY
สถานทูต
sa-thǎan-thûut
大使館
โรงหนัง
rooŋ-nǎŋ
映画館
พิพิธภัณฑ์
phí-phít-tha-phan
博物館

●動詞＋方向・場所

(50) **เดินตรงไป** [dəən troŋ pay] **真っすぐ歩く**

使い方　道を教える時、タイ語では〈動詞＋方向 / 場所〉の語順になります。

道を教える時によく使う単語

(50)

動詞	方向・場所
เดิน [dəən] 歩く ขับรถ [khàp rót] 運転する	ตรงไป [troŋ pay] 真っすぐ行く ไปเรื่อยๆ [pay rûay rûay] ずっと行く ไปอีก [pay ìik] もっと行く ต่อไป [tɔ̀ɔ pay] し続けて行く ไปจนถึง [pay con thʉ̌ŋ] ～ ～まで行く เข้า [khâw] 入る ออก [ʔɔ̀ɔk] 出る
เลี้ยว [líaw] 曲がる เบี่ยง [bìaŋ] 迂回する ชิด [chít] 寄せる	ซ้าย [sáay] 左 ขวา [khwǎa] 右
ข้าม [khâam] 渡る ลอดใต้ [lɔ̂ɔt tây] 下を通る	สะพาน [sa-phaan] 橋 สะพานลอย [sa-phaan lɔɔy] 歩道橋
ขึ้น [khʉ̂n] 上る ลง [loŋ] 降りる	ทางด่วน [thaaŋ-dùan] 高速道路 สะพาน [sa-phaan] 橋
ผ่าน [phàan] 通る 過ぎる	สี่แยก [sìi yɛ̂ɛk] 交差点
จอด [cɔ̀ɔt] 止める กลับรถ [klàp rót] Uターンする	ที่นี่ [thîi nîi] ここ ตรงนั้น [troŋ nán] そこ ทางโน้น [thaaŋ nóon] あちら
จะเห็น＋場所＋อยู่～ [ca hěn＋○○＋yùu] 場所を～に見る	ทางซ้ายมือ [thaaŋ sáay mʉʉ] 左側（方向） ข้างหน้า [khâaŋ nâa] 前側 ข้างหลัง [khâaŋ lǎŋ] 後ろ側
ออกจาก [ʔɔ̀ɔk-càak] ～から出発する ถึงแล้ว [thʉ̌ŋ lɛ́ɛw] 着いた	

50 街にある物 สิ่งของบนท้องถนน [sìŋ khɔ̌ɔŋ bon thɔ́ɔŋ-tha-nǒn]

ทางข้ามทางรถไฟ thaaŋ khâam thaaŋ rót-fay 踏切
TRAIN STATION
ทางรถไฟ thaaŋ rót-fay 鉄道
ท่าเรือ thâa rɯa 港
ป้ายรถเมล์ pâay rót-mee バス停
สะพาน sa-phaan 橋
สี่แยก sìi yɛ̂ɛk 交差点
ร้านค้า ráan kháa お店
สัญญาณไฟ sǎn-yaan-fay 信号
ทางม้าลาย thaaŋ-máa-laay 横断歩道
สะพานลอย sa-phaan-lɔɔy 歩道橋
คอนโดมิเนียม khɔɔn-doo-mi-nîam マンション
บันได ban-day 階段
ซอย sɔɔy 細い道
ตึก/อาคาร tɯ̀k/aa-khaan ビル
ทางขึ้น/ลง thaaŋ khɯ̂n/loŋ 上る・降りる 出入り口
In
ทางเข้า thaaŋ khâw 入口
Out
ลิฟต์ líf エレベーター
บันไดเลื่อน ban-day lɯ̂an エスカレーター
ทางออก thaaŋ ɔ̀ɔk 出口

第9課

●道を教える時によく使う表現

50

動詞＋ ก่อน [kɔ̀ɔn] แล้วค่อย [lɛ́ɛw khɔ̂y] ＋動詞
先に～をしてから～する

意味と品詞　**ก่อน** [kɔ̀ɔn] はこの場合「先に」という順番を表す意味の副詞です。**แล้ว** [lɛ́ɛw] はこの場合「それで、～してから」という意味の副詞です。**ค่อย** [khɔ̂y] はこの場合、「それから（前のことが終わってから次のことをする）」という意味の副詞です。
〈**ก่อน** [kɔ̀ɔn] **แล้วค่อย** [lɛ́ɛw khɔ̂y]〉は「先に～をしてから～をする」という意味になります。

使い方　2つ以上の動作が続く時に使い、道を教える時にも日常的な動作にも使えます。**ค่อย** [khɔ̂y] は省略できます。

50

เดินตรงไปก่อนแล้วค่อยเลี้ยวซ้าย
dəən troŋ pay kɔ̀ɔn lɛ́ɛw khɔ̂y líaw sáay
先に真っ直ぐ歩いてから左に曲がる。

50

動詞	＋ 方向 / 場所	＋ 先に～してから～する	＋ 動詞（句）	
เดิน dəən 歩く	ตรงไป troŋ pay 真っすぐ行く	ก่อนแล้วค่อย kɔ̀ɔn lɛ́ɛw khɔ̂y	เลี้ยวซ้าย líaw sáay 左折	先に真っ直ぐ歩いてから左に曲がる。
	ข้ามสะพาน khâam sa-phaan 橋を渡る		เลี้ยวขวา líaw khwǎa 右折	先に橋を渡って(歩いて)から右に曲がる。
ขับ khàp 運転する	ผ่านสี่แยก phàan sìi yɛ̂ɛk 交差点を通る		จอดที่ตรงนั้น cɔ̀ɔt thîi troŋ nán そこに止める	先に交差点を運転して通ってからそこに止める。

☆〈**ก่อน** [kɔ̀ɔn] **แล้วค่อย** [lɛ́ɛw khɔ̂y]〉の普段の生活での使い方

意味　「先にAをしてからBをする」、「Bをする前にAをする」

使い方　**ทำอะไรก่อน** [tham a-ray kɔ̀ɔn]「先に何をするの？」、**ทำอะไรหลัง** [tham a-ray lǎŋ]（**หลัง** [lǎŋ] あと）「あとに何をするの？」などの質問文への回答でよく使われます。また、先にやるべきことをやってから、次の行動を取るよう呼び掛けたりする場面でも使われます。

คุณแปรงฟันก่อนแล้ว(ค่อย)กินข้าว หรือกินข้าวก่อนแล้ว(ค่อย)แปรงฟัง
[khun prɛɛŋ fan kɔ̀ɔn lɛ́ɛw (khɔ̂y) kin khâaw rɯ̌ɯ kin khâaw kɔ̀ɔn
lɛ́ɛw (khɔ̂y) prɛɛŋ faŋ] (แปรงฟัน [prɛɛŋ fan] 歯を磨く)
あなたはご飯を食べる前に歯を磨く？または、先に食べてから歯を磨く？

ต้องทำงานก่อน [tɔ̂ŋ tham-ŋaan kɔ̀ɔn]
先に仕事をする必要がある。

กลับก่อนนะ [klàp kɔ̀ɔn ná]
お先に帰るね。

☆ ก่อน kɔ̀ɔn は「〜の前に」という意味の前置詞・接続詞としても用いられます。

ก่อน [kɔ̀ɔn] +名詞（句・節）（場所・時間）　〜の前に

意味と品詞　「〜の前に」という意味の前置詞・接続詞です。

ส่งการบ้านก่อนวันศุกร์ [sòŋ kaan-bâan kɔ̀ɔn wan sùk]
(ส่ง [sòŋ] 提出する　การบ้าน [kaan-bâan] 宿題　วันศุกร์ [wan sùk] 金曜日)
金曜日の前に宿題を提出する。

ร้านอาหารอยู่ถึงก่อนธนาคาร [ráan aa-hǎan yùu thɯ̌ŋ kɔ̀ɔn tha-naa-khaan]
レストランは銀行へ着く前にある。

ออกจากบ้านก่อนฝนจะตก [ʔɔ̀ɔk càak bâan kɔ̀ɔn fǒn cà tòk]
雨が降る前に出かける。

ถึง [thɯ̌ŋ] +場所　〜に着く

意味と品詞　ถึง [thɯ̌ŋ] は様々意味を持つ単語ですが、ここでは「着く、到着する」
　　　　　　という意味の動詞として習います。

ถึงบ้านแล้ว [thɯ̌ŋ bâan lɛ́ɛw]　　もう家に着いた。
ถึงหรือยัง [thɯ̌ŋ rɯ̌ɯ yaŋ]　　着いた？
ยังไม่ถึง [yaŋ mây thɯ̌ŋ]　　まだ着いていない。

เลย [ləəy] ＋名詞　〜を通り過ぎる　行き過ぎる

意味と品詞　**เลย** [ləəy] は様々な意味を持つ単語ですが、ここでは「〜を通り過ぎる、行き過ぎる」という意味の動詞として習います。名詞の後に文（節）が来る場合、〈**เลย** [ləəy] ＋名詞＋ **ไป** [pay] ＋文（節）〉とすることが多いです（**ไป** [pay] は省略できます）。

🎵50

นั่งรถไฟเลยสถานี　[nâŋ rót-fay ləəy sa-thǎa-nii]
電車に乗って駅を通り過ぎた。

เดินเลยธนาคารไปแล้วเลี้ยวขวา
[dəən ləəy tha-naa-khaan pay lɛ́ɛw líaw khwǎa]
銀行を歩いて通り過ぎてから右折する。

เลยฤดูหนาวแล้ว　[ləəy rɯ́-duu nǎaw lɛ́ɛw]
もう冬を越した。

☆似たような単語に **เกิน** [kəən] がありますが、「程度を超えた、〜すぎた」という時に使います（第7課参照）。

🎵50 **พอ** [phɔɔ] ＋動詞（句）＋ **แล้ว** [lɛ́ɛw]　〜した時に…する

意味と品詞　**พอ** [phɔɔ] は様々な意味をもつ単語ですが、ここでは「〜した時に」という意味の副詞として習います。

使い方　**พอ** [phɔɔ]「〜した時に」は主に次の動作の時に使います。**พอถึง** [phɔɔ thɯ̌ŋ] 〜「〜に着いた時に」、**พอเห็น** [phɔɔ hěn] 〜「〜が見えた時に」、**พอเลย** [phɔɔ ləəy] 〜「〜を過ぎた時に」

🎵50

พอถึงสี่แยกแล้วเลี้ยวซ้าย　[phɔɔ thɯ̌ŋ sìi yɛ̂ɛk lɛ́ɛw líaw sáay]
交差点に着いた時に左に曲がる。

เดินตรงไป พอเห็นธนาคารแล้วเลี้ยวซ้าย
[dəən troŋ pay phɔɔ hěn tha-naa-khaan lɛ́ɛw líaw sáay]
真っすぐ歩いて、銀行が見えた時に左折する。

พอเลยไปรษณีย์แล้วจะเห็นสวนสาธารณะ
[phɔɔ ləəy pray-sa-nii lɛ́ɛw ca hěn sǔan-sǎa-thaa-ra-ná]
郵便局を過ぎた時に公園が見える。

動詞 + ไปจนถึง [pay con thǔŋ] + 場所 + แล้ว [lɛ́ɛw]

～に着くまで行ってから…する

意味と品詞　จน [con] は様々な意味を持つ単語ですが、ここでは「まで」という
意味の接続詞として習います。ไปจนถึง [pay con thǔŋ] は「～に着
くまで行く」という意味です。

使い方　ไป [pay] の前に来る動詞は、ขับ [khàp]「運転する」、เดิน [dəən]
「歩く」などです。

ขับรถไปจนถึงธนาคารแล้วชิดซ้าย
[khàp rót pay con thǔŋ tha-naa-khaan lɛ́ɛw chít sáay]
銀行に着くまで運転してから左に寄せる。

เดินตรงไปจนถึงสี่แยกแล้วเลี้ยวซ้าย
[dəən troŋ pay con thǔŋ sìi yɛ̂ɛk lɛ́ɛw líaw sáay]
交差点に着くまで真っすぐ歩いたら左折する。

เตรียม [triam] + 動詞　　～を準備する

意味と品詞　เตรียม [triam] は「準備する」という意味の動詞です。

使い方　เตรียม [triam] は เตรียมตัว [triam-tua]「自分の準備をする、身支
度する」、เตรียมพร้อม [triam-phrɔ́ɔm]「準備を完了する」として
使うことが多いですが、道を教える場合は、เตรียม [triam] 単独で
使います。

ข้ามสะพานแล้วเตรียมชิดขวา　　[khâam sa-phaan lɛ́ɛw triam chít khwǎa]
橋を渡ってから右に寄せる準備をする。

เตรียมตัวไปทำงาน　[triam-tua pay tham-ŋaan]
働きに行く準備をする。

เตรียมพร้อมออกเดินทาง　[triam-phrɔ́ɔm ʔɔ̀ɔk-dəən-thaaŋ]
出発の準備完了。（ออกเดินทาง ʔɔ̀ɔk-dəən-thaaŋ]出発する）

動詞（句）+ **ต่อ** [tɔ̀ɔ]　次に　続けて　〜し続ける

意味と品詞　**ต่อ** [tɔ̀ɔ] は様々な意味を持つ単語ですが、ここでは、「次に、続けて」
という意味の副詞として習います。ただし、**ไปต่อ** [pay-tɔ̀ɔ] の場合、
ต่อ [tɔ̀ɔ] は「乗り換える」と言う意味です。

🔊50

เดินต่อไปจนถึงสี่แยก　[dəən tɔ̀ɔ pay con thǔŋ sìi yɛ̂ɛk]
交差点に着くまで歩き続けて行く。

ลงจากรถไฟแล้วนั่งมอเตอร์ไซค์ต่อ　[loŋ càak rót-fay lɛ́ɛw nâŋ mɔɔ-təə-say tɔ̀ɔ]
電車を降りてから続けてバイクに乗る。

นั่งสายสีม่วงแล้วไปต่อสายสีน้ำเงิน
[nâŋ sǎay sǐi mûaŋ lɛ́ɛw pay-tɔ̀ɔ sǎay sǐi nám-ŋən]
紫線に乗ってから青線に乗り換える。

🔊50 **แวะ** [wɛ́] +動詞 / 場所　〜に立ち寄る（経由する）

意味と品詞　**แวะ** [wɛ́] は「移動中に一旦止まる、立ち寄る、経由する」という
意味の動詞です。

🔊50

แวะเติมน้ำมันก่อนกลับบ้าน　[wɛ́ təəm-nám-man kɔ̀ɔn klàp bâan]
(**เติมน้ำมัน** [təəm nám man] ガソリンを入れる)
家に帰る前にガソリンを入れに寄る。

แวะไปรับเพื่อนที่บ้าน　[wɛ́ pay ráp phûan thîi bâan]
友達をお迎えに（友達の）家に立ち寄る。(**รับ** [ráp] 迎える)

แวะไปส่งเพื่อนที่บ้าน　[wɛ́ pay sòŋ phûan thîi bâan]
友達を見送りに（友達の）家に立ち寄る。(**ส่ง** [sòŋ] 送る)

50 ประมาณ [pra-maan] ＋数＋類別詞　およそ ぐらい だいたい

意味と品詞　〈**ประมาณ** [pra-maan] ＋数＋類別詞〉の場合は、「およそ、ぐらい」という意味の副詞になります。

使い方　**ประมาณ** [pra-maan] は主に書き言葉で用い、口語では **ราวๆ** [raaw raaw] を使います。

50

ตรงไปประมาณ 200 เมตร [troŋ pay pra-maan sɔ̌ɔŋ rɔ́ɔy méet]
200 メートルぐらい真っすぐに行く。

ไปเที่ยวเมืองไทยประมาณ 1 อาทิตย์
[pay thîaw mɯaŋ-thay pra-maan nɯ̀ŋ aa-thít]
タイへおよそ一週間遊びに行く。（**อาทิตย์** [aa-thít] 週）

ประมาณนี้ [pra-maan níi]
こんな感じ。（慣用句）

☆〈**ประมาณ** [pra-maan] ＋名詞〉の場合は「見積もる」という意味の動詞になります。

ประมาณราคาค่าเช่าบ้าน [pra-maan raa-khaa khâa châw bâan]
家賃の値段を見積もる。（**ค่าเช่าบ้าน** [khâa châw bâan] 家賃）

50 動詞＋ เรื่อยๆ [rɯ̂ay rɯ̂ay]　継続している状態　変わらない

意味と品詞　「①継続して　②ゆっくりと」という意味の副詞です。

50

① **เดินไปเรื่อยๆ** [dəən pay rɯ̂ay rɯ̂ay]　歩き続ける。
ขับตรงไปเรื่อยๆ [khàp troŋ pay rɯ̂ay rɯ̂ay]　真っすぐ運転し続ける。

② **ใช้ชีวิตไปเรื่อยๆ** [cháy chii-wít pay rɯ̂ay rɯ̂ay]
何気なく過ごす。ゆっくりと過ごす。（**ใช้ชีวิต** [cháy chii-wít] 過ごす）

เรื่อยๆ [rɯ̂ay rɯ̂ay] 相変わらずです。

50 จาก [càak] ＋場所＋ ถึง [thʉ̌ŋ] ＋場所　〜から…まで

意味と品詞　จาก [càak] は「〜（場所）から」という意味の前置詞です。

使い方　จาก [càak] の後ろに場所などの名詞が来ます。

50

เดินจากสถานีรถไฟถึงบ้าน [dəən càak sa-thǎa-nii rót-fay thʉ̌ŋ bâan]
電車の駅から家まで歩く。

A: **นั่งรถไฟจากสถานีรถไฟโตเกียวถึงสถานีรถไฟชิบุย่า ประมาณกี่สถานี**
[nâŋ rót-fay càak sa-thǎa-nii rót-fay too-kiaw thʉ̌ŋ sa-thǎa-nii rót-fay chí-bù-yâa pra-maan kìi sa-thǎa-nii]
東京駅から渋谷駅まで何駅ぐらい電車に乗る？

B: **ประมาณ 10 สถานี** [pra-maan sìp sa-thǎa-nii]
およそ 10 駅。

道を聞かれて、分からない場合の表現

50

ไม่รู้ครับ [mây rúu khráp]/**ไม่ทราบครับ** [mây sâap khráp]
知らないです。

ขอโทษค่ะ [khɔ̌ɔ-thôot khâ] **ไม่รู้จักทางค่ะ** [mây rúu-càk thaaŋ khâ]
すみません。道を知らないです。

ไปไม่ถูกค่ะ [pay mây thùuk khâ]
（正しい道は）行けないです。（よく分からないです）（**ถูก** [thùuk] 正しく）

ไปไม่เป็นครับ [pay mây pen khráp]
行く方法が分からないです。

พอดี ไม่ใช่คนแถวนี้ค่ะ [phɔɔ-dii mây chây khon thɛ̌w níi khâ]
あいにくこの辺の人ではないです。（**พอดี** [phɔɔ-dii] 丁度）

ไม่ทราบเหมือนกันค่ะ [mây sâap mʉ̌an-kan khâ]
（私も）知らないです。

練習 2　以下の会話を読み、家までの行き方を地図に矢印で描いてみよう。

ออกจากสถานีรถไฟทางออกห้า แล้วเดินตรงไปประมาณ 50 เมตร
[ɔɔk càak sa-thǎa-nii-ròt-fay thaaŋ ɔɔk hâa lɛ́ɛw dəən troŋ pay pra-maan hâa sìp méet]

แล้วเลี้ยวขวาที่ร้านขายยา
[lɛ́ɛw líaw khwǎa thîi ráan-khǎay-yaa]

เดินตรงไปเรื่อยๆ จนถึงไปรษณีย์แล้วเลี้ยวซ้าย
[dəən troŋ pay rûay rûay con thǔŋ pray-sa-nii lɛ́ɛw líaw sáay]

แล้วเดินต่อไปอีก จะเห็นบ้านของฉันอยู่ทางขวามือ
[lɛ́ɛw dəən tɔ̀ɔ pay ìik cà hěn bâan khɔ̌ɔŋ chán yùu thaaŋ khwǎa mɯɯ]

อยู่ตรงข้ามกับสวนสาธารณะ
[yùu troŋ khâam kàp sǔan-sǎa-thaa-ra-ná]

練習3 以下の地図を参考に、タクシーの運転手に家までの行き方をタイ語で教えてみよう。

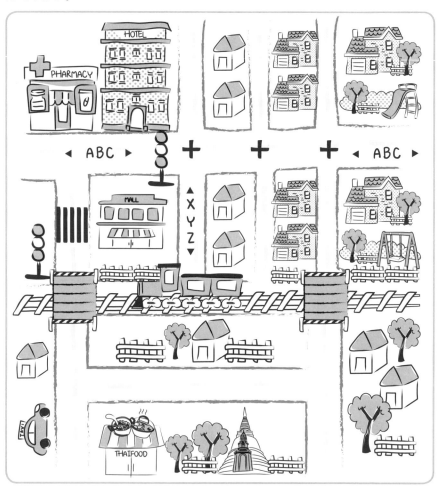

真っすぐ運転して踏切を渡ってから、右折して、ABC通りに入って下さい。
3番目の交差点を右に曲がってください。家は左側にあります。公園のすぐ隣です。

Lesson 3 命令と許可

●命令

(51) **動詞（句）の単独使用　　～しろ**

使い方　　動詞（句）を単独で用い、強いイントネーションで表すと、命令文になります。

(51)
> ไป [pay] 行け　　　กิน [kin] 食べろ　　　ปิด [pìt] 閉じろ / 閉めろ 消せ
> หยุด [yùt] 止まれ　นอน [nɔɔn] 寝て / 寝ろ　เงียบ [ŋîap] 静かにして / しろ

(51) ทำไมไม่มา มานี่ [tham-may mây maa　maa nîi] (ทำไม [tham-may] なぜ)
何で来ないの？ここに来い。

ไม่ต้องพูดแล้ว [mây tɔ̂ŋ phûut lɛ́ɛw]　もう言わなくていい。

ไปอาบน้ำ [pay àap-náam] シャワーを浴びに行け。

ล้างจานด้วย [láaŋ caan dûay]　お皿も洗って。

(51) **อย่า [yàa] +動詞　　～しないで　～するな**

意味と品詞　อย่า [yàa] は「～しないで、～するな」という意味の副詞で、動詞の前に置き、その行動を止めるために使います。

使い方　　โปรด [pròot] や กรุณา [ka-ru-naa] と一緒に使うとより丁寧になります。

(51) อย่าขับรถเร็ว　　速く運転しないで
yàa khàp rót rew

(51)

อย่า yàa	ขับรถเร็ว khàp rót rew 速く運転する	早く運転しないで。
โปรดอย่า pròot yàa	เดินลัดสนาม dəən lát sa-nǎam 芝生を通過する	芝生に入らないように お願いします。
กรุณาอย่า ka-ru-naa yàa	จอดรถขวางทาง cɔ̀ɔt rót khwǎaŋ thaaŋ 妨げになる駐車をする	通行の妨げになるため車を 停めないようにお願いします。

☆อย่า [yàa] の日本語訳は「～しないでください、～するな」になりますが、料理を注文する場合、อย่า [yàa] を用いず、第6課で習った ไม่ใส่พริกครับ [mây sày phrík khráp]「唐辛子を入れないでください」、เอาไม่เผ็ดค่ะ [aw mây phèt khâ]「辛くしないでください」などを用いる方が命令口調にならず丁寧な注文になります。

51 ห้าม [hâam] ＋動詞 / 名詞　～を禁止する　～を止める

意味と品詞　ห้าม [hâam] は「ルールなどの決まっていることに基づき禁じる、制止する、抑止する」という意味の動詞です。

使い方　固い命令のため、โปรด [pròot] กรุณา [ka-ru-naa] と一緒に使いません。

51 **ห้ามเลี้ยวซ้าย**
hâam líaw sáay　左折禁止

51

ห้าม hâam	เลี้ยวซ้าย líaw sáay 左折	左折禁止
	จับ càp 触る	触れることを禁止します。(接触禁止)
อย่าห้าม yàa hâam	เขา kháw 彼/彼女	彼/彼女を止めないで。(ห้าม [hâam]が「止める」の意味の場合だけ、อย่า [yàa]を使える)

51 人1 ＋ ให้ [hây] ＋人2 ＋　動詞句　〇〇に～をさせる

使い方　ให้ [hây] の前と後ろに人などが来る場合、ให้ [hây] は「目的語（人2）に目的語（動詞句）をさせる」という意味の使役動詞になります。
สั่งให้ [sàŋ hây]「指示する」**ใช้ให้** [cháy hây]「使わせる」などの熟語に由来した使い方です。
また、目的語（人2）を省略して〈ให้ [hây] ＋目的語（動詞句）〉だけになることも多いです。

51 **ให้เลี้ยวขวาที่นี่**
hây líaw khwǎa thîi nîi　ここを右に曲がって（させて）。

51

主語（人1など）＋～させる＋目的語（人2など）＋目的語（動詞句）				
	ให้ hây		เลี้ยวขวาที่นี่ líaw khwǎa thîi nîi 右折する	ここを右に曲がって（させて）。
ตำรวจ tam-rùat 警察		รถคันนั้น rót khan nán その車	จอด cɔ̀ɔt 停める	警察はその車を停めさせる。
คุณแม่ khun mɛ̂ɛ お母さん		น้องชาย nɔ́ɔŋ chaay 弟	ไปซื้อของ pay sɯ́ɯ khɔ̌ɔŋ 買い物に行く	お母さんが弟を買い物に行かせる。

練習 4　以下の文をタイ語で言ってみよう。

1．テレビを消して。（動詞の単独使用）

2．日本語を話さないで、タイ語を話して（話させる）。

3．ここは駐車禁止です。

4．警察は真っすぐ行かせる。

●許可

動詞 ＋ ได้ไหม　[dây mǎy] 文語　可能ですか？
　　　　　　　[dây máy] 口語　〜してもいいですか？

意味と品詞　ได้ [dâay] は「許可する」と「能力がある」という意味の動詞です。
　　　　　　この課では「許可」の意味を習います。

使い方　　　許可を得たい時に、文末に〈ได้ [dâay] ＋疑問詞〉を置きます。答え
　　　　　　方は、許可を与える場合は ได้ [dâay]、許可を与えない場合は〈ไม่
　　　　　　[mây] ＋ได้ [dâay]〉になります。

☆ได้ [dâay] には「できる」という能力の意味もあるので、〈ได้ [dâay] ＋疑問詞〉
は「①（許可）〜可能ですか②（能力）〜できますか」の両方の意味で使われます。
どちらの意味で使われているかは、文脈で判断します。

🎵51 เลี้ยวซ้ายได้ไหม
líaw sáay dây máy

左に曲がっていいですか？

🎵51

動詞（句）	+	許可	+	疑問詞	
เลี้ยวซ้าย líaw sáay		ได้ dây		ไหม máy / หรือเปล่า rǔɯ pláw など	左に曲がってもいい？ （曲がれる？）
ถ่ายรูป thàay rûup 写真を撮る					写真を撮ってもいい？ （撮れる？）
ขอ khɔ̌ɔ 下さい					貰ってもいい？ （くれる？もらえる？）
เขียนภาษาไทย khǐan phaa-sǎa thay タイ語を書く					タイ語で書いていい？ （タイ語で書ける？）
ขอถามทางหน่อย khɔ̌ɔ thǎam thaaŋ nɔ̀y 道を聞いてもいいですか？					道を聞かせてもらえる？
ช่วยบอกทางให้หน่อย chûay bɔ̀ɔk thaaŋ hây nɔ̀y 道を教えて下さい					道を教えてもらえる？

練習 5　**ไหม** [máy] または **หรือเปล่า** [rǔɯ-plàw] の疑問詞を使って、タイ語で
許可をとってみよう。

1．真っすぐに運転して行ってもいいですか？

．．

2．ここに車を駐車してもいいですか？

．．．

3．写真を撮ってもらえませんか？

．．．

4．このパソコンを使っていいですか？

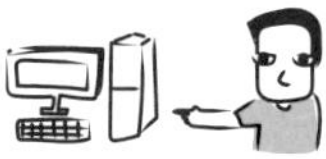

．．．

☆ได้ [dâay] 以外の許可を与える表現

(♪51) **ให้** [hây] + 人など　〜の許可を与える　〜してもよい

使い方　**อนุญาตให้** [à-nú-yâat hây]「許可を与える」に由来します。**ได้** [dâay] と一緒に使うことが多いです。意味は同じです。**ให้** [hây] の後ろに来る人などを省略できます。

(♪51)

> **พ่อให้ลูกไปเที่ยว** [phɔ̂ɔ hây lûuk pay thîaw]
> お父さんは子供を遊ばせる。（許可を与える）
>
> **ครูให้นักเรียนไปพักได้** [khruu hây nák-rian pay phák dâay]
> 先生は生徒を休ませる。（許可を与える）
>
> **ตำรวจให้รถบัสขับตรงไปได้** [tam-rùat hây rót bát khàp troŋ pay dâay]
> 警察は大型バスを直進させる。（許可を与える）（**รถบัส** [rót bát] 大型バス）
>
> **ให้โทรศัพท์ที่ห้องนี้ได้** [hây thoo-ra-sàp thîi hɔ̂ŋ níi dâay]
> （誰かに）この部屋で電話していい。（許可を与える）

เดี๋ยว [dǐaw] ＋動詞（句）/ 人など / 形容詞

ちょっと　もうすぐ〜する / なる

意味と品詞　เดี๋ยว [dǐaw] は「①一瞬、しばらくの間 ②しばらくの間の後にある出来事が起こる」という意味の副詞です。

使い方　口語で使います。②の意味の場合は、意思と未来を表す จะ [cà] と一緒に使うことが多いです。เดี๋ยวก็ [dǐaw kɔ̂ɔ] という使い方もできます。意味は เดี๋ยว [dǐaw] 単独と同じです。

เดี๋ยวจะกลับแล้วครับ　[dǐaw ca klàp lɛ́ɛw khráp]
もうすぐ帰ります。

เดี๋ยวเราไปกินผัดไทยกัน　[dǐaw raw pay kin phàt-thay kan]
もうちょっとしたら私達はパッタイを食べに行こう。

อย่ากินเยอะ เดี๋ยวจะอ้วน　[yàa kin yá dǐaw ca ûan]
たくさん食べないで、もうすぐ太るよ。(อ้วน [ûan] 太る)

ช่วงนี้เดี๋ยวก็ร้อนเดี๋ยวก็หนาว　[chûaŋ-níi dǐaw kɔ̂ɔ rɔ́ɔn dǐaw kɔ̂ɔ nǎaw]
この間すぐ暑くなったり、すぐ寒くなったりする。(ช่วงนี้ [chûaŋ-níi] この間)

รอเดี๋ยว　[rɔɔ dǐaw]　ちょっと待って（慣用句）

เดี๋ยว　[dǐaw]　ちょっと（待って）

เดี๋ยวก่อน　[dǐaw kɔ̀ɔn]　待って　（慣用句）

เดี๋ยวเดียว　[dǐaw diaw]　ちょっとだけ（短時間）

แป๊บเดียว　[pɛ́p diaw]　ちょっとの時間 (เดี๋ยวเดียว [dǐaw diaw] より短い)

แว็บเดียว　[wɛ́p diaw]　一瞬

เดี๋ยวนี้　[dǐaw níi]　①今 (書き言葉は ปัจจุบันนี้ [pàt-cù-ban níi] 「現在」)
　　　　　　　　　　　②今すぐ

ตกลง [tòk-loŋ]　承る　オーケー　合意する　まとめると　賛成する　分かった

意味と品詞　ตกลง [tòk-loŋ] は「承る、オーケー、まとめると、合意する」という意味の動詞です。

使い方　承諾する場面で使います。ตกลง [tòk-loŋ] の代わりに「OK」を使う人が増えています。意見や話をまとめる時にも「まとめると、結局、結論」の意味として使います。

52

A: เจอกันพรุ่งนี้นะ　[cəə kan phrûŋ-níi ná]
明日会いましょうね。（เจอ[cəə] 会う、พรุ่งนี้ [phrúŋ-níi] 明日）

B: ตกลง [tòk-loŋ]
分かった

ตกลงอยากจะกินอะไร　[tòk-loŋ yàak cà kin a-ray]
結局、何を食べたい？

พวกเขาตกลงกันว่าจะไม่ไปที่นั่นอีก
[phûak kháw tòk-loŋ kan wâa cà mây pay thîi nân ìik]
彼らはあそこにもう行かないと合意した。

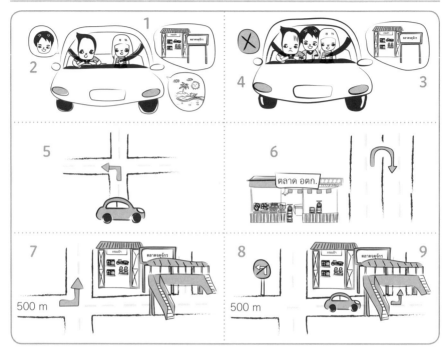

会話の聞き取り練習 53

会話を聞いて次の質問にタイ語で答えましょう。

1. คุณเคนไปซื้อของด้วยกันหรือเปล่า
   [khun kheen pay sɯ́ɯ khɔ̌ɔŋ dûay kan rɯ̌ɯ-plàw]

2. คุณต้มยำขับรถไปถูกไหม [khun tôm-yam khàp rót pay thùuk máy]

3. ใครช่วยบอกทางให้คุณต้มยำ [khray chûay bɔ̀ɔk thaaŋ hây khun tôm-yam]

4. ต้องเลี้ยวซ้ายเข้าจตุจักรที่ไหน [tɔ̂ŋ líaw sáay khâw cà-tu-càk thîi-nǎy]

会話

กุ้ง
kûŋ

1 ไปซื้อของเตรียมตัวไปทะเลที่จตุจักรกันค่ะ
[pay sɯ́ɯ khɔ̌ɔŋ triam-tua pay tha-lee thîi cà-tu-càk kan khâ]

ต้มยำ
tôm-yam

2 งั้น เดี๋ยวเราแวะรับเคนที่บ้านก่อน แล้วค่อยไปกันนะครับ
[ŋán dǐaw raw wɛ́ ráp kheen thîi bâan kɔ̀ɔn lɛ́ɛw khɔ̂y pay kan ná khráp]

กุ้ง
kûŋ

3 ค่ะ [khâ]
ต้มยำขับรถไปจตุจักรถูกไหมคะ
[tôm-yam khàp rót pay cà-tu-càk thùuk máy khá]

ต้มยำ
tôm-yam

4 ไปไม่ค่อยถูกครับ [pay mây khɔ̂y thùuk khráp]
ช่วยบอกทางให้หน่อยได้ไหมครับ
[chûay bɔ̀ɔk thaaŋ hây nɔ̀y dây máy khráp]

กุ้ง
kûŋ

5 ได้สิคะ [dây sì khá]
ขับตรงไปเรื่อยๆ จนถึงสี่แยกหน้าแล้วเลี้ยวซ้าย
[khàp troŋ pay rɯ̂ay rɯ̂ay con thɯ̌ŋ sìi-yɛ̂ɛk nâa lɛ́ɛw líaw sáay]

6 พอเห็นตลาดอ.ต.ก.ทางซ้ายมือ แล้วเตรียมชิดขวากลับรถ
[phɔɔ hěn ta-làat ɔɔ-tɔɔ-kɔɔ thaaŋ sáay mɯɯ lɛ́ɛw triam chít khwǎa klàp-rót]

7 พอกลับรถแล้วขับต่อไปอีกประมาณ 500 เมตร จะเห็นสะพานลอย
[phɔɔ klàp-rót lɛ́ɛw khàp tɔ̀ɔ pay ìik pra-maan hâa rɔ́ɔy méet ca hěn sa-phaan-lɔɔy]

ให้เลี้ยวซ้ายเข้าจตุจักรก่อนถึงสะพานลอยแรก
[hây líaw sáay khâw cà-tu-càk kɔ̀ɔn thɯ̌ŋ sa-phaan-lɔɔy rɛ̂ɛk]

8 อ้าว วันนี้ห้ามเลี้ยวซ้าย [âaw wan-níi hâam líaw sáay]
งั้นเราเลี้ยวที่สะพานลอยแรกก็แล้วกัน
[ŋán raw líaw thîi sa-phaan-lɔɔy rɛ̂ɛk kɔ̂ɔ-lɛ́ɛw-kan]

ต้มยำ
tôm-yam

9 ตกลง [tòk-loŋ]

🎧 ロールプレー練習

以上の会話を参考にして、タイ語で質問してみよう。この課に出てきた地図も利用してみよう。

A 道を教える人

1.「△△へ行く準備のため、○○へ何をしに行こう」と相手を誘う。

3.「○○へ正しく行けますか？」と聞く。

5–7. 道を教え、

8.「～が禁止です」と伝える。その後、解決方法を教える。

B 道を聞く人

2.「じゃ、どこで誰かをお迎えしてから行きましょう」と答える。

4.「あまり分かりません」と答え、「道を教えてもらえませんか？」とお願いする。

9.「分かった」と答える。

日本語訳

グンちゃん　海に行く準備の買い物をしに、ヂャトゥ・ヂャックに行きましょう。

トムヤム君　じゃ、もうちょっとしたら、先にけん君をお迎えしてから行きましょうね。

グンちゃん　はい。トムヤム君は、ヂャトゥ・ヂャックへの運転の仕方が分かりますか？

トムヤム君　あまり分かりません。道を教えてもらえませんか？

グンちゃん　もちろんです。（できますよ）
真っすぐ運転して、先の交差点に着くと左折します。
オートーゴー市場が左に見えた時に、Uターンのため右に寄せる準備をします。
Uターンしてから５００メートルぐらい運転し続けると、歩道橋が見えます。
最初の歩道橋に着く前に、左折してヂャトゥ・ヂャックに入ってください。
あら、今日は左折禁止！
じゃ、最初の歩道橋で曲がりましょう。

トムヤム君　分かった。

読み取り練習 53

文を読んで次の質問にタイ語で答えましょう。

พนักงาน
pha-nákŋaan
従業員

สวัสดีครับ โรงแรมสบายสบายครับ
[sa-wàt-dii khráp rooŋ-rɛɛm sa-baay sa-baay khráp]

กุ้ง
kûŋ

สวัสดีค่ะ ขอถามทางไปที่นั่นหน่อยค่ะ
[sa-wàt-dii khâ khɔ̌ɔ thǎam thaaŋ pay thîi nân nɔ̀y khâ]

พนักงาน
pha-nákŋaan

ยินดีครับ ไม่ทราบว่าตอนนี้คุณอยู่แถวไหนครับ
[yin-dii khráp mây sâap wâa tɔɔn níi khun yùu thɛ̌w-nǎy khráp]

กุ้ง
kûŋ

อยู่แถวเพลินจิตค่ะ
จะนั่งรถไฟมาจากเพลินจิตค่ะ ไม่ทราบว่าต้องลงสถานีไหนคะ
[yùu thɛ̌w phləən-cìt khâ
ca nâŋ rót-fay maa càak phləən-cìt khâ
mây sâap wâa tɔ̂ŋ loŋ sa-thǎa-nii nǎy khá]

พนักงาน
pha-nákŋaan

ลงสถานีอโศกครับ [loŋ sa-thǎa-nii a-sòok khráp]

กุ้ง
kûŋ

อยู่ตรงไหนของอโศกคะ [yùu troŋ-nǎy khɔ̌ɔŋ a-sòok khá]

พนักงาน
pha-nákŋaan

โรงแรมอยู่ตรงข้ามกับทางขึ้นลงรถไฟใต้ดินครับ
[rooŋ-rɛɛm yùu troŋ khâam kàp thaaŋ khûn loŋ rót-fay tây-din khráp]
ออกจากสถานีอโศก ทางออก 5 แล้วเดินตรงมาเรื่อยๆ จนถึงทางม้าลาย
[ɔ̀ɔk càak sa-thǎa-nii a-sòok thaaŋ ɔ̀ɔk hâa lɛ́ɛw dəən troŋ maa rûay rûay con thǔŋ thaaŋ-máa-laay]
โรงแรมจะอยู่ขวามือ อยู่ถึงก่อนทางม้าลายครับ
[rooŋ-rɛɛm ca yùu khwǎa mʉʉ yùu thǔŋ kɔ̀ɔn thaaŋ-máa-laay khráp]

กุ้ง
kûŋ

ขอบคุณมากค่ะ [khɔ̀ɔp-khun mâak khâ]

พนักงาน
pha-nákŋaan

ยินดีครับ [yin-dii khráp]

1. **คุณกุ้งถามทางจะไปที่ไหน** [khun kûŋ thǎam thaaŋ ca pay thîi-nǎy]

....

2. **คุณกุ้งอยู่แถวไหน** [khun kûŋ yùu thɛ̌w nǎy]

....

3. **คุณกุ้งต้องไปสถานีอะไร** [khun kûŋ tɔ̂ŋ pay sa-thǎa-nii a-ray]

....

4. **พอข้ามทางม้าลายแล้วถึงโรงแรมเลยใช่ไหม**
[phɔɔ khâam thaaŋ-máa-laay lɛ́ɛw thɯ̌ŋ rooŋ-rɛɛm ləəy chây mǎy]

....

新しい単語

乗り物　ยานพาหนะ [yaan phaa-hà-ná]

รถไฟ	rót-fay	電車	รถไฟฟ้า	rót-fay fáa	高架鉄道
รถไฟใต้ดิน	rót-fay tây-din	地下鉄	รถ(ยนต์)	rót(yon)	車
รถแท็กซี่	rót thɛ́k-sîi	タクシー	รถเมล์	rót-mee	路線バス
รถตุ๊กๆ	rót túk-túk	トゥックトゥック	รถสองแถว	rót sɔ̌ɔŋ-thɛ̌w	ソォーンテォ（小型トラック）
เครื่องบิน	khrɯ̂aŋ-bin	飛行機	เรือ	rɯa	船

รถมอเตอร์ไซค์	rót mɔɔ-tə̂ə-say	バイク
รถจักรยาน	rót càk-krà-yaan	自転車
รถมอเตอร์ไซค์รับจ้าง	rót-mɔɔ-tə̂ə-say ráp-câaŋ	バイクタクシー
รถบัส	rót bát	大型バス

類別詞　ลักษณนาม [lák-sa-nà-naam]

ขบวน	kha-buan	～台（電車など）
คัน	khan	～台（車　傘など）
ลำ	lam	～台（船　飛行機など）
สาย	sǎay	～線

乗り物の動作動詞

ขึ้น	khɯ̂n	乗る　搭乗する　上がる　（小型船から）降りる
ลง	loŋ	降りる　（小型船に）乗る
ขี่	khìi	（足を開けて）乗る / 運転する
นั่ง	nâŋ	（足を閉じて）乗る / 座る
ขับ	khàp	（機械を）運転する

順番　ลำดับ [lam dàp]

ก่อนหน้า	kɔ̀ɔn-nâa	前の～	หน้า	nâa	次の～
ถัดไป	thàt-pay	次の順番の～	ต่อไป	tɔ̀ɔ pay	続く～
แรก	rɛ̂ɛk	最初の～	สุดท้าย	sùt tháay	最後の～

ที่ thîi ＋数字	～番目の～
อีก ìik ＋数字＋場所	あと～

場所　สถานที่ [sa-thǎan-thîi]

บ้าน	bâan	家
โรงเรียน	rooŋ-rian	学校
ธนาคาร	tha-naa-khaan	銀行
ไปรษณีย์	pray-sa-nii	郵便局
โรงแรม	rooŋ-rɛɛm	ホテル
โรงพยาบาล	rooŋ-pha-yaa-baan	病院
ห้างสรรพสินค้า	hâaŋ sàp-pha-sǐn-kháa	デパート
สวนสาธารณะ	sǔan sǎa-thaa-ra-ná	公園
สถานีตำรวจ	sa-thǎa-nii tam-rùat	警察署
สถานีรถไฟ	sa-thǎa-nii rót-fay	駅
ห้องน้ำ	hɔ̂ŋ-náam	お手洗い
ร้านขายยา	râan-khǎay-yaa	薬局
ร้านอาหารไทย	ráan aa-hǎan thay	タイレストラン
วัด	wát	お寺
ร้านก๊วยเตี๋ยว ร้านก๋วยเตี๋ยว	ráan kúay-tǐaw ráan kǔay-tǐaw	グイッティオ（米粉麺）店
ตลาด	ta-làat	市場
ซูเปอร์มาเก็ต	suu-pəə-maa-kèt	スーパーマーケット
สถานทูต	sa-thǎan-thûut	大使館
สนามบิน	sa-nǎam-bin	空港
ร้านทำผม	ráan tham phǒm	美容院
โรงหนัง	rooŋ-nǎŋ	映画館
พิพิธภัณฑ์	phí-phít-tha-phan	博物館

道を教える時によく使う単語　คำที่ใช้บอกทาง [kham thîi cháy bɔ̀ɔk thaaŋ]

เลี้ยว	líaw	曲がる	ซ้าย	sáay	左
เบี่ยง	bìaŋ	迂回する	ขวา	khwǎa	右
ชิด	chít	寄せる	ขึ้น	khʉ̂n	上る
ข้าม	khâam	渡る	ลง	loŋ	降りる
ลอดใต้	lɔ̂ɔt tây	下を通る	เดิน	dəən	歩く
ผ่าน	phàan	通る 過ぎる	ขับรถ	khàp rót	運転する
ตรงไป	troŋ pay	真っすぐ行く	เข้า	khâw	入る
ไปเรื่อยๆ	pay rʉ̂ay rʉ̂ay	ずっと行く	ออก	ɔ̀ɔk	出る

ไปอีก	pay ìik	もっと行く	จอด	cɔ̀ɔt	止める
ต่อไป	tɔ̀ɔ pay	し続けて行く	กลับรถ	klàp rót	Uターンする
ไปจนถึง	pay con thǔŋ	～まで行く	ข้างหน้า	khâaŋ nâa	前側
ทางซ้ายมือ	thaaŋ sáay mɯɯ	左側（方向）	ทางขวามือ	thaaŋ khwǎ mɯɯ	右側（方向）
ข้างหลัง	khâaŋ lǎŋ	後ろ側	ออกจาก	ɔ̀ɔk-càak	～から出発する
ถึงแล้ว	thǔŋ lɛ́ɛw	着いた			

街にある物 สิ่งของบนท้องถนน
[sìŋ-khɔ̌ɔŋ bon thɔ́ɔŋ-tha-nǒn]

สี่แยก	sìi yɛ̂ɛk	交差点	สะพาน	sa-phaan	橋
ทางม้าลาย	thaaŋ-máa-laay	横断歩道	สะพานลอย	sa-phaan-lɔɔy	歩道橋
สัญญาณไฟ	sǎn-yaan-fay	信号	ตึก/อาคาร	tɯ̀k/aa-khaan	ビル
ถนน	tha-nǒn	道	ซอย	sɔɔy	細い道
ร้านค้า	ráan kháa	お店	ท่าเรือ	thâa rɯa	港
คอนโดมิเนียม	khɔɔn-doo-mi-nîam	マンション	ป้ายรถเมล์	pâay rót-mee	バス停
ทางรถไฟ	thaaŋ rót-fay	踏切・鉄道	ลิฟต์	líf	エレベーター
ทางเข้า	thaaŋ khâw	入口	บันได	ban-day	階段
บันไดเลื่อน	ban-day lɯ̂an	エスカレーター	ทางขึ้น/ลง	thaaŋ khûn/loŋ	上る・降りる 出入り口
ทางออก	thaaŋ ɔ̀ɔk	出口	ทางด่วน	thaaŋ-dùan	高速道路

疑問文 ประโยคคำถาม [pra-yòok kham-thǎam]

ไปทางไหน	pay thaaŋ-nǎy	どの方向に行きますか？
ขอ khɔ̌ɔ + 動詞 + หน่อย nɔ̀y		～をさせてください
ช่วย chûay + 動詞 + ให้หน่อย hây nɔ̀y		～をお願いします ～を教えてください　～してください
ได้ไหม	dây mǎy dây máy	可能ですか？　～してもいいですか？
ขอได้ไหม	khɔ̌ɔ dây mǎy khɔ̌ɔ dây máy	～させてもらえますか？ くださいませんか？
ช่วยหน่อยได้ไหม	chûay nɔ̀y dây mǎy chûay nɔ̀y dây máy	～してもらえませんか？

動詞　คำกริยา [kham krì-yaa]

ถึง	thʉ̌ŋ	着く　到着する
เตรียม	triam	準備する
เลย	ləəy	～を通り過ぎる　行き過ぎる
เตรียมตัว	triam-tua	自分の準備をする　身支度する
แวะ	wɛ́	立ち寄る
เตรียมพร้อม	triam-phrɔ́ɔm	備える　準備完了
ห้าม	hâam	～を禁止する　～を止める
ตกลง	tòk-loŋ	オーケー　合意する　承知する 了承する　賛成する　分かった

รับ	ráp	お迎え 受け取る	ส่ง	sòŋ	送る
เป็นห่วง	pen-hùaŋ	心配する	จับ	càp	触る 捕まる
หยุด	yùt	止める 止まる	ปิด	pìt	消す 閉じる
เจอ	cəə	会う 合う	ล้อเล่น	lɔ́ɔ-lên	冗談する
เงียบ	ŋîap	静か			

人 1 ＋ ให้ hây ＋ (人 2) ＋動詞句（何を）	○○に～をさせる
ให้ hây ＋ 人など	～の許可を与える　～してもよい

副詞　คำวิเศษณ์ [kham wí-sèet]

ต้อง	tɔ̂ŋ	必要　是非
ต่อ	tɔ̀ɔ	次に、続けて
～ ก่อน kɔ̀ɔn　แล้วค่อย lɛ́ɛw khɔ̂y ～		先に～をしてから～をする
พอ phɔɔ ～ แล้ว lɛ́ɛw		～た時に～する
ประมาณ	pra-maan	およそ　ぐらい
เรื่อยๆ	rʉ̂ay rʉ̂ay	継続している状態　変わらない
อย่า	yàa	～しないで　～するな
เดี๋ยว	dǐaw	ちょっと　もうすぐ～する・なる

前置詞・接続詞　คำบุพบท [kham bùp-phá-bòt] /คำเชื่อม [kham chʉ̂am]

ก่อน	kɔ̀ɔn	前に	จนถึง	con thʉ̌ŋ	までし続ける
ถูก	thùuk	正しい			

まとめ *สรุป* sarùp 何を勉強しましたか？

1. 乗り物と道を聞く	
～ ไป(ที่)ไหน [pay (thîi)-nǎy]	～はどこへ行きますか？
ต้อง [tɔ̂ŋ] ～ ที่ไหน [thîi-nǎy]	どこで～すればよいですか？
ไปทางไหน [pay thaaŋ-nǎy]	どの方向に行きますか？
2. 道を教える	
～ ก่อน [kɔ̀ɔn] แล้วค่อย [lɛ́ɛw khɔ̂y] ～	先に～をしてから～をする
ถึง [thǔŋ]	着く 到着する
เลย [ləəy]	～を通り過ぎる 行き過ぎる
พอ [phɔɔ] ～ แล้ว [lɛ́ɛw]	～た時に～する
ไปจนถึง [pay con thǔŋ] ～ แล้ว [lɛ́ɛw]	～に着くまで行ってから～する
เตรียม [triam]	準備する
ต่อ [tɔ̀ɔ]	次に 続けて
แวะ [wɛ́]	立ち寄る
ประมาณ [pra-maan]	およそ ぐらい
เรื่อยๆ [rûay rûay]	継続している状態 変わらない
จาก [càak] ～ ถึง [thǔŋ]	～から～まで
3. 命令	
อย่า [yàa]	～しないで ～するな
ห้าม [hâam]	～を禁止する ～を止める
人₁ + ให้ [hây] + 人₂ + 動詞句	〇〇に～をさせる
許可	
ได้ไหม [dây mǎy][dây máy]	可能ですか？ ～してもいいですか？
ให้[hây] + 人など	～の許可を与える ～してもよい
4. ニュアンス表現	
เดี๋ยว [dǐaw]	ちょっと もうすぐ～する / なる
ตกลง [tòk-loŋ]	オーケー 合意する 承知する まとめると
単語	場所名 動作動詞 道を教える時によく使う単語 街にある物 / 場所

できたことをチェック ✓

- □ 1. 乗り物と道を聞くことができる。
- □ 2. 道を教えることができる。
- □ 3. 命令文と許可文が言える。
- □ 4. 「もうちょっとしたら〜する / なる、オーケー」の表現を使える。

覚えておきたい表現 ประโยคน่าจำ pra-yòok nâa cam 54

乗り物を聞く

จะไปจตุจักร [cà pay cà-tu-càk] ต้องลงสถานีอะไรคะ [tɔ̂ŋ loŋ sa-thǎa-nii a-ray khá]	ヂャトゥ・ヂャックに行きたいですが、どの駅で降りればよいですか？
รถไฟขบวนไหนไปจตุจักรคะ [rót-fay kha-buan nǎy pay cà-tu-càk khá]	どの電車がヂャトゥ・ヂャックに行きますか？

道を聞く

ขอโทษค่ะ สถานีรถไฟไปทางไหนคะ [khɔ̌ɔ-thôot khâ sa-thǎa-nii rót-fay pay thaaŋ-nǎy khá]	すみません。駅はどの方向に行きますか？
ขอถามทางขับรถไปที่นั่นหน่อยครับ [khɔ̌ɔ thǎam thaaŋ khàp rót pay thîi nân nɔ̀y khráp]	あそこに運転して行く道を聞いていいですか？
ช่วยบอกทางเดินไปที่นั่นหน่อยครับ [chûay bɔ̀ɔk thaaŋ dəən pay thîi nân nɔ̀y khráp]	あそこに歩いて行く道を教えてもらえませんか？

道を教える

ออกจากสถานีรถไฟ แล้วเลี้ยวซ้าย [ɔ̀ɔk càak sa-thǎa-nii rót-fay lɛ́ɛw líaw sáay]	駅から出ると、 左に曲がります。
แล้วเดินตรงไปเรื่อยๆ ประมาณ 500 เมตร จนถึงสี่แยก [lɛ́ɛw dəən troŋ pay rɯ̂ay rɯ̂ay pra-maan hâa rɔ́ɔy méet con thɯ̌ŋ sìi-yɛ̂ɛk]	それから、交差点まで ５００メートルぐらい 真っすぐ歩き続けてます。
จะเห็นร้านอยู่ทางซ้ายมือ [ca hěn ráan yùu thaaŋ sáay mɯɯ]	お店は左手にあります。

命令

อย่าขับรถเร็วค่ะ [yàa khàp rót rew khâ]	スピードを出さないで ください。
ตรงนี้ห้ามจอดครับ [troŋ níi hâam cɔ̀ɔt khráp]	ここは駐車禁止です。

許可とその他

เลี้ยวซ้ายได้ไหมคะ [líaw sáay dây máy khá]	左に曲がっていいですか？
รอเดี๋ยวครับ [rɔɔ dǐaw khráp]	ちょっと待ってください。
เลยร้านแล้วหรือยังครับ [ləəy ráan lɛ́ɛw-rɯ̌ɯ-yaŋ khráp]	お店を過ぎましたか？

ใช้ "ไป/มา" ให้เก่งขึ้น [cháy pay/maa hây kèŋ khûn]
ไป [pay] と มา [maa] を使いこなす。

・・・

タイ語では、ไป [pay]「行く」と มา [maa]「来る」を他の動詞と一緒に用いることが多いです。その際の語順は、動作の順番通りに動詞を並べます。例えば、「食べに行く」の場合、ไปกิน [pay kin] の語順になります。日本人はこの語順をよく間違えているので、気を付けて使いましょう。以下に例文を記載します。

① เอา [aw] ＋物＋ ไป [pay]/มา [maa]　　〜を持って行く / 来る・来た
ต้องเอารูปไปด้วย [tɔ̂ŋ aw rûup pay dûay]
写真も持っていく必要がある。
เอาร่มมาหรือเปล่า [aw rôm maa rɯ̌ɯ-plàw]
傘を持ってきた？

② ซื้อ [sɯ́ɯ] ＋物＋ ไป [pay]/มา [maa]　　〜を買って行く / 来る・来た
ซื้อขนมไปฝากเพื่อน [sɯ́ɯ kha-nǒm pay fàak phɯ̂an]
友達にお菓子を買っていく。（買ってから行く）
ซื้ออะไรมากิน [sɯ́ɯ a-ray maa kin]
何を買ってきて食べる？（買ってきてから食べる）

③乗り物の動作＋乗り物＋ ไป [pay]/มา [maa]
〜に乗って行く / 来る・来た（〜で行く / 来る・来た）
ขึ้นเครื่องบินไป [khɯ̂n khrɯ̂aŋ-bin pay]
飛行機に乗って行く。
นั่งรถไฟมา [nâŋ rót-fay maa]
電車に乗って来た。

④ ไป [pay] ＋場所 / 動詞 (句) ＋ มา [maa]　　〜へ行って来た
ไปไหนมา [pay nǎy maa]
どこへ行ってきた？（ไหน [nǎy] は ที่ไหน [thîi nǎy] の省略）
ไปซื้อของมา [pay sɯ́ɯ khɔ̌ɔŋ maa]
買い物へ行ってきた。

⑤ เตรียม [triam] ＋物／人＋ ไป [pay]/มา [maa]

〜を準備して〜へ行く／来る・来た

เตรียมเงินไปเที่ยว [triam ŋən pay thîaw]

お金を準備して旅行へ行く。

เตรียมใจมาแล้ว [triam cay maa lɛ́ɛw]

心を準備して来た。（ใจ [cay] 心）

⑥ ให้ [hây] ＋物／人＋ ไป [pay]/มา [maa]

〜に・をあげる（行く）／くれる（来た）

ใครให้ของขวัญมา [khray hây khɔ̌ɔŋ-khwǎn maa]

誰がプレゼントをくれた？

ให้ดอกไม้คุณแม่ไปแล้วหรือยัง [hây dɔ̀ɔk-máay khun-mɛ̂ɛ pay lɛ́ɛw-rɯ̌ɯ-yaŋ]

お母さんに花をあげた？（ดอกไม้ [dɔ̀ɔk-máay] 花）

10 どうやってワットアルンへ行ったらいいですか？

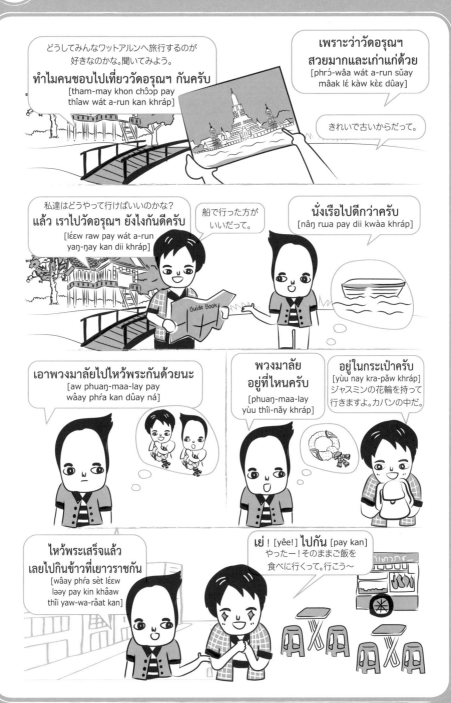

第 10 課　手段や方法を比較し、理由を説明しよう

บทที่ 10 มาเปรียบเทียบวิธีเดินทางและอธิบายเหตุผลกัน

[bòt-thîi sìp maa prìap-thîap wí-thii dəən-thaaŋ lɛ́ a-thí-baay hèet-phǒn kan]

Lesson 1 手段や方法の聞き方と教え方

●手段・方法の聞き方

55 **一般動詞（句）＋ อย่างไร [yàaŋ-ray]　どうやって～する**

意味と品詞　**อย่างไร** [yàaŋ-ray] は疑問文で使う場合、「どのように / な」という「方法・状況」を意味する疑問詞になります。

使い方　〈一般動詞（句）＋ **อย่างไร** [yàaŋ-ray]〉は「どうやって～する」という「方法」の尋ね方です。話す時、**อย่าง** [yàaŋ] と **ไร** [ray] の発音を組み合わせ **ยังไง** [yaŋ-ŋay] と言うことがほとんどです。**อย่างไร** [yàaŋ-ray] の後ろに **บ้าง** [bâaŋ] を付けると、様々な答えを期待する言い方になります。この他、**อย่างไร** [yàaŋ-ray] の後ろに様々な句や節を付けることができます。

55 **ไปยังไง**
pay yaŋ-ŋay　　どうやって行きますか？

55

一般動詞（句）	＋ อย่างไร [yàaŋ-ray]（ยังไง [yaŋ-ŋay]）	
ไป pay 行く	**ยังไง** yaŋ-ŋay	どうやって行く？
โออิชิ ภาษาไทยพูดว่า ooishii phaa-sǎa thay phûut wâa 「美味しい」をタイ語で言う		「美味しい」は タイ語で何と言う？
ไป pay 行く	**ยังไงเร็วที่สุด** yaŋ-ŋay rew thîi-sùt	どうやって行ったら一番早い？
	ยังไงได้บ้าง yaŋ-ŋay dây bâaŋ	どうやって行ける？

☆一般動詞ではなく〈動詞 **เป็น [pen]** + **อย่างไร [yàaŋ-ray]**〉は「どうなっている」という「状況・事情」の尋ね方です。

例）**เป็นยังไงบ้าง สบายดีไหม [pen yaŋ-ŋay bâaŋ　sa-baay dii máy]**
　　どう？元気？

　　ว่ายังไง [wâa yaŋ-ŋay] または **ว่าไง [wâa ŋay]**
　　どうした？/ 元気？（慣用句）

☆〈形容詞 + **อย่างไร [yàaŋ-ray]**〉は「どのように・な○○」という「状態」の尋ね方です。

例）**เขาดียังไง　[kháw dii yaŋ-ŋay]**
　　彼はどのように良い？

　　มันแย่ยังไงเหรอ　[man yɛ̂ɛ yaŋ-ŋay rə̌ə]
　　これはどのように悪いの？

●手段・方法の教え方

🎵55 **動作動詞 + 乗り物 + ไป [pay] / มา [maa]　〜で行く / 来た**

使い方　　〈**ไป/มา 〜 อย่างไร [pay/maa 〜 yàaŋ-ray]**〉の質問へは、手段・方法で答えます。
　　　　答え方は〈動作動詞 + 乗り物 + **ไป/มา [pay/maa]**〉です。第9課で学んだように、タイ語では乗り物によって使う動詞が異なります。

🎵55 **นั่งรถไฟไป**
nâŋ rót-fay pay　　　　電車で行きます。

🎵55

動作動詞 + 乗り物	+ ไป pay / มา maa	
นั่งรถไฟ nâŋ rót-fay 電車に乗る	**ไป** pay 行く	電車で行く。 
ขับรถ khàp rót 車を運転する		車を運転して行く。 
เดิน dəən 歩く	**มา** maa 来た	歩いて来た。 
ขี่ช้าง khìi cháaŋ 象に乗る		象に乗って来た。 

☆手段・方法を表す時、書き言葉や正式な場面では、前置詞 **โดย [dooy]**「〜で」を使うことが多いです。**เดินทาง [dəən-thaaŋ]**「出発する / 旅する」、**เขียน [khǐan]**「書く」、**ตรวจ [trùat]**「確認する」、**อนุมัติ [à-nú-mát]**「承認を得る」、**แต่ง [tɛ̀ŋ]**「作曲する」、**ผลิต [pha-lìt]**「生産する」などの動詞と一緒に使うことが多いです。

会話では、**โดย** [dooy] を使わないので、注意しましょう。

例）**เดินทางโดยเครื่องบิน** [dəən-thaaŋ dooy khrɯ̂aŋ-bin]
飛行機で出発する。

ขอให้เดินทางโดยสวัสดิภาพ
[khɔ̌ɔ hây dəən-thaaŋ dooy sa-wàt-dì-phâap]
良い旅を祈っております。

อนุมัติโดยกระทรวงศึกษาธิการ
[à-nú-mát dooy kra-suaŋ sɯ̀k-sǎa-thí-kaan]
(**กระทรวงศึกษาธิการ** [kra-suaŋ sɯ̀k-sǎa-thí-kaan] 文部省)
文部省で承認を得た。

♪55

เอา [aw] ＋名詞＋ ไป [pay] / มา [maa]　～を持って行く / 来る

意味と品詞　この場合の **เอา** [aw] は、「持つ、取る」という意味の動詞です。

使い方　**เอา** [aw] の後ろに持っていくもの（名詞）が来てから、**ไป** [pay] /**มา** [maa] が付きます。日本人は語順をよく間違えているので、注意しましょう。

♪55

เอากล้องถ่ายรูปไปด้วย
aw klɔ̂ŋ-thàay-rûup pay dûay　　カメラも持って行きます。

♪55

+	名詞	+			
เอา aw	กล้องถ่ายรูป klɔ̂ŋ-thàay-rûup カメラ	ไป pay 行く	ด้วย dûay も	カメラも 持って行く。	
	หนังสือนี้ náŋ-sɯ̌ɯ níi この本		ดีไหม dii máy でいい？	この本を持って 行ったらいい？	
	กุญแจ kun-cɛɛ 鍵	มา maa 来る	แล้ว lɛ́ɛw もうした	鍵をもう 持って来た。	
	โทรศัพท์ thoo-ra-sàp 電話		ให้หรือเปล่า hây rɯ̌ɯ-plàw くれるかどうか	電話を持って 来てくれる （かどうか）？	

練習1 以下の文をタイ語で言ってみよう。

1．あなたはタイ語の教科書を持って来ますか？

2．彼 / 彼女はお金を持って来てくれましたか？

เงิน
[ŋən]
お金

3．ペンを持って行く必要がありますか？

4．海へ行くには、何 (か) を持って行く準備をする必要がありますか？

🎵55 | **疑問詞（文）＋ ดี [dii]** 　〜がいいですか？　〜たらいいですか？
　　　　　　　　　　　　　　　　　　　〜すればいいですか？

意味と品詞　**ดี** [dii] は「良い」という意味の形容詞・副詞です。

使い方　　　相手に意見を聞く時によく使い、〈聞きたいこと＋ **ดี** [dii]〉「〜が
　　　　　　いいですか？」という意味になります。

🎵55 **กินอะไรดี**
kin a-ray dii 　　　　何を食べたらいいですか？

🎵55

疑問詞（文）	+ ดี [dii]	
กินอะไร [kin a-ray] 何を食べる	**ดี** [dii]	何を食べたらいい？
ที่ไหน [thîi-nǎy] どこ		どこがいい？
ให้ใครทำ [hây khray tham] 誰にさせる		誰にさせたらいい？
ไปโตเกียวทาวเวอร์ยังไง [pay too-kiaw thaaw-wəə yaŋ-ŋay] どうやって東京タワーへ行く		どうやって東京タワーへ 行ったらいい？

ก็ได้ [kɔ̂ɔ dâay]

① （どちら）でもいい
② 仕方なく　いいよ

意味　「①何でもいい、どちらでもいい」または「②仕方ない、やむを得ず承諾する」の意味で使われます。

使い方　会話での受け答えに用います。文末に付けます。

55

A: กินอะไรดี	[kin a-ray dii]	何を食べたらいい？
B: กินอะไรก็ได้	[kin a-ray kɔ̂ɔ dâay]	何でもいい。
A: สีฟ้าไม่มีค่ะ	[sǐi fáa mây mii khâ]	水色はないです。
B: สีชมพูก็ได้	[sǐi chom-phuu kɔ̂ɔ dâay]	ピンクでもいい。
A: เอายังไงดี	[aw yaŋ-ŋay dii]	どうすればいい？
B: ยังไงก็ได้	[yaŋ-ŋay kɔ̂ɔ dâay]	何でもいい。

練習2　以下の質問にタイ語で答えてみよう。

1. คุณมาโรงเรียนยังไงครับ　[khun maa rooŋ-rian yaŋ-ŋay khráp]

 ◁◁

....

2. จะไปดิสนีย์แลนด์ยังไงกันคะ

[ca pay dít-nii-lɛɛn yaŋ-ŋay kan khá]

▷▷

ดิสนีย์แลนด์
[dít-nii-lɛɛn]
ディズニーランド

....

以下の質問に ก็ได้ [kɔ̂ɔ dâay] または ต้อง [tɔ̂ŋ] を使って、タイ語で答えてみよう。

3. อยากจะไปทตโตะริค่ะ ไปยังไงได้บ้างคะ

[yàak ca pay thôot-thoo-rí khâ　pay yaŋ-ŋay dây bâaŋ khá]

 ▷▷

....

4. จากที่นี่ไปโอซาก้า ไปยังไงเร็วที่สุดครับ

[càak thîi-nîi pay oo-saa-kâa　pay yaŋ-ŋay rew thîi-sùt khráp]

(เร็วที่สุด [rew thîi-sùt] 一番早い)

▷▷

....

Lesson 2 比較文

56 A ＋形容詞／副詞＋ **ที่สุด** [thîi-sùt] Aが一番～ / 最も～

意味と品詞 **ที่สุด** [thîi-sùt] は「一番」という意味の形容詞や副詞です。

使い方 **ที่สุด** [thîi-sùt] の前には必ず形容詞か副詞が来ます。**ที่สุด** [thîi-sùt] 単独では「一番 / 最も」という意味にはなりません。副詞の場合、**มาก**[mâak] が使われることが多いです。日本人はよく副詞を入れ忘れているので注意しましょう。

否定文は、**ไม่ได้** [mây dâay] を使い、〈**ไม่ได้** [mây dâay] ＋形容詞＋ **ที่สุด** [thîi-sùt]〉、〈**ไม่ได้** [mây dâay] ＋動詞＋副詞＋ **ที่สุด** [thîi-sùt]〉になります。

疑問文は、〈疑問詞＋形容詞 / 副詞＋ **ที่สุด** [thîi-sùt]〉になります。

56

肯定	**นั่งรถไฟไปดีที่สุด** [nâŋ rót-fay pay dii thîi-sùt] 電車で行くのが一番良い。 **คุณแม่ทำอาหารอร่อยที่สุดในโลก** [khun mɛ̂ɛ tham aa-hǎan a-rɔ̀y thîi-sùt nay lôok] お母さんは世界一料理が上手だ。 （**ในโลก** [nay lôok] 世の中で）
否定	**โตเกียวทาวเวอร์ไม่ได้สูงที่สุดในโลก** [too-kiaw thaaw-wə̂ə mây-dây sǔuŋ thîi-sùt nay lôok] 東京タワーは世界一高くはない。
疑問	**ใครสูงที่สุด** [khray sǔuŋ thîi-sùt] 誰が一番背が高い？ **ภูเขาอะไรสูงที่สุดในญี่ปุ่น** [phuu-khǎw a-ray sǔuŋ thîi-sùt nay yîi-pùn] 日本の中で一番高い山は何？

56

A ＋形容詞 / 副詞＋ (มาก) กว่า [(mâak) kwàa] ＋ B
A は B よりも～　A の方が B より～

56

A ＋形容詞 / 副詞＋ น้อยกว่า [nɔ́ɔy kwàa] ＋ B
A は B より～ない

意味と品詞　**กว่า** [kwàa] は「～より」を意味の形容詞や副詞です。

使い方　**กว่า** [kwàa] の前には必ず形容詞か副詞が来ます。
〈形容詞＋ **มากกว่า** [mâak kwàa]〉の場合、**มาก** [mâak] を省略できます。**น้อยกว่า** [nɔ́ɔy kwàa] は「～より…ない」という否定的な意味で用いられます。比較対象が明らかな場合、A や B を省略することがあります。

56

กินข้าวได้มากกว่าเมื่อวาน　[kin khâaw dây mâak kwàa mɯ̂a-waan]
昨日よりよくご飯を食べられた。（**เมื่อวาน** [mɯ̂a-waan] 昨日）

A: **เต่าวิ่งช้ากว่ากระต่ายหรือเปล่า**
[tàw wîŋ cháa kwàa kra-tàay rɯ̌ɯ-plàw]
カメはウサギより走るのが遅いですか？（**เต่า**　[tàw] カメ）

B: **ใช่ เต่าวิ่งช้ากว่า**　[chây tàw wîŋ cháa kwàa]
はい、カメの方が走るのが遅いです。

วันนี้หนาวน้อยกว่าเมื่อวาน　[wan-níi nǎaw nɔ́ɔy kwàa mɯ̂a-waan]
今日は昨日より寒くない。（昨日の方が今日より寒い）（**วันนี้**　[wan-níi] 今日）

ปีนี้หนาว(มาก)กว่าปีที่แล้ว　[pii-níi nǎaw (mâak) kwàa pii-thîi-lɛ́ɛw]
今年の方が去年より（ずっと）寒い。

56

A＋動詞（句）/ 名詞 / 形容詞＋ เท่า (กัน) (กับ) [thâw (kan)(kàp)] ＋B
A は B と等しく～　イコール　均一

56

A＋動詞(句) / 名詞 / 形容詞＋ ไม่เท่า (กัน) (กับ) [mây thâw (kan)(kàp)]＋B
A は B と同じ～ではない　A は B ほど～ない

意味と品詞　**เท่า** [thâw] は「等しい」という意味の形容詞や副詞です。

使い方　数量や数字で計れるものによく使います。A と B が主語になり、文末に **เท่ากัน** [thâw kan] が来る場合、**กัน** [kan] は省略できません。
否定文は、〈**ไม่เท่า** (**กัน**)(**กับ**) [mây thâw (kan)(kàp)]〉になります。
疑問文は、〈**เท่ากัน** [thâw kan]/**ไม่เท่ากัน** [mây thâw kan] ＋疑問詞〉になります。

56

肯定

ชอบไปเที่ยวทะเลเท่ากันกับภูเขา
[chɔ̂ɔp pay thîaw tha-lee thâw kan kàp phuu-khǎw]
海に遊びに行くのは山に遊びに行くのと等しく好き。

ชอบไปเที่ยวทะเลกับภูเขาเท่ากัน
[chɔ̂ɔp pay thîaw tha-lee kàp phuu-khǎw thâw kan]
海に遊びに行くのと山に遊びに行くのは等しく好き。

ผมสูงเท่ากับเขา　[phǒm sǔuŋ thâw kàp kháw]
僕は彼と同じ背の高さだ。

ขนาดเท่ากัน　[kha-nàat thâw kan]
同じサイズ

1+1=2　[nɯ̀ŋ bùak nɯ̀ŋ thâw kàp sɔ̌ɔŋ]
1 たす 1 は2。

否定

อาหารนี้เผ็ดไม่เท่ากับอาหารนั้น
[aa-hǎan níi phèt mây thâw kàp aa-hǎan nán]
この料理はその料理ほど辛くはない。

เสื้อ 2 ตัวนี้ราคาไม่เท่ากัน
[sɯ̂a sɔ̌ɔŋ tua níi raa-khaa mây thâw kan]
この 2 つのシャツは同じ値段ではない。

疑問

เขาอายุเท่ากันไหมครับ　[kháw aa-yú thâw kan máy khráp]
彼らは同じ年齢ですか？

ราคาเท่ากันหรือเปล่าคะ　[raa-khaa thâw kan rɯ̌ɯ-plàw khá]
同じ値段ですか？

第 10 課

56

A+動詞(句)/名詞/形容詞+**พอๆ กัน(กับ)** [phɔɔ phɔɔ kan (kàp)]+B
A は B と同じぐらい〜

使い方　**พอๆ กัน** [phɔɔ phɔɔ kan] は「同じぐらい」という意味で、**พอกัน(กับ)** [phɔɔ kan (kàp)] とも言います。否定文ではあまり使わないですが、使うとしたら、〈A +**ไม่ได้** [mây dây]＋動詞(句)/名詞/形容詞＋**พอๆ กัน**[phɔɔ phɔɔ kan]〉です。疑問文は、〈**พอๆ กัน** [phɔɔ phɔɔ kan] ＋疑問詞〉になります。**พอกัน** [phɔɔ kan] はひとつの単語であるため、**กัน** [kan] は省略できません。ただし、**กับ** [kàp] がある場合、**กัน** [kan] を省略することが多く、**พอๆ กับ** [phɔɔ phɔɔ kàp] または **พอกับ** [phɔɔ kàp] になります。

56

肯定	**นักกีฬาสองคนนี้เก่งพอกัน** [nák-kii-laa sɔ̌ɔŋ khon níi kèŋ phɔɔ kan] この 2 人のスポーツ選手は同じぐらい上手だ。 **ชอบกินอาหารไทยพอๆ กับอาหารญี่ปุ่น** [chɔ̂ɔp kin aa-hǎan thay phɔɔ phɔɔ kàp aa-hǎan yîi-pùn] タイ料理は日本料理と同じぐらい食べるのが好き。
否定	**อาหารสองจานนี้ไม่ได้เผ็ดพอๆ กัน** [aa-hǎan sɔ̌ɔŋ caan níi mây dây phèt phɔɔ phɔɔ kan] この 2 つの料理は等しく辛くない。
疑問	**ปากกาด้ามนี้ราคาพอๆ กันกับด้ามนั้นหรือเปล่าคะ** [pàak-kaa dâam níi raa-khaa phɔɔ phɔɔ kan kàp dâam nán rʉ̌ʉ-plàw khá] このペンはそのペンの値段と同じぐらいですか？

ที่สุด	[thîi-sùt]	最も〜
มากกว่า	[mâak kwàa]	よりも〜
น้อยกว่า	[nɔ́ɔy kwàa]	より〜ない
เท่ากัน	[thâw kan]	等しい
ไม่เท่ากัน	[mây thâw kan]	ほど〜ない
พอๆกัน	[phɔɔ phɔɔ kan]	同じぐらい

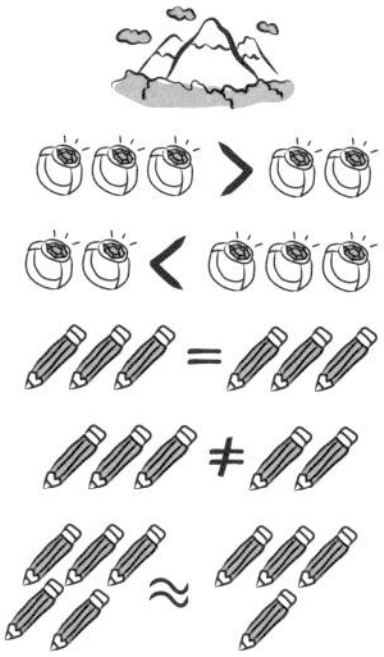

56

比較でよく用いられる単語 คำที่ใช้ในการเปรียบเทียบ [kham thîi cháy nay kaan prìap-thîap]		
ราคา [raa-khaa] 値段	แพง [phɛɛŋ] 高い ⟷	ถูก [thùuk] 安い
ส่วนสูง [sùan-sǔuŋ] 身長	สูง [sǔuŋ] 高い ⟷	เตี้ย [tîa] 低い
น้ำหนัก [nám-nàk] 体重・重さ	หนัก [nàk] 重い ⟷	เบา [baw] 軽い
สี [sǐi] / รสชาติ [rót-châat] 色　　　味	อ่อน [ɔ̀ɔn] 薄い ⟷	เข้ม [khêm] 濃い
เวลา [wee-laa] 時間	ช้า [cháa] 遅い นาน [naan] 長い ⟷	เร็ว [rew] 早い　短い
สี [sǐi] / ลวดลาย [lûat-laay] 色　　　柄	เรียบๆ [rîap rîap] 地味な ⟷	ฉูดฉาด [chùut-chàat] 派手な
เสียง [sǐaŋ] 音	ดัง [daŋ] 大きい ⟷ อึกทึก [ùk-kà-thúk] うるさい ⟷ สูง [sǔuŋ] 高い ⟷	เบา [baw] 小さい เงียบ [ŋîap] 静か ต่ำ [tàm] 低い
การสัมผัส [kaan sǎm-phàt] 感触 ความรู้สึก [khwaam rúu-sùk] 感覚	ละเอียด [lá-ìat] 細かい ⟷ นิ่ม [nîm] 柔らかい ⟷	หยาบ [yàap] 粗い、雑 แข็ง [khɛ̌ŋ] 固い
เพลง [phleeŋ] 歌	เพราะ [phrɔ́] （歌、曲が） きれい、上手 ⟷	ไม่เพราะ [mây phrɔ́] きれいではない、下手

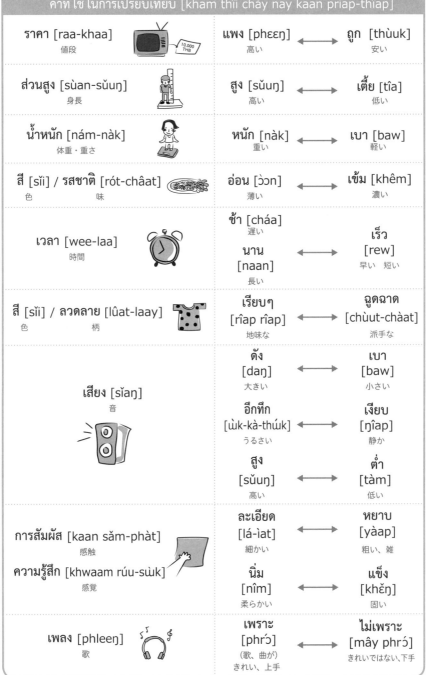

56

比較でよく用いられる単語（続き）

สะดวก [sa-dùak] 便利	⟷	**ไม่สะดวก** [mây sa-dùak] 不便
ยาก [yâak] 難しい	⟷	**ง่าย** [ŋâay] やさしい
ใหม่ [mày] 新しい	⟷	**เก่า** [kàw] 古い
ดี [dii] 良い	⟷	**ร้าย** [ráay] 悪い　**แย่** [yɛ̂ɛ] 大変な
สะอาด [sa-àat] きれい	⟷	**สกปรก** [sòk-ka-pròk] 汚い
ธรรมดา [tham-ma-daa] 普通	⟷	**พิเศษ** [phí-sèet] 特別な
ปกติ [pà-ka-tì] 普段通り	⟷	**ผิดปกติ** [phìt pà-ka-tì] 異常な
คับ [kháp] きつい	⟷	**หลวม** [lǔam] ゆるい
สว่าง [sa-wàaŋ] 明るい	⟷	**มืด** [mɯ̂ɯt] 暗い

☆**ปกติ** [pà-ka-tì] は **ปรกติ** [pròk-ka-tì] と書く場合もあります。

練習３　以下の文をタイ語で言ってみよう。

1．トムヤム君は一番背が高い。

2．けん君はグンちゃんとパクチーちゃんより背が高い。

3．トムヤム君とけん君は同じ背の高さではない。

4．グンちゃんとパクチーちゃんは同じぐらいの背の高さです。

(ระหว่าง [ra-wàaŋ]) A กับ [kàp] B + 疑問詞 + 形容詞 / 副詞 + กว่า(กัน)[kwàa (kan)]

A と B のどちらの方がより～ですか？

使い方 「A と B を比較してどちらの方がより～ですか？」と質問したい時に使います。「どちら」には〈類別詞 + ไหน [nǎy]「どの」〉または อะไร [a-ray]、ใคร [khray] などの疑問詞を用います（人の場合は คนไหน [khon nǎy]「どの人」、ใคร [khray]「誰」のいずれも使うことができます）。ระหว่าง [ra-wàaŋ]「間」、กัน [kan] は省略できます。

รถไฟกับรถทัวร์อย่างไหนเร็วกว่ากัน
[rót-fay kàp rót-thua yàaŋ-nǎy rew kwàa kan]
電車とバスのどちらの方が早い？（ทัวร์ [thua] ツアー、旅行）

สีเขียวกับสีแดงชอบสีอะไรมากกว่ากัน
[sǐi khǐaw kàp sǐi dɛɛŋ chɔ̂ɔp sǐi a-ray mâak kwàa kan]
緑色と赤色のどちらの色が好き？

ทะเลกับภูเขาอยากไปที่ไหนมากกว่ากัน
[tha-lee kàp phuu-khǎw yàak pay thîi-nǎy mâak kwàa kan]
海と山のどちらの方に行きたい？

อันนี้กับอันนั้นชอบอันไหนมากกว่ากัน
[an níi kàp an nán chɔ̂ɔp an-nǎy mâak kwàa kan]
これとそれのどちらが好き？

คุณเคนกับคุณต้มยำใครกินเก่งกว่ากัน
[khun kheen kàp khun tôm-yam khray kin kèŋ kwàa kan]
けん君とトムヤム君のどちらの方がよく食べる？

動詞 + ทั้งคู่ [tháŋ khûu] / ทั้ง 2 อย่าง [tháŋ sɔ̌ɔŋ yàaŋ]
両方とも〜する

意味と品詞　ทั้ง [tháŋ] は「全体の」という意味の形容詞です。ทั้ง [tháŋ] の後ろに〈名詞／数＋類別詞〉を置くことで、様々な意味に変化します。ทั้งคู่ [tháŋ khûu]/ทั้ง 2 อย่าง [tháŋ sɔ̌ɔŋ yàaŋ] は「両方とも」という意味です（คู่ [khûu]、อย่าง [yàaŋ] は類別詞）。

使い方　数や類別詞を変えて使います。

例）ทั้ง 2 แบบ　[tháŋ sɔ̌ɔŋ bɛ̀ɛp]　2つのタイプとも

　　ทั้ง 4 ชนิด　[tháŋ sìi cha-nít]　4つの種類とも

　　ทั้ง 3 คน　[tháŋ sǎam khon]　3人とも

เลือกไม่ได้ อยากได้ทั้งคู่　[lɯ̂ak mây dâay　yàak dây tháŋ khûu]
選べられない。両方とも欲しい。

ชอบกินทั้ง 2 อย่าง　[chɔ̂ɔp kin tháŋ sɔ̌ɔŋ yàaŋ]
両方とも食べたい。

เคยไปทั้ง 2 ที่　[khəəy pay tháŋ sɔ̌ɔŋ thîi]
両方とも行ったことがある。

練習 4　以下の質問にタイ語で答えてみよう。

1. คุณชอบสีอะไรมากที่สุดคะ
   [khun chɔ̂ɔp sǐi a-ray mâak thîi-sùt khá]

....

2. ฤดูร้อนกับฤดูหนาว คุณชอบฤดูไหนมากกว่าคะ
   [rɯ́-duu rɔ́ɔn kàp rɯ́-duu nǎaw　khun chɔ̂ɔp
   rɯ́-duu nǎy mâak kwàa khá]

....

3. นุ่นหนึ่งกิโลกับเหล็กหนึ่งกิโล อะไรหนักกว่ากันครับ
   [nûn nùŋ kì-loo kàp lèk nùŋ
   kì-loo a-ray nàk kwàa kan khráp]

นุ่น [nûn]
コットン

เหล็ก [lèk]
鉄

....

4. ผมคิดว่ารูปภาพนี้สวยพอกันกับรูปภาพนั้น คุณคิดว่ายังไงครับ
   [phǒm khít wâa rûup phâap níi sǔay phɔɔ phɔɔ kan kàp
   rûup phâap nán khun khít wâa yaŋ-ŋay khráp]

รูปภาพ [rûup phâap]
絵

●比較によく使う表現

(♪56)

ดีกว่า [dii kwàa]　①〜方がいい　②〜より良い

使い方　①は〈動詞（句）＋**ดีกว่า** [dii kwàa]〉として、②は〈**ดีกว่า** [dii kwàa]
＋名詞 / 動詞（句)〉として、比較する時や勧める時に使います。

(♪56)

นั่งรถไปดีกว่า　[nâŋ rót pay dii kwàa]
車で行った方がいい。

โทรไปหาดีกว่า　[thoo pay hǎa dii kwàa]
電話をかけた方がいい。（**โทรไปหา**[thoo pay hǎa] 電話をかける）

รู้อย่างนี้ ไม่บอกดีกว่า　[rúu yàaŋ níi mây bɔ̀ɔk dii kwàa]
こうなると知っていたら、教えない方が良かった。

ไม่เอาดีกว่า　[mây aw dii kwàa]
やっぱり要らない。(慣用句)（考えた結果、要らないとする方がよい）

เอาอย่างนี้ดีกว่า　[aw yàaŋ níi dii kwàa]
このようにした方がいい。（結論を出す時に使う）

ดีกว่าแต่ก่อน　[dii kwàa tɛ̀ɛ kɔ̀ɔn]
以前より良い。（**แต่ก่อน** [tɛ̀ɛ kɔ̀ɔn] 以前）

ผลสอบดีกว่าเดิม　[phǒn-sɔ̀ɔp dii kwàa dəəm]
成績は元より良い。（**ผลสอบ** [phǒn-sɔ̀ɔp] 試験の結果　**เดิม** [dəəm] 元）

ดีกว่าไม่ทำอะไรเลย　[dii kwàa mây tham a-ray ləəy]
全く何もしないより良い。

理由・原因の説明

(♪57) ทำไม [tham-may]　**なぜ？　どうして？**

意味と品詞　ทำไม [tham-may] は「なぜ・どうして・いかに・何のため」という
　　　　　意味の疑問詞です。

使い方　　　文頭又は文末に置きます。文頭に置く時、口語で〈**ทำไม** [tham-
　　　　　may] ＋主語＋ **ถึง** [thǔŋ]〉とすることがありますが、意味は変
　　　　　わらないです。

(♪57)

> ทำไมมาสายครับ　[tham-may maa sǎay khráp]
> どうして遅刻しましたか？（**มาสาย** [maa sǎay] 遅刻）
>
> ทำไมประตูเปิดอยู่　[tham-may pra-tuu pə̀ət yùu]
> （**ประตู** [pra-tuu] ドア）（**เปิด** [pə̀ət] 開ける、（電気を）つける）
> なぜドアが開いている？
>
> ทำไมเขาถึงไม่มา　[tham-may kháw thǔŋ mây maa]
> どうして彼 / 彼女が来なかった？
>
> ทำไมที่นี่ถึงหนาวมาก　[tham-may thîi nîi thǔŋ nǎaw mâak]
> 何でここはすごく寒い？（**หนาว** [nǎaw] 寒い）
>
> ร้องไห้ทำไมเหรอ　[rɔ́ɔŋ-hây tham-may rə̌ə]
> 何で泣いたの？　（**ร้องไห้** [rɔ́ɔŋ-hây] 泣く）

(♪57) เพราะ(ว่า) [phrɔ́(wâa)] **＋原因・理由　　なぜなら　よって　から**

意味と品詞　**เพราะ(ว่า)** [phrɔ́(wâa)] は「なぜなら・よって・から」という意味の
　　　　　接続詞です。英語の because（接続詞）に当たります。

使い方　　　**เพราะ(ว่า)** [phrɔ́(wâa)] は原因・理由を表す節の前に置きます。原因・
　　　　　理由が良い場合でも悪い場合でも使えます。**ว่า** [wâa] は省略できます。

57

A: ทำไมประตูเปิดอยู่ [tham-may pra-tuu pə̀ət yùu]
なぜドアが開いているの？
B: เพราะว่าลืมปิดประตู [phrɔ́ wâa lɯɯm pìt pra-tuu]
ドアを閉めるのを忘れたから。（ลืม [lɯɯm] 忘れる）
A: ทำไมเขาถึงไม่มา [tham-may kháw thɯ̌ŋ mây maa]
どうして彼 / 彼女が来なかったの？
B: เพราะว่าเขาไม่สบาย [phrɔ́ wâa kháw mây sa-baay]
元気じゃなかったから。
A: ร้องไห้ทำไมเหรอ [rɔ́ɔŋ-hây tham-may rə̌ə]
何で泣いたの？
B: เพราะส้มตำเผ็ดมาก [phrɔ́ sôm-tam phèt mâak]
ソムタムがとても辛かったから。

57

原因（＋主語）＋ (ก็)เลย [(kɔ̂ɔ-)ləəy] ＋結果　それで　その結果

意味と品詞　(ก็)เลย [(kɔ̂ɔ-)ləəy] は原因と結果を結ぶ「それで、その結果」とい
　　　　　う意味の接続詞です。英語の so に当たります。

使い方　　(ก็)เลย [(kɔ̂ɔ-)ləəy] は結果を表す節の前に置きます。ただし、結果
　　　　　を表す節の主語は、(ก็)เลย [(kɔ̂ɔ-)ləəy] の前に置きます。ก็ [kɔ̂ɔ]
　　　　　は省略できます。

57

ฝนตกก็เลยอยู่บ้าน [fǒn tòk kɔ̂ɔ-ləəy yùu bâan]
雨が降ったので、家に居ます。

ฝนตกเขาก็เลยอยู่บ้าน [fǒn tòk kháw kɔ̂ɔ-ləəy yùu bâan]
雨が降ったので、彼 / 彼女は家に居ます。

เมื่อคืนนอนดึกเลยง่วงนอน [mɯ̂a-khɯɯn nɔɔn dɯ̀k ləəy ŋûaŋ nɔɔn]
（เมื่อคืน [mɯ̂a-khɯɯn] 昨晩　ง่วงนอน [ŋûaŋ nɔɔn] 眠い）
昨晩遅く寝たので眠い。

ภาษาไทยยากก็เลยตั้งใจเรียน [phaa-sǎa thay yâak kɔ̂ɔ-ləəy tâŋ cay rian]
（ตั้งใจเรียน [tâŋ cay rian] 一生懸命勉強する）
タイ語は難しいので、一生懸命勉強する。

☆**ทำไม** [tham-may] 、**เพราะ(ว่า)** [phrɔ́(wâa)]、**(ก็)เลย** [(kɔ̂ɔ-)ləəy] の関係をまとめると、以下のようになります。

57

ทำไม tham-may どうして	**คุณไม่กินข้าวเช้า** khun mây kin khâaw chaáw 朝ごはんを食べない？（結果）		
เพราะว่า phrɔ́ wâa なぜなら	**ตื่นสาย** tɯ̀ɯn sǎay 寝坊した（理由）	**ก็เลย** kɔ̂ɔ-ləəy その結果	**กินไม่ทัน** kin mây than 食べる時間がない。 (**ไม่ทัน** mây than 間に合わない)
	ยังไม่หิว yaŋ mây hǐu まだお腹が空いていない		**ไม่กิน** mây kin 食べない。

☆接続詞 **เพราะ(ว่า)** [phrɔ́(wâa)] は「～のせいで、～が原因で、～のお陰で～がきっかけで」という意味でも使われます。また、接続詞 **(ก็) เลย** [(kɔ̂ɔ-) ləəy] と一緒に使われることも多いです（英語で because と so が一緒に使われないことと異なります）。さらに、前置詞として〈**เพราะ(ว่า)** [phrɔ́(wâa)] ＋名詞〉としても使われます（英語の〈because of〉に当たる）。

57

เพราะทำงานพิเศษก็เลยมีเงินใช้ส่วนตัว
[phrɔ́ tham-ŋaan phí-sèet kɔ̂ɔ ləəy mii ŋən cháy sùan-tua]
（**เงินใช้ส่วนตัว** [ŋən cháy sùan-tua] お小遣い）
アルバイトをしているため、お小遣いがある。

เพราะเขาลืมเอาหนังสือเดินทางมาทำให้พวกเราต้องช้า
[phrɔ́ kháw lɯɯm aw náŋ-sɯ̌ɯ-dəən-thaaŋ maa tham hây phûak-raw tɔ̂ŋ cháa]
（**หนังสือเดินทาง** [nǎŋ-sɯ̌ɯ-dəən-thaaŋ] パスポート）
彼 / 彼女がパスポートを忘れたせいで、我々は遅くなってしまった。

เพราะอยากมีเพื่อนเป็นคนไทยก็เลยเรียนภาษาไทย
[phrɔ́ yàak mii phɯ̂an pen khon thay kɔ̂ɔ-ləəy rian phaa-sǎa thay]
タイ人の友達が欲しいことがきっかけで、タイ語を勉強した。

ชนะได้เพราะโค้ชดี [cha-ná dây phrɔ́ khóot dii]
良いコーチのお陰で勝った。（**ชนะ** [cha-ná] 勝つ）

練習 5 　以下の質問に 〈เพราะว่า [phrɔ́ wâa] ~ ก็เลย [kɔ̂ɔ-ləəy]〉を使ってタイ語で答えてみよう。

1. ทำไมคุณถึงเรียนภาษาไทย
[tham-may khun thʉ̌ŋ rian phaa-sǎa thay]

....

2. คุณมีงานอดิเรกอะไร
[khun mii ŋaan-a-di-rèek a-ray]

ทำไมคุณถึงชอบงานอดิเรกนี้ [tham-may khun thʉ̌ŋ chɔ̂ɔp ŋaan-a-di-rèek níi]

....

3. คุณอยากจะทำอะไรในปีนี้ [khun yàak ca tham a-ray nay pii níi]
(ในปีนี้ [nay pii níi] 年内)

....

4. ทำไมคุณถึงอยากจะทำสิ่งนี้ [tham-may khun thʉ̌ŋ yàak ca tham sìŋ níi]
(สิ่งนี้ [sìŋ níi] このこと)

....

Lesson 4 位置表現とニュアンス表現

主語＋ อยู่ [yùu] ＋前置詞＋目的語（位置）

58

（位置）にいる／ある

使い方　〈อยู่ [yùu] ＋場所〉は第８課に習った **อยู่ที่ไหน** [yùu thîi-nǎy]「どこにある・いる」の質問への答え方の一つです。この課では、「上、下」などの位置に関する表現を習います。

58

แมวอยู่ในกล่อง
mɛɛw yùu nay klɔ̀ŋ　　猫は箱の中にいる。

58

主語	＋ อยู่ yùu ＋	前置詞＋目的語（位置）	
แมว mɛɛw 猫	อยู่ yùu	ที่ไหน [thîi-nǎy] どこ	猫はどこにいる？
		ในกล่อง [nay klɔ̀ŋ] 箱の中	猫は箱の中にいる
ร้านหนังสือ ráan náŋ-sʉ̌ʉ 本屋		ที่ไหน [thîi-nǎy] どこ	本屋はどこにある？
		ชั้นบน [chán bon] 上の階	本屋は 上の階にある。

☆位置に関する前置詞 / 名詞の使い方の注意点

①目的語がない場合は、**อยู่** [yùu] の後ろに、必ず **ข้าง** [khâaŋ] を入れて、名詞として使います。

例）**แมวอยู่ข้างใน** [mɛɛw yùu khâaŋ nay]　猫は中にいます。

②目的語がある場合は、前置詞として使います。

ข้าง [khâaŋ] があってもなくても意味は変わりません。

例）**แมวอยู่ในกล่อง** [mɛɛw yùu nay klɔ̀ŋ]

または **แมวอยู่ข้างในกล่อง** [mɛɛw yùu khâaŋ nay klɔ̀ŋ]　猫は箱の中にいる。

58

位置に関する名詞

ข้างใน [khâaŋ nay] 中　**ข้างนอก** [khâaŋ nɔ̂ɔk] 外　**ข้างบน** [khâaŋ bon] 上

ข้างล่าง [khâaŋ lâaŋ]/**ข้างใต้** [khâaŋ tây] 下　**ข้างหน้า** [khâaŋ nâa] 前

ข้างหลัง [khâaŋ lǎŋ] 後ろ　**ข้างข้าง** [khâaŋ khâaŋ] そば

ここ58

บน bon
〜の上に

ใน nay
〜の中に

นอก nɔ̂ɔk
〜の外に

ล่าง lâaŋ
下の〜

หน้า nâa
〜の前に

หลัง lǎŋ
〜の後ろに

ข้าง khâaŋ
〜のそばに

ใต้ tây
〜の下に

☆なお、タイ語では **ล่าง** [lâaŋ]「下」と **ใต้** [tây]「下」を使い分けています。

ล่าง [lâaŋ] は、上下のうち下の部分という意味です（下の〜）。

例）　ชั้นล่าง　　　　　　　 [chán lâaŋ]　　　　　　 下の階 / 下の段
　　　ลงข้างล่าง　　　　　　[loŋ khâaŋ lâaŋ]　　　　下に降りる
　　　บนกับล่าง　　　　　　 [bon kàp lâaŋ]　　　　　上と下
　　　(ร่างกาย)ท่อนล่าง　　 [(râaŋ-kaay) thɔ̂ɔn lâaŋ] 下半身

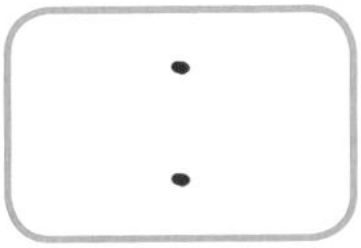

ใต้ [tây] は、他のものと比較してより低い位置、地位、立場という意味です。
覆うものがあり、その下にあるというイメージです（〜の下）。

例）**ใต้โต๊ะ**　　　　 [tây tó]　　　　　　　 机の下
　　ใต้ต้นไม้　　　 [tây tôn-máay]　　　 木の下
　　ใต้ท้องฟ้า　　 [tây thɔ́ɔŋ-fáa]　　 空の下
　　ใต้ดิน　　　　 [tây din]　　　　　　 地下
　　รถไฟใต้ดิน [rót-fay tây din]　 地下鉄
　　ใต้　　　　　　 [tây]　　　　　　　　 南
　　ใต้อำนาจ　　 [tây am-nâat]　　　 傘下

動詞（句）＋ อยู่ [yùu] ＋前置詞＋目的語（位置）

（位置）に～している／ある

意味と品詞　〈動詞（句）＋ อยู่ [yùu]〉で「～にしている（状態）」を表します。

สมุดวางอยู่หลังทีวี
sa-mùt waaŋ yùu lǎŋ thii-wii

ノートはテレビの後ろに置いてあります。

動詞（句）	＋ อยู่ yùu ＋	前置詞＋目的語（位置）	
สมุดวาง sa-mùt waaŋ ノートが置かれる	**อยู่** yùu	**ที่ไหน** thîi-nǎy どこ	ノートはどこに置いてある？
		หลังทีวี lǎŋ thii-wii テレビの後ろ 	ノートはテレビの 後ろに置いてある。
กระเป๋าหล่น kra-pǎw lòn カバンが落ちる		**ที่ไหน** thîi-nǎy どこ	どこでカバンが 落ちた（を落とした）？
		ตรงโน้น troŋ nóon あそこ 	あそこでカバンが 落ちた（を落とした）？
นาฬิกาแขวน naa-li-kaa khwɛ̌ɛn 時計が掛かる		**ที่ไหน** thîi-nǎy どこ	どこに時計を 掛けている？
		บนผนัง bon pha-nǎŋ 壁（の上） 	壁（の上）に時計を 掛けている。
เขายืน kháw yɯɯn 彼/彼女が立つ		**ที่ไหน** thîi-nǎy どこ	彼/彼女は どこに立っている？
		ข้างๆ ร้านอาหาร khâaŋ khâaŋ ráan aa-hǎan レストランのそば 	彼/彼女はレストランの そばに立っている。

☆なお、〈ทำ ～ หล่น / ตก [tham ～ lòn / tòk]〉「～を落とした」、〈ทำ ～ หาย [tham ～ hǎay]〉「～を失くした」などの場合、ทำ [tham] に状態を表すニュアンスが含まれているため、อยู่ [yùu] は使わなくてもよいです。

A: **น้องทำสมุดหล่น / หายที่ไหน** [nɔ́ɔŋ tham sa-mùt lòn/hǎay thîi-nǎy]

　妹 / 弟はどこでノートを落とした / 失くした？

B: **ทำหล่น / หายที่หน้าบ้าน** [tham lòn/hǎay thîi nâa bâan]
家の前で落とした / 無くした。
または、**เจอสมุดที่หน้าบ้าน** [cəə sa-mùt thîi nâa bâan]
家の前でノートを見つけた。

58

他動詞（句）+ ไว้ [wáy] + 前置詞 + 目的語（位置）
（誰かが）（位置）に〜している / ある

意味と品詞　ไว้ [wáy] は「保つ、保持する」という意味の動詞です。様々な使い方に用います。この課では、〈他動詞 + ไว้ [wáy]〉で、「その動詞を強調し、動作の結果の状態が続いている」ことを意味することを習います（※他動詞とは、目的語を必要とする動詞です）。

使い方　**อยู่** [yùu] と ไว้ [wáy] との違いは、**อยู่** [yùu] はただ存在している状態を表す目的で、他動詞でも自動詞でも一緒に使えますが、ไว้ [wáy] は誰かがその動作を行った結果の状態が続いていることを表す目的で、他動詞のみ一緒に使えることです。

58

ผมลืมสมุดไว้หลังทีวี
phǒm lɯɯm sa-mùt wáy lǎŋ thii-wii
僕はテレビの後ろにノートを置き忘れています。

58

動詞（句）	+ ไว้ wáy +	前置詞 + 目的語（位置）	
คุณลืมสมุด khun lɯɯm sa-mùt あなたはノートを忘れた	ไว้ wáy	ที่ไหน thîi-nǎy どこ	あなたはどこにノートを忘れている？
ผมลืมสมุด phǒm lɯɯm sa-mùt 僕はノートを忘れた		หลังทีวี lǎŋ thii-wii テレビの後ろ	僕はテレビの後ろにノートを置き忘れている。
เขาวางปากกา kháw waaŋ pàak-kaa 彼/彼女はペンを置く		ที่ไหน thîi-nǎy どこ	彼/彼女はどこにペンを置いてある？
		ในลิ้นชัก nay lín chák 引き出しの中	彼/彼女は引き出しの中にペンを置いてある。
อาจารย์เขียนกำหนดการ aa-caan khǐan kam nòt kaan 先生が予定を書く		ที่ไหน thîi-nǎy どこ	先生は予定をどこに書いてある？
		ที่นี่ thîi nîi ここ	先生はここに予定を書いてある。

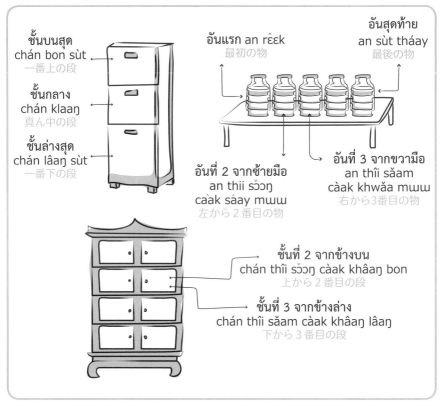

58 順番　ลำดับ [lam-dàp]

ชั้นบนสุด
chán bon sùt
一番上の段
ชั้นกลาง
chán klaaŋ
真ん中の段
ชั้นล่างสุด
chán lâaŋ sùt
一番下の段
อันแรก an rɛ̂ɛk
最初の物
อันสุดท้าย
an sùt tháay
最後の物
อันที่ 2 จากซ้ายมือ
an thii sɔ̌ɔŋ
caàk sáay mɯɯ
左から 2 番目の物
อันที่ 3 จากขวามือ
an thîi sǎam
càak khwǎa mɯɯ
右から3番目の物
ชั้นที่ 2 จากข้างบน
chán thîi sɔ̌ɔŋ càak khâaŋ bon
上から 2 番目の段
ชั้นที่ 3 จากข้างล่าง
chán thîi sǎam càak khâaŋ lâaŋ
下から 3 番目の段

練習 6　次のページの絵を見て、以下の質問にタイ語で答えてみよう。

1．**กระเป๋าสตางค์อยู่ที่ไหน** [kra-pǎw sa-taaŋ yùu thîi-nǎy]

2．**รูปภาพอยู่ที่ไหน** [rûup phâap yùu thîi-nǎy]

3．**แว่นตาวางไว้ที่ไหน** [wɛ̂n-taa waaŋ wáy thîi-nǎy]

4．タイ語で「～は〇〇にいる / ある」の文を作ってみよう。

58 家具　เครื่องเรือน [khrɯ̂aŋ rɯan] / เฟอร์นิเจอร์ [fəə-ni-cə̂ə]

ผนัง pha-nǎŋ 壁
ผ้าม่าน phâa-mâan カーテン
หน้าต่าง nâa-tàaŋ 窓
ชั้น chán 棚、階
ตู้ tûu タンス
ทีวี thii-wii テレビ
โคมไฟ khoom-fay 電気スタンド
เตียง tiaŋ ベッド
โต๊ะ tó 机
ลิ้นชัก lín chák 引き出し
เก้าอี้ kâw-ii 椅子
พื้น phɯ́ɯn 床
กล่อง klɔ̀ŋ 箱
ประตู pra-tuu ドア
ระเบียง ra-biaŋ バルコニー
สวน sǔan 庭

58

เลยไป [ləəy pay] +動詞（句）/ 場所
（～してから）そのまま～しに行く

意味と品詞　「あることしてから、そのまま他のことをしに行く」という意味の動詞です。

58

ไปซื้อของแล้วจะเลยไปกินข้าวนอกบ้าน
[pay sɯ́ɯ khɔ̌ɔŋ lɛ́ɛw ca ləəy pay kin khâaw nɔ̂ɔk bâan]
買い物してから、そのまま外食する。

เรียนเสร็จแล้วเลยไปทำงานพิเศษก่อนกลับบ้าน
[rian sèt lɛ́ɛw ləəy pay tham-ŋaan phí-sèet kɔ̀ɔn klàp bâan]
勉強が終わってから、家に帰る前にそのままアルバイトをしに行く。

ดูร้านนี้แล้ว อยากเลยไปร้านนั้นด้วยได้ไหม
[duu ráan níi lɛ́ɛw yàak ləəy pay ráan nán dûay dây máy]
この店を見てから、そのままその店にも行きたいので、いい？

58

เย่ yêe　やった

品詞　感嘆詞

使い方　嬉しいことがあった時に使います。

58

สอบผ่านแล้ว เย่　[sɔ̀ɔp phàan lɛ́ɛw yêe]
試験に受かった。やった。

เย่ ถูกรางวัลที่หนึ่ง　[yêe thùuk raaŋ-wan thîi nɯ̀ŋ]
やった、宝くじの一等に当たった。

เย่ ไม่ต้องทำการบ้าน　[yêe mây tɔ̂ŋ tham kaan-bâan]
やった、宿題をやらなくていい。

会話の聞き取り練習 59

会話を聞いて次の質問にタイ語で答えましょう。

1．คุณเคนกับคุณต้มยำไปสมุยอย่างไร
[khun kheen kàp khun tôm-yam pay sa-mǔy yàaŋ-ray]

2．คุณเคนกับคุณต้มยำกินข้าวแล้วจะเลยไปที่ไหน
[khun kheen kàp khun tôm-yam kin khâaw lέεw ca ləəy pay thîi-nǎy]

3．คุณเคนเอากระเป๋าสตางค์มาหรือเปล่า
[khun kheen aw kra-pǎw-sa-taaŋ maa rɯ̌ɯ-plàw]

4．ทำไมคุณเคนถึงจะกลับบ้าน [tham-may khun kheen thɯ̌ŋ ca klàp bâan]

เคน kheen

1 ไปสมุยยังไงดีครับ [pay sa-mǔy yaŋ-ŋay dii khráp]

2 นั่งเครื่องบินไปก็ได้ นั่งรถยนต์ไปก็ได้
[nâŋ khrʉ̂aŋ-bin pay kɔ̂ɔ-dâay nâŋ rót-yon
pay kɔ̂ɔ-dâay]

ต้มยำ
tôm-yam

เคน kheen

3 แล้วนั่งอะไรไปดีกว่ากันครับ
[lɛ́ɛw nâŋ a-ray pay dii kwàa kan khráp]

4 นั่งเครื่องบินไปดีกว่าครับ
[nâŋ khrʉ̂aŋ-bin pay dii kwàa khráp]

ต้มยำ
tôm-yam

เคน kheen

5 ทำไมนั่งเครื่องบินดีกว่าล่ะครับ
[tham-may nâŋ khrʉ̂aŋ-bin dii kwàa lâ khráp]

6 เพราะว่าเร็วกว่า และสะดวกกว่าครับ
[phrɔ́-wâa rew kwàa lɛ́ sa-dùak kwàa khráp]

ต้มยำ
tôm-yam

7 อย่างงั้น เดี๋ยวเราไปกินข้าวแล้วเลยไปบริษัททัวร์กัน
[yàaŋ-ŋán dǐaw raw pay kin khâaw lɛ́ɛw
ləəy-pay bɔɔ-ri-sàt thua kan]

เคน kheen

8 อ้าว ลืมเอากระเป๋าสตางค์มา
[âaw lʉʉm aw kra-pǎw-sa-taaŋ maa]

9 วางไว้ที่ไหน [waaŋ wáy thîi-nǎy]

ต้มยำ
tôm-yam

10 คิดว่าวางอยู่บนโต๊ะที่บ้าน
[khít wâa waaŋ yùu bon tó thîi bâan]

เคน kheen

11 เดี๋ยวผมกลับบ้านไปเอาก่อนดีกว่า
[dǐaw phǒm klàp bâan pay aw kɔ̀ɔn dii-kwàa]

12 ไม่ต้องไปแล้วครับ! [mây tɔ̂ŋ pay lɛ́ɛw khráp!]
กระเป๋าสตางค์หล่นอยู่ที่นี่
[kra-pǎw-sa-taaŋ lòn yùu thîi nîi]

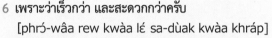

ต้มยำ
tôm-yam

13 เย่ เจอแล้ว [yêe cəə lɛ́ɛw]

เคน kheen

ロールプレー練習

以上の会話にある質問の内容を変え、友達に聞いてみよう。

A 行く方法を聞く人	B 行く方法を答える人
1. 行きたい場所へ行く方法を聞く。	2. 行く方法を答える。
3. 「どちらの方がいい？」と聞く。	4. お勧めの方法を教える。
5. なぜこの方法を勧めたかを聞く。	6. 理由を答える。
8. 「○○を持って来るのを忘れた」と教える。	7. 「そうすると○○をしてからそのまま○○をしましょう」と勧める。
10. 「○○に忘れてある」と答える。	9. どこに忘れているか聞く。
11. 「○○した方がいい」と自分に言う。	12. 「○○しなくてもいい」と答える。
13. 「よかった。見つかった」と言う。	「○○にある」と教える。

（日本語訳）

けん君　どうやってサムイに行ったらいいですか？

飛行機で行ってもいいし、車で行ってもいいし。　トムヤム君

けん君　それで何で行った方がいいですか？

飛行機で行った方がいいです。　トムヤム君

けん君　どうして飛行機の方が良いのですか？

他より速くて便利だからです。　トムヤム君
それじゃ、ご飯を食べてからそのまま旅行会社に行きましょう。

けん君　あら、財布を持ってくるのを忘れた。

どこに置いてある？　トムヤム君

けん君　家の机の上に置いてあると思う。
僕はすぐに家に帰って取りに行った方がいい。

もう行かなくてもいいよ！　トムヤム君
財布はここに落ちているよ。

けん君　やった、見つかった。

読み取り練習 59

文を読んで次の質問にタイ語で答えましょう。

ลูกค้า
lûuk kháa
お客さん

ขอโทษครับ [khɔ̌ɔ-thôot khráp]
ไม่ทราบว่าปูผัดผงกะหรี่ร้านเอกับร้านบี ร้านไหนอร่อยกว่ากันครับ
[mây-sâap-wâa puu-phàt-phǒŋ-ka-rìi ráan
ee kàp ráan bii ráan nǎy a-rɔ̀y kwàa kan khráp]
ช่วยแนะนำให้หน่อยได้ไหมครับ
[chûay nɛ́-nam hây nɔ̀y dây máy khráp] (แนะนำ [nɛ́-nam] 勧める)

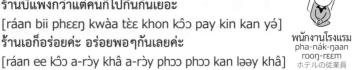

ได้สิคะ [dây sì khá]
ร้านบีแพงกว่าแต่คนก็ไปกินกันเยอะ
[ráan bii phɛɛŋ kwàa tɛ̀ɛ khon kɔ̂ɔ pay kin kan yə́]
ร้านเอก็อร่อยค่ะ อร่อยพอๆกันเลยค่ะ
[ráan ee kɔ̂ɔ a-rɔ̀y khâ a-rɔ̀y phɔɔ phɔɔ kan ləəy khâ]

พนักงานโรงแรม
pha-nák-ŋaan
rooŋ-rɛɛm
ホテルの従業員

ลูกค้า
lûuk kháa

แล้วคุณคิดว่าไปร้านไหนดีกว่ากันครับ
[lɛ́ɛw khun khít wâa pay ráan nǎy dii kwàa kan khráp]

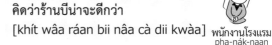

คิดว่าร้านบีน่าจะดีกว่า
[khít wâa ráan bii nâa cà dii kwàa]

พนักงานโรงแรม
pha-nák-ŋaan
rooŋ-rɛɛm

ลูกค้า
lûuk kháa

ทำไมล่ะครับ [tham-may lâ khráp]

เพราะว่าร้านนี้อยู่ในตึกนี้ อยู่ชั้น12
[phrɔ́-wâa ráan níi yùu nay tʉ̀k níi yùu chán sìp-sɔ̌ɔŋ]

พนักงานโรงแรม
pha-nák-ŋaan
rooŋ-rɛɛm

ลูกค้า
lûuk kháa

แล้วร้านเอไปยังไงครับ
[lɛ́ɛw ráan ee pay yaŋ-ŋay khráp]

ต้องนั่งรถไฟไปค่ะ [tɔ̂ŋ nâŋ rót-fay pay khâ]

พนักงานโรงแรม
pha-nák-ŋaan
rooŋ-rɛɛm

ลูกค้า
lûuk kháa

ถ้างั้น ผมไปร้านนี้ครับ
[thâa-ŋán phǒm pay ráan níi khráp]
ร้านอยู่บนตึกนี้นะครับ
[ráan yùu khâaŋ bon tʉ̀k níi ná khráp]

ใช่ค่ะ กินให้อร่อยนะคะ [chây khâ kin hây a-rɔ̀y ná khá]

พนักงานโรงแรม
pha-nák-ŋaan
rooŋ-rɛɛm

ลูกค้า
lûuk kháa

ขอบคุณครับ [khɔ̀ɔp-khun khráp]

1. ปูผัดผงกะหรี่ ร้านไหนอร่อยกว่ากัน
   [puu-phàt-phǒŋ-ka-rìi ráan nǎy a-rɔ̀y kwàa kan]

2. พนักงานแนะนำให้ไปกินร้านไหน
   [pha-nák-ŋaan nɛ́-nam hây pay kin ráan nǎy]

3. ทำไมพนักงานแนะนำร้านนี้ [tham-may pha-nák-ŋaan nɛ́-nam ráan níi]

4. ตกลงเขาไปร้านไหน [tòk-loŋ kháw pay ráan nǎy]

新しい単語

比較文でよく用いられる単語
คำที่ใช้บ่อยในการเปรียบเทียบ [kham thîi cháy bɔ̀y nay kaan prìap-thîap]

ราคา	raa-khaa	値段	**แพง**	phɛɛŋ	高い
			ถูก	thùuk	安い
ส่วนสูง	sùan-sǔuŋ	身長	**สูง**	sǔuŋ	高い
			เตี้ย	tîa	低い
น้ำหนัก	nám-nàk	体重・重さ	**หนัก**	nàk	重い
			เบา	baw	軽い
สี	sǐi	色	**อ่อน**	ɔ̀ɔn	薄い
รสชาติ	rót-châat	味	**เข้ม**	khêm	濃い
เวลา	wee-laa	時間	**ช้า**	cháa	遅い
			นาน	naan	長い
			เร็ว	rew	早い　短い
สี	sǐi	色	**เรียบๆ**	rîap rîap	地味な
ลวดลาย	lûat-laay	柄	**ฉูดฉาด**	chùut-chàat	派手な
เสียง	sǐaŋ	音	**ดัง**	daŋ	大きい
			อึกทึก	ɯ̀k-kà-thɯ́k	うるさい
			เบา	baw	小さい
			เงียบ	ŋîap	静か
			สูง	sǔuŋ	高い
			ต่ำ	tàm	低い
การสัมผัส	kaan sǎm-phàt	感触	**ละเอียด**	lá-ìat	細かい
			นิ่ม	nîm	柔らかい
ความรู้สึก	khwaam rúu-sɯ̀k	感覚	**หยาบ**	yàap	粗い、雑
			แข็ง	khɛ̌ŋ	固い
เพลง	phleeŋ	歌	**เพราะ**	phrɔ́	(歌、曲が)きれい、上手
			ไม่เพราะ	mây phrɔ́	きれいではない、下手

形容詞（状態） คำคุณศัพท์ [kham khun-na-sàp] (แสดงสภาพ [sa-dɛɛŋ sa-phâap])

สะดวก	sa-dùak	便利	ไม่สะดวก	mây sa-dùak	不便
ยาก	yâak	難しい	ง่าย	ŋâay	易しい
ใหม่	mày	新しい	เก่า	kàw	古い
ดี	dii	良い	ร้าย	ráay	悪い
			แย่	yɛ̂ɛ	大変な
สะอาด	sa-àat	きれい	สกปรก	sòk-ka-pròk	汚い
คับ	kháp	きつい	หลวม	lǔam	ゆるい
ธรรมดา	tham-ma-daa	普通	พิเศษ	phí-sèet	特別な
ปกติ ปรกติ	pà-ka-tì pròk-ka-tì	普段	ผิดปกติ	phìt pà-ka-tì	異常な
สว่าง	sa-wàaŋ	明るい	มืด	mʉ̂ʉt	暗い

位置（前置詞） ตำแหน่ง (คำบุพบท) [tam-nɛ̀ŋ (kham bùp-phá-bòt)]

ใน	nay	～の中に	นอก	nɔ̂ɔk	～の外に
บน	bon	～の上に	ล่าง	lâaŋ	下の～
ใต้	tây	～の下に	หน้า	nâa	～の前に
หลัง	lǎŋ	～の後ろに	ข้าง	khâaŋ	～のそばに

位置（名詞） ตำแหน่ง (คำนาม) [tam-nɛ̀ŋ (kham naam)]

ข้างใน	khâaŋ nay	中	ข้างนอก	khâaŋ nɔ̂ɔk	外
ข้างบน	khâaŋ bon	上	ข้างข้าง	khâaŋ khâaŋ	そば
ข้างหน้า	khâaŋ nâa	前	ข้างหลัง	khâaŋ lǎŋ	後ろ
ข้างล่าง khâaŋ lâaŋ/ข้างใต้	khâaŋ tây	下			

順番 ลำดับ [lam dàp]

～ จากข้างบน	～ càak khâaŋ bon	上から～			
～ บนสุด	～ bon sùt	一番上の～			
～ จากข้างล่าง	～ càak khâaŋ lâaŋ	下から～			
～ กลาง	～ klaaŋ	真ん中の～			
～ จากขวามือ	～ càak khwǎa mʉʉ	右から～			
～ ล่างสุด	～ lâaŋ sùt	一番下の～			
～ จากซ้ายมือ	～ càak sáay mʉʉ	左から～			
～ แรก	～ rɛ̂ɛk	最初の～	～ สุดท้าย	～ sùt tháay	最後の～

家具　เครื่องเรือน khrɯ̂aŋ rɯan / เฟอร์นิเจอร์ [fəə-ni-cəə]

โต๊ะ	tó	机	เก้าอี้	kâw-îi	椅子
ตู้	tûu	タンス	ชั้น	chán	棚、階
ลิ้นชัก	lín chák	引き出し	ประตู	pra-tuu	ドア
หน้าต่าง	nâa-tàaŋ	窓	โคมไฟ	khoom-fay	電気スタンド
ผ้าม่าน	phâa-mâan	カーテン	พื้น	phɯ́ɯn	床
เตียง	tiaŋ	ベッド	ห้อง	hôŋ	部屋
ผนัง	pha-nǎŋ	壁	สวน	sǔan	庭
ระเบียง	ra-biaŋ	バルコニー	กล่อง	klɔ̀ŋ	箱
แจกัน	cɛɛ-kan	花瓶			

比較　การเปรียบเทียบ [kaan prìap-thîap]

Aที่สุด	A thîi-sùt	Aが一番 / 最も〜
A(มาก)กว่า B	A (mâak) kwàa B	AはBよりも〜 Aの方がBより〜
A น้อยกว่า B	A nɔ́ɔy kwàa B	AはBより〜ない
Aเท่า (กัน)(กับ) B	A thâw (kan)(kàp)B	AはBと等しく〜 / イコール / 均一
A ไม่เท่า(กัน)(กับ) B	A mây thâw (kan)(kàp)B	AはBと同じ〜ではない / AはBほど〜ない
Aพอๆ กัน(กับ)B	A phɔɔ phɔɔ kan kàp B	AはBと同じぐらい〜
(ระหว่าง) A กับ B 〜 อะไร / ไหน〜กว่า(กัน)	(ra-wàaŋ) A kàp B 〜a-ray/nǎy 〜 kwàa (kan)	AとBの どちらがより〜ですか
ทั้งคู่ / ทั้ง 2 อย่าง	tháŋ khûu / tháŋ sɔ̌ɔŋ yàaŋ	両方とも〜する
ดีกว่า	dii kwàa	①〜の方がいい　②〜より良い

疑問詞　คำถาม [kham thǎam]

อย่างไร	yàaŋ ray	どのように / な
ทำไม	tham-may	なぜ　どうして

動詞　คำกริยา [kham krì-yaa]

เลยไป	ləəy pay	（～してから）そのまま～しに行く
ก็ได้	kɔ̂ɔ-dâay	（どちら）でもいい　仕方なく
หล่น	lòn	落ちる
เจอ	cəə	会う　見つかる　見つける
แนะนำ	nɛ́-nam	勧める

接続詞　คำเชื่อม [kham chɯ̂am]

(ก็)เลย	(kɔ̂ɔ-)ləəy	それで～　その結果～

前置詞／接続詞　คำบุพบท [kham bùp-phá-bòt] / คำเชื่อม [kham chɯ̂am]

เพราะ(ว่า)	phrɔ́(wâa)	なぜなら　よって　から　～のせいで ～が原因で　～のお陰で ～がきっかけで

感嘆詞　คำอุทาน [kham ù-thaan]

เย่	yêe	やった

まとめ　สรุป　sarùp　　何を勉強しましたか？

1. 手段や方法の聞き方と教え方	
อย่างไร [yàaŋ-ray]	どのように / な
動作動詞＋乗り物＋ไป [pay] / มา [maa]	～で行く　～で来た
เอา [aw] ～ ไป [pay]/มา [maa]	～持って行く / 来る
形容詞＋ ดี [dii]	～がいいですか　～たらいいですか ～すればいいですか？
ก็ได้ [kɔ̂ɔ dâay]	①（どちら）でもいい ②　仕方なく　いいよ
2. 比較文	
A ที่สุด [thîi sùt]	A が一番 / 最も～
A(มาก)กว่า [(mâak) kwàa]B	A は B よりも～　A の方が B より～
Aน้อยกว่า [nɔ́ɔy kwàa] B	A は B より～ない
Aเท่า(กัน)(กับ) [thâw (kan)(kàp)]B	A は B と等しく～ イコール / 均一
Aไม่เท่า(กัน)(กับ) [mây thâw (kan)(kàp)]B	A は B と同じ～ではない A は B ほど～ない
Aพอๆ กัน(กับ) [phɔɔ phɔɔ kan (kàp)] B	A は B と同じぐらい
(ระหว่าง) AกับB ～ อะไร/ ไหน~กว่า(กัน) [(ra-wàaŋ) A kàp B~a-ray/nǎy~kwàa (kan)]	A と B のどちらがより～ですか
ทั้งคู่ [tháŋ khûu] /ทั้ง 2 อย่าง [tháŋ sɔ̌ɔŋ yàaŋ]	両方とも～する
ดีกว่า [dii kwàa]	①～方がいい　②～より良い
3. 理由・原因の説明	
ทำไม [tham-may]	なぜ　どうして
เพราะ(ว่า) [phrɔ́(wâa)]	なぜなら　よって　から　～のせいで ～が原因で　～のお陰で　～がきっかけで
(ก็)เลย [(kɔ̂ɔ-)ləəy]	それで～　その結果～
4. 位置表現とニュアンス表現	
อยู่ [yùu] ＋位置	～は（位置）にいる / ある （位置）に～している / ある
他動詞（句）＋ ไว้ [wáy] ＋位置	（誰かが）（位置）に～している / ある
เลยไป [ləəy pay]	（～してから）そのまま～しに行く
เย่ [yêe]	やった
単語	形容詞（状態）　比較表現　位置

できたことをチェック ✓

- □ 1. 手段や方法を質問し、説明できる。
- □ 2. 物事を比較することができる。
- □ 3. 理由や原因を説明できる。
- □ 4. 「そのまま～する」「やった」の表現が使える。

覚えておきたい表現 ประโยคน่าจำ pra-yòok nâa cam （60）

方法を聞く

A: **ไปยังไงดีคะ** [pay yaŋ-ŋay dii khá]	どうやって行ったらいいですか？
B: **เดินไปดีกว่าครับ** [dəən pay dii kwàa khráp]	歩いて行った方がいいです。
A: **มาที่นี่ยังไงครับ** [maa thîi nîi yaŋ-ŋay khráp]	ここにどうやって来ますか？
B: **นั่งรถไฟมาค่ะ** [nâŋ rót-fay maa khâ]	電車で来ます。

意見を聞く

A: **วันนี้จะกินอะไรดีคะ** [wan-níi cà kin a-ray dii khá] （**วันนี้** [wan-níi] 今日）	今日何を食べたらいいですか？（今日何を食べますか？）
B: **กินอะไรก็ได้ครับ** [kin a-ray kɔ̂ɔ-dây khráp]	何を食べてもいいですよ。
C: **กินผัดไทยดีกว่าค่ะ** [kin phàt-thay dii kwàa khâ]	パッタイの方がいいです。（パッタイを勧めます）

比較する

A:คุณชอบกินอะไรมากที่สุดครับ [khun chɔ̂ɔp kin a-ray mâak thîi-sùt khráp]	あなたは何を一番食べるのが好きですか？
B:ชอบกินก๊วยเตี๋ยวมากที่สุดค่ะ [chɔ̂ɔp kin kúay-tǐaw mâak thîi-sùt khâ]	グイッティオを食べるのが一番好きです。
A:คุณชอบแบบไหนมากกว่ากันครับ [khun chɔ̂ɔp bɛ̀ɛp nǎy mâak kwàa kan khráp]	あなたはどちらのデザインの方が好きですか？
B:ชอบทั้งคู่ค่ะ [chɔ̂ɔp tháŋ khûu khâ]	両方が好きです。

理由・原因を聞く

A: ทำไมไม่กินข้าวครับ [tham-may mây kin khâaw khráp]	なぜご飯を食べないのですか？
B: เพราะยังไม่หิว ก็เลยยังไม่อยากกินครับ [phrɔ́ yaŋ mây hǐu kɔ̂ɔ-ləəy yaŋ mây yàak kin khráp]	（なぜなら）お腹が空いてないので、まだ食べたくないです。

もっと知りたいタイ語 17

คำติดปากที่คนไทยใช้บ่อย kham tìt pàak thîi khon thay cháy bɔ̀y　タイ人がよく使う口癖

ここでは、タイ人が日常会話でよく使う口癖を紹介します。

ไม่เป็นไร
mây-pen-ray
安心して

น่ารักจังเลย
nâa-rák caŋ ləəy
とっても可愛い

อ๋อ
ɔ̌ɔ
そーか

จริงเปล่า
ciŋ plàw
本当に！？

ตายแล้ว
taay lɛ́ɛw
しまった！

แล้วไง
lɛ́ɛw ŋay
それで

ใช่ใช่
chây chây
そうそう

ทำไมล่ะ
tham-may lâ
なぜ？

อะไรก็ได้
a-ray kɔ̂ɔ-dâay
何でもいい

ช่างมันเถอะ
châaŋ man thə̀
気にしない

ดีจัง
dii caŋ
いいなぁ

เป็นไรหรือเปล่า
pen ray rɯ̌ɯ-plàw
大丈夫？

หา
hǎa
なんなんだ

อะไรเนี่ย
a-ray nîa
これな～に？

ใช่เหรอ
chây rə̌ə
そうかな

ใจดีจัง
cay dii caŋ
すごく優しい～

อร่อยดี
a-rɔ̀y dii
おいしい～

ไม่รู้สิ
mây rúu sì
知らないよ

ใจเย็นๆ
cay yen yen
落ち着いて落ち着いて

เก่งจัง
kèŋ caŋ
上手！

11 友達と海へ旅行して楽しかった。

วันที่ 3 เมษายน 2565 ที่ทะเลสมุย 3 ทุ่ม
[wan thîi săam mee-săa-yon sɔ̌ɔŋ-phan hâa-rɔ́ɔy hòk-sìp-hâa thîi tha-lee sa-mŭy săam thûm]
トムヤム君が歌を歌っている！
ผมชื่อต้มยำ คุณชื่อกุ้ง
[phŏm chʉ̂ʉ tôm-yam khun chʉ̂ʉ kûŋ]
เราอยู่ไกลกัน แต่มาเจอกัน
[raw yùu klay kan tɛ̀ɛ maa cəə kan]
คุณใจดีมาก คุณสวยมาก
[khun cay-dii mâak khun sŭay mâak]
คุณกับผมรวมกันเป็น “ ต้มยำกุ้ง ”
[khun kàp phŏm ruam kan pen “ tôm-yam-kûŋ ”]
“ ต้มยำกุ้ง ต้มยำกุ้ง ต้มยำกุ้ง ”
[“ tôm-yam-kûŋ tôm-yam-kûŋ tôm-yam-kûŋ ”]
เป็นยังไงบ้าง เพราะไหม
[pen yaŋ-ŋay bâaŋ phrɔ́ máy]
ก็ดี เพราะดี
[kɔ̂ɔ dii phrɔ́ dii]
トムヤム君はグンちゃんに告白の歌を歌ったの?
แต่งเพลงนี้ตั้งแต่เมื่อไรเหรอ
[tɛ̀ŋ phleeŋ níi tâŋ-tɛ̀ɛ mʉ̂a-rày rə̌ə]
いつこの歌を作ったの?
ผมไม่ได้แต่ง มีคนร้องให้ผมฟัง เคยฟังมานานแล้ว
ก็เลยเอามาร้องดูสักครั้ง จำได้บ้างไม่ได้บ้าง ตลกดีเนอะ
[phŏm mây-day tɛ̀ŋ mii khon rɔ́ɔŋ hây phŏm faŋ
khəəy faŋ maa naan lɛ́ɛw
kɔ̂ɔ-ləəy aw maa rɔ́ɔŋ duu sák khráŋ
cam dây bâaŋ mây dây bâaŋ ta-lòk dii nə́]
トムヤム君は作ってないって。すいぶん前に他の人から聞いた歌なんだって。覚えていたり覚えていなかったりするって。面白いかだって。僕もいい歌だと思うけど…

第11課 予定を書こう

บทที่ 11 มาเขียนกำหนดการกัน

[bòt-thîi sìp-èt maa khǐan kam-nòt-kaan kan]

Lesson 1 日時の使い方

● 曜日と日にちを聞く

🔊61 **วันอะไร** [wan a-ray] 　何曜日？

使い方　何曜日と聞く時は、疑問詞 **อะไร** [a-ray] を用い、〈**วัน** [wan]「日」+ **อะไร** [a-ray]「何」〉とします。答え方は、〈**วัน** [wan]「日」+曜日〉です。カレンダーに書く時の略語も以下で紹介します。

🔊61

อา. **วันอาทิตย์** wan aa-thít 日曜日	 จ. **วันจันทร์** wan can 月曜日	 อ. **วันอังคาร** wan aŋ-khaan 火曜日	 พ. **วันพุธ** wan phút 水曜日
 พฤ. **วันพฤหัสบดี** wan pha-rɯ́-hàt-sà-bɔɔ-dii 木曜日	 ศ. **วันศุกร์** wan sùk 金曜日	 ส. **วันเสาร์** wan sǎw 土曜日	

☆木曜日は [phrɯ́-hàt-sà-bɔɔ-dii] と読む場合もあります。

☆タイの曜日には「色」があります。昔の人は曜日によって服装の色を変えて着ました。

日→赤色　　月→黄色　　火→ピンク　　水→緑色　　木→オレンジ色
金→水色　　土→紫色

🔊61 **วันที่เท่าไร** [wan thîi thâw-rày] 　何日？

使い方　日付を聞く時は、疑問詞 **เท่าไร** [thâw-rày] を用い、〈**วันที่** [wan thîi]「日付」+ **เท่าไร** [thâw-rày]「いくら？/いくつ？」〉とします。答え方は、〈**วันที่** [wan thîi]「日付」+数字〉です。

61

วันที่ 1 wan thîi nùŋ 1日	**วันที่ 2** wan thîi sɔ̌ɔŋ 2日	**วันที่ 10** wan thîi sìp 10日
วันที่ 13 wan thîi sìp-sǎam 13日	**วันที่ 20** wan thîi yîi-sìp 20日	**วันที่ 21** wan thîi yîi-sìp-èt 21日
วันที่ 25 wan thîi yîi-sìp-hâa 25日	**วันที่ 29** wan thîi yîi-sìp-kâaw 29日	**วันที่ 31** wan thîi sǎam sìp-èt 31日

61

เดือนอะไร [dɯan a-ray] 何月？

使い方　何月と聞く時は、疑問詞 **อะไร** [a-ray] を用い、〈**เดือน** [dɯan]「月」＋ **อะไร** [a-ray]「何」〉とします。答え方は、〈**เดือน** [dɯan]「月」＋月名〉です。月の略語もあります。月の単語は第３課で習いましたが、この課では各月の代表的な日やイベントを紹介します。

61

มกราคม (ม.ค.)
ma-ka-raa-khom 1月

วันขึ้นปีใหม่
wan khɯ̂n pii-mày
元旦

กุมภาพันธ์ (ก.พ.)
kum-phaa-phan 2月

วันมาฆบูชา
wan maa-khá-buu-chaa 万仏節
お釈迦様の元へ1250人の使徒が偶然に集まり説法を聞いた奇跡を記念する日

มีนาคม (มี.ค.)
mii-naa-khom 3月

วันช้างไทย [wan cháaŋ thay] 象の日
วันเกิดกุ้ง [wan kə̀ət kûŋ] グンちゃんの誕生日

เมษายน (เม.ย.)
mee-sǎa-yon 4月

วันสงกรานต์
wan sǒŋ-kraan ソングラーンの日
水掛け祭り。タイの正月で、まず仏像を清め、続いて年長者、友人、通りがかりの人などに清めの水を掛け祝う。

พฤษภาคม (พ.ค.)
phrɯ́t-sa-phaa-khom 5月

วันวิสาขบูชา
wan wí-sǎa-khà-buu-chaa 仏誕節

お釈迦様の生誕、大悟、入滅を記念する日。

มิถุนายน (มิ.ย.)
mí-thù-naa-yon 6月

วันสุนทรภู่ [wan sǔn-thon-phûu]
スントンプー詩人の日

スントンプー（西暦1786〜1855）は
現代のタイ文化にも大きな影響を及ぼしている
様々な古典を作成した詩人で、その誕生を祝う日。

กรกฎาคม (ก.ค.)
ka-ra-ka-daa-khom 7月

วันอาสาฬหบูชา [wan aa-sǎan-ha-buu-chaa] 三宝節

お釈迦さまが最初の説法を説き、使徒が僧となり、一人の使徒が初めて
説法を説いたことで「仏・法・僧」の三宝が成立したことを記念する日。

วันเข้าพรรษา [wan khâw phan-sǎa] 入安居

三宝節の翌日。この日から雨季に入るが、雨期は新しい命が芽生える季節であり、
僧侶たちは3ヶ月間それらを踏み殺さぬよう寺院に籠もって修行に励む。

สิงหาคม (ส.ค.)
sǐŋ-hǎa-khom 8月

วันแม่แห่งชาติ
wan mɛ̂ɛ hὲŋ châat

母の日

กันยายน (ก.ย.)
kan-yaa-yon 9月

วันมหิดล [wan ma-hì-don]
マヒドンの日

ラーマ9世の父でタイの近代医学の
父と言われるマヒドン親王を
追悼する日。

ตุลาคม (ต.ค.)
tù-laa-khom 10月

วันปิยมหาราช
wan pì-yá-ma-hǎa-râat

ヂュラーロンゴンの日

ラーマ5世崩御の追悼日。

พฤศจิกายน (พ.ย.)
phrɯ́t-sa-cì-kaa-yon 11月

วันลอยกระทง [wan lɔɔy kra-thoŋ]
ロイグラトンの日
水の祭典。旧暦12月の満月の夜、川の女神へ
感謝の気持ちを捧げ、美しく飾った灯篭を川に流す。

ธันวาคม (ธ.ค.)
than-waa-khom 12月

วันพ่อแห่งชาติ
wan phɔ̂ɔ hɛ̀ŋ châat
父の日

 ปีอะไร [pii a-ray] **何年？**

使い方　年を聞く時は、疑問詞 **อะไร** [a-ray] を用い、〈**ปี** [pii]「年」+ **อะไร** [a-ray]「何」〉とします。答え方は、〈**ปี** [pii]「年」+数字〉です。

仏暦　**พุทธศักราช** [phút-tha-sàk-ka-ràat]

☆タイでは、仏暦 **พุทธศักราช** [phút-tha-sàk-ka-ràat] を用います。西暦 **คริสต์ศักราช** [khrít-sàk-ka-ràat] に変えたい時は、「西暦＋543＝仏暦」または「仏暦 -543 ＝西暦」という計算式になります。
例えば、西暦 2000 年＋ 543= 仏暦 2543 年、仏暦 2543 年 – 543= 西暦 2000 年つまり、西暦 2000 年はタイ（仏暦）の 2543 年です。

☆仏暦 **พุทธศักราช** [phút-tha-sàk-ka-ràat] は、**พ.ศ.** [phɔɔ sɔ̌ɔ] と省略して書きます。
例）**พ.ศ.** 2543（読み方）[phút-tha-sàk-ka-ràat sɔ̌ɔŋ-phan hâa-rɔ́ɔy sìi-sìp sǎam] または [phɔɔ sɔ̌ɔ sɔ̌ɔŋ-phan hâa-rɔ́ɔy sìi-sìp-sǎam]

西暦　**คริสต์ศักราช**
西暦 **คริสต์ศักราช** [khrít-sàk-ka-ràat] は、**ค.ศ.** [khɔɔ sɔ̌ɔ] と省略して書きます。
例）**ค.ศ.** 2000（読み方）[khrít-sàk-ka-ràat sɔ̌ɔŋ-phan]
　　または [khɔɔ sɔ̌ɔ sɔ̌ɔŋ-phan]
　　ค.ศ. 2001（読み方）[khrít-sàk-ka-ràat sɔ̌ɔŋ-phan-èt]
　　または [khɔɔ sɔ̌ɔ sɔ̌ɔŋ-phan-èt]
☆年の数字の読み方は、一般の数字の読み方と同じです。

●日付の呼び方

タイ語の日付の呼び方の順番は、日本語と逆で、「曜日、日、月、年」という順になります。

🎵61

曜日 +	日 +	月 +	年	
วันจันทร์ wan can	ที่ 21 thîi yîi-sìp-èt	เดือน กุมภาพันธ์ dɯan kum- phaa-phan	ปี 2565 pii sɔ̌ɔŋ-phan hâa-rɔ́ɔy hòk-sìp-hâa	2565年2月21日 月曜日

🎵61 **เมื่อไร** [mɯ̂a-ray] 文語　**いつ？**
[mɯ̂a-rày] 口語

使い方　時を聞く疑問詞です。会話での発音は、[mɯ̂a-rày] になることが多いです。書き言葉では、**เมื่อใด** [mɯ̂a-day] にもなります。

🎵61

A: **จะไปเมืองไทยเมื่อไร** [ca pay mɯaŋ-thay mɯ̂a-rày]
いつタイへ行く？

B: **เดือนนี้** [dɯan níi]
今月。

A: **มาเมื่อไร** [maa mɯ̂a-rày]
いつ来た？

B: **เมื่อวันที่ 20 วันอาทิตย์ที่แล้ว**
[mɯ̂a wan-thîi yîi-sìp wan aa-thít thîi-lɛ́ɛw]
20日先週日曜日。

☆過去を意味する時に、日にちの前に **เมื่อ** [mɯ̂a] を付けることが多いです。

A: **เมื่อไรมาอีก** [mɯ̂a-rày maa ìik]　　いつまた来る？

B: **เร็วๆ นี้** [rew rew níi]　　近いうちに。

(♪61) 時を表す単語　คำบอกเวลา [kham bɔ̀ɔk wee-laa]

เมื่อวานซืน mʉ̂a-waan-sʉʉn 一昨日	**เมื่อวาน** mʉ̂a-waan 昨日	**วันนี้** wan-níi 今日	**พรุ่งนี้** phrûŋ-níi 明日	**มะรืนนี้** ma-rʉʉn níi 明後日

เมื่อกี้ mʉ̂a-kîi たった今	**ปัจจุบัน** pàt-cù-ban 現在 / 現代	**เร็วๆ นี้** rew rew níi 近いうちに
時＋ **ที่แล้ว** thîi-lɛ́ɛw 先～（先月・先日など）	時＋ **นี้** níi 本 / 今～（本日・今日など）	時＋ **หน้า** nâa 来 / 次～（来月・次回など）
ครั้ง khráŋ / **คราว** khraaw 回	**วัน** wan 曜日	**วันที่** wan-thîi 日付
อาทิตย์ aa-thít / **สัปดาห์** sàp-daa 週	**เดือน** dʉan 月	**ปี** pii 年 **ชาติ** châat 世（この世 次の世など）

練習 1　以下の質問にタイ語で答えてみよう。

1．**วันนี้วันที่เท่าไร** [wan-níi wan-thîi thâw- rày]

....

2．**พรุ่งนี้เป็นวันอะไร** [phrûŋ-níi pen wan a-ray]

....

3．**วันนี้วันเดือนปีอะไร** [wan-níi wan dʉan pii a-ray]
（**วันเดือนปี** [wan dʉan pii] 年月日曜日）

....

4．**วันศุกร์หน้าเป็นวันที่เท่าไร** [wan sùk nâa pen wan-thîi thâw-rày]

....

กี่โมง [kìi mooŋ]　何時？

意味と品詞　กี่ [kìi] は第6課で習った「いくつ」という意味の副詞です。

使い方　〈กี่ [kìi] ＋類別詞 / 名詞〉で使います。時刻を聞く場合は、กี่ [kìi] の後ろに โมง [mooŋ]「時」を付けます。この他、กี่โมงแล้ว [kìi mooŋ lɛ́ɛw]「何時になった」も使われます。

กี่โมง [kìi mooŋ]　何時

กี่ kìi +	類別詞/名詞	
กี่ kìi	โมง mooŋ	何時?
	นาที naa-thii	何分?
	วินาที wí-naa-thii	何秒?
	ชั่วโมง chûa-mooŋ	何時間?

他には、กี่วัน [kìi wan]「何日間」、กี่เดือน [kìi dɯan]「何か月」、กี่ปี [kìi pii]「何年間」、กี่เท่า [kìi thâw]「何倍」、กี่บาท [kìi bàat]「何バーツ」、กี่เมตร [kìi méet]「何メートル」などがあります。また กี่ [kìi] を使って様々な質問ができます。

จะถึง ca thɯ̌ŋ 着く	กี่โมง kìi mooŋ	何時に着く?
ใช้เวลา cháy wee-laa 時間がかかる	กี่ชั่วโมง kìi chûa-mooŋ	何時間（時間が）かかる?
จะไปเมืองไทย ca pay mɯaŋ-thay 外へ行く	กี่วัน kìi wan	何日間タイに行く?
เสื้อตัวนี้ sûa tua níi このシャツ	กี่บาท kìi bàat	このシャツは何バーツ?

時間の単語

เวลา [wee-laa] 時間	นาที [naa-thii] 分
วินาที [wí-naa-thii] 秒	ชั่วโมง [chûa-mooŋ] 時間

●時刻を教える

61 ตอนนี้ [tɔɔn-níi] ～โมง [mooŋ]　今～時

使い方　時刻を聞く時は、**ตอนนี้กี่โมง** [tɔɔn-níi kìi mooŋ]「今何時？」と言います。
時刻を教える時は、**ตอนนี้~โมง** [tɔɔn-níi ～ mooŋ]「今～時」と言います。

時刻の数え方

โมง [mooŋ]、**ทุ่ม** [thûm]、**ตี** [tii] は日本語の「～時」にあたる単語です。時刻によって使い分けます。

この使い分けは、昔時計のない時代、タイでは昔の人の知恵により 24 時間を 6 時間毎の 4 つの時間帯に分け（これを 6 時制と呼びます）、それぞれの時間帯で異なる楽器を使い、1 時間毎に音を叩く回数で人々に時刻を知らせていたことに由来します。

太陽が昇っている時刻 (朝 6 時から夜 6 時) は **ฆ้อง** [khɔ́ɔŋ] という銅鑼(どら)の **โมง** [mooŋ] という音を、太陽がない夜には **กลอง** [klɔɔŋ] という太鼓の **ทุ่ม** [thûm] という音（夜 7 時から夜 12 時）と、**ตี** [tii] という鉄を叩く音（朝 1 時から朝 5 時）を流していました。

この伝統が現代の時刻の数え方にも反映されています。

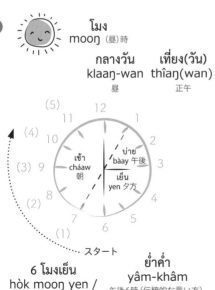

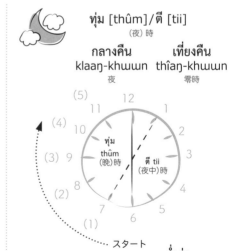

61

数字は楽器を叩く回数でもあります。タイ王立学院によると、(　)と両方ある数では、(　)内の数の方が正しい時間の数え方です。ただし、現代では午前中は時計の数字のまま数えることが普通になっています。

เช้า
cháaw
朝

6 **โมงเช้า** mooŋ cháaw/ **ย่ำรุ่ง** yâm-rûŋ

(1) 7
(2) 8
(3) 9
(4) 10
(5) 11

11 時は **โมง** [mooŋ] だけ（**เช้า** [cháaw] はあまり言わない）

เที่ยง(วัน)
thîaŋ(wan)
正午

12

บ่าย
bàay
午後

บ่าย (1)**โมง**
bàay (1) mooŋ
2
3
(1)はよく省略する

เย็น
yen
夕方

4 **โมงเย็น** mooŋ yen

5

6 / **ย่ำค่ำ** yâm khâm

ทุ่ม
[thûm]
晩

1	**ทุ่ม** thûm	7時
2		8
3		9
4		10
5		11

เที่ยงคืน thîaŋ khɯɯn/ **สองยาม** sɔ̌ɔŋ yaam
零時

0

ตี [tii]
夜中

ตี tii 1
2
3
4
5

61

(3) 9 โมงเช้า
(sǎam) kâaw mooŋ cháaw
朝9時

(3) 9 โมง 5 นาที
(sǎam) kâaw mooŋ hâa naa-thii 9時5分

(3) 9 โมง 30 นาที
(sǎam) kâaw mooŋ sǎam-sìp naa-thii 9時30分

(3) 9 โมงครึ่ง
(sǎam) kâaw mooŋ khrɯ̂ŋ
9時半

9 : 21 : 30

(3) 9 โมง 21นาที 30วินาที
(sǎam) kâaw mooŋ yîi-sìp-èt naa-thii sǎam-sìp wí-naa-thii
9時21分30秒

(3) 9 โมงตรง
(sǎam) kâaw mooŋ troŋ
ちょうど9時

☆例外）ตี [tii] の時間帯（夜中）は troŋ ではなく phɔɔ-dii を使う。
ตี 1~5 พอดี [tii] 1~5 [phɔɔ-dii]
ちょうど1～5時

ก่อน (3) 9โมง
kɔ̀ɔn (sǎam) kâaw mooŋ
9時前

หลัง (3) 9 โมง
lǎŋ (sǎam) kâaw mooŋ
9時過ぎ

ประมาณ / ราวๆ (3) 9 โมง
pra-maan / raaw-raaw (sǎam) kâaw mooŋ
だいたい9時

時刻の改まった言い方

テレビやラジオなどで時刻を知らせる場合は、改まった表現を使います。具体的には、「時」は **นาฬิกา** [naa-li-kaa]、**ตอนนี้** [tɔɔ-níi]「今」は **ขณะนี้** [kha-nà-níi]「只今」、「(時刻) になります」は **เป็นเวลา** [pen wee-laa] などの単語を用います。また、6時制ではなく24時制を用います。

61

ขณะนี้เป็นเวลา 6 นาฬิกา
kha-nà-níi pen wee-laa hòk naa-li-kaa
只今6時になりました。

6 : 05 : 07

6 นาฬิกา 5 นาที 7 วินาที
hòk naa-li-kaa hâa naa-thii cèt wí-naa-thii
6時5分7秒

12 : 05 : 06

12 นาฬิกา 5 นาที 6 วินาที
sìp-sɔ̌ɔŋ naa-li-kaa hâa naa-thii hòk wí-naa-thii
12時5分6秒

ขณะนี้เป็นเวลา 18 นาฬิกา
kha-nà-níi pen wee-laa sìp-pɛ̀ɛt naa-li-kaa
只今18時になりました。

18 : 05 : 07

18นาฬิกา5นาที 7วินาที
sìp-pɛ̀ɛt naa-li-kaa hâa naa-thii cèt wí-naa-thii
18時5分7秒

00 : 03 : 56

0 นาฬิกา 3 นาที 56 วินาที
sǔun naa-li-kaa sǎam naa-thii hâa-sìp-hòk wí-naa-thii
零時3分56秒

練習 2　タイ語で時刻を教えてみよう（普通の言い方）。

1．朝 ……………………………………

2．正午 ……………………………………

3．午後 ……………………………………

4．夕方 ……………………………………

5．

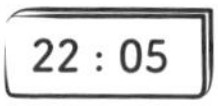

22 : 05

……………………………………

6．

00 : 30

……………………………………

7．

3 : 55

……………………………………

●時を聞く、その他の疑問文

61

เวลาเท่าไร [wee-laa thâw-ray] 文語 [wee-laa thâw-rày] 口語

時間は何時？ どのぐらい時間が～？

意味と品詞　**เวลา** [wee-laa] は「時間」という意味の名詞です。

使い方　**เวลาเท่าไร** [wee-laa thâw-rày] は **กี่โมง** [kìi mooŋ] と同じ意味で、「何時？」と聞く時に使います。**เวลากี่โมง** [wee-laa kìi mooŋ]「何時」としても使われ、「どのぐらいの時間」という意味もあります。

61

เวลาเท่าไร [wee-laa thâw-rày] / **เวลากี่โมง** [wee-laa kìi mooŋ]
何時？

ใช้เวลาเท่าไร [cháy wee-laa thâw-rày]
どのぐらい時間が掛かる？（**ใช้** [cháy] 掛かる、使う）

มีเวลาเท่าไร [mii wee-laa thâw-rày]
どのぐらい時間がある？

🎧61 動詞（句）+（ตอน）กี่โมง [(tɔɔn) kìi mooŋ] 何時に～する

意味と品詞　**ตอน** [tɔɔn] は様々な意味を持つ単語です。この課では「一部、時、時期」を意味する名詞として習います。

使い方　「～時」というある「時点」を意味する場合に使います。〈**ตอน** [tɔɔn] ＋時間〉の場合、**ตอน** [tɔɔn] を省略できます。

🎧61

A: **เมื่อวานกินข้าวเย็น(ตอน)กี่โมง**
[mɯ̂a-waan kin khâaw yen (tɔɔn) kìi mooŋ]
昨日何時に晩御飯を食べた？

B: **(ตอน) 1 ทุ่ม** [(tɔɔn) nɯ̀ŋ thûm]
7 時。

A: **พรุ่งนี้ฝนจะตก(ตอน)ประมาณกี่โมง**
[phrûŋ-níi fǒn cà tòk (tɔɔn) pra-maan kìi mooŋ]
明日何時ぐらいに雨が降る？

B: **(ตอน)ประมาณบ่าย 3 โมง**
[(tɔɔn) pra-maan bàay sǎam mooŋ]
午後 3 時ぐらい。

🎧61 ช่วงกี่โมง [chûaŋ kìi mooŋ] 何時から何時の間

意味と品詞　**ช่วง** [chûaŋ] は様々な意味を持つ単語です。この課では、「時間の範囲、間、繋がっている期間」という意味の名詞として習います。

使い方　「何時から何時まで」といった期間を聞く時に使います。

🎧61

A: **ปกติรถจะติดช่วงกี่โมง** [pà-ka-tì rót ca tìt chûaŋ kìi mooŋ]
普段何時の間に渋滞する？（**ปกติ** [pà-ka-tì] 普段）

B: **ช่วง 8 โมงถึง 10 โมง** [chûaŋ pɛ̀ɛt mooŋ thɯ̌ŋ sìp mooŋ]
8 時から 10 時までの間。

A: **พรุ่งนี้อยู่บ้านช่วงกี่โมง** [phrûŋ-níi yùu bâan chûaŋ kìi mooŋ]
明日何時の間に家に居る？

B: **ช่วง 9 โมงถึงเที่ยง** [chûaŋ kâaw mooŋ thɯ̌ŋ thîaŋ]
9 時から正午までの間。

เวลา [wee-laa] /ตอน [tɔɔn] / ช่วง [chûaŋ] + ไหน [nǎy]
どの＋時間 / 時 / 間

使い方 〈เวลา [wee-laa]「時間」+ไหน [nǎy]〉どの時間

〈ตอน [tɔɔn]「時（時間の一部）、部分」+ ไหน [nǎy]〉どの時、部分、頃

〈ช่วง [chûaŋ]「間」+ ไหน [nǎy]〉どの間（期間、場所など）

☆現在過去未来のいずれにも使われます。

61 เวลา [wee-laa] /ตอน [tɔɔn] / ช่วง [chûaŋ] の使い分けの例

เวลา wee-laa	ตอน tɔɔn	ช่วง chûaŋ
เวลาเช้า wee-laa cháaw 朝の時間	ตอนเช้า tɔɔn cháaw 朝	ช่วงเช้า chûaŋ cháaw 朝の間
ทุกคนมีเวลาเท่ากัน thúk-khon mii wee-laa thâw-kan 皆は平等に時間を持つ。	ตอนเป็นเด็กชอบกินช็อกโกแลตมาก tɔɔn pen dèk chɔ̂ɔp kin chɔ́k-koo-léet mâak 子供の時チョコレートが大好きだった。	ช่วงนี้ไม่อยากทำอะไร chûaŋ-níi mây yàak tham a-ray この間何もしたくない。
ชอบร้องเพลงเวลาอาบน้ำ chɔ̂ɔp rɔ́ɔŋ phleeŋ wee-laa àap náam お風呂に入っている時(時間)に歌を歌うのが好き。	อยากได้กระเป๋าใบนี้ตอนวันเกิดปีหน้า yàak-dây kra-pǎw bay níi tɔɔn wan-kə̀ət pii-nâa 来年の誕生日にこのカバンが欲しい。	พรุ่งนี้ช่วงเช้าว่างไหม phrûŋ-níi chûaŋ cháaw wâaŋ máy 明日午前中空いている？
เมื่อวานไม่มีเวลากินข้าวเลย mɯ̂a-waan mây mii wee-laa kin khâaw ləəy 昨日ご飯を食べる時間がなかった。	ตอนนี้อยากทำอะไรมากที่สุด tɔɔn-níi yàak tham a-ray mâak thîi-sùt 今一番やりたいことは何?	ฝนชอบตกช่วงเย็น fǒn chɔ̂ɔp tòk chûaŋ yen 夕方の間に雨がよく降る。
คุณชอบทำอะไรเวลาว่าง khun chɔ̂ɔp tham a-ray wee-laa wâaŋ あなたは暇な時間に何をするのが好き?	ชอบตอนไหนของหนังเรื่องนี้ chɔ̂ɔp tɔɔn nǎy khɔ̌ɔŋ nǎŋ rɯ̂aŋ níi この映画のどのシーンが好き?	คุณชอบช่วงเวลาไหนที่สุดในชีวิต khun chɔ̂ɔp chûaŋ wee-laa nǎy thîi-sùt nay chii-wít (ชีวิต [chii-wít] 人生) 人生の中のどの期間が一番好き?

Lesson 2 日時に関する表現

62

ทุก [thúk] （＋数字）＋類別詞　　毎～　～ごと

意味と品詞　ทุก [thúk] は「毎～、～ごと」という意味の形容詞です。

62

หยุดงานทุกวันเสาร์วันอาทิตย์
yùt ŋaan thúk wan sǎw wan aa-thít
毎週土曜日日曜日は仕事が休みです。

62

	ทุก thúk	（＋数字）＋類別詞	
หยุดงาน yùt ŋaan 仕事が休み	**ทุก** thúk	**วันเสาร์วันอาทิตย์** wan sǎw wan aa-thít 土曜日日曜日	毎週土曜日日曜日は仕事が休みです。
ไปเที่ยวเมืองไทย pay thîaw mɯaŋ-thay タイへ旅行する		**ปี** pii 年	毎年タイへ遊びに行っている。
มาที่นี่ maa thîi-nîi ここに来る		**2 เดือน** sɔ̌ɔŋ dɯan 2ヶ月	2ヶ月ごとにここに来ている。
ชอบกิน chɔ̂ɔp kin 食べることが好き		**อย่าง** yàaŋ 種類	毎種類を食べるのが好き。

☆「～おき」の場合は、**เว้น** [wén]「～おき / 除く」を使います。

วันเว้นวัน [wan wén wan] 1日おき

เดือนเว้นเดือน [dɯan wén dɯan] 1ヶ月おき

ปีเว้นปี [pii wén pii] 1年おき

第11課

ตั้งแต่ [tâŋ-tὲɛ] ～ ถึง [thɯ̌ŋ] ～　（～時）から（～時）まで

意味と品詞　ตั้งแต่ [tâŋ-tὲɛ] は「その時 / 物・場所から」という意味の前置詞です。

使い方　　「何時から何時まで」と時間を数える時に〈ตั้งแต่ [tâŋ-tὲɛ] ～ ถึง [thɯ̌ŋ]〉を使います。

ตั้งแต่กี่โมงถึงกี่โมง

62 tâŋ-tὲɛ kìi mooŋ thɯ̌ŋ kìi mooŋ　　何時から何時まで？

62

	ตั้งแต่ tâŋ-tὲɛ	時	ถึง thɯ̌ŋ	時	
	ตั้งแต่ tâŋ-tὲɛ	กี่โมง kìi mooŋ 何時	ถึง thɯ̌ŋ	กี่โมง kìi mooŋ 何時	何時から何時まで？
เรียนภาษาไทย rian phaa-sǎa thay タイ語を勉強する 		(3)9โมง (sǎam)kâaw mooŋ 9時 		(4)10โมง (sìi)sìp mooŋ 10時 	9時から10時まで タイ語を勉強します。
ทำงาน tham ŋaan 働く 		วันจันทร์ wan can 月曜日  Mon		วันศุกร์ wan sùk 金曜日  Fri	月曜日から 金曜日まで働く。
ปิดเทอม pìt thəəm 学期が休み 		เดือนนี้ dɯan-níi 今月  JULY		เดือนหน้า dɯan-nâa 来月  AUG	今月から来月まで 学期が休み。

☆第7課で習った〈จาก [càak] ～ ถึง [thɯ̌ŋ]〉「～から～まで」と似ており、いずれでも使える場面が多いです。違いは、จาก [càak] は「その物 / 場所 / 時から離れて」という意味で、起点と終点を意識したニュアンスになります。

一方、ตั้งแต่ [tâŋ-tὲɛ] は「その時 / 物 / 場所から数えて、～に至るまで」という意味で、起点から終点に至るまでの過程も意識したニュアンスを持ちます。

なお、จาก [càak] も ตั้งแต่ [tâŋ-tὲɛ] も、時間、物、場所のいずれにも使えますが、จาก [càak] は距離に、ตั้งแต่ [tâŋ-tὲɛ] は時間に使われることが多いです。

62

จาก càak

เดินจากบ้านถึงสถานีรถไฟ 5 นาที
dəən càak bâan thʉ̌ŋ sa-thǎa-nii-rót-fay hâa naa-thii
家から駅まで５分歩く。

จากวันนี้ถึงวันนั้นผมก็ยังรักคุณไม่เปลี่ยนแปลง
càak wan-níi thʉ̌ŋ wan-nán phǒm kɔ̂ɔ yaŋ rák khun mây plìan-plɛɛŋ
(เปลี่ยนแปลง [plìan-plɛɛŋ] 変わる)
今日からその日まで僕はあなたを愛していることは変わらない。

จากอดีตถึงปัจจุบันของกระทรวงกลาโหม
càak a-dìit thʉ̌ŋ pàt-cù-ban khɔ̌ɔŋ kra-suaŋ-ka-laa-hǒom
(กระทรวงกลาโหม [kra-suaŋ-ka-laa-hǒom]防衛省)
防衛省の昔から現代まで。

ทำงานจากเช้าจรดค่ำ
tham-ŋaan càak cháaw cà-ròt khâm
(จรด [cà-ròt] まで　ค่ำ [khâm] 晩)
朝から晩まで働く。

ตั้งแต่ tâŋ-tɛ̀ɛ

เดินหาตั้งแต่บ้านถึงสถานีรถไฟก็ไม่เจอกระเป๋าสตางค์
dəən hǎa tâŋ-tɛ̀ɛ bâan thʉ̌ŋ sa-thǎa-nii-rót-fay kɔ̂ɔ mày cəə kra-pǎw-sa-taaŋ
(หา [hǎa] 探す)
家から駅まで歩いて探しても財布が見つからない。

มาเมืองไทยตั้งแต่เมื่อไร
maa mʉaŋ-thay tâŋ-tɛ̀ɛ mʉ̂a-rày
いつからタイに来た？

ทำการบ้านตั้งแต่หน้าที่ 5 ถึงหน้าที่ 10
tham kaan-bâan tâŋ-tɛ̀ɛ nâa thîi hâa thʉ̌ŋ nâa thîi sìp
(หน้า [nâa] ページ)
5ページから10ページまで宿題をする。

กินได้ตั้งแต่ใบจนถึงราก
kin dây tâŋ-tɛ̀ɛ bay con thʉ̌ŋ râak
(ใบ [bay] 葉　ราก [râak] 根)
葉から根まで食べられる。

มองตั้งแต่หัวจรดเท้า
mɔɔŋ tâŋ-tɛ̀ɛ hǔa cà-ròt tháaw
(หัว [hǔa] 頭　เท้า [tháaw] 足)
頭から足まで見る。

第11課

第11課 予定を書こう　399

練習3　以下の質問にタイ語で答えてみよう。

1. ปกติทุกวันอาทิตย์คุณทำอะไรครับ
   [pà-ka-tì thúk wan aa-thít khun tham a-ray khráp]

2. เดินจากบ้านคุณถึงสถานีรถไฟใช้เวลาเท่าไรคะ
   [dəən càak bâan khun thǔŋ sa-thǎa-nii rót
   fay cháy wee-laa thâw-rày khá]

3. เมื่อคืนคุณนอนตั้งแต่กี่โมงถึงกี่โมง คุณนอนกี่ชั่วโมงครับ
   [mûa-khɯɯn khun nɔɔn tâŋ-tɛ̀ɛ kìi mooŋ thǔŋ kìi
   mooŋ　khun nɔɔn kìi chûa-mooŋ khráp]

4. คุณชอบช่วงเวลาไหนที่สุดในชีวิตคะ
   [khun chɔ̂ɔp chûaŋ wee-laa nǎy thîi-sùt nay chii-wít khá]

 สัก [sàk] 文語
　　[sák] 口語 +類別詞　　〜だけ　しか

意味と品詞　สัก [sàk] は様々な意味を持つ単語です。この課では「〜だけ、しか、
　　　　　　これきり」という意味の副詞として習います。会話の時は [sák]
　　　　　　の発音になることが多いです。
使い方　　　「少ない気持ち」を表したい時に類別詞と一緒に使います。

สักที [sák-thii] / สักครั้ง [sák-khráŋ] / สักหน [sák-hǒn]　１度、１回
อยากลองไปเมืองไทยดูสักครั้ง [yàak lɔɔŋ pay mɯaŋ-thay duu sák-khráŋ]
１回だけでもタイに行ってみたい。

สักวัน [sák-wan]　ある日　１日
ขอเวลาคิดสัก 2 วัน [khɔ̌ɔ wee-laa khít sák sɔ̌ɔŋ wan]
２日間だけ考える時間をください。

ที่ไหนสักแห่ง　[thîi-nǎy sák-hɛ̀ŋ]　**どこか**
อยากไปเที่ยวที่ไหนสักแห่ง　[yàak pay thîaw thîi-nǎy sák-hɛ̀ŋ]
どこかへ遊びに行きたい。

สักครู่　[sák-khrûu]　**しばし、少々**
กรุณารอสักครู่　[ka-ru-naa rɔɔ sák-khrûu]
少々お待ちください。

สักอย่าง　[sák-yàaŋ]　**1つ**
เลือกไม่ได้สักอย่าง　[lɯ̂ak mây dây sák-yàaŋ]
1つも選べなかった。

他に **สักคน** [sák-khon]「1人でも」、**สักหน่อย** [sák-nɔ̀y]「ちょっとだけ」、
สักพัก [sák-phák]「しばらく」などがあります。

《62》 **動詞（句）＋ สักที** [sàk-thii] 文語　　やっと〜できるようになる
　　　　　　　　　　　　　　[sák-thii] 口語

意味と品詞　**สักที** [sàk-thii] はこの場合、「やっと、ようやく」という意味です。
使い方　　　〈動詞（句）＋ **สักที** [sàk-thii]〉で「やっと〜できるようになる」
　　　　　　という意味になります。**สักที** [sàk-thii] は口語で **ซะที** [sa-thii] の
　　　　　　発音にもなります。

《62》
เรียนภาษาไทยมา 1 ปีพูดได้สักที
[rian phaa-sǎa thay maa nɯ̀ŋ pii phûut dây sák-thii]
一年間タイ語を勉強してきてやっと話せるようになった。

เมื่อไรจะสอบได้สักที　[mɯ̂a-rày ca sɔ̀ɔp dây sák-thii]
いつ試験に受かるようになるのか？

สอบได้สักที　[sɔ̀ɔp dây sák-thii]
やっと試験に受かった。

เมื่อไรจะมีแฟนสักที　[mɯ̂a-rày ca mii fɛɛn sák-thii]
いつ恋人が出来るようになるのか？

มีแฟนสักที　[mii fɛɛn sák-thii]
やっと恋人を持つようになった。（やっと恋人ができた）

動詞（句）+ มา [maa]　これまで〜してきた

使い方　「過去の動作や状態が現在も継続している」ことを表す時に使います。

一緒によく使われる疑問詞は、กี่ [kìi]、ตั้งแต่เมื่อไร [tâŋ-tɛ̀ɛ mɯ̂a-rày]、

นานแล้วหรือยัง [naan lɛ́ɛw-rɯ̌ɯ-yaŋ] です。

〈มา [maa]（ได้ [dây]）+ กี่ [kìi] +類別詞+（แล้ว [lɛ́ɛw]）〉

（もう）〜してきましたか？

〈มา [maa] + ตั้งแต่เมื่อไร/ตอนไหน [tâŋ-tɛ̀ɛ mɯ̂a-rày / tɔɔn nǎy]〉

いつから〜してきましたか？

〈มา [maa] + นานแล้วหรือยัง [naan lɛ́ɛw-rɯ̌ɯ-yaŋ]〉

前からずっと〜してきましたか？

 เรียนภาษาไทยมา（ได้）กี่เดือน（แล้ว）
rian phaa-sǎa thay maa (dây) kìi dɯan (lɛ́ɛw)

何ヶ月タイ語を
勉強してきましたか？

動詞（句）+ มา maa		
เรียนภาษาไทยมา(ได้) rian phaa-sǎa thay maa (dây) タイ語を勉強してきた	**กี่เดือนแล้ว** kìi dɯan lɛ́ɛw 何ヶ月	何ヶ月タイ語を 勉強してきた？
	6 เดือนแล้ว hòk dɯan lɛ́ɛw もう6ヶ月	もう6ヶ月タイ語を 勉強してきた。
กลับมาญี่ปุ่น klàp maa yîi-pùn 日本に戻ってきた	**ตั้งแต่เมื่อไร/ตอนไหน** tâŋ-tɛ̀ɛ mɯ̂a-rày /tɔɔn nǎy いつから	いつ（から）日本に 戻ってきた？
	ปีที่แล้ว pii thîi lɛ́ɛw 去年	去年日本に戻ってきた。
เป็นเพื่อนกันมา pen phɯ̂an kan maa 友達になってきた	**นานแล้วหรือยัง** naan lɛ́ɛw-rɯ̌ɯ-yaŋ 以前からずっと？	以前からずっと 友達だった？
	นานแล้ว naan lɛ́ɛw ずっとだった	ずっとだった。

เพิ่ง (จะ) [phɤ̂ŋ (cà)] + 動詞（句）　〜したばかり

意味と品詞　เพิ่ง [phɤ̂ŋ] は、動詞の前に置くと「〜したばかり」という意味の
助動詞になります。อย่า [yàa]「〜しないで」をその前に置くと「ま
だ〜しないで」という意味の助動詞になります。

使い方　เพิ่ง(จะ) [phɤ̂ŋ(cà)] は จะ cà を省略できます。อย่าเพิ่ง [yàa phɤ̂ŋ]
の場合は จะ [cà] を用いません。口語では発音が เพิ่ง [phúŋ] にな
る場合もあります。

เพิ่งจะมาถึงบ้าน
phɤ̂ŋ ca maa thɯ̌ŋ bâan　家に着いたばかりです。

เพิ่งจะ phɤ̂ŋ(cà) +	動詞（句）	
เพิ่ง(จะ) phɤ̂ŋ (ca)	มาถึงบ้าน maa thɯ̌ŋ bâan 家に着いた	家に着いたばかりだ。
	เคยมาเมืองไทยเป็นครั้งแรก khəəy maa mɯaŋ-thay pen khráŋ-rɛ̂ɛk 初めてタイに来た	初めてタイに来たばかりだ。
	อาบน้ำเสร็จ àap náam sèt 浴び終わった	浴び終わったばかりだ。
อย่าเพิ่ง yàa phɤ̂ŋ	ไป(ที่)ไหน pay (thîi-)nǎy どこへ行く	まだどこへも行かないで。
	ขึ้น khɯ̂n 上がる	まだ上がらないで/乗らないで。

第11課

62

動詞（句）/ 形容詞 + ทั้ง [tháŋ] + （数字）類別詞　全て　〜中　ばかり

意味と品詞　ทั้ง [tháŋ] は様々な意味を持つ単語です。この課では「全て、〜中、ばかり」という意味の形容詞として習います。

使い方　「全て、〜中」を意味する場面で使いますが、事実でなくとも「〜ばかり」など不平を述べる時にも使います。

62 **วันนี้ฝนตกทั้งวัน**
wan-níi fǒn-tòk tháŋ wan　今日は一日中雨だ。

62

動詞（句）／形容詞	+ ทั้ง tháŋ +	（数字）類別詞	
วันนี้ฝนตก wan níi fǒn-tòk 今日は雨	ทั้ง tháŋ	วัน wan 日	今日は一日中雨だ。
อยู่บ้าน yùu bâan 家に居る		วัน ไม่ได้ไปไหน wan mây dây pay nǎy 一日中どこにも行ってない	一日中家にいた。 どこにも行かなかった。
เดือนที่แล้วยุ่ง dɯan thîi-lɛ́ɛw yûŋ 先月忙しかった		เดือน dɯan 月	先月は全て忙しかった。
รถติด rót tìt 渋滞		ปี pii 年	一年中渋滞だ。(不平)
ราคา raa-khaa 値段		หมดเท่าไร mòt thâw-rày 全部でいくら	値段は全部でいくら？

Lesson 3　気持ちの伝え方

63

เป็นอย่างไร [pen yàaŋ-ray]　どうですか？

意味と品詞　**เป็น** [pen] は動詞です。**อย่างไร** [yàaŋ-ray] は「どのように、どのような」という意味の副詞です。**อย่างไร** [yàaŋ-ray] は書き言葉で、口語の発音では **ยังไง** [yaŋ-ŋay] になります。

使い方　**เป็นอย่างไร** [pen yàaŋ-ray] は相手に状況を聞く時に使う疑問文です。日常会話では、**เป็นไง** [pen-ŋay] または **ไง** [ŋay] と省略することも多いです。また、相手の様々な答えを期待して **บ้าง** [bâaŋ] を用い、**เป็นยังไงบ้าง** [pen yaŋ-ŋay bâaŋ] と聞くことが多いです。

A: เป็นยังไง [pen yaŋ-ŋay] สบายดีกันไหมคะ [sa-baay dii kan máy khá]
どうですか？（皆）元気ですか？

B: สบายดีครับ [sa-baay dii khráp]
元気です。

A: เป็นยังไงบ้าง [pen yaŋ-ŋay bâaŋ] ชอบไหม [chɔ̂ɔp máy]
どう？好き？

B: ชอบแต่แพง [chɔ̂ɔp tɛ̀ɛ phɛɛŋ]
好きだが高い。

รู้สึก [rúu-sùk]　〜を感じる

意味と品詞　รู้สึก [rúu-sùk] は「感じる」という意味の動詞 です。

使い方　รู้สึก [rúu-sùk] の後ろに動詞か形容詞が来ます。รู้สึกยังไง [rúu-sùk yaŋ-ŋay]「どのように感じますか？」などの質問文として、また、เป็นยังไง [pen yaŋ-ŋay]「どうですか？」などの質問文への回答として使います。

A: เป็นยังไง ใส่ดีไหม [pen yaŋ-ŋay sày dii máy]
どう？着心地がいい？

B: ดี ใส่ดี รู้สึกใส่สบาย [dii sày dii rúu-sùk sày sa-baay]
うん、着心地がいい。着ていて気持ちよく感じる。

A: ฟังเพลงนี้แล้วรู้สึกยังไง [faŋ phleeŋ níi lɛ́ɛw rúu-sùk yaŋ-ŋay]
この歌を聞いたらどう感じる？

B: รู้สึกเศร้า [rúu-sùk sǎw]
悲しいと感じる。

☆รู้สึก [rúu-sùk] の後ろに文（節）が来る場合、接続詞 ว่า [wâa] を用います。

例）รู้สึกว่าฝนจะตก [rúu-sùk wâa fǒn cà tòk]
雨が降ると感じる（雨が降りそう）。

รู้สึกว่าเขาไม่เป็นไรแล้ว [rúu-sùk wâa kháw mây-pen-ray lɛ́ɛw]
彼はもう大丈夫そうだ。

ก็ [kɔ̂ɔ] +形容詞 / 動詞　　～ないことはない　まあまあ～

意味と品詞　ก็ [kɔ̂ɔ] は、後ろに形容詞または動詞を付けると「～ないことはない、まあまあ～」という意味の接続詞になります。

使い方　会話での受け答え、はっきりと気持ちを表さない時に使います。**เป็นยังไง** [pen yaŋ-ŋay] または **รู้สึกยังไง** [rúu-sùk yaŋ-ŋay] などの質問への回答として使います。形容詞の場合〈**ก็** [kɔ̂ɔ] +形容詞+ **ดี** [dii]〉という表現になることも多いです（意味は変わりません）。

63 **ก็ดี** kɔ̂ɔ dii　　いいじゃない、悪くはない

63

ก็ kɔ̂ɔ +	形容詞／動詞	
ก็ kɔ̂ɔ	**ดี** dii	いいじゃない / 悪くはない。
	อยากไป yàak pay	行きたくないことはない。
	ลองดู lɔɔŋ duu	（どうなるか分からないが）まあ試してみる。
	อร่อยดี a-rɔ̀y dii	まあまあ美味しい。

63 **形容詞+ ดี** [dii]　　～でいい

意味と品詞　ดี [dii] は「良い、好ましい、きれい、上手、合っている、通常」などを意味する形容詞、副詞、動詞となる単語で、通常他の単語と共に用いられます。

使い方　大変良いと感じる時に使います。タイ語のひとつのニュアンス表現でよく使われています。

63 **สวยดี** sǔay dii　　きれいでいい

63

形容詞（節）	+	**ดี** dii	
เพลงนี้เพราะ [phleeŋ níi phrɔ́]		**ดี** [dii]	この歌はきれいでいい。
ราคาถูก [raa-khaa thùuk]		**ดีนะ** [dii ná]	値段が安くていいね。
รองเท้าสวย [rɔɔŋ-tháaw sǔay]		**ดี** [dii]	きれいな靴でいい。
ร้านนี้อร่อย [ráan níi a-rɔ̀y]		**ดีจัง** [dii caŋ]	この店は美味しくて大変いい。

☆注意）通常はポジティブな場面で使いますが、ネガティブな場面で皮肉を込めて **ดี** [dii] を付ける場合があります。
例）**โอ้โฮ แพงดีจัง** [ôo-hoo phɛɛŋ dii caŋ]　わあ、大変高い。
日本語の「いい値段するね」の表現に似ています。

気持ち　อารมณ์ [aa-rom]

63

好き嫌いを表す単語

♥♥♥	รัก	rák	愛する
♥♥	หลง	lǒŋ	夢中になる
♥	ชอบ	chɔ̂ɔp	好き
	เฉยๆ	chə̌əy chə̌əy	普通 よく悪くもない 無関心
♥	ไม่ค่อยชอบ	mây khɔ̂y chɔ̂ɔp	あまり好きじゃない
♥♥	เกลียด	klìat	嫌い

☆注意）タイ語の **เกลียด** [klìat]「嫌い」は、単なる「好きじゃない」という意味ではなく、本当に強い意味で「嫌い」という場面で使います。

63

久しぶりの気持ちを表す単語

ไม่ได้เจอกันนาน mây-dây cəə kan naan 懐かしい	**คิดถึง** khít-thɯ̌ŋ 会いたい、恋しい

63

感動を表す単語

ซาบซึ้งใจ [sâap-sɯ́ŋ cay] 感動する	**กินใจ** [kin cay] 心を動かされる	**ถูกใจ** [thùuk cay] 気に入る
โดนใจ [doon cay] 衝撃を受ける	**ประทับใจ** [pra-tháp cay] 良い印象を持つ、印象に残る	
น่าสนใจ [nâa-sǒn-cay] 面白い	**เสียใจ** [sǐa-cay] 傷つく	**เจ็บใจ** [cèp cay] 悔しい
ตกใจ [tòk cay] 驚く	**เกรงใจ** [kreeŋ-cay] 遠慮する	**ฝืนใจ** [fɯ̌ɯn cay] 気が済まない

63 様々な感情を表す単語

มีความสุข mii-khwaam-sùk 幸せである	ไม่มีอะไร mây mii a-ray 別に、何もない	ตื่นเต้น tùwn-tên ドキドキする、ワクワクする	สบาย สบาย sa-baay sa-baay 気持ちいい、楽になる、のんびりする
สบาย sa-baay 快適な、元気な	ไม่สบาย mây sa-baay 元気がない	สดชื่น sòt-chûwn 気持ちいい、すがすがしい	เรื่อยๆ rŵay rŵay （状況が）まあまあ、相変わらず、ぼちぼち
ดีใจ dii-cay 嬉しい	โกรธ kròot 怒る	เหงา ŋǎw 寂しい	เศร้า sǎw 悲しい
เบื่อ bùa 飽きる	ง่วงนอน ŋûaŋ nɔɔn 眠い	นอนไม่หลับ nɔɔn mây làp 寝られない	หิวข้าว hǐu khâaw お腹がすく
อิ่ม ìm お腹がいっぱい	ว่าง wâaŋ 暇	ยุ่ง yûŋ 忙しい	รู้สึกแย่ rúu-sùk yɛ̂ɛ 落ち込んだ

63 努力を表す単語

ทำใจให้สบายนะ tham cay hây sa-baay ná 元気を出してね	
ตั้งใจทำงาน tâŋ-cay tham-ŋaan 一生懸命働く	ตั้งใจเรียน tâŋ-cay rian 一生懸命勉強する

☆ **เฉยๆ** [chə̌əy chə̌əy] と **เรื่อยๆ** [rŵay rŵay] の使い分け

เฉยๆ [chə̌əy chə̌əy] は自分の感情が特にどちらに偏ることもなく「ふつう、まあまあ」という意味で用いられます。

例）A: **ชอบไหม** [chɔ̂ɔp máy]　好き？

　　B: **เฉยๆ** [chə̌əy chə̌əy]　普通。

一方、**เรื่อยๆ** [rŵay rŵay] は客観的な状況に変化がなく「ふつう、まあまあ、ぼちぼち」という意味で用いられます。

例）A: **เป็นยังไงบ้าง** [pen yaŋ-ŋay bâaŋ]　どう？

　　เรื่อยๆ [rŵay rŵay]　ぼちぼち。

Lesson 4 ニュアンス表現

64

動詞 / 形容詞＋ **บ้าง** [bâaŋ] ＋動詞 / 形容詞＋ **บ้าง** [bâaŋ]
～したり…したりする

意味と品詞　①「(同じ主語が) ～したり…したりする」という意味の副詞。動詞または形容詞の後ろに置きます。

②「(異なる主語が) ～したり…したりする」という意味の副詞。動詞 / 形容詞の前に置きます。

使い方　２つ以上の動作や状態を並べて述べる場合に用います。会話では発音が **มั่ง มั่ง** [mâŋ mâŋ] になる場合もある。

64

①（同じ主語が）～したり…したりする

ฟังภาษาไทยรู้เรื่องบ้างไม่รู้เรื่องบ้าง
[faŋ phaa-săa thay rúu rŵaŋ bâaŋ mây rúu rŵaŋ bâaŋ]
タイ語を聞き取れたり聞き取れなかったりした。(**รู้เรื่อง** [rúu rŵaŋ] 分かる)

เมื่อวานอยู่บ้านดูหนังบ้างฟังเพลงบ้าง
[mŵa waan yùu bâan duu năŋ bâaŋ faŋ phleeŋ bâaŋ]
昨日家で映画を見たり歌を聞いたりした。

ฝนตกบ้างไม่ตกบ้าง
[fŏn tòk bâaŋ mây tòk bâaŋ]
雨が降ったり止んだりしている。

②（異なる主語）（主語（複数）が）～したり…したりする

複数の主語がそれぞれ異なる動作をする、という意味で用います。
後半の **บ้าง** [bâaŋ] は接続詞兼人称代名詞として用いられます。
ก็ [kɔ̂ɔ] と一緒に使うこともでき、**บ้างก็** [bâaŋ kɔ̂ɔ] になります。
書き言葉でよく使います。

โรงเรียนที่เมืองไทยบ้างมีสระน้ำ บ้างไม่มีสระน้ำ
[rooŋ-rian thîi mɯaŋ-thay
bâaŋ mii sà-náam bâaŋ mây mii sà-náam]
タイの学校ではプールがあったりなかったりする。

คนดูบ้างยิ้ม บ้างหัวเราะ [khon duu bâaŋ yím bâaŋ hŭa-rɔ́]
(**ยิ้ม** [yím] 笑む　スマイル　**หัวเราะ** [hŭa-rɔ́] 笑う)
観客はほほ笑んだり、(別の観客は) 笑ったりしている。

พวกเขาบ้างยังเรียนอยู่ บ้างทำงานแล้ว
[phûak-kháw bâaŋ yaŋ rian yùu bâaŋ tham-ŋaan lɛ́ɛw]
彼らはまだ勉強したり、働いたりしている。

เนอะ [nə́]　〜だよね　でしょ

意味と品詞　**เนอะ** [nə́] は「〜だよね」という意味の口語です。

使い方　口語で、相手に賛同を求める時に使います。年上の人に対しては
นะคะ/ครับ [ná khá/ khráp]「ですよね / でしょうか」を使います。
เนอะ [nə́] は失礼なので使いません。

ขนมนี้อร่อยเนอะ [kha-nǒm níi a-rɔ̀y nə́]
このお菓子は美味しいよね。

วันนี้หนาวเนอะ [wan-níi nǎaw nə́]
今日は寒いよね。

เขาเก่งจังเลยเนอะ [kháw kèŋ caŋ ləəy nə́]
彼 / 彼女はすごく上手だよね。

練習4　絵を見てグンちゃんの「予定」**กำหนดการ** [kam-nòt-kaan] をタイ語で書いてみよう。

1．月曜日　午後３時から４時までアルバイトをする。
頑張ります。（**จะพยายาม** [cà pha-yaa yam] 頑張る）

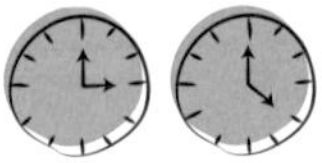

2．火曜日　タイレストランで友達と昼ご飯を食べる。
友達に会いたかった。晩　本を読む。

3．水曜日　午前　家を掃除する。夜７時　コンサートを見に行く。
ワクワクする。（**คอนเสิร์ต** [khɔɔn-sə̀ət] コンサート
ทำความสะอาด [tham khwaam-sa-àat] 掃除する）

4．木曜日　朝　映画を観に行く。
夜　旅行の準備をする。

5．金曜日　朝４時　サムイ島の旅へ出発する。
その日は休憩したり　泳いだりしたい。
（**ออกเดินทาง** [ɔ̀ɔk dəən-thaaŋ] 旅へ出発する）

6．土曜日　朝　ビーチで運動する。
気持ちいいだろう。
（**ชายหาด** [chaay-hàat] ビーチ）

7．日曜日　休憩してのんびりしてから帰る。
幸せになりそう。

第11課

会話の聞き取り練習 65

会話を聞いて次の質問にタイ語で答えましょう。

1．**ตอนนี้พวกเขาอยู่ที่ไหน** [tɔɔn-níi phûak-kháw yùu thîi-nǎy]

2．**เขาไปเที่ยวกันตั้งแต่วันที่เท่าไรถึงวันที่เท่าไร**
[kháw pay thîaw kan tâŋ-tɛ̀ɛ wan thîi thâw-rày thʉ̌ŋ wan thîi thâw-rày]

3．**วันพรุ่งนี้เขาจะทำอะไรกัน** [wan phrûŋ-níi kháw ca tham a-ray kan]

4．**วันนี้เขาจะทำอะไรกัน** [wan-níi kháw ca tham a-ray kan]

会話

ต้มยำ
tôm-yam

1 เดินทางมาหลายชั่วโมง ถึงสมุยสักที
[dəən-thaaŋ maa lǎay chûa-mooŋ thʉ̌ŋ sa-mǔy sák-thii]
เป็นยังไงบ้างตื่นเต้นไหมครับ
[pen-yaŋ-ŋay bâaŋ tʉ̀ʉn-tên máy khráp]

เคน kheen

2 ก็ตื่นเต้นนิดหน่อยครับ [kɔ̂ɔ tʉ̀ʉn-tên nít nɔ̀y khráp]

ต้มยำ
tôm-yam

3 เราจะอยู่ที่นี่กันตั้งแต่วันศุกร์ที่ 1 ถึงวันอาทิตย์ที่ 3 เมษายน
[raw cà yùu thîi-nîi kan tâŋ-tɛ̀ɛ wan sùk thîi
nʉ̀ŋ thʉ̌ŋ wan aa-thít thîi sǎam mee-sǎa-yon]
ที่นี่ทุกวันศุกร์จะมีตลาดนัด
[thîi-nîi thúk wan sùk ca mii ta-làat nát]

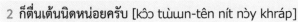

เคน kheen

4 วันนี้เราจะทำอะไรกันบ้างครับ
[wan-níi raw ca tham a-ray kan bâaŋ khráp]

ต้มยำ
tôm-yam

5 ว่ายน้ำบ้างไปเที่ยวบ้าง
[wâay-náam bâaŋ pay thîaw bâaŋ]

เคน kheen

6 น่าสนุกดีนะครับ [nâa sa-nùk dii ná khráp]
แล้วเราจะไปดำน้ำกันเมื่อไรครับ
[lɛ́ɛw raw ca pay dam-náam kan mʉ̂a-rày khráp]

ต้มยำ
tôm-yam

7 พรุ่งนี้ครับ เราจะไปดำน้ำกันทั้งวัน [phrûŋ-níi khráp]
[raw ca pay dam-náam kan tháŋ-wan]

เคน kheen

8 อ๋อ ดีครับ [ɔ̌ɔ dii khráp]
ตอนนี้กี่โมงแล้วครับ [tɔɔn-níi kìi mooŋ lɛ́ɛw khráp]

ต้มยำ
tôm-yam

9 เพิ่งจะ 6 โมงเช้า [phə̂ŋ-ca hòk mooŋ cháaw]
ยังเช้าอยู่เลยเนอะ [yaŋ cháaw yùu ləəy nə́]

เคน kheen

10 ครับ [khráp] งั้นไปกินข้าวเช้ากันก่อนดีกว่าไหมครับ
[ŋán pay kin khâaw cháaw kan kɔ̀ɔn
dii-kwàa máy khráp]
ผมรู้สึกหิวแล้ว [phǒm rúu-sʉ̀k hǐu lɛ́ɛw]

ต้มยำ
tôm-yam

11 ก็ดีครับ [kɔ̂ɔ-dii khráp]

ロールプレー練習

以上の会話を参考にして、タイ語でやりとりしてみよう。

	A		B
1.	「何時間」も（手段）してやっと○○に着いた。どうですか？」と聞く。	2.	気持ちを答える。
3.	「いつからいつまで滞在する」と教え、「ここには毎週○○に○○がある」と教える。	4.	「今日何をする予定？」と聞く。
5.	「○○したり○○したりする」と教える。	6.	気持ちを伝え、「いつ○○やる？」と聞く。
7.	いつやるかを伝え、「一日中それをやる」と答える。	8.	気持ちを伝える。「今何時ですか？」と聞く。
9.	「○○時になったばかり」と教え、気持ちを伝え、相手に同意を求める。	10.	同意をし、「先に○○をしてからにしましょう」と答える。
11.	「いいじゃない」と答える。		

（日本語訳）

トムヤム君 何時間も旅してやっとサムイに着いた。どう？ドキドキしますか？

けん君 まあちょっとドキドキします。

トムヤム君 私達はここに４月１日金曜日から３日日曜日まで滞在する。ここは毎週金曜日フリーマーケットがある。

けん君 今日何をする予定ですか？

トムヤム君 泳いだり観光したりする。

けん君 面白そうでいいですね。そして、いつ私達はダイビングしに行きますか？

トムヤム君 明日です。明日は一日中もぐりに行きます。

けん君 そうか、いいですね。今何時になりましたか？

トムヤム君 朝６時になったばかりだ。まだ早いよね。

けん君 そうですね。それじゃ、先にご飯を食べに行きましょうか？僕はお腹が空いてきた感じだ。

トムヤム君 いいですよ。

以下の文（けん君の日記）を読んで次の質問にタイ語で答えましょう。

บันทึก ban-thɯ́k（日記）

วันจันทร์ [wan can]
ตื่นตี 5 ตักบาตรที่หน้าบ้านคุณต้มยำ
ตอนเย็น หัดพายเรือ
[tɯ̀ɯn tii hâa tàk-bàat
（ตักบาตร [tàk bàat] 托鉢する）
thîi nâa bâan khun tôm-yam
tɔɔn yen hàt phaay rɯa]
（หัด [hàt] 練習する）

วันอังคาร [wan aŋ-khaan]
วันนี้เป็นวันหยุด อยู่บ้านทั้งวัน
ตอนบ่าย ไปเรียนทำอาหารไทยกับคุณแม่
ของคุณต้มยำ คุณแม่เป็นคนใจดี
และทำกับข้าวอร่อยมาก
[wan-níi pen wan-yùt
yùu bâan tháŋ wan
tɔɔn bàay pay rian tham
aa-hǎan thay
kàp khun mɛ̂ɛ khɔ̌ɔŋ khun tôm-yam
khun mɛ̂ɛ pen khon cay-dii lɛ́
tham kàp khâaw a-rɔ̀y mâak]

วันพุธ [wan phút]
ไปเที่ยววัดอรุณๆกับคุณต้มยำ
ตอนเย็น ลองหัดทำอาหารไทยดู
คุณต้มยำบอกว่าอร่อยมาก
ผมอยากให้คุณกุ้งลองกินด้วยจัง
[pay thîaw wát a-run kàp khun
tôm-yam   tɔɔn yen
lɔɔŋ hàt tham aa-hǎan thay duu
khun tôm-yam bɔ̀ɔk wâa a-rɔ̀y mâak
phǒm yàak hây khun kûŋ
lɔɔŋ kin dûay caŋ]

วันพฤหัสบดี
[wan pha-rɯ́-hàt-sa-bɔɔ-dii]
มีนัดไปดูหนังไทยที่สยามกับ
คุณต้มยำกับคุณกุ้งตอน 10 โมงเช้า
วันนี้ดูหนังสนุกมาก
[mii nát pay duu nǎŋ thay
thîi sa-yǎam kàp khun tôm-yam
kàp khun kûŋ tɔɔn sìp mooŋ cháaw
wan-níi duu nǎŋ sa-nùk mâak]
（นัด [nát] 約束）

วันศุกร์ [wan sùk]
วันเสาร์ [wan sǎw]
วันอาทิตย์ [wan aa-thít]
มาสมุยกับเพื่อน
เวลาดูพระอาทิตย์ขึ้นแล้วรู้สึกสดชื่นมาก
เวลาดูพระอาทิตย์ตกแล้วรู้สึกเหงา
พรุ่งนี้จะกลับแล้ว คิดถึงท้องฟ้าที่สมุย
รู้สึกประทับใจ
[maa sa-mǔy kàp phɯ̂an
wee-laa duu phra-aa-thít khɯ̂n
lɛɛw rúu-sɯ̀k sòt-chɯ̂ɯn mâak
wee-laa duu phra-aa-thít tòk
lɛɛw rúu-sɯ̀k ŋǎw
phrûŋ-níi ca klàp lɛɛw
khít-thɯ̌ŋ thɔ́ɔŋ-fáa thîi sa-mǔy
rúu-sɯ̀k pra-tháp-cay]

---

1. ใครสอนคุณเคนทำอาหารไทย
[khray sɔ̌ɔn khun kheen tham aa-hǎan thay]

2. วันอังคาร คุณเคนไปเที่ยวที่ไหนบ้าง
[wan aŋ-khaan khun kheen pay thîaw thîi-nǎy bâaŋ]

3. คุณเคนไปสมุยตั้งแต่วันไหน [khun kheen pay sa-mǔy tâŋ-tɛ̀ɛ wan nǎy]

4. วันศุกร์ เสาร์ อาทิตย์คุณเคนอยู่ที่ไหน
[wan sùk sǎw aa-thít khun kheen yùu thîi-nǎy]

新しい単語

曜日　วัน [wan]

วันอาทิตย์	wan aa-thít	日曜日
วันจันทร์	wan can	月曜日
วันอังคาร	wan aŋ-khaan	火曜日
วันพุธ	wan phút	水曜日
วันพฤหัสบดี	wan pha-rɯ́-hàt-sà-bɔɔ-dii wan phrɯ́-hàt-sà-bɔɔ-dii	木曜日
วันศุกร์	wan sùk	金曜日
วันเสาร์	wan săw	土曜日

時　คำบอกเวลา [kham bɔ̀ɔk wee-laa]

วันนี้	wan-níi	今日	เมื่อวาน	mɯ̂a-waan	昨日
พรุ่งนี้	phrûŋ-níi	明日	เมื่อวานซืน	mɯ̂a-waan-sɯɯn	一昨日
มะรืนนี้	ma-rɯɯn níi	明後日	ที่แล้ว	thîi-lɛ́ɛw	先〜
นี้	níi	本 / 今〜	หน้า	nâa	来 / 次〜
วัน	wan	曜日	วันที่	wan-thîi	日付
เดือน	dɯan	月	ปี	pii	年
อาทิตย์ / สัปดาห์	aa-thít / sàp-daa	週	ชาติ	châat	世
ครั้ง	khráŋ	回	เมื่อกี้	mɯ̂a-kîi	たった今
เร็วๆ นี้	rew rew níi	近いうちに	ปัจจุบัน	pàt-cù-ban	現在 / 現代
เวลา	wee-laa	時間	วินาที	wí-naa-thii	秒
นาที	naa-thii	分	ชั่วโมง	chûa-mooŋ	時間
ครึ่ง	khrɯ̂ŋ	半	กลางวัน	klaaŋ-wan	昼
กลางคืน	klaaŋ-khɯɯn	夜	เช้า	cháw cháaw	朝
เที่ยง(วัน)	thîaŋ(wan)	正午	บ่าย	bàay	午後
เย็น	yen	夕方	ทุ่ม	thûm	(晩) 時
ย่ำรุ่ง	yâm-rûŋ	朝6時 (伝統 的な言い方)	ย่ำค่ำ	yâm-khâm	午後6時 (伝 統的な言い方)
เที่ยงคืน	thîaŋ-khɯɯn	零時	ตี	tii	(夜中) 時

โมง	mooŋ	（昼）時	ตอน	tɔɔn	時（時間の一部)、部分
ช่วง	chûaŋ	間（期間、場所など）			

ชายหาด	chaay-hàat	ビーチ

มา	maa	これまで〜してきた
รู้สึก	rúu-sɯ̀k	〜と感じる
ทำความสะอาด	tham khwaam-sa-àat	掃除する
ออกเดินทาง	ɔ̀ɔk dəən-thaaŋ	旅へ出発する

เพิ่ง(จะ)	phôŋ(cà)	〜したばかり

สัก	sàk sák	〜だけ　しか
〜 บ้าง 〜 บ้าง	〜 bâaŋ 〜 bâaŋ	〜したり〜したりする

ทุก	thúk	毎〜　〜ごと
ทั้ง	tháŋ	全て　〜中　ばかり
เว้น	wén	〜おき　除く

ตั้งแต่	tâŋ-tɛ̀ɛ	〜（時）から

กี่โมง	kìi mooŋ	何時？
เมื่อไร	mɯ̂a-ray mɯ̂a-rày	いつ？
เป็นยังไง	pen yaŋ-ŋay	どうですか？

ニュアンス表現

เนอะ	nə́	～だよね　でしょ

気持ち　อารมณ์ [aa-rom]

好き嫌いを表す単語

รัก	rák	愛する
หลง	lǒŋ	夢中になる
ชอบ	chɔ̂ɔp	好き
ไม่ค่อยชอบ	mây khɔ̂y chɔ̂ɔp	あまり好きじゃない
เฉยๆ	chə̌əy chə̌əy	普通　よくも悪くもない　無関心
เกลียด	klìat	嫌い

久しぶりの気持ちを表す単語

ไม่ได้เจอกันนาน	mây dây cəə kan naan	懐かしい
คิดถึง	khít-thʉ̌ŋ	会いたい、恋しい

感動を表す単語

ซาบซึ้งใจ	sâap-sʉ́ŋ cay	感動する
กินใจ	kin cay	心を動かされる
ประทับใจ	pra-tháp cay	良い印象を持つ　印象に残る
ถูกใจ	thùuk cay	気に入る
โดนใจ	doon cay	衝撃を受ける
น่าสนใจ	nâa-sǒn-cay	面白い
เสียใจ	sǐa-cay	傷つく
ตกใจ	tòk cay	驚く
เจ็บใจ	cèp cay	悔しい
เกรงใจ	kreeŋ-cay	遠慮する
ฝืนใจ	fʉ̌ʉn cay	気が済まない

様々な感情を表す単語

มีความสุข	mii khwaam-sùk	幸せである
ไม่มีอะไร	mây mii a-ray	別に　何もない
ตื่นเต้น	tùɯn-tên	ドキドキする ワクワクする

ดีใจ	dii-cay	嬉しい	โกรธ	kròot	怒る
เศร้า	sǎw	悲しい	เหงา	ŋǎw	寂しい
เบื่อ	bùa	飽きる	เหนื่อย	nùay	疲れる
กังวล	kaŋ-won	心配する	กลัว	klua	怖い
แปลกๆ	plɛ̀ɛk plɛ̀ɛk	変に思う	เขิน	khǎən	照れる
เสียดาย	sǐa daay	残念な	เป็นห่วง	pen-hùaŋ	心配する
สงสาร	sǒŋ-sǎan	かわいそうな	หัวเราะ	hǔa-rɔ́	笑う
ร้องไห้	rɔ́ɔŋ-hây	泣く	สนุก	sa-nùk	楽しい
ตลก	ta-lòk	面白い	สบาย	sa-baay	快適な 元気な

ยิ้ม	yím	ほほ笑む　スマイル
ไม่สบาย	mây sa-baay	元気がない
สบาย สบาย	sa-baay sa-baay	気持ちいい　楽になる　のんびりする
สดชื่น	sòt-chɯ̂ɯn	気持ちいい　すがすがしい
เรื่อยๆ	rɯ̂ay rɯ̂ay	(状況が)まあまあ 相変わらず ぼちぼち
ยุ่ง	yûŋ	忙しい
ว่าง	wâaŋ	暇
ง่วงนอน	ŋûaŋ nɔɔn	眠い
นอนไม่หลับ	nɔɔn mây làp	寝られない
หิวข้าว	hǐu khâaw	お腹がすく
อิ่ม	ìm	お腹がいっぱい
รู้สึกแย่	rúu-sɯ̀k yɛ̂ɛ	落ち込んだ
ทำใจให้สบายนะ	tham cay hây sa-baay ná	元気を出してね

努力を表す単語

จะพยายาม	ca pha-yaa-yaam	頑張るつもり　頑張ろう
ตั้งใจทำงาน	tâŋ-cay tham-ŋaan	一生懸命働く
ตั้งใจเรียน	tâŋ-cay rian	一生懸命勉強する

まとめ　สรุป sarùp　何を勉強しましたか？

---

1. 日時の使い方

วันเดือนปีอะไร [wan dɯan pii a-ray]　何曜日何日何月何年

เมื่อไร [mɯ̂a-rày]　いつ？

กี่โมง [kìi mooŋ]　何時？

動詞（句）+（ตอน）กี่โมง [(tɔɔn) kìi mooŋ]　何時に〜する？

เวลา/ตอน/ช่วง [wee-laa/tɔɔn/ chûaŋ]　時間 / 時 / 間

---

2. 日時に関する表現

ทุก [thúk]（+数字）+類別詞　毎〜　〜ごと

ตั้งแต่ [tâŋ-tɛ̀ɛ 〜 ถึง thɯ̌ŋ 〜]　〜（時）から〜（時）まで

สัก [sàk][sák]　〜だけ　しか

สักที [sàk-thii][sák-thii]　やっと〜できるようになる

動詞（句）+ มา [maa]　これまで〜してきた

เพิ่ง(จะ) [phə̂ŋ(cà)] +動詞（句）　〜したばかり

ทั้ง [tháŋ] +（数字）類別詞　全て　〜中　ばかり

---

3. 気持ちの伝え方

เป็นยังไง [pen yaŋ-ŋay]　どうですか？

รู้สึก [rúu-sɯ̀k]　〜を感じる

ก็ [kɔ̂ɔ] +形容詞 / 動詞　〜ないことはない まあまあ〜

形容詞 + ดี [dii]　〜でいい

---

4. ニュアンス表現

動詞 / 形容詞 + บ้าง [bâaŋ] +

動詞 / 形容詞 + บ้าง [bâaŋ]　〜したり〜したりする

เนอะ [nə́]　〜だよね　でしょ

単語　曜日　月　年　時間　時　気持ち

できたことをチェック ✓

- □ 1．日時を表現できる。
- □ 2．自分の予定・気持ちを説明することができる。
- □ 3．予定を書ける。
- □ 4．「～したり〇〇したりする、だよね」の表現が使える。

覚えておきたい表現 ประโยคน่าจำ pra-yòok nâa cam 66

日付

วันนี้วันที่เท่าไรคะ [wan-níi wan thîi thâw-rày khá]	今日は何日ですか？
วันอะไร [wan a-ray]	何曜日
เดือนอะไร [dɯan a-ray]	何月
ปีอะไร [pii a-ray]	何年

何時

ตอนนี้กี่โมงครับ [tɔɔn-níi kìi mooŋ khráp]	今何時ですか？
ไปอยุธยาใช้เวลากี่ชั่วโมงครับ [pay a-yút-tha-yaa cháy wee-laa kìi chûa-mooŋ khráp]	アユタヤまで何時間 かかりますか？
ร้านเปิดตั้งแต่กี่โมงถึงกี่โมงคะ [ráan pə̀ət tâŋ-tɛ̀ɛ kìi mooŋ thɯ̌ŋ kìi mooŋ khá]	営業時間は何時から 何時までですか？

いつ

มาตั้งแต่เมื่อไรคะ [maa tâŋ-tɛ̀ɛ mɯ̂a-rày khá]	いつ（から）来ましたか？
รถไฟจะมาเมื่อไรคะ [rót-fay ca maa mɯ̂a-rày khá]	いつ電車が来ますか？
เมื่อไรจะได้กินสักที [mɯ̂a-rày ca dây kin sák-thii]	いつ食べられる （ようになる）のか？
เพิ่งจะเคยมาเมืองไทยเป็นครั้งแรกค่ะ [phə̂ŋ ca khəəy maa mɯaŋ-thay pen khráŋ rɛ̂ɛk khâ]	初めてタイへ来た ばかりです。
มาที่นี่ทุกอาทิตย์ครับ [maa thîi nîi thúk aa-thít khráp]	毎週ここに来ています。
วันนี้ยุ่งทั้งวันครับ [wan-níi yûŋ tháŋ wan khráp]	今日は一日忙しいです。
A: กินข้าวมาแล้วหรือยังคะ [kin khâaw maa lɛ́ɛw-rɯ̌ɯ-yaŋ khá] B: เพิ่งจะกินเสร็จเมื่อกี้ครับ [phə̂ŋ ca kin sèt mɯ̂a-kîi khráp]	A: ご飯を食べて来ましたか？ B: たった今食べ終わった ばかりです。

気持ち

รู้สึกไม่ค่อยสบาย [rúu-sɯ̀k mây khɔ̂y sa-baay]	あまり元気がない （と感じる）。
A: เป็นยังไงบ้าง ชอบไหม [pen yaŋ-ŋay bâaŋ chɔ̂ɔp máy] B: ก็ดี สวยดีเนอะ [kɔ̂ɔ dii sǔay dii nə́]	A: どう？好き？ B: いいんじゃない、 きれいでいいよね。

もっと知りたいタイ語 17

รวบรวมคำถามในภาษาไทย rûap-ruam kham-thǎam nay phaa-sǎa thay **疑問詞のまとめ**

อะไร
a-ray
何？

ที่ไหน
thîi-nǎy
どこ？

เมื่อไร
mɯ̂a-rày
いつ？

ทำยังไงดี
tham yaŋ-ŋay dii
どうすればいい？

ทำไม
tham-may
どうして？

เพราะอะไร
phrɔ́ a-ray
なぜ？

ใคร
khray
だれ？

ใช่ไหม
chây máy
でしょ？

ไปหรือเปล่า
pay rɯ̌ɯ-plàw
行く？

มาแล้วหรือยัง
maa lɛ́ɛw-rɯ̌ɯ-yaŋ
来た？

ดีไหม
dii máy
良いと思う？

ใช่หรือไม่
chây rɯ̌ɯ mây
合っている？

เท่าไร
thâw-rày
いくら？

กี่โมง
kìi mooŋ
何時？

อันไหน
an nǎy
どれ？

เหรอ
rə̌ə
そうなの？

参考文献

1. จงชัย เจนหัตถการกิจ. ๒๕๖๑. หลักภาษา : หนังสือประกอบการเรียนการสอนตามหลักสูตรการศึกษาขั้นพื้นฐาน ๒๕๕๑. พิมพ์ครั้งที่ ๑๔. กรุงเทพฯ : โรงพิมพ์ธนาเพรส.
2. นพคุณ คุณาชีวะ. ๒๕๕๗. หลักภาษาไทยในหลักสูตรมัธยมศึกษา Thai Grammar in Secondary School Curriculum. กรุงเทพฯ : สำนักพิมพ์มหาวิทยาลัยรามคำแหง.
3. ราชบัณฑิตยสภา, สำนักงาน. ๒๕๖๑. อ่านอย่างไรและเขียนอย่างไร ฉบับราชบัณฑิตสภา. พิมพ์ครั้งที่ ๒๓ (แก้ไขเพิ่มเติม). กรุงเทพฯ : อรุณการพิมพ์.
4. _______. พจนานุกรมฉบับราชบัณฑิตยสถาน พ.ศ.๒๕๕๔. เข้าถึงได้จาก http://dictionary.orst.go.th
5. ศึกษาธิการ, กระทรวง. ๒๕๕๔. หนังสืออุเทศภาษาไทย ชุด บรรทัดฐานภาษาไทย เล่ม ๑. พิมพ์ครั้งที่ ๒. กรุงเทพฯ : องค์การค้าของ สกสค.
6. _______. ๒๕๕๕. หนังสืออุเทศภาษาไทย ชุด บรรทัดฐานภาษาไทย เล่ม ๓. พิมพ์ครั้งที่ ๒. กรุงเทพฯ : องค์การค้าของ สกสค.
7. _______. ๒๕๕๒. หนังสืออุเทศภาษาไทย เรื่อง ภาษาไทย น่าศึกษาหาคำตอบ. กรุงเทพฯ : องค์การค้าของ สกสค.
8. _______. ๒๕๕๘. หนังสืออุเทศภาษาไทย เรื่อง หลักภาษาไทย:เรื่องที่ครูภาษาไทยต้องรู้. กรุงเทพฯ : องค์การค้าของ สกสค.
9. สกสค., องค์การค้า. ๒๕๕๘. พจนานุกรมนักเรียน ฉบับปรับปรุง. พิมพ์ครั้งที่ ๑๐. กรุงเทพฯ : องค์การค้าของ สกสค.

音声ダウンロード方法

・付属音声をベレ出版ホームページより無料でダウンロードできます。
（MP3 ファイル形式）

1. パソコンのウェブブラウザを立ち上げて「ベレ出版」ホームページ（www.
beret.co.jp）にアクセスします。

2. 「ベレ出版」ホームページ内の検索欄から、『みっちり学ぶ初級タイ語』の詳細
ページへ。

3. 「音声ダウンロード」をクリック。

4. 8 ケタのダウンロードコードを入力しダウンロードを開始します。
ダウンロードコード：3EWv8f7g

5. パソコンや MP3 音声対応のプレーヤーに転送して、再生します。

お願いと注意点について

・デジタルオーディオ、スマートフォンへの転送・再生方法など詳しい操
作方法については小社では対応しておりません。製品付属の取り扱い説明
書、もしくは製造元へお問い合わせください。

・音声は本書籍をお買い上げくださった方へのサービスとして無料でご提
供させていただいております。様々な理由により、やむを得なくサービス
を終了することがありますことをご了承ください。

MEMO

MEMO

著者紹介

難波江　ティチャー（なばえ　てぃちゃー）

▶タイ国立ラムカムヘン大学教育学部タイ語教育学科卒業。タイ国立ナレスワン大学経営学部卒業。早稲田大学大学院商学研究科科目履修生、立正大学大学院経営研究学科修士課程（MBA）修了。タイと日本での企業勤務を経て、専門学校でタイ語講師を務める。

◉──収録音声　約182分
ナレーター　コースィット・ティップティエンポン、那和　勉成、シリワン・ピタウェイ、難波江　ティチャー
◉──イラスト　マナンヤー・トゥンヤイ
◉──カバーデザイン　發知　明日香
◉──DTP・本文　神谷利男デザイン株式会社（發知　明日香）

［音声DL付］みっちり学ぶ初級タイ語

2021年 10月 25日　初版発行
2023年 4月 6日　第5刷発行

著者	**難波江　ティチャー**
発行者	内田　真介
発行・発売	ベレ出版 〒162-0832　東京都新宿区岩戸町12レベッカビル TEL.03-5225-4790　FAX.03-5225-4795 ホームページ　https://www.beret.co.jp/
印刷	モリモト印刷株式会社
製本	株式会社宮田製本所

ISBN978-4-86064-662-2　C2087　　編集担当　大石裕子

みっちり学ぶ初級

หนังสือเรียนภาษาไทยสำหรับคนญี่ปุ่น

タイ語

難波江 ティチャー

別冊 解答

ベレ出版

第 1 課

練習1

1. ありがとう
ไม่เป็นไรค่ะ
mây-pen-ray khâ
どういたしまして。

または ยินดีค่ะ
yin-dii khâ
喜んで。

2. สบายดีไหมคะ
sa-baay-dii máy khá
元気ですか？
元気です。

3. すみません。ごめんなさい。
ไม่เป็นไรค่ะ　mây-pen-ray khâ
どういたしまして・気にしないで

4. こんにちは
สวัสดีค่ะ　sa-wàt-dii khâ　こんにちは

練習2

1. あなたの名前は何ですか？
ดิฉัน/ผมชื่อ ○○ ค่ะ/ครับ
di-chán/phǒm chûɯ ○○　khâ/khráp

2. あなたの名字は何ですか？
ดิฉัน/ผมนามสกุล(自分の名字) ค่ะ/ครับ
di-chán/phǒm naam-sa-kun （自分の名字）
khâ/khráp

3. あなたのあだ名は何ですか？
ดิฉัน/ผมชื่อเล่นชื่อ 自分のあだ名 ค่ะ/ครับ
di-chán/phǒm chûɯ-lên chûɯ （自分のあだ
名）khâ/khráp

練習3

1. あなたの名前は何ですか？
ดิฉัน/ผมชื่อ ○○ ค่ะ/ครับ
di-chán/phǒm chûɯ ○○ khâ/khráp

2. あなた（弟 / 妹）の名前は何ですか？あな
たの名前は何ですか？
หนู/ผมชื่อ ○○ ค่ะ/ครับ
nǔu/phǒm chûɯ ○○ khâ/khráp

3. あなた（兄 / 姉）の名前は何ですか？
พี่ชื่อ ○○ ค่ะ/ครับ
phîi chûɯ ○○ khâ/khráp

4. 君の名前は何ですか？
เรา/ฉันชื่อ ○○　raw/chán chûɯ ○○

5. 彼 / 彼女の名前は何ですか？
เขาชื่อ ○○ ค่ะ/ครับ
kháw chûɯ ○○ khâ/khráp

聞き取り練習

①

ชื่อ chûɯ	名前
คุณ khun	何
อะไร a-ray	彼 / 彼女
เขา kháw	私
ผม / ดิฉัน phǒm/di-chǎn	あなた

会話の聞き取り練習

②

1. 男の子の名前は何ですか？
เคน
kheen
けん君

2. 女の子の名前は何ですか？
ผักชี
phàk-chii
パクチーちゃん

読み取り練習

サムリー君
グンちゃん元気ですか？

グンちゃん
こんにちは、元気です。
サムリー先輩はどこへ行って来ましたか？

サムリー君
この辺です。
また会いましょう。

グンちゃん
はい、また会いましょう。

1. グンちゃんは元気ですか？
สบายดี
sa-baay-dii
元気です。

2. ผู้ชาย
phûu chaay
男性

3. 3つ （1. สบายดีไหม sa-baay dii máy
2.ไปไหนมา pay nǎy maa
3.แล้วเจอกันใหม่ lɛ́ɛw cəə kan mày）

第2課

練習1

1. ผม / ดิฉันเป็นคนญี่ปุ่น
phǒm/di-chán pen khon yîi-pùn

2.คุณเป็นคนไทย khun pen khon thay
3. พวกเขาเป็นคนโตเกียว
phûak-kháw pen khon too-kiaw

3.เขา/เธอเป็นคนกรุงเทพฯ
kháw/thəə pen khon kruŋ-thêep

練習2

1. พี่ริวเป็นนักกีฬาประเทศญี่ปุ่น
phîi riu pen nák kii-laa pra-thêet yîi-pùn

2. เขาเป็นพนักงานบริษัทบีบี
kháw pen pha-nák-ŋaan bɔɔ-ri-sàt bii bii

3. น้องมิมิเป็นพนักงานธนาคาร
nɔ́ɔŋ mimi pen pha-nák-ŋaan tha-naa-khaan

4. ผม/ดิฉันเป็น phǒm/di-chán pen
職業名＋ อยู่ที่ yùu thîi ＋会社名、場所、国名など

練習3

① 1.เขา / เธอชื่อผักชี
kháw/thəə chɯ̂ɯ phàk-chii

2. คุณผักชีเป็นคนไทย
khun phàk-chii pen khon thay

3. คุณผักชีเป็นคนเชียงใหม่
khun phàk-chii pen khon chiaŋ-mày

4. คุณผักชีเป็นนักศึกษาวิทยาลัยวิชาชีพที่เมืองไทย
khun phàk-chii pen nák-sɯ̀k-sǎa wít-tha-yaa-lay wí-chaa-chîip thîi mɯaŋ-thay

② 1. ดิฉัน / ผมชื่อ ○○ ค่ะ/ครับ
di-chán/phǒm chɯ̂ɯ ○○ khâ/khráp
私の名前は○○です。

2. เป็นคน pen khon 国名
（国名）人です。

3. เป็นคน pen khon 出身地
（出身地）の人です。

4. เป็น pen 職業名 ค่ะ/ครับ khâ/khráp
（職業名）です。

練習4

1. 彼の名前はブンマークですか？
ใช่ค่ะ/ครับ เขาชื่อบุญมากค่ะ/ครับ
chây khâ/khráp kháw chɯ̂ɯ bun-mâak khâ/khráp
はい、彼の名前はブンマークです。

2. ブンマークさんはタイ人ですか？
ใช่ค่ะ/ครับ คุณบุญมากเป็นคนไทยค่ะ/ครับ
chây khâ/khráp khun bunmâak pen khon thay khâ/khráp
はい、ブンマークさんはタイ人です。

3. 彼は学生ですか？
เปล่า/ ไม่ใช่ค่ะ/ครับ
เขาเป็นชาวนาที่นครพนมค่ะ/ครับ
plàw/mây chây khâ/khráp kháw pen chaaw-naa thîi na-khɔɔn-pha-nom khâ/khráp
いいえ、彼はナコォーンパノムの農家です。

4. ブンマークさんは北部の人ですか？
เปล่า/ไม่ใช่ค่ะ/ครับ คุณบุญมากไม่ได้เป็น/ไม่ใช่คนเหนือ คุณบุญมากเป็นคนอีสานค่ะ/ครับ
plàw/mây chây khâ/khráp khun bun-mâak mây-dây pen/mây chây khon nɯ̌a
khun bun-mâak pen khon ii-sǎan khâ/khráp
いいえ、ブンマークさんは北部の人ではありません。ブンマークさんは東北部の人です。

練習5

1. ดิฉัน/ผมเป็นนักศึกษา
phǒm/di-chán pen nák-sɯ̀k-sǎa

2. เขาก็เป็นนักศึกษา
kháw kɔ̂ɔ pen nák-sɯ̀k-sǎa

3. คุณจอห์นนี่ไม่ได้เป็น/ไม่ใช่คนไทย
khun cɔɔn-nîi mây-dây pen/mây-chây khon thay

4. คุณเบนก็ไม่ได้เป็น/ไม่ใช่คนไทย
khun been kɔ̂ɔ mây-dây pen/ mây-chây khon thay

会話の聞き取り練習

1．グンちゃんはタイ人ですか?
ใช่ คุณกุ้งเป็นคนไทย
chây khun kûŋ pen khon thay
はい、グンちゃんはタイ人です。

2．けん君の出身はどこですか?
คุณเคนเป็นคนโอซาก้า
khun kheen pen khon oo-saa-kâa
けん君は大阪の人です。

3．けん君の仕事は何ですか?
คุณเคนเป็นนักศึกษา
khun kheen pen nák-sɯ̀k-sǎa
けん君は学生です。

4. グンちゃんは大阪の人ですか?
เปล่า/ไม่ใช่ คุณกุ้งเป็นคนสุพรรณบรี
plàw/mây-chây khun kûŋ pen khon su-phan-bu-rii
いいえ、グンちゃんはスパンブリーの人です。

5. けん君は歌手ですか?
เปล่า/ไม่ใช่ คุณเคนไม่ได้เป็น/ไม่ใช่นักร้อง คุณเคนเป็นนักศึกษา
plàw/mây-chây khun kheen mây-dây pen/ mây-chây nák-rɔ́ɔŋ
khun kheen pen nák-sɯ̀k-sǎa
いいえ、けん君は歌手ではありません。けん君は学生です。

読み取り練習

こんにちは。僕の名前はまなです。僕はタイ人です。あなたは日本人ですか?僕はチェンマイの人です。オーム・スィン銀行の会社員です。

1．彼は何人ですか?
เขาเป็นคนไทย
kháw pen khon thay
タイ人です。

2．彼の仕事は何ですか?
เขาเป็นพนักงานธนาคารออมสิน
kháw pen pha-nák-ŋaan tha-naa-khaan ɔɔm-sǐn
彼はオーム・スィン銀行の銀行員です。

3. 彼の出身はどこですか?
เขาเป็นคนเชียงใหม่
kháw pen khon chiaŋ-mày
彼はチェンマイの人です。

第3課

練習1

1．เจ็ดสิบ cèt-sìp

2．สองร้อยยี่สิบเอ็ด
sɔ̌ɔŋ-rɔ́ɔy yîi-sìp-èt

3．สองหมื่นหนึ่งพันหนึ่งร้อยเอ็ด
sɔ̌ɔŋ-mɯ̀ɯn nɯ̀ŋ-phan nɯ̀ŋ-rɔ́ɔy-èt

4．เก้าแสนสามหมื่นเจ็ดพันแปดร้อยสี่สิบหก
kâw-sɛ̌ɛn sǎam-mɯ̀ɯn cèt-phan pɛ̀ɛt-rɔ́ɔy sìi-sìp-hòk

5．ห้าสิบสองล้านแปดแสนเก้าสิบเก้า
hâa-sìp-sɔ̌ɔŋ-láan pɛ̀ɛt-sɛ̌ɛn kâw-sìp-kâw

6．แปดร้อยเอ็ดล้านสองแสนหนึ่งหมื่นหนึ่งร้อยสิบเอ็ด
pɛ̀ɛt-rɔ́ɔy-èt-láan-sɔ̌ɔŋ-sɛ̌ɛn-nɯ̀ŋ-mɯ̀ɯn-nɯ̀ŋ-rɔ́ɔy-sìp-èt

練習2

1．妹は何歳ですか？
อายุห้าขวบ
aa-yú hâa khùap

2．兄は何歳ですか？
อายุยี่สิบเอ็ดปี
aa-yú yîi sìp èt pii

3. あなたの電話番号は何番ですか？
เบอร์โทรศัพท์เบอร์
bəə thoo-ra-sàp bəə + あなたの電話番号

4. あなたは何月生まれですか？
เกิดเดือน
kə̀ət dɯan+ あなたの誕生月

練習3

省略

練習4

省略

練習5

1.

A: คุณมีเบอร์โทรศัพท์ไหมคะ/ครับ
khun mii bəə thoo-ra-sàp máy khá/khráp

ขอเบอร์โทรศัพท์หน่อยค่ะ/ครับ
khɔ̌ɔ bəə thoo-ra-sàp nɔ̀y khâ/khráp

B: あります。これです。

A: แล้วก็ มีอีเมลไหมคะ/ครับ
lɛ́ɛw kɔ̂ɔ mii ii-meen máy khá/khráp

ขออีเมลด้วยค่ะ/ครับ
khɔ̌ɔ ii-meen dûay khâ/khráp

2.

A: フルネームを教えていただけますでしょうか?
B: (自分のフルネームを教える)
A: 血液型も教えていただけますでしょうか?
B: (自分の血液型を教える)

会話の聞き取り練習

1. トムヤム君は何日生まれですか?
เกิดวันที่ยี่สิบเอ็ด
kə̀ət wan thîi yîi-sìp-èt
21日生まれです。

2. けん君は21日に生まれましたか?
ใช่ คุณเคนเกิดวันที่ยี่สิบเอ็ด
chây khun kheen kə̀ət wan thîi yîi-sìp-èt
はい、そうです。21日に生まれました。

3. けん君は何月生まれですか?
คุณเคนเกิดเดือนกุมภาพันธ์
khun kheen kə̀ət dɯan kum-phaa-phan
けん君は2月生まれです。

4. けん君は趣味がありますか?
มี คุณเคนมีงานอดิเรก
mii khun kheen mii ŋaan-a-di-rèek
はい、けん君は趣味があります。

5. トムヤム君の趣味は何ですか?
ร้องเพลง rɔ́ɔŋ phleeŋ
歌を歌うことです。

読み取り練習

こんにちは。私の名前はサムリーです。私はサムイでダイビングを教えている先生です。私はダイビングをするのが好きです。サムイには海があり山があり、美味しい食べ物があります。あなたは海へ行くのが好きですか?サムイの海に遊びに来てね。

1. 彼の仕事は何ですか?

เขาเป็นครูสอนดำน้ำ
kháw pen khruu sɔ̌ɔn dam-náam
彼はダイビングの先生です。

2. 彼は何をするのが好きですか?

เขาชอบดำน้ำ
kháw chɔ̂ɔp dam-náam
ダイビングをするのが好きです。

3. サムイには美味しい食べ物がありますか?
มี ที่สมุยมีอาหารอร่อย
mii thîi sa-mǔy mii aa-hǎan a-rɔ̀y
あります。
サムイには美味しい食べ物があります。

第4課

練習1

1. あれは何ですか?
โน่นคือรถค่ะ/ครับ
nôon khɯɯ rót khâ/khráp あれは車です。

2. これは何ですか?
นี่คือสมุดกับหนังสือค่ะ/ครับ
nîi khɯɯ sa-mùt kàp náŋ-sɯ̌ɯ khâ/khráp
これはノートと本です。

3. それは何ですか?
นั่นคือกระต่ายค่ะ/ครับ
nân khɯɯ kra-tàay khâ/khráp
それはウサギです。

4. そちらは誰ですか?
นั่นคือคุณพ่อกับคุณแม่ค่ะ/ครับ
nân khɯɯ khun phɔ̂ɔ kàp khun mɛ̂ɛ khâ/khráp
そちらはお父さんとお母さんです。

練習2

1. これは学生のカバンでしょう。

ไม่ใช่ค่ะ/ครับ นี่ไม่ใช่กระเป๋านักเรียน
นี่คือกระเป๋าสตางค์ค่ะ/ครับ
mây chây khâ/khráp nîi mây chây kra-pǎw

nák-rian níi khɯɯ kra-pǎw sa-taaŋ khâ/khráp
いいえ、違います。これは学生のカバンではあ
りません。これは財布です。

2．そちらはグンちゃんとパクチーちゃんでしょう。
ใช่ค่ะ/ครับ นั่นคือคุณกุ้งกับคุณผักชีค่ะ/ครับ
chây khâ/khráp nân khɯɯ khun kûŋ kàp
khun phàk-chii khâ/khráp
はい、そうです。そちらはグンちゃんとパクチーちゃんです。

3．それはリスとウサギでしょう。
ไม่ใช่ค่ะ/ครับ นั่นไม่ใช่กระรอกกับกระต่าย
นั่นคือหมากับหมูค่ะ/ครับ
mây chây khâ/khráp nân mây chây kra-rɔ̂ɔk
kàp kra-tàay nân khɯɯ mǎa kàp mǔu khâ/
khráp
いいえ、違います。それはリスとウサギではあり
ません。それは犬と豚です。

4．あれは富士山でしょう。
ใช่ค่ะ/ครับ โน่นคือภูเขาฟูจิค่ะ/ครับ
chây khâ/khráp nôon khɯɯ phuu-khǎw fuu-cì
khâ/khráp
はい、そうです。あれは富士山です。

練習3

1. หนังสือนี้กับหนังสือนั้น
náŋ-sɯ̌ɯ níi kàp náŋ-sɯ̌ɯ nán

2. คนนี้เป็นคุณหมอ
khon níi pen khun mɔ̌ɔ

3. นาฬิกานั้นเป็นนาฬิกาปลุก
naa-lí-kaa nán pen naa-lí-kaa plùk

4.คนโน้นเป็นคนชาติอะไร
khon nóon pen khon châat a-ray

練習4

1．ปากกาของใคร
pàak-kaa khɔ̌ɔŋ khray

2. ช้างของ (เมือง)ไทย
cháaŋ khɔ̌ɔŋ (mɯaŋ) thay

3. ลูกของเขา
lûuk khɔ̌ɔŋ kháw

4. รถของคุณพ่อของฉัน
rót khɔ̌ɔŋ khun phɔ̂ɔ khɔ̌ɔŋ chǎn

練習5

1. โน่นเป็นแว่นตาของคุณเคน
nôon pen wên-taa khɔ̌ɔŋ khun kheen

2. ลูกของคุณคือคนไหน
lûuk khɔ̌ɔŋ khun khɯɯ khon nǎy

3. คนโน้นเป็นพี่สาวของฉัน
khon nóon pen phîi-sǎaw khɔ̌ɔŋ chán

4. นี่เป็นหมากับแมวของคุณต้มยำ
níi pen mǎa kàp mɛɛw khɔ̌ɔŋ khun tôm-yam

会話の聞き取り練習

1. グンちゃんは誰の友達ですか？
เป็นเพื่อนของคุณต้มยำ
pen phɯ̂an khɔ̌ɔŋ khun tôm-yam
トムヤム君の友達です。

2.トムヤム君の友達はグンという名前でしょ。
ใช่ ชื่อกุ้ง   chây chɯ̂ɯ kûŋ
はい、そうです。グンという名前です。

3. 誰のノートですか？
เป็นของคุณกุ้ง   pen khɔ̌ɔŋ khun kûŋ
グンちゃんのです。

4. グンちゃんのノートはタイ語のノートでしょ。
ไม่ใช่ ไม่ใช่สมุดภาษาไทย
mây chây mây chây sa-mùt phaa-sǎa thay
いいえ、違います。タイ語のノートではありません。

5. グンちゃんのノートは何のノートですか？
เป็นสมุดวาดภาพ   pen sa-mùt wâat phâap
お絵描きノートです。

読み取り練習
パクチーちゃん
グンちゃんこれは何？
グンちゃん
カバンだ。
パクチーちゃん
誰のなの？
グンちゃん
これはあたしのカバン。
それもあたしのカバン。

パクチーちゃん
ああ、本当に多い。
何のカバンなの?

グンちゃん
このカバンは財布。
そのカバンは学校のカバン。
あのカバンはコンピューターのカバン。

パクチーちゃん
学校のカバンはこのカバンでしょ?

グンちゃん
そう、このカバン。

1. 学生カバンは誰のですか?
เป็นของคุณกุ้ง
pen khɔ̌ɔŋ khun kûŋ
グンちゃんのです。

2. 財布もグンちゃんのでしょ?
ใช่ กระเป๋าสตางค์ก็เป็นของคุณกุ้ง
chây kra-pǎw sa-taaŋ kɔ̂ɔ pen khɔ̌ɔŋ khun kûŋ
はい、そうです。財布もグンちゃんのです。

3. コンピューターのカバンはパクチーちゃんのではありませんよね?
ใช่ ไม่ใช่ของคุณผักชี
chây mây chây khɔ̌ɔŋ khun phàk-chii
はい、そうです。パクチーちゃんのではありません。

第5課

練習1

1. お散歩に行きますか?
ไม่ไปค่ะ/ครับ
mây pay khâ/khráp
行かないです。

2. お腹が空いていますか?
ไม่หิวค่ะ/ครับ
mây hǐu khâ/khráp
空いていないです。

3. あなたは赤いカバンを持っていますか?
ไม่มีค่ะ/ครับ
mây mii khâ/khráp
ないです。

4. 今けん君は日本にいますか?
ไม่อยู่ค่ะ/ครับ
mây yùu khâ/khráp
いないです。

練習2

1. あなたは朝ごはんを食べましたか?
กินแล้ว/ยังไม่ได้กินค่ะ/ครับ
kin lɛ́ɛw/yaŋ mây-dây kin khâ/khráp
食べました。/まだ食べていないです。

2. あなたはお腹が空いていますか?
หิวแล้ว/ยังไม่หิวค่ะ/ครับ
hǐu lɛ́ɛw/yaŋ mây hǐu khâ/khráp
空いています。/まだ空いていないです。

3. あなたはタイ料理を食べたことがありますか?
เคยกินแล้ว/ยังไม่เคยกินค่ะ/ครับ
khəəy kin lɛ́ɛw/ yaŋ mây khəəy kin khâ/khráp
食べたことがあります。/食べたことがないです。

4. あなたはタイの歌を聞いたことがありますか?
เคยฟังแล้ว/ยังไม่เคยฟังค่ะ/ครับ
khəəy faŋ lɛ́ɛw /yaŋ mây khəəy faŋ khâ/khráp
聞いたことがあります。/聞いたことがないです。

練習3

1. ลองทำอาหารไทยดูไหมคะ/ครับ
lɔɔŋ tham aa-hǎan thay duu máy khá/khráp

2. ลองอ่านหนังสือภาษาไทยดูไหมคะ/ครับ
lɔɔŋ àan náŋ-sʉ̌ʉ phaa-sǎa thay duu máy khá/khráp

3. ไม่ลองรำไทยดูเหรอคะ/ครับ
mây lɔɔŋ ram thay duu rə̌ə khá/khráp

4. อยากลองใส่เสื้อดูไหมคะ/ครับ
yàak lɔɔŋ sày sʉ̂a duu máy khá/khráp

練習4

1. ไปเที่ยวเมืองไทย (ด้วย) กันไหมคะ/ครับ
pay thîaw mʉaŋ-thay (dûay) kan máy khá/khráp

2. กลับบ้าน (ด้วย) กันไหมคะ/ครับ
klàp bâan (dûay) kan máy khá/khráp

3. ลองเรียนภาษาไทยเถอะค่ะ/ครับ
lɔɔŋ rian phaa-sǎa thay thə̀ khâ/khráp

4. ไปดูหนัง(ด้วย)กันเถอะค่ะ/ครับ
pay duu nǎŋ (dûay) kan thə̀ khâ/khráp または、
ไปดูหนังกัน(เถอะ)ค่ะ/ครับ
pay duu nǎŋ kan (thə̀) khâ/khráp

練習 5

1．อยากดื่มกาแฟกันไหมคะ/ครับ
yàak dɯ̀ɯm kaa-fɛɛ kan máy khá/khráp

2．อยากกินอาหารไทยกันไหมคะครับ
yàak kin aa-hǎan thay kan máy khá/khráp

3. ฉันก็อยากไปภูเก็ตด้วย(เหมือนกัน)
chán kɔ̂ɔ yàak pay phuu-kèt dûay (mɯ̌an-kan)

4．พวกเขา/เขาคุยกัน
phûak-kháw/kháw khuy kan

会話の聞き取り練習

1．けん君はタイ料理を食べたことがありますか？
คุณเคนยังไม่เคยกินอาหารไทย
khun kheen yaŋ mây khəəy kin aa-hǎan thay
まだ食べたことがないです。

2．誰がイサーン料理を食べてみたいですか？
คุณเคน　khun kheen　けん君。

3. グンちゃんはソムタムを食べたくないでしょ？
ไม่ใช่ คุณกุ้งอยากกินส้มตำ
mây chây　khun kûŋ yàak kin sôm-tam
いいえ、違います。グンちゃんはソムタムを食べたいです。

4. グンちゃんはこのお店のソムタムを食べたことがありますか？
เคยกินแล้ว　khəəy kin lɛ́ɛw
食べたことがあります。

5. トムヤム君とけん君とグンちゃんは料理を一緒に食べに行くでしょうか？
ใช่ พวกเขาไปกินอาหารด้วยกัน
chây　phûak kháw pay kin aa-hǎan dûay kan
はい、そうです。彼らは一緒に食べに行きます。

読み取り練習

私はタイへ遊びに行ったことがないです。でも、私の友達はタイへ遊びに行ったことがあります。私はサムイ、プーゲット、チェンマイ、バンコクへ行きたいです。タイでパッタイも食べに行ってみたいです。私の友達はパッタイを食べたことがあります。でも、私はまだ食べたことがないです。今年私の友達はまたタイへ行きます。私もタイへ遊びに行きます。

1. 彼はタイへ遊びに行ったことがありますか？
ยังไม่เคยไปเที่ยวเมืองไทย
yaŋ mây khəəy pay thîaw mɯaŋ-thay
まだタイへ遊びに行ったことがないです。

2.　彼はタイで何を食べてみたいですか？
อยากลองกินผัดไทย
yàak lɔɔŋ kin phàt thay
パッタイを食べてみたいです。

3.　彼の友達はまたタイに行きますか？
ไป เพื่อนของเขาจะไปเมืองไทยอีก
pay　phɯ̂an khɔ̌ɔŋ kháw cà pay mɯaŋ-thay ìik
はい、彼の友達はまたタイへ行きます。

4.　彼は何をしにタイへ行きたいですか？
เขาจะไปเที่ยวสมุย ภูเก็ต เชียงใหม่ กรุงเทพฯ แล้วก็ไปกินผัดไทย
kháw cà pay thîaw sa-mǔy phuu-kèt chiaŋ-mày kruŋthêep lɛ́ɛw-kɔ̂ɔ pay kin phàt-thay
彼はサムイ、プーゲット、チェンマイ、バンコクへ遊びに行きたいです。
それに、パッタイを食べに行きたいです。

5. 今年彼はタイへ行きますか？
ไป ปีนี้เขาจะไปเมืองไทย
pay　pii níi kháw cà pay mɯaŋ-thay
はい、今年彼はタイへ行きます。

第 6 課

練習 1

A1
B1．ขอปูผัดผงกะหรี่ 1 จานค่ะ/ครับ
khɔ̌ɔ puu-phàt-phɔ̌ŋ-ka-rìi nɯ̀ŋ caan khâ/khráp

2．แล้วก็ ขอข้าว 1 จานค่ะ/ครับ
lɛ́ɛw kɔ̂ɔ khɔ̌ɔ khâaw nɯ̀ŋ caan khâ/khráp

A2.
B1．เอาผัดไทย 2 ที่ค่ะ/ครับ
aw phàt-thay sɔ̌ɔŋ thîi khâ/khráp

2．เอาน้ำมะพร้าวค่ะ/ครับ
aw nám ma-phráaw khâ/khráp

3．เอา 2 แก้วค่ะ/ครับ
aw sɔ̌ɔŋ kɛ̂ɛw khâ/khráp

A3.

B1. ขอ ○○ ค่ะ/ครับ　khɔ̌ɔ ○○ khâ/khráp

2. แล้วก็ ขอ ○○ ค่ะ/ครับ
lɛ́ɛw kɔ̂ɔ　khɔ̌ɔ ○○ khâ/khráp

練習 2

すみません（お願いします）。
① 辛くないソムタムをください。
② 唐辛子を 1 個入れてください。
それに③ちょっとだけ甘いタイ風ミルクティーにします。
④お会計をお願いします。

練習 3

1．あなたはタイ語を話せますか？
例）พูดได้นิดหน่อยค่ะ/ครับ
phûut dây nít-nɔ̀y khâ/khráp
ちょっと話せます。

2．あなたはタイ語を書けますか？
例）เขียนไม่ค่อยได้ค่ะ/ครับ
khǐan mây khɔ̂y dây khâ/khráp
あまり書けません。

3．あなたはタイ料理を作れますか？
例）ทำไม่ได้เลยค่ะ/ครับ
tham mây dây ləəy khâ/khráp
全然作れません。

4．あなたは泳げますか？
例）ว่ายน้ำได้ดีค่ะ/ครับ
wâay-náam dây dii khâ/khráp
よく泳げます。

会話の聞き取り練習

1．けん君は辛いものを食べられますか？
คุณเคนกินเผ็ดได้นิดหน่อย
khun kheen kin phèt dây nít nɔ̀ɔy
けん君は辛いものを少し食べられます。

2．何人でご飯を食べに行きますか？
ไปกินข้าวกัน 3 คน
pay kin kháaw kan sǎam khon
3 人で行きます。

3．グンちゃんは何の飲み物を注文しましたか？
คุณกุ้งสั่งน้ำเปล่าไม่ใส่น้ำแข็ง
khun kûŋ sàŋ nám-plàw mây sày nám-khěŋ
氷のないお水を注文しました。

4．誰が料理を注文しましたか。
คุณกุ้งเป็นคนสั่งอาหาร
khun kûŋ pen khon sàŋ aa-hǎan
グンちゃんが料理を注文しました。

5．けん君は辛い料理を食べてみましたか。
ค่ะ/ครับ คุณเคนลองกินอาหารเผ็ดดู
khâ/khráp khun kheen lɔɔŋ kin aa-hǎan phèt duu
はい、けん君は食べてみました。

読み取り練習

私は少し辛いものを食べられます。私の友達にソムタムを食べてみなさいと言われて、昨日、私はタイ料理を食べに行きました。うわー！すごく辛いです。私は少しだけ辛くするようにしてくださいと彼 / 彼女にお願いしましたが全然食べられません。私は友達にも食べに来てみてほしいです。

1．彼は少しだけ辛いものは食べられますか？
ใช่ เขากินเผ็ดได้นิดหน่อย
chây kháw kin phèt dây nít nɔ̀y
はい、彼は少し辛いものが食べられます。

2．彼は何を注文して食べましたか？
เขาสั่งส้มตำมากิน
kháw sàŋ sôm-tam maa kin
彼はソムタムを注文して食べました。

3．彼は食べられましたか？
เขากินไม่ได้
kháw kin mây dây
彼は食べられませんでした。

4．彼 / 彼女は誰ですか？
เขาคือคนขายอาหาร
kháw khɯɯ khon khǎay aa-hǎan
彼 / 彼女は料理店の人です。

5．誰が彼に辛いものを食べてみてと言いましたか？
เพื่อนของเขา
phɯ̂an khɔ̌ɔŋ kháw
彼の友達です。

第７課

練習1

1．รถยนต์สีขาว 1 คัน
rót yon sǐi khǎaw nùŋ khan

2．หนังสือภาษาไทย 2 เล่ม
náŋ-sɯ̌ɯ phaa-sǎa thay sɔ̌ɔŋ lêm

3．รองเท้าหนังสีดำ 1 คู่
rɔɔŋ-tháaw nǎŋ sǐi dam nùŋ khûu

4．กระโปรงสีน้ำเงินลายทางเบอร์ L
kra-prooŋ sǐi nám-ŋən laay thaaŋ bəə ɛɛw

練習2

1．この傘は何で（から）できていますか？また、何で作られていますか？

ทำมาจากไนลอน และทำด้วยเครื่องจักร
tham maa càak nay-lɔ̂ɔn lɛ́ tham dûay khrɯ̂aŋ-càk
ナイロンで（から）できて、機械でできました。

2．このシャツは何の生地で（から）できていますか？また、何で作られていますか？

ทำมาจากผ้าฝ้าย และทำด้วยมือ
tham maa càak phâa fâay lɛ́ tham dûay mɯɯ
綿で（から）できて、ハンドメイドです。

3. あなたのカバンは何で(から)できていますか？また、何で作られていますか？

ทำมาจาก ○○ และทำด้วย ○○
tham maa càak ○○ lɛ́ tham dûay ○○

練習3

1．คุณเคนกำลังอ่านหนังสืออยู่ค่ะ/ครับ
khun kheen kam-laŋ àan náŋ-sɯ̌ɯ yùu khâ/khráp

2．คุณผักชีไม่ได้กำลังทำอาหารอยู่ค่ะ/ครับ
khun phàk-chii mây dây kam-laŋ tham aa-hǎan yùu khâ/ khráp

3．คุณจิมกำลังทำงานอยู่หรือเปล่า/ไหมคะ/ครับ
khun cim kam-laŋ tham ŋaan yùu rɯ̌ɯ-plàw/mǎy khá/ khráp

4. คุณกุ้งกำลังวาดรูปอยู่หรือเปล่า/ไหมคะ/ครับ
khun kûŋ kam-laŋ wâat rûup yùu rɯ̌ɯ-plàw / mǎy khá/ khráp

練習4

複数で答えたい場合、〈○○ กับ kàp ○○〉または、〈○○ แล้วก็ lɛ́ɛw kɔ̂ɔ ○○〉などを使います。

1．あなたのカバンの中にはどんなものがありますか？
ในกระเป๋าฉันมี ○○ ค่ะ/ครับ
nay kra-pǎw chán mii ○○ khâ/khráp
私のカバンの中には○○があります。

2．今日どんなものを食べたいですか？
วันนี้อยากกิน ค่ะ/ครับ
wan-níi yàak kin ○○ khâ/khráp
今日は○○を食べたいです。

3．昨日あなたはどんなことをしましたか？
เมื่อวานฉัน ○○ ค่ะ/ครับ
mɯ̂a-waan chán ○○ khâ/khráp
昨日私は○○をしました。

4．あなたはタイの（中の）どんな所へ遊びに行きたいですか？
ฉันอยากไปเที่ยว ○○ ค่ะ/ครับ
chán yàak pay thîaw ○○ khâ/khráp
私は○○へ遊びに行きたいです。

練習5

1. เสื้อตัวละกี่บาทคะ/ครับ
sɯ̂a tua lá kìi bàat khá/khráp

2. ค่าเรียนเปียโนครั้งละเท่าไรคะ/ครับ
khâa rian pia-noo khráŋ lá thâw-rày khá/khráp

3. ก๋วยเตี๋ยวชามละเท่าไรคะ/ครับ
kǔay-tǐaw chaam lá thâw-rày khá/khráp

4. ชานมเย็นแก้วละเท่าไรคะ/ครับ
chaa nom yen kɛ̂ɛw lá thâw-rày khá/khráp

練習6

1．あなたはどんな人から何のプレゼントをもらったことがありますか？

ฉันเคยได้รับ（プレゼントの名）จาก（人など）
chán khəəy dây ráp ○○ càak ○○
私は（人など）から（プレゼント名）をもらったことがあります。

または ไม่เคยได้รับของขวัญจากใครเลย
mây khəəy dây ráp khɔ̌ɔŋ-khwǎn càak khray ləəy
誰からもプレゼントをもらったことがないです。

2. あなたはどんな人に何のプレゼントをあげたことがありますか?

ฉันเคยให้（プレゼント名）กับ（人）
chán khəəy hây ○○ kàp ○○
私は（人）に（プレゼント名）をあげたことがあります。

または、ฉันไม่เคยให้อะไรกับใครเลย
chán mây khəəy hây a-ray kàp khray ləəy
私は誰にも何もあげたことがないです。

3. 今年あなたはどんな人に何のプレゼントをあげたいですか?

ปีนี้ฉันอยากให้（プレゼント名）กับ（人）
pii níi chán yàak hây ○○ kàp ○○
今年私は(人)に(プレゼント名)をあげたいです。

会話の聞き取り練習

1. けん君は何をしていますか?

คุณเคนกำลังซื้อของอยู่
khun kheen kam-laŋ sɯ́ɯ khɔ̌ɔŋ yùu
けん君は買い物しています。

または คุณเคนกำลังหาซื้อกางเกงเลอยู่
khun kheen kam-laŋ hǎa sɯ́ɯ kaaŋ-keeŋ ləə yùu
けん君はレーズボンを探して買い物しています。

2. 何色のレーズボンがありますか?

มีหลายสี
mii lǎay sǐi
色んな色があります。

3. レーズボンは１枚につきいくらですか?

ตัวละ 500 บาท
tua lá hâa rɔ́ɔy bàat
１枚500バーツです。

4. レーズボンは何で(から)できていましたか?

ผ้าฝ้าย
phâa fâay
綿です。

5. けん君は誰にレーズボンを買ってあげましたか?

คุณเคนซื้อกางเกงเลให้เพื่อน
khun kheen sɯ́ɯ kaaŋ-keeŋ lee hây phɯ̂an
けん君は友達に買ってあげました。

読み取り練習

ヂャトゥ・ヂャックでは、色んなものが売っています。私はまた赤いカバンが１つ欲しいです。このカバンはヂャトゥ・ヂャックから（で）買いました。値段は高すぎないです。１つにつき300バーツです。それに、私は本も欲しいです。私は母からプレゼントとして１冊の本を貰ったことがあります。私はこれがとても好きです。

1. ヂャトゥ・ヂャックでは何が売ってありますか?

ที่จตุจักรมีของขายหลายอย่าง
thîi cà-tu-càk mii khɔ̌ɔŋ khǎay lǎay yàaŋ
ヂャトゥ・ヂャックでは、色んなものが売ってあります。

2. ใบ bay（カバンの類別詞）

3. 彼は赤いカバンを持っていますか?

เขามีกระเป๋าสีแดงแล้ว
kháw mii kra-pǎw sǐi dɛɛŋ lɛ́ɛw
彼は赤いカバンを持っています。

4. 「私はこれがとても好きです」について、彼は何が好きですか?

หนังสือจากคุณแม่
nǎŋ-sɯ̌ɯ càak khun mɛ̂ɛ
母からもらった本。

第８課

練習１

1. あなたはどこへ遊びに行きたいですか?

ฉันอยากไปเที่ยวที่ ○○ ค่ะ/ครับ
chán yàak pay thîaw thîi ○○ khâ/khráp
私は○○へ遊びに行きたいです。

2. あなたはどこの温泉に行きたいですか?

ฉันอยากไปออนเซ็นที่ ○○ ค่ะ/ครับ
chán yàak pay ɔɔn-sen thîi ○○ khâ/khráp
私は○○の温泉に行きたいです。

3. あなたはどこの公園へ散歩しに行きたいですか?

ฉันอยากไปเดินเล่นที่สวนสาธารณะ ○○ ค่ะ/ครับ
chán yàak pay dəən-lên thîi sǔan sǎa-thaa-ra-ná ○○ khâ/khráp
私は○○の公園へ散歩しに行きたいです。

4. あなたはどこの海へ遊びに行きたいですか?

ฉันอยากไปเที่ยวทะเลที่ ○○
chán yàak pay thîaw tha-lee thîi ○○ khâ/khráp
私は○○の海へ遊びに行きたいです。

練習2

1. お手洗いはどこですか？
ห้องน้ำอยู่ทางนี้ค่ะ/ครับ
hɔ̂ŋ-náam yùu thaaŋ níi khâ/khráp
お手洗いはこちらにあります。

2. トムヤム君はどこですか？
คุณต้มยำอยู่ที่เมืองไทยค่ะ/ครับ
khun tôm-yam yùu thîi mɯaŋ-thay khâ/khráp
トムヤム君はタイにいます。

3. 静岡はどこですか？
ชิซูโอกะอยู่ระหว่างโตเกียวกับนาโกย่าค่ะ/ครับ
chí-suu-oo-ka yùu ra-wàaŋ too-kiaw kàp naa-koo-yâa khâ/khráp
静岡は東京と名古屋の間です。

4. チェンマイはどこですか？
เชียงใหม่อยู่ที่ภาคเหนือของประเทศไทยค่ะ/ครับ
chiaŋ-mày yùu thîi phâak nɯ̌a khɔ̌ɔŋ pra-thêet thay khâ/khráp
チェンマイはタイの北部にあります。

練習3

1. ทัวร์นี้น่าไปมาก   thua níi nâa pay mâak

2. เขาน่าจะกลับเมืองไทยแล้ว
kháw nâa ca klàp mɯaŋ-thay lɛ́ɛw

3. ร้านนี้ (ท่าทาง)น่าจะอร่อย
ráan níi (thâa-thaaŋ) nâa ca a-rɔ̀y

4. เชียงใหม่น่าไป   chiaŋ-mày nâa pay

練習4

1. あなたはどのスポーツができますか？
ฉันเล่น ○○ เป็นค่ะ/ครับ
chán lên ○○ pen khâ/khráp
私は○○ができます。

2. あなたはどの楽器ができますか？
ฉันเล่น ○○ เป็นค่ะ/ครับ
chán lên ○○ pen khâ/khráp

私は○○ができます。

3. あなたはどの料理ができますか？
ฉันทำ ○○ เป็นค่ะ/ครับ
chán tham ○○ pen khâ/khráp
私は○○ができます。

4. あなたはどのようなことができるようになりたいですか？
อยาก ○○ เป็นค่ะ/ครับ
yàak ○○ pen khâ/khráp
○○ができるようになりたいです。

会話の聞き取り練習

1. けん君はどこへ遊びに行きたいですか？
คุณเคนอยากไปเที่ยวทะเล
khun kheen yàak pay thîaw tha-lee
けん君は海へ遊びに行きたいです。

2. けん君はサムイ島を知っていますか？
คุณเคนไม่รู้จักเกาะสมุย
khun kheen mây rúu-càk kɔ̀ sa-mǔy
けん君はサムイ島を知らないです。

3. サムイ島はどこにありますか？
เกาะสมุยอยู่ที่ภาคใต้ของเมืองไทย
ในจังหวัดสุราษฎร์ธานี
kɔ̀ sa-mǔy yùu thîi phâak tây khɔ̌ɔŋ mɯaŋ thay nay caŋ-wàt sù-râat-thaa-nii
タイの南部のスラーターニー県内にあります。

4. けん君はダイビングできますか？
คุณเคนดำน้ำเป็น
khun kheen dam-náam pen
けん君はダイビングできます。

5. サムイ島ではダイビングできますか？
ที่เกาะสมุยดำน้ำได้
thîi kɔ̀ sa-mǔy dam-náam dâay
サムイ島ではダイビングできます。

読み取り練習

グンちゃんへ
こんにちは。僕のことを覚えていますか？僕はけんです。グンちゃんは元気ですか？僕は元気です。
今度の夏休みに僕はグンちゃんをサムイ島へ遊

びに行きに誘いたいです。
サムイ島はとてもきれいで、遊びに行く価値が
あります。（僕は知らないですか）グンちゃんは
行ったことがありますか？僕はグンちゃんも行き
たいだろうと思っています。トムヤム君も来ます。
彼はサムイ島に行ってみたいと言っていました。
一緒に行きましょうね。
けんより

1．けん君はグンちゃんをどこへ誘いましたか？
คุณเคนชวนคุณกุ้งไปสมุย
khun kheen chuan khun kûŋ pay sa-mǔy
けん君はグンちゃんをサムイ島へ誘った。

2．けん君はグンちゃんが一緒に行きたいと思っ
ていると思っていますか？
ใช่ คุณเคนคิดว่าคุณกุ้งอยากจะไปด้วย
chây khun kheen khít wâa khun kûŋ yàak cà
pay dûay
はい、けん君はグンちゃんが一緒に行きたいと
思っていると思っています。

3．あなたはグンちゃんがけん君と一緒に遊び
に行くと思いますか？
คิดว่าคุณกุ้งน่าจะไปเที่ยวกับคุณเคน
khít wâa khun kûŋ nâa ca pay thîaw kàp khun
kheen
グンちゃんがけん君と一緒に遊びに行くと思います。
ไม่คิดว่าคุณกุ้งจะไปเที่ยวกับคุณเคน
mây khít wâa khun kûŋ ca pay thîaw kàp khun
kheen
グンちゃんはけん君と一緒に遊びに行かないと
思います。

4．「彼はサムイ島に行ってみたいと言っていまし
た」について、彼は誰ですか？
เขาคือคุณต้มยำ
kháw khɯɯ khun tôm-yam
彼はトムヤム君です。

練習1

1．อยากไปเยาวราช ต้องลงสถานีไหนคะ/ครับ
yàak pay yaw-wa-râat tɔ̂ŋ loŋ sa-thǎa-nii nǎy
khá/khráp

2.ไปสนามบินสุวรรณภูมิ ต้องต่อรถไฟสถานีไหนคะ/
ครับ
pay sa-nǎam-bin sù-wan-na-phuum tɔ̂ŋ tɔ̀ɔ
rót-fay sa-thǎa-nii nǎy khá/khráp

3．ต้องลงสถานีที่เท่าไรคะ/ครับ
tɔ̂ŋ loŋ sa-thǎa-nii thîi thâw-rày khá/khráp

4．ไปไอคอนสยามต้องลง/ขึ้นเรือที่ไหนคะ/ครับ
pay ay-khɔɔn sa-yǎam tɔ̂ŋ loŋ /kûn rɯa thîi-nǎy
khá/khráp

練習2

駅の5番出口を出てから、50メートルぐらい
真っすぐ歩き、薬屋を右折する。
郵便局に着くまで真っすぐ歩き続けてから左折
する。
それからさらに真っすぐ歩き続けると、私の家は
右側に見える。公園の向かい側です。

練習3

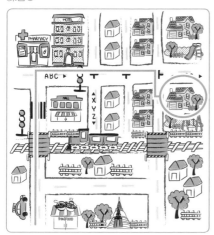

ขับตรงไปแล้วข้ามทางข้ามทางรถไฟ
khàp troŋ pay lɛ́ɛw khâam thaaŋ-khâam-thaaŋ-rót-fay

แล้วเลี้ยวขวาเข้าถนนเอบีซี
lɛ́ɛw líaw khwǎa khâw tha-nǒn ee bii sii

แล้วเลี้ยวขวาที่สี่แยกที่สาม
lɛ́ɛw líaw khwǎa thîi sìi yɛ̂ɛk thîi sǎam

บ้านจะอยู่ทางซ้ายมือ
bâan cà yùu thaaŋ sáay mɯɯ

อยู่ติดกับสวนสาธารณะ
yùu tìt kàp sǔan-sǎa-thaa-ra-ná

練習4

1．ปิดทีวี pìt thii-wii

2．อย่าพูดภาษาญี่ปุ่น ให้พูดภาษาไทย
yàa phûut phaa-sǎa yîi-pùn hây phûut phaa-sǎa thay

3．ที่นี่ห้ามจอด thîi nîi hâam cɔ̀ɔt

4．ตำรวจให้ขับตรงไป
tam-rùat hây khàp troŋ pay

練習5

1.ขับตรงไปได้ไหม/หรือเปล่าคะ/ครับ
khàp troŋ pay dây máy/rɯ̌ɯ-plàw khá/khráp

2. จอดที่นี่ได้ไหม/หรือเปล่าคะ/ครับ
cɔ̀ɔt thîi nîi dây máy/rɯ̌ɯ-plàw khá/khráp

3. ช่วยถ่ายรูปให้หน่อยได้ไหม/หรือเปล่าคะ/ครับ
chûay thàay rûup hây nɔ̀y dây máy/rɯ̌ɯ-plàw khá/khráp

4. ขอใช้คอมพิวเตอร์นี้ได้ไหม/หรือเปล่าคะ/ครับ
khɔ̌ɔ cháy khɔɔm-phiu-tə̂ə níi dây máy/rɯ̌ɯ-plàw khá/khráp

会話の聞き取り練習

1. けん君は一緒に買い物に行きますか？
ไป pay
はい、行きます。

2. トムヤム君は行くのに運転の仕方が分かりますか？
ไปไม่ค่อยถูก
pay mây khɔ̂y thùuk
行くのに運転の仕方が分かりません。

3. 誰がトムヤム君に道を教えてあげましたか？
คุณกุ้ง khun kûŋ
グンちゃんです。

4. どこでヂャトゥ・ヂャックに入るために左折しなければなりませんか？
ที่สะพานลอยแรก
thîi sa-phaan-lɔɔy rɛ̂ɛk
最初の歩道橋です。

読み取り練習

従業員
こんにちは。サバイサバイホテルです。

グンちゃん
こんにちは。そこへ行く道を聞いてもいいですか？

従業員
喜んで。今あなたはどの辺にいらっしゃいますか？

グンちゃん
プルーンヂットの近辺にいます。プルーンヂットから電車で行きます。どの駅で降りればいいですか？

従業員
アソーク駅で降ります。

グンちゃん
アソークのどこにありますか？

従業員
ホテルは地下鉄の出入口の向かい側にあります。アソーク駅の 5 番出口から出てから、横断歩道

までまっすぐ歩き続けると、ホテルは右側にあります。横断歩道に着く前にあります。

グンちゃん
どうもありがとうございます。

従業員
喜んで。/ どういたしまして。

1. グンちゃんはどこへ行く道を聞きましたか？
โรงแรม　rooŋ-rɛɛm
ホテルです。

2. グンちゃんはどの辺にいますか？
อยู่แถวเพลินจิต　yùu thɛ̌w phləən-cìt
プルーンヂット近辺にいます。

3. グンちゃんは何駅に行かなければなりませんか？
สถานีรถไฟอโศก　sa-thǎa-nii rót-fay a-sòok
アソーク駅

4. 横断歩道を渡った時に（渡ったら）、すぐにホテルに着きますか？
ไม่ใช่ โรงแรมอยู่ทางขวามือก่อนถึงทางม้าลาย
mày chây　rooŋ-rɛɛm yùu thaaŋ khwǎa mɯɯ
kɔ̀ɔn thǔŋ thaaŋ-máa-laay
いいえ、ホテルは横断歩道に着く前にあります。

第 10 課

練習1

1. คุณเอาหนังสือเรียนภาษาไทยมาหรือเปล่า/ไหมคะ/ครับ
khun aw náŋ-sɯ̌ɯ rian phaa-sǎa thay maa
rɯ̌ɯ-plàw/mǎy khá/khráp

2. เขาเอาเงินมาให้แล้วหรือยังคะ/ครับ
kháw aw ŋən maa hây lɛ́ɛw-rɯ̌ɯ-yaŋ khá/
khráp

3. ต้องเอาปากกาไปหรือเปล่า/ไหมคะ/ครับ
tɔ̂ŋ aw pàak-kaa pay rɯ̌ɯ-plàw/máy khá/
khráp

4. ไปทะเล ต้องเตรียมเอาอะไรไปบ้างคะ/ครับ
pay tha-lee tɔ̂ŋ triam aw a-ray pay bâaŋ
khá/khráp

練習2

1. あなたはどうやって学校へ来ましたか？

ฉัน chán +「動作動詞＋乗り物」+
มาโรงเรียนค่ะ/ครับ
maa rooŋ-rian khâ/khráp
私は「動作動詞＋乗り物」で学校へ来ました。

2. （あなた達は）（これから）どうやってディズニーランドへ行きますか？
「動作動詞＋乗り物」+
ไปดิสนีย์แลนด์กันค่ะ/ครับ
pay dít-nii-lɛɛn kan khâ/khráp
「動作動詞＋乗り物」でディズニーランドへ行きます。

3. 鳥取へ行くにはどうやって行けますか？
（複数の可能な方法の質問でも、答えは一つだけでも良い。）
「動作動詞＋乗り物」+
ไปทตโตะริก็ได้ค่ะ/ครับ
pay thót-tò-rí kɔ̂ɔ dây khâ/khráp
「動作動詞＋乗り物」でも鳥取へ行けます。
ต้อง tɔ̂ŋ +「動作動詞＋乗り物」+ ไป pay
ค่ะ/ครับ khâ/khráp
「動作動詞＋乗り物」で行けばいいです。

4. ここから大阪までどうやって行ったら一番早いですか？
（ต้อง tɔ̂ŋ +）「動作動詞＋乗り物」+
ไปโอซาก้าเร็วที่สุดค่ะ/ครับ
pay oo-saa-kâa rew thîi-sùt khâ/khráp
「動作動詞＋乗り物」で大阪へ行ったら一番早いです。

練習3

1. คุณต้มยำสูงที่สุด
khun tôm-yam sǔuŋ thîi-sùt

2. คุณเคนสูงกว่าคุณกุ้งกับคุณผักชี
khun kheen sǔuŋ kwàa khun kûŋ kàp khun
phàk-chii

3. คุณต้มยำกับคุณเคนสูงไม่เท่ากัน
khun tôm-yam- kàp khun kheen sǔuŋ mây
thâw kan

4. คุณกุ้งกับคุณผักชีสูงพอๆกัน
khun kûŋ kàp khun phàk-chii sǔuŋ phɔɔ-phɔɔ kan

練習4

1. あなたは何色が一番好きですか？

ฉันชอบสี ○○ มากที่สุดค่ะ/ครับ
chán chɔ̂ɔp sǐi ○○ mâak thîi-sùt khâ/khráp
私は○○色が一番好きです。

2. 夏と冬では、あなたはどちらの季節のほうが好きですか？
ฉันชอบฤดู ○○ มากกว่า(ฤดู××)ค่ะ/ครับ
chán chɔ̂ɔp rɯ́-duu ○○ mâak kwàa (rɯ́-duu ××) khâ/khráp
私は（×× 季節より）○○季節の方が好きです。

3. コットン 1 キロと鉄1キロのどちらの方が重いですか？
นุ่นกับเหล็กหนักเท่ากันค่ะ/ครับ
nûn kàp lèk nàk thâw-kan khâ/khráp
コットンと鉄は同じ重さです。

4. 私はこの絵とあの絵は同じぐらいきれいだと思います。あなたはどう思いますか？
ฉันคิดว่า ○○ ค่ะ/ครับ
chán khít wâa ○○ khâ/khráp
私は○○と思います。

สวยทั้งคู่ sǔay tháŋ khûu
両方ともきれい

เอสวยกว่าบี ee sǔay kwàa bii
A は B よりきれい

เอกับบีสวยพอๆกัน
ee kàp bii sǔay phɔɔ phɔɔ kan
A と B は同じぐらいきれい

練習5

1. なぜあなたはタイ語を勉強しているのですか。
เพราะว่า phrɔ́ wâa ○○
ก็เลยเรียนภาษาไทย
kɔ̂ɔ-ləəy rian phaa-sǎa thay
○○ので、タイ語を勉強するようになった。

2. あなたは何の趣味がありますか？
趣味名
なぜあなたはこの趣味が好きですか？
เพราะว่า phrɔ́ wâa ○○
ก็เลยชอบงานอดิเรกนี้
kɔ̂ɔ-ləəy chɔ̂ɔp ŋaan a-di-rèek níi
○○ので、この趣味が好きになった。

3. この年内にあなたは何をやりたいですか？
ฉันอยากจะทำ ○○ ในปีนี้
chán yàak ca tham ○○ nay pii níi
私は○○をやりたいです。
なぜあなたはこのことをやりたいですか？

เพราะว่า phrɔ́ wâa ○○
ก็เลยอยากจะทำสิ่งนี้
kɔ̂ɔ-ləəy yàak cà tham sìŋ níi
○○ので、このことをやりたくなった。

練習6

1. 財布はどこにありますか？
กระเป๋าสตางค์อยู่ในลิ้นชัก
kra-pǎw-sa-taaŋ yùu nay lín-chák
財布は引き出しの中にあります。

2. 絵はどこにありますか？
รูปภาพแขวนอยู่บนผนัง
rûup-phâap khwɛ̌ɛn yùu bon pha-nǎŋ
絵は壁に掛けてあります。

3. 眼鏡はどこに置いてありますか。
แว่นตาวางอยู่/ไว้ บนเตียง
wɛ̂n-taa waaŋ yùu/wáy bon tiaŋ
ベッドの上に（置いて）あります。

4. 物 / 人 อยู่ yùu 場所
（物 / 人）は（場所）にいます・あります。

会話の聞き取り練習

1. けん君とトムヤム君はどうやってサムイへ行きますか？
นั่งเครื่องบินไป
nâŋ khrɯ̂aŋ-bin pay
飛行機で行く。

2. けん君とトムヤム君はご飯を食べてからそのままどこへ行きますか？
บริษัททัวร์ bɔɔ-ri-sàt thua
旅行会社

3. けん君は財布を持って来ましたか？
เอามา aw maa
持って来ました。

4. なぜけん君は家に帰りますか？
เพราะว่าคุณเคนคิดว่าลืมเอากระเป๋าสตางค์มา
phrɔ́ wâa khun kheen khít wâa lɯɯm aw kra-pǎw-sa-taaŋ maa

けん君は財布を持って来るのを忘れたと思ったからです。

読み取り練習

お客さん

すみません。Ａ店とＢ店の蟹カレーはどちらの方が美味しいですか？お勧めしてもらえませんか？

ホテルの従業員

もちろん、いいですよ。Ｂ店の方が高いですが、人気です（人がたくさん食べに行く）。Ａ店も美味しいです。同じぐらい美味しいですよ。

お客さん

そしてあなたはどちらの店の方が良いと思いますか？

ホテルの従業員

Ｂ店の方が良いと思います。

お客さん

なぜですか？

ホテルの従業員

その店はこの建物の中にあるからです。１２階にあります。

お客さん

それでＡ店はどうやって行きますか？

ホテルの従業員

電車で行く必要があります。

お客さん

そうしたら、私はこの店に行きます。お店は上にありますよね。

ホテルの従業員

そうです。料理を楽しんでください。（どうぞ、美味しくお召し上がりください）

お客さん

ありがとうございます。

１．蟹カレーはどちらのお店の方が美味しいですか？
อร่อยพอๆ กัน
a-ròy phɔɔ phɔɔ kan
どちらも同じぐらい美味しいです。

２．従業員はどちらのお店を勧めましたか？
ร้านบี ráan bii
Ｂ店

３．なぜ従業員はこのお店を勧めましたか？
เพราะว่าร้านนี้อยู่ในตึกนี้
phrɔ́ wâa ráan níi yùu nay tʉ̀k níi

このお店がこの建物にあるから。

４．結局彼はどちらのお店に行きましたか？
ร้านบี ráan bii
Ｂ店

第11課

練習1

１．今日は何日ですか？
วันนี้วันที่　wan-níi wan-thîi ○○
今日は○○日です。

２．明日は何曜日ですか？
พรุ่งนี้เป็นวัน　phrûŋ-níi pen wan ○○
明日は○○曜日です。

３．今日は何年何月何日何曜日ですか？
วันนี้วัน ○○ ที่ ○○ เดือน ○○ ปี ○○
wan-níi wan
○○曜日 thîi ○○日 dʉan ○○月 pii ○○年
今日は○○年○○月○○日○○曜日です。

４．次の金曜日は何日ですか？
วันศุกร์หน้าเป็น วันที่
wan sùk nâa pen wan-thîi ○○
次の金曜日は○○日です。

(เป็น [pen] は省略することが多い)

練習2

1. 7 โมงเช้า　cèt mooŋ cháaw
2. เที่ยงวัน　thîaŋ wan
3. บ่าย(1)โมง　bàay (nʉ̀ŋ) mooŋ
4. 6 โมงเย็น　hòk mooŋ yen
5. 4 ทุ่ม 5 นาที　sìi thûm hâa naa-thii
6. เที่ยงคืนครึ่ง　thîaŋ khʉʉn khrʉ̂ŋ
7. ตี 3:55นาที　tii sǎam hâa-sìp-hâa naa-thii

練習3

１．普段毎日曜日あなたは何をしていますか？
ปกติทุกวันอาทิตย์ฉัน ○○ ค่ะ/ครับ
pà-ka-tì thúk wan aa-thít chán ○○ khâ/khráp
普段毎日曜日私は○○をしています。

2. あなたの家から駅まで歩いてどのぐらい時間がかかりますか？

เดินจากบ้านฉันถึงสถานีรถไฟใช้เวลาประมาณ ○○ นาที/ชั่วโมงค่ะ/ครับ
dəən càak bâan chán thɯ̌ŋ sa-thǎa-nii rót-fay cháy wěe-lǎa pra-maan ○○ naa-thii/chûa-mooŋ khâ/khráp
私の家から駅まで歩いてだいたい○○分 / 時間がかかります。

3．昨日の夜あなたは何時から何時まで寝ましたか？何時間寝ましたか？
เมื่อคืนฉันนอนตั้งแต่ ○○ ทุ่มถึง ○○ โมง ฉันนอน ○○ ชั่วโมงค่ะ/ครับ
mɯ̂a-khɯɯn chán nɔɔn tâŋ-tɛ̀ɛ ○○ thûm thɯ̌ŋ ○○ mooŋ chán nɔɔn ○○ chûa-mooŋ khâ/khráp
私は○○時から○○時まで寝ました。○○時間寝ました。

4．あなたは人生の中のどの期間が一番好きですか？
ฉันชอบตอน/ช่วงเวลา ○○ (มาก)ที่สุดค่ะ/ครับ
chán chɔ̂ɔp tɔɔn/chûaŋ wee-laa ○○ (mâak) thîi-sùt khâ/khráp
私は○○の時（頃）/ 期間が一番好きです。

練習4

1．วันจันทร์ ทำงานพิเศษตั้งแต่บ่าย 3 โมง ถึง 4 โมงเย็น จะพยายาม
wan can tham-ŋaan phí-sèet tâŋ-tɛ̀ɛ bàay sǎam mooŋ thɯ̌ŋ sìi mooŋ yen cà pha-yaa-yaam

2. วันอังคาร กินข้าวกลาววันกับเพื่อนที่ร้านอาหารไทย คิดถึงเพื่อน ตอนบ่าย อ่านหนังสือ
wan aŋ-khaan kin khâaw klaaw-wan kàp phɯ̂an thîi ráan aa-hǎan thay khít-thɯ̌ŋ phɯ̂an tɔɔn bàay àan náŋ-sɯ̌ɯ

3．วันพุธ ตอนเช้า ทำความสะอาดบ้าน ไปดูคอนเสิร์ตตอน 1 ทุ่ม รู้สึกตื่นเต้น
wan phút tɔɔn cháaw tham khwaam sa-àat bâan pay duu khɔɔn-sə̀ət tɔɔn nɯ̀ŋ thûm rúu-sɯ̀k tɯ̀ɯn-tên

4. วันพฤหัสบดี ตอนเช้า ไปดูหนัง ตอนกลางคืน เตรียมตัวไปเที่ยว
wan phrɯ́-hàt-sà-bɔɔ-dii tɔɔn cháaw pay duu nǎŋ tɔɔn klaaŋ-khɯɯn triam-tua pay thîaw

5．วันศุกร์ ตี 4 ออกเดินทางไปเกาะสมุย วันนั้นอยากจะพักผ่อนบ้างว่ายน้ำบ้าง
wan sùk tii sìi ɔ̀ɔk dəən-thaaŋ pay kɔ̀ sa-mǔy wan nán yàak cà phák-phɔ̀ɔn bâaŋ wâay-náam bâaŋ

6．วันเสาร์ ตอนเช้า ออกกำลังกายที่ชายหาด น่าสดชื่น
wan sǎw tɔɔn cháw ɔ̀ɔk-kam-laŋ-kaay thîi chaay-hàat nâa sòt-chɯ̂ɯn

7．วันอาทิตย์ พักผ่อนสบายสบายแล้วกลับบ้าน น่าจะมีความสุข
wan aa-thít phák-phɔ̀ɔn sa-baay sa-baay lɛ́ɛw klàp bâan nâa cà mii khwaam-sùk

会話の聞き取り練習

1．今彼らはどこにいますか？
อยู่ที่เกาะสมุย
yùu thîi kɔ̀ sa-mǔy
サムイ島にいます。

2．彼らは何日から何日まで旅行しますか？
ตั้งแต่วันที่ 1 ถึงวันที่ 3
tâŋ-tɛ̀ɛ wan thîi nɯ̀ŋ thɯ̌ŋ wan thîi sǎam
１日から３日まで。

3．明日彼らは何をしますか？
ไปดำน้ำกัน
pay dam-náam kan
ダイビングをしに行きます。

4．今日彼らは何をしますか？
ว่ายน้ำบ้างไปเที่ยวบ้าง
wâay-náam bâaŋ pay thîaw bâaŋ
泳いだり観光したりします。

読み取り練習

(日記)
月曜日
朝5時に起きてトムヤム君の家の前で托鉢をした。夕方、船をこぐ練習をした。

火曜日
今日は休日で、一日中家にいた。
午後、トムヤム君のお母さんにタイ料理を習った。お母さんはとても優しい人で、料理がとても美味しく作れます。

水曜日
トムヤム君とワットアルンへ旅行しに行った。
晩、タイ料理を（練習して）作ってみた。トムヤム君はとても美味しいと言ってくれた。僕はグンちゃんにも本当に食べてほしいなぁ。

木曜日
トムヤム君とグンちゃんとサヤームで朝 10 時にタイの映画を見に行く約束があった。
今日は映画（を見るの）が楽しかった。

金曜日　土曜日　日曜日
友達とサムイ島に来た。朝日を見た時すがすがしいと感じた。夕日を見た時寂しいと感じた。明日は（もう）帰る。サムイ島の空が恋しくなる。良い印象を持った。

1．誰がけん君に料理を教えましたか？
คุณแม่ของคุณต้มยำ
khun mɛ̂ɛ khɔ̌ɔŋ khun tôm-yam
トムヤム君のお母さんです。

2. 火曜日、けん君はどこかへ遊びに行いきましたか？
ไม่ได้ไปไหน อยู่บ้านทั้งวัน
mây dây pay nǎy yùu bâan tháŋ wan
どこへも行ってなかったです。一日中家にいました。

3．けん君はいつ（から）サムイ島に行きましたか？
วันศุกร์　wan sùk
金曜日

4．金土日曜日にけん君はどこにいますか？
อยู่ที่เกาะสมุย　yùu thîi kɔ̀ sa-mǔy
サムイ島にいます。

1 初めてのタイの旅が始まります！

皆さん、สวัสดีครับ [sa-wàt-dii khráp！]
こんにちは
僕は初めてタイにホームステイしま～す。
ドキドキですが、今日からタイ語なしでは、
この国で生きていけません。どうしよう！僕を助けて！
ええと、どうしよう。まずタイに着いてから
何を喋るかな。そうそう、挨拶だ！
挨拶 สวัสดีครับ
こんにちは
[sa-wàt-dii khráp] でしょう。
僕は男だから ครับ [khráp] を使うの。
女の子なら、สวัสดีค่ะ [sa-wàt-dii khâ]
つまり文の最後に ค่ะ [khâ] を付けるんだ。
挨拶できた～！僕の初めてのタイ語だ。
え！誰かが僕のところに来る！
สวัสดีครับ
[sa-wàt-dii khráp]
こんにちは。
ผมชื่อต้มยำครับ
[phǒm chɯɯ tôm-yam khráp]
私の名前はトムヤムです。
คุณชื่ออะไรครับ
[khun chɯ̂ɯ aray khráp]
あなたの名前は何ですか？
ええっ？この人は僕に何と言ってるの？？
僕はただ挨拶の練習をしてただけだけど。
あなたに挨拶してないよ！
はい、なになに？
あ！そうか。名前を聞いているのかな。答えてみよう。
僕の名前は、「けん」です。「けん」
ええと、タイ語で言ってみよう。
ผมชื่อเคนครับ
[phǒm chɯ̂ɯ kheen khráp]
私の名前はけんです。
やった！相手がニコニコしてる。通じたの？

② 僕は日本人です！

「実は、僕は全然タイ語ができないんですよ！」と説明したいのですが…
คุณเคน เป็นคนชาติอะไรครับ
[khun kheen pen khon châat a-ray khráp]
けん君は何人ですか。
คุณเป็นคนประเทศอะไรครับ
[khun pen khon pra-thêet a-ray khráp]
あなたはどこの国の人ですか？
ผมเป็นคนไทย
[phǒm pen khon thay]
僕はタイ人です。
คนไทย
[khon thay]
タイ人。
そうか、このことを聞いているのかな。
「タイ」が聞こえたから。
ญี่ปุ่น [yîi-pùn]！と答えてみよう。
日本
คุณเป็นคนญี่ปุ่น
[khun pen khon yîi-pùn]
あなたは日本人です。
そうそう、僕は日本人です。ハハ、また通じた。
ผมเป็นคนกรุงเทพ
[phǒm pen khon kruŋ-thêep]
ผมเป็นนักศึกษาครับ
[phǒm pen nák-sɯ̀k-sǎa khráp]
僕はバンコクの人です。僕は学生です。
トムヤム君、本当に
僕とタイ語で話すつもりなの！？

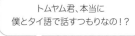

3 電話番号を教えてください。

คุณเคนอายุเท่าไรครับ
[khun kheen aa-yú thâw-rày khráp]
คุณเป็นพี่ผมหรือเปล่าครับ
[khun pen phîi phǒm rʉ̌ʉ-plàw khráp]
あなたは何歳ですか?あなたは私より年上ですか?
トムヤム君は何と言ったんだろう?
ผมอายุสิบเก้าปีครับ
[phǒm aa-yú sìp-kâaw pii khráp]
私（の年）は19歳です。
どういうことだろう?指を数えている。
年齢を教えているのかな?自分の年齢を答えてみよう。
อ้าว เคนก็อายุสิบเก้าปีเหมือนกัน
[âaw kheen kɔ̂ɔ aa-yú sìp kâaw pii mʉ̌an-kan]
あら、けん君も同じく19歳だ。
มีเบอร์โทรศัพท์ไหม
[mii bəə thoo-ra-sàp máy]
電話番号がある?
今度は携帯を持っているか、聞いているのかな。
ใช่ๆ เบอร์โทรศัพท์อะไร そうそう、電話番号は何番?
[chây châY bəə thoo-ra-sàp a-ray]
เบอร์โทรศัพท์ของผมเบอร์ ศูนย์เก้าศูนย์ หนึ่งสองสามสี่ ห้าหกเจ็ดแปด
[bəə thoo-ra-sàp khɔ̌ɔŋ phǒm bəə sǔun kâaw sǔun nʉ̀ŋ sɔ̌ɔŋ sǎam sìi hâa hòk cèt pɛ̀ɛt]
私の電話番号は090-1234-5678
090 1234 5678
ขอเบอร์โทรศัพท์ของเคนหน่อย
[khɔ̌ɔ bəə thoo-ra-sàp khɔ̌ɔŋ kheen nɔ̀y]
けん君の電話番号をください。
そうか!僕の電話番号を聞きたかったのね。
เคนชอบกินอาหารไทยไหม
[kheen chɔ̂ɔp kin aa-hǎan thay máy]
けん君はタイ料理（を食べるの）が好き?

④ これは僕のカバンです。

ผมเป็น "Host Family ครอบครัวอุปถัมภ์" ของคุณเคนครับ
[phǒm pen hôot-fɛɛm-mí-lîi khrɔ̂ɔp-khrua ùp-pà-thăm khɔ̌ɔŋ khun kheen khráp]
僕はけん君のホストファミリーです。

何だって！？ホストファミリーと聞こえたけど…

นี่คือเพื่อนของผม
[nîi khuu phɯ̂an khɔ̌ɔŋ phǒm]
ชื่อกุ้งครับ [chɯ̂ɯ kûŋ khráp]
ผมกับกุ้งเป็นนักศึกษาครับ
[phǒm kàp kûŋ pen nák-sùk-sǎa khráp]
こちらは僕の友達です。名前はグンです。グンちゃんと僕は学生です。

ああ可愛い♡

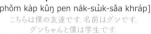

สวัสดีค่ะ คุณเคน
[sa-wàt-dii khâ khun kheen]
นี่คือกระเป๋าของคุณเคนใช่ไหมคะ
[nîi khuɯ kra-pǎw khɔ̌ɔŋ khun kheen chây máy khá]
こんにちは。けん君。これはけん君のカバンですよね。

これは僕のですよ。

กระเป๋านี้ก็เป็นของคุณด้วยหรือคะ
[kra-pǎw nîi kɔ̂ɔ pen khɔ̌ɔŋ khun dûay rɯ̌ɯ khá]
ใบใหญ่จัง [bay yày caŋ]
このカバンもあなたのですか？
すごく大きいですね。

ไม่ใช่ครับ นี่ไม่ใช่กระเป๋าของคุณเคน
[mây chây khráp nîi mây chây kra-pǎw khɔ̌ɔŋ khun kheen]
違います。これはけん君のカバンではありません。

หรือคะ [rɯ̌ɯ khá]
แล้วเป็นกระเป๋าของใคร
[lɛ́ɛw pen kra-pǎw khɔ̌ɔŋ khray]
そうなの。ところで、誰のカバン？

何でこのカバンも指しているのかな。僕のじゃないけど…

誰のカバンだろう？

5 僕はトゥックトゥックに乗ったことがない。

เราไปบ้านผมกันครับ
[raw pay bâan phǒm kan khráp]
僕の家へ行きましょう。
จะนั่งรถตุ๊กตุ๊กไปกันไหม
[ca nâŋ rót túk túk pay kan máy]
คุณเคนไม่เคยนั่งตุ๊กตุ๊กใช่ไหม
[khun kheen mây khəəy nâŋ túk túk chây máy]
อยากจะลองนั่งตุ๊กตุ๊กดูไหม
[yàak ca lɔɔŋ nâŋ túk túk duu máy]
トゥックトゥックに乗って行こうか。
けん君はトゥックトゥックに乗ったことがないですよね。
トゥックトゥックに乗ってみたい?
トゥックトゥックと聞こえたけど。
他は分からないな。
รถตุ๊กตุ๊กมาแล้วหรือยัง
[rót túk-túk maa lɛ́ɛw-rʉ̌ʉ-yaŋ]
トゥックトゥックは来た?
ยังไม่มา [yaŋ mây maa]
ถ้าอย่างนั้น
[thâa yàaŋ nán] …
まだ来てない。そうしたら…
มาแล้ว [maa lɛ́ɛw]
มาแล้ว [maa lɛ́ɛw]
来た、来た。
トゥックトゥックが来た!
ไปแล้ว [pay lɛ́ɛw]
行った。
あー!乗れなかった!
ไม่ได้ขึ้น [mây dây khʉ̂n]
乗れなかった。

6 このココナッツジュースを飲んでもいいですか?

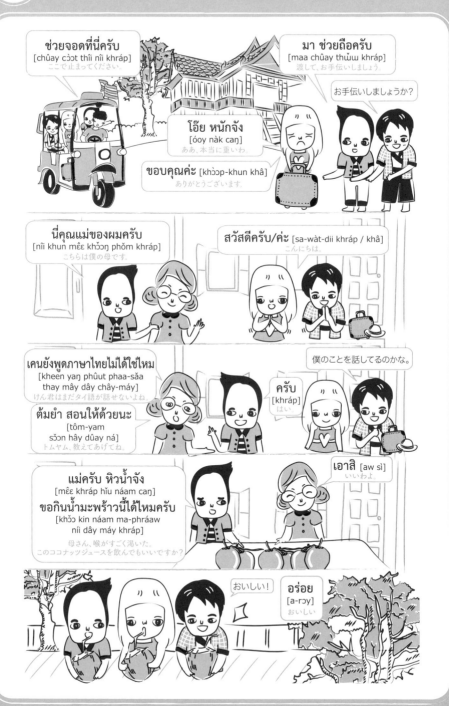

7 私は友達とタイの衣装を試着している。

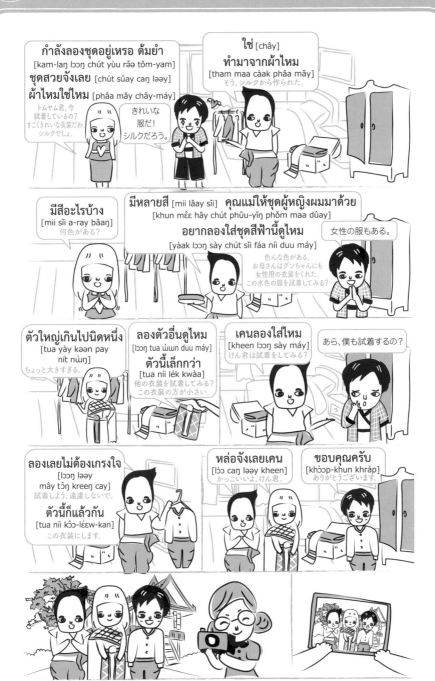

8 トムヤム君はお台場へ遊びに行きたい。

9 僕の家はどの方向ですか？

ขอโทษครับ [khɔ̌ɔ-thôot khráp]
ขอถามทางหน่อยได้ไหมครับ
[khɔ̌ɔ thǎam thaaŋ nɔ̀y dây máy khráp]
すみません。道を聞いてもいいですか？
道を聞こう。
ได้สิคะ
[dây si khá]
いいですよ。
บ้านของผมไปทางไหนครับ
[bâan khɔ̌ɔŋ phǒm pay thaaŋ nǎy khráp]
僕の家はどの方向ですか？
อ้าว อย่าล้อเล่นสิคะ
[âaw yàa lɔ́ɔ-lên sì khâ]
あら、冗談言わないでくださいよ。
เดี๋ยว เดี๋ยว ผมไปไม่ถูกจริงๆ ครับ
[dǐaw dǐaw phǒm pay mây thùuk ciŋ ciŋ khráp]
ちょっと待って　僕は本当に行けません。
「僕の家はどの方向に行きますか？」と聞いたから、驚いたんだ。
実はトムヤム君の家なんだ。道はまだ覚えてないよ！
待って！本当に分からないんです。
教えてくれてよかった！
งั้นเหรอ
ŋán rə̌ə
そうなんだ。
เดินตรงไป แล้วเลี้ยวขวา
[dəən troŋ pay lɛ́ɛw liáw khwǎa]
真っすぐ行ってから右に曲がって
พอถึงสี่แยกแล้วเลี้ยวซ้าย
[phɔɔ thʉ̌ŋ sii-yɛ̂ɛk lɛ́ɛw liáw sáay]
交差点に着いたら（着いた時に）左に曲がって
จะเห็นบ้านอยู่ทางขวามือ
[ca hěn bâan yùu thaaŋ khwǎa mʉʉ]
家は右側に見えます。
ขอบคุณครับ
[khɔ̀ɔp-khun khráp]
ありがとうございます。
ไม่เป็นไรค่ะ
[mây-pen-ray khâ]
とんでもないです。

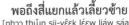

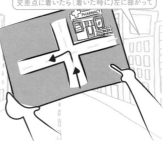

⑩ どうやってワットアルンへ行ったらいいですか？

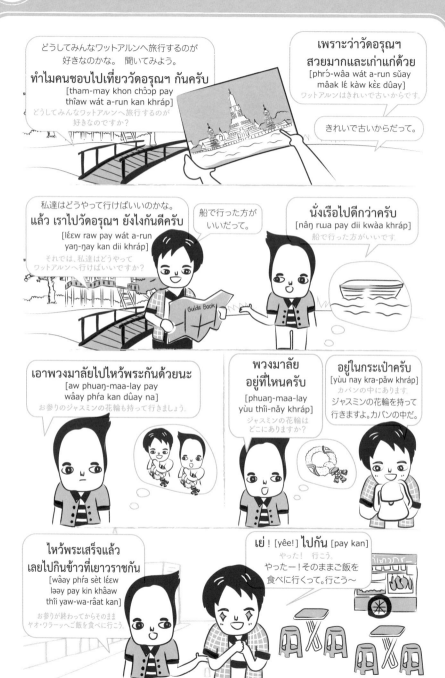

วันที่ 3 เมษายน 2565 ที่ทะเลสมุย 3 ทุ่ม
[wan thîi sǎam mee-sǎa-yon sɔ̌ɔŋ-phan hâa-rɔɔy hòk-sìp-hâa thîi tha-lee sa-mǔy sǎam thûm]

トムヤム君が歌を歌っている！ 2000年4月3日サムイの海にて　9時

ผมชื่อต้มยำ คุณชื่อกุ้ง
[phǒm chɯ̂ɯ tôm-yam khun chɯ̂ɯ kûŋ]

私の名前はトムヤム　あなたの名前はグン

เราอยู่ไกลกัน แต่มาเจอกัน
[raw yùu klay kan tὲɛ maa cəə kan]

私たちは離れていたが、巡り合った

คุณใจดีมาก คุณสวยมาก
[khun cay-dii mâak khun sǔay mâak]

あなたはとても優しい　あなたはとてもきれい

คุณกับผมรวมกันเป็น " ต้มยำกุ้ง "
[khun kàp phǒm ruam kan pen " tôm-yam-kûŋ "]

あなたと私を合わせると「トムヤムグン」になった

" ต้มยำกุ้ง ต้มยำกุ้ง ต้มยำกุ้ง "
[" tôm-yam-kûŋ tôm-yam-kûŋ tôm-yam-kûŋ "]

トムヤムグン　トムヤムグン　トムヤムグン

เป็นยังไงบ้าง เพราะไหม
[pen yaŋ-ŋay bâaŋ phrɔ́ máy]

どう、きれいな歌？

ก็ดี เพราะดี
[kɔ̂ɔ dii phrɔ́ dii]

いいじゃない、きれい（でいい）

トムヤム君はグンちゃんに告白の歌を歌ったの？

แต่งเพลงนี้ตั้งแต่เมื่อไรเหรอ
[tὲŋ phleeŋ níi tâŋ-tὲɛ mɯ̂a-rày rə̌ə]

いつこの歌を作ったの？

ผมไม่ได้แต่ง มีคนร้องให้ผมฟัง เคยฟังมานานแล้ว
ก็เลยเอามาร้องดูสักครั้ง จำได้บ้างไม่ได้บ้าง ตลกดีเนอะ
[phǒm mây-day tὲŋ mii khon rɔ́ɔŋ hây phǒm faŋ khəəy faŋ maa naan lέɛw
kɔ̂ɔ-ləəy aw maa rɔ́ɔŋ duu sàk khráŋ cam dây bâaŋ mây dây bâaŋ ta-lòk dii nɔ̀]

僕は作曲していない、歌ってくれた人がいた。
すいぶん前に聞いたので、一度（歌を持って来て）歌ってみた。
覚えていたり覚えていなかったりしている。面白いよね。

トムヤム君は作ってないって。すいぶん前に他の人から聞いた歌なんだって。覚えていたり覚えていなかったりするって。面白いかだって。僕もいい歌だと思うけど…